SOUVENIRS MILITAIRES

DE 1804 A 1814

A la même Librairie.

Ouvrages honorés d'une souscription du Ministre de l'instruction publique pour les bibliothèques scolaires :

Histoire militaire des Français, par Émile Vander-Burch, ancien professeur d'histoire et de littérature, chevalier de la Légion d'honneur. — 4ᵉ édition, 1 vol. in-12. 1863.   2 fr. 50

Instruction pour l'enseignement de la Gymnastique dans les corps de troupes et les établissements militaires, approuvée par le Ministre secrétaire d'Etat de la guerre, le 24 avril 1846. — 1 vol. in-18 raisin, avec atlas de 24 planch. (Nouveau tirage 1865). 3 fr.

Instruction pratique pour l'enseignement élémentaire de la Natation dans l'armée, imprimée avec l'autorisation de M. le Ministre de la Guerre ; par Dargy, suivie d'une notice complémentaire adressée aux chefs de corps par lettre ministérielle du 18 mai 1852. — 1 vol. in-18, avec 5 planches, 1865.   60 cent.

Gymnastique pratique, contenant la description des exercices, la construction et le prix des machines et des chants spéciaux inédits ; ouvrage destiné aux familles, aux établissements d'éducation, aux corps militaires ; par Napoléon Laisné, professeur de gymnastique, directeur des gymnases des lycées, de l'Ecole polytechnique, de l'Hôpital des enfants malades, etc., avec une préface, par M. Barthélemy Saint-Hilaire, membre de l'Institut. — 1 vol. in-8°, avec 6 planches et un certain nombre de gravures sur bois indiquant tous les mouvements.   9 fr.

Leçons de Géographie physique, politique, historique et militaire, à l'usage des élèves des Ecoles régimentaires du 2ᵉ degré ; ouvrage rédigé conformément au programme approuvé par le Ministre de la guerre, le 17 septembre 1853, pour les Ecoles régimentaires et faisant connaître les modifications survenues dans la géographie politique de l'Europe par suite des événements de l'année 1859 et de l'annexion de la Savoie et du comté de Nice à la France ; par A. P..., officier de cavalerie, chevalier de la Légion d'honneur.— 1860. 1 vol. in-12. 2 fr.

Manuel du sapeur-pompier, à l'usage spécial des villes et des campagnes ; par le colonel Plazanet, ex-commandant des sapeurs-pompiers de la ville de Paris, ancien chef de l'Ecole polytechnique. 7ᵉ édition augmentée des précautions à prendre pour prévenir les incendies et des moyens de sauvetage qu'on peut employer avant l'arrivée des sapeurs. —1865. 1 vol. in-18, avec planches.   1 fr. 50

Petite Encyclopédie, à l'usage des bibliothèques scolaires ; *Tome premier* : contenant la grammaire française, l'arithmétique, les éléments d'algèbre, de géométrie, l'arpentage, et le nivellement. — *Tome second* : contenant la géographie, l'histoire ancienne, l'histoire grecque, l'histoire romaine, l'histoire de France.—2ᵉ édition, 1866. 2 vol. in-18 jésus.   5 fr.

Souvenirs de la Guerre de Crimée, 1854-1856 ; par Ch. Fay, chef d'escadron d'état-major, ancien aide de camp du maréchal Bosquet. — 1 vol. in-8°, avec planches. 1867.   12 fr.

SOUVENIRS MILITAIRES

DE 1804 A 1814

PAR

M. LE DUC DE FEZENSAC

GÉNÉRAL DE DIVISION.

Je dirai : *J'étais là ; telle chose m'avint.*
(LA FONTAINE.)

Ouvrage honoré d'une souscription du Ministre de l'Instruction publique pour les Bibliothèques scolaires.

QUATRIÈME ÉDITION

PARIS
LIBRAIRIE MILITAIRE.
J. DUMAINE, LIBRAIRE-ÉDITEUR DE L'EMPEREUR,
Rue et Passage Dauphine, 30.

1870

DROITS DE TRADUCTION ET DE REPRODUCTION RÉSERVÉS.

Le bienveillant accueil qu'a reçu mon *Journal de la campagne de Russie* m'encourage à publier la totalité de mes souvenirs militaires, depuis mon entrée au service en 1804, jusqu'à la fin de l'Empire. J'ai hésité longtemps à entretenir le public de tant de détails personnels; mais ces détails se rattachent à de grands événements militaires; ils peignent les mœurs et l'esprit du temps. Sans avoir la pensée de rien ajouter à l'*Histoire du Consulat et de l'Empire*, et moins encore la prétention de partager son éclatant et légitime succès, un volontaire de 1804, racontant ce qui s'est passé sous ses yeux, espère pouvoir réclamer du moins un peu d'indulgence!

SOUVENIRS MILITAIRES

DE 1804 A 1814

LIVRE PREMIER.

CAMP DE MONTREUIL. — CAMPAGNES D'ALLEMAGNE ET D'ESPAGNE JUSQU'A LA PAIX DE TILSITT.

CHAPITRE PREMIER.

CAMP DE MONTREUIL.

PROJETS DE DESCENTE EN ANGLETERRE. — MON ARRIVÉE AU CAMP DU 59ᵉ RÉGIMENT. — MON SERVICE DANS LES GRADES INFÉRIEURS. — JE SUIS NOMMÉ SOUS-LIEUTENANT. — LEVÉE DES CAMPS. — DÉPART POUR L'ALLEMAGNE.

Je suis entré au service en 1804, à vingt ans. J'avais depuis longtemps le désir d'embrasser la carrière militaire ; différentes circonstances empêchèrent mes parents d'y consentir plus tôt. Il s'agissait de savoir par où commencer. A vingt ans, l'École militaire ne pouvait me convenir. Je devais donc m'engager. Je pensais à la cavalerie, comme tous les jeunes gens. M. Lacuée, ami de ma famille, me pro-

NOTA. On peut consulter l'atlas de l'*Histoire du Consulat et de l'Empire.*

posa d'entrer au 59ᵉ régiment d'infanterie, dont il était colonel ; j'acceptai sans savoir ce que je faisais, n'ayant aucune idée de la carrière que j'allais entreprendre, et je n'eus pas lieu de m'en repentir : car c'est à l'infanterie que j'ai dû tout mon avancement. Je partis de Paris en septembre 1804 pour me rendre à l'armée réunie sur les côtes de l'Océan et dont le 59ᵉ faisait partie. Je dois d'abord raconter la composition et l'emplacement de cette armée.

L'Empereur, pour frapper au cœur l'Angleterre, voulut l'attaquer chez elle, et ne recula pas devant les difficultés et les dangers d'une telle entreprise. Il réunit sur les côtes de l'Océan trois corps d'armée d'environ chacun vingt-cinq mille hommes et une réserve de quarante mille hommes.

Ces corps d'armée campaient de la droite à la gauche : à Ambleteuse, maréchal Davout ; Boulogne, maréchal Soult ; Étaples, maréchal Ney.

La réserve se composait de la garde impériale, d'une division italienne, de trois divisions de dragons. Indépendamment de ces différents corps, il y avait à l'extrême droite douze mille hommes au camp d'Utrecht ; à l'extrême gauche dix mille à Brest. Ainsi le personnel de l'armée s'élevait au moins à cent cinquante mille hommes. On s'occupait d'armer et d'atteler quatre cents bouches à feu de campagne et un grand parc de siége. On fit venir de tous côtés d'immenses approvisionnements, des vivres de toute espèce pour trois mois. Il s'agissait de transporter en Angleterre une armée si nombreuse et son matériel en présence de la flotte ennemie. Après de nombreux essais, on résolut d'employer des chaloupes canonnières, des bateaux canonniers et des péniches. Celles-ci, plus légères ne portaient que de l'infanterie : les autres portaient de l'artillerie, des vivres et quelques chevaux. Douze à treize cents de ces bâtiments suffisaient pour transporter cent vingt mille hommes, avec l'artillerie de campagne, des vivres et des munitions pour quelques jours. Une autre flottille de transport, composée de bâtiments servant au cabotage et à la pêche, devait transporter les chevaux, l'artillerie de siége, la totalité des vivres et des munitions. Neuf cents ou mille bâtiments suffisaient. Plus tard, les divisions réunies à Utrecht et à Brest seraient embarquées sur les flottes française, hollandaise et espagnole.

Mais l'exécution de ce plan présentait des difficultés devant lesquelles aurait reculé le génie le plus aventureux et le plus intrépide. Il fallait construire les bâtiments dans tous les ports de France, les rassembler à Boulogne, à Ambleteuse, à Étaples, à travers les croisières anglaises, mettre ces trois ports en état de les recevoir, faire les expériences d'embarquement et de débarquement pour le matériel et pour le personnel; il fallait construire sur la côte les magasins nécessaires pour les vivres et les approvisionnements de l'armée, assurer les subsistances et le service des hôpitaux. On trouvera dans les historiens du temps, et principalement dans M. Thiers, les détails les plus intéressants sur tous ces objets. Je dirai plus tard par quels moyens et à quelle époque on comptait opérer le débarquement, les motifs qui firent successivement ajourner l'entreprise et qui forcèrent enfin d'y renoncer.

Au mois de septembre 1804, où commence ce récit, l'armée était réunie dans les camps ; le matériel achevait de s'organiser. Je dois d'abord faire connaître la composition du camp de Montreuil dont le 59e régiment faisait partie, et qui formait la gauche de l'armée.

CAMP DE MONTREUIL.

MARÉCHAL NEY, COMMANDANT EN CHEF.

DIVISIONS.	GÉNÉRAUX de division.	GÉNÉRAUX de brigade.	RÉGIMENTS.	OBSERVATIONS.
1re Divis	DUPONT.	ROUGER.	9e léger, Colonel MEUNIER.	Les régiments étaient de deux bataillons complétés à 800 hommes.
		MARCHAND.	32e de ligne, DARRICAU. | 96e de ligne, BARROIS.	
2e Divis.	LOISON.	VILLATTE.	6e Léger. | 39e de ligne.	La cavalerie cantonnée dans les environs.
		ROGUET.	69e de ligne. | 72e de ligne.	
3e Divis.	Partouneaux puis MALHER.	MARCOGNET.	25e Léger. | 27e de ligne.	Le total, en y comprenant l'artillerie et le génie, s'élevait à 20,500 hommes.
		LABASSÉE.	50e de ligne. | 59e de ligne, Colonel Lamartinière. | Colonel LACUÉE.	
Brigade de cavalerie.	» »	» »	10e Chasseurs, Colonel COLBERT. 3e Hussards, Colonel LEBRUN, Fils de l'architrésorier, depuis duc DE PLAISANCE.	

Le maréchal Ney est trop connu pour que j'aie à racer ici son portrait, j'en parlerai à l'époque où j'ai eu l'honneur de servir près de lui; il prit au camp de Montreuil l'habitude de remuer des masses et de commander l'infanterie, arme pour laquelle il a témoigné tout le reste de sa vie une grande prédilection.

Le général Partouneaux, commandant la division dont mon régiment faisait partie, venait de quitter l'armée, à la suite d'une discussion qu'il eut avec le maréchal à propos d'une manœuvre. Les généraux de brigade Labassée et Marcognet, anciens militaires, le dernier fort original ainsi qu'on le verra plus tard.

Le colonel Gérard Lacuée, commandant le 59ᵉ régiment, réunissait à un excellent cœur beaucoup d'esprit et une imagination exaltée. Le premier consul, qui avait du goût pour lui, le prit pour aide-de-camp. Mais les principes républicains de Lacuée et l'intérêt qu'il témoigna au général Moreau à l'époque de son procès, lui attirèrent la disgrâce de son général; et ce fut pour lui témoigner son mécontentement qu'il lui donna le commandement du 59ᵉ régiment. *Je vous donne*, lui dit-il, *un des plus mauvais régiments de l'armée, il faut le rendre un des meilleurs.* Personne ne convenait moins que Lacuée à cette tâche. Homme du monde plus que militaire, il ignorait les détails du métier; il n'avait jamais servi dans l'infanterie; il succédait à un colonel qui avait pillé la caisse de son régiment, et qui ne craignait pas de dire que les compagnies du centre pouvaient être en guenilles, pourvu qu'il eût de beaux sapeurs, une belle musique et une belle compagnie de grenadiers. Le mauvais état de l'habillement valut même au 59ᵉ le surnom de *Royal décousu*. Lacuée, incapable de remettre l'ordre dans une pareille administration, disait avec raison qu'il laissait faire le quartier-maître parce que, quand il y regarderait, il n'en serait pas moins attrapé par lui. Les manœuvres lui plaisaient plus que l'administration, et au bout de peu de temps il apprit à bien commander son régiment. Quant à la partie morale, il y réussit comme on devait l'attendre d'un homme tel que lui. Cependant ses qualités mêmes lui furent quelquefois nuisibles. Il avait trop d'esprit pour ceux qu'il commandait et ne savait pas toujours se mettre à leur portée. Ses éloges étaient trop fins pour eux, ses reproches trop amers. Il n'en était pas moins aimé de plusieurs officiers, honoré et respecté de tous.

J'arrivai au camp au commencement de septembre 1804. J'allai rendre visite au colonel Lacuée, qui m'emmena avec lui à Montreuil pour passer quelques jours. Après avoir causé avec moi, il me dit qu'il était frappé de voir combien j'étais étranger au métier que j'allais faire. En effet, je conviens que mon ignorance était telle que je fus étonné d'apprendre qu'il y eût des grenadiers au régiment, parce que je croyais que les grenadiers formaient des corps à part. Il me dit que : s'il ne consultait que son attachement pour ma famille et pour moi, il me sauverait tous les ennuis du métier, que je lui servirais de secrétaire, et que ce serait pour lui une société agréable et bien douce au milieu de l'exil où il était condamné ; mais qu'il s'agissait de moi, de mon avenir militaire, qu'il fallait apprendre à connaître ceux que j'étais destiné à commander un jour, que le moyen d'y parvenir était de vivre avec eux. *En vivant avec les soldats*, ajouta-t-il, *on apprend à connaître leurs vertus ; ailleurs on ne connaît que leurs vices.* Parole d'un grand sens et dont j'ai bien reconnu la justesse. Il fallait donc me résoudre à être entièrement soldat, à faire mon service dans tous les grades sans que rien me distinguât des autres. Il fit appel à mon courage, à ma patience, à ma résignation pour cette cruelle épreuve qui devait être longue. Je l'assurai de ma soumission et je partis pour le camp, n'ayant aucune idée de ce qui m'attendait, mais décidé à tout braver et à aller jusqu'au bout.

J'ai dit que le camp de Montreuil formait la gauche de l'armée de l'Océan. Il aurait dû s'appeler le camp d'Étaples, car on avait établi les baraques près de cette petite ville sur la rive droite de la Canche et près de son embouchure, à 12 kilomètres de Montreuil : la première division derrière le village des Camiers, faisant face à la mer ; la deuxième par brigade à droite et à gauche d'Étaples ; la troisième à quinze cents mètres en arrière. Cette division, qui est la nôtre, campait dans l'ordre suivant : de la droite à la gauche le 25e léger, le 59e et le 50e. Le 27e détaché sur la rive gauche de la Canche, au village de Saint-Josse, formant par conséquent l'extrême gauche de toute l'armée. On voit que l'ordre de bataille n'était point rigoureusement observé ; mais quelques régiments ayant été changés, on n'avait pas voulu opérer de déplacements pour reprendre l'ordre des numéros, ce qui était raisonnable.

Les trois régiments campaient sur une seule ligne,

et les camps étaient tracés d'après les principes de l'ordonnance. J'entre ici dans quelques détails pour les personnes auxquelles les règlements militaires ne sont point familiers.

Il y avait par compagnie quatre baraques construites sur deux rangs, chacune pouvait contenir seize hommes, en tout soixante-quatre; c'était peu pour des bataillons complétés à huit cents hommes, ce qui faisait près de quatre-vingt-dix pour chacune des neuf compagnies; mais plusieurs hommes ayant la permission de travailler en ville, d'autres se trouvant absents pour différentes causes, ce nombre était suffisant. Les cuisines, au nombre d'une par compagnie, étaient placées derrière; ensuite les baraques des sous-officiers et des cantiniers sur la même ligne, et puis celle des officiers, enfin des chefs de bataillon derrière leur bataillon respectif, et du colonel derrière le centre du régiment. Le règlement veut que les armes soient placées sur des chevalets en avant du premier rang des baraques. On avait dérogé à cette règle en les plaçant dans les baraques mêmes, ce qui valait mieux pour ne pas exposer les fusils à toutes les intempéries pendant la longue durée du camp. Le règlement veut aussi que les sous-officiers soient logés avec la troupe. Au camp de Montreuil, on les avait logés en arrière, le sergent-major, le fourrier et les quatre sergents de chaque compagnie occupant une même baraque. Cela était convenable, car le sergent-major, dépositaire des fonds de la compagnie, avait besoin d'une grande table pour tenir les écritures. Quant à la discipline, cette disposition avait son bon et son mauvais côté. Les sergents étant séparés des soldats, ne pouvaient pas exercer une surveillance aussi active ; dans mon apprentissage de simple soldat et de caporal, j'ai vu bien des choses leur échapper. Mais on les respectait davantage en les voyant moins souvent, et je crois, en définitive, que cela vaut mieux. Les baraques étaient creusées à un mètre sous terre, ce qui les rendait fort humides. Le coucher se composait d'un grand lit de camp sur lequel on étendait de la paille ; par dessus, une couverture de laine. Chaque homme se couchait sur cette couverture, enveloppé dans un sac de toile, le havre-sac servant d'oreiller ; on étendait ensuite sur eux une autre couverture de laine. C'était coucher ensemble, et pourtant séparément. Souvent un soldat abrégeait les longues nuits d'hiver en rencontant une histoire. Pour s'assurer qu'on l'écoutait, il s'interrompait de temps en temps pour dire *cric*, ceux qui ne dormaient pas répondaient *crac ;* si tout le monde se taisait, le conteur s'endormait lui-même. Les soldats recevaient les vivres de campagne, le pain de munition et le pain blanc de soupe, la viande, les légumes secs, l'eau-de-vie et le vinaigre. Ils n'achetaient au marché que les légumes frais et les pommes de terre. Ils mangeaient avec les caporaux dans des gamelles de six à sept portions. Les sergents, dans chaque compagnie, mangeaient entre eux. Les sergents-majors seuls avec les adjudants vivaient en pension chez un cantinier. Le repas de midi se composait d'une excellente soupe grasse avec des légumes, et d'une petite portion de bœuf ; celui du soir, de pommes de terre accommodées au mauvais beurre avec des oignons et du vinaigre. Le pain de munition était noir ; le seigle qui entrait dans sa composition lui donnait un goût acide et désagréable ; l'eau-de-vie servant à corriger l'eau, ne devait pas être bue à part, défense souvent enfreinte, comme on le peut croire.

La tenue était bizarre et irrégulière ; on arrivait à une époque de transition. La grande tenue était celle de l'ancien régime, sauf la couleur : habit bleu à revers blancs et passe-poils rouges, coupé à la Française ; longue veste blanche à basques, culotte blanche à long pont sans bretelles, guêtres noires montant au-dessus du genou, comme les bas roulés des vieillards de la Comédie française, chapeau à trois cornes coiffé droit, cheveux coupés en brosse avec une queue sans poudre. Les officiers remplaçaient les grandes guêtres par des bottes à revers ; singulière mode pour l'infanterie. Cette tenue, contraire à toutes les habitudes du temps, ne pouvait pas être la tenue habituelle. En petite tenue on portait une mauvaise capote de drap l'hiver, et l'été un sarrau de toile, un bonnet de police, un pantalon de toile ou de gros drap, suivant la saison, attaché par des bretelles, des guêtres de toile blanche ou grise. On tolérait, hors du service, quelques effets de fantaisie et même des bottes à ceux qui pouvaient s'en procurer. Enfin, la tenue du sergent-major le plus élégant d'alors ferait honte au dernier soldat d'aujourd'hui (1).

Voilà quels devaient être mon logement, ma toilette, mes repas, ma société.

---

(1) On avait commencé la réforme de la coiffure par une division de grenadiers réunie à Arras ; ils portaient des shakos et des cheveux courts.

M. Lacuée me plaça dans la compagnie d'un bon capitaine, et mon début fut assez ridicule. Après m'être engagé, mon capitaine eut la complaisance de me mener au magasin pour me faire habiller. Je recommandai au maître tailleur de m'envoyer mes effets le plus tôt possible. Il ne me répondit que par un sourire. *Vous ignorez que nous avons ici une habitude*, me dit le capitaine ; *on ne porte point les habits aux soldats ; ce sont eux qui vont les chercher.* En retournant au camp, je lui dis qu'avec un pareil costume, je croirais jouer la comédie ; plaisanterie fort déplacée à faire à un officier, lui-même ancien soldat. *Je le conçois*, me répondit-il, *mais j'ai peur que le spectacle ne vous semble long ; et vous savez que les billets une fois pris, on n'en rend pas la valeur.* Je suis bien aise d'établir ainsi la réputation d'esprit de mon premier capitaine, fût-ce même à mes dépens.

Je m'installai ensuite dans ma baraque, où l'on me reçut fort bien ; et ma belle montre, mon linge fin, ma bourse assez bien garnie, furent l'objet de l'admiration générale. Le bruit se répandit tout de suite dans la compagnie que j'avais un louis à manger par jour. C'est la manière des soldats d'exprimer la fortune. Comme l'heure de la soupe était passée, on m'avait gardé ma portion dans un petit pot de terre. Je fis l'éloge du cuisinier, ne sachant pas encore que l'usage des militaires est de crier contre tout le monde et de trouver mauvais tout ce qu'on leur donne. Dès le lendemain ma métamorphose était complète. Habillé de pied-en-cap, j'avais mangé à la gamelle et couché avec mes camarades ; je commençai à apprendre l'exercice pour lequel j'éprouvai quelques difficultés, le fusil me semblant lourd par manque d'habitude, et parce que j'ai eu toujours les bras assez faibles. Je réussissais mieux à la théorie qui semblait un jeu à mon intrépide mémoire; aussi mes progrès dans ce genre me valurent de grands éloges. Le colonel affectait de ne me distinguer en rien; il ne m'invitait point à venir le voir, quoiqu'en me recevant toujours très-bien. Docile à ses instructions, je faisais mon métier de soldat sans murmure; excepté deux choses, qu'il ne put obtenir; la première était de faire les corvées. Je comprenais l'avantage de faire moi-même l'exercice, de démonter et de remonter mon fusil, d'en connaître toutes les pièces, et d'apprendre la théorie; mais balayer les rues du camp, nettoyer la baraque, faire la cuisine, et sans doute si mal que personne n'aurait pu la manger, à quoi cela pouvait-il me servir? Je résistai donc et mes camarades en furent charmés, car pour quelques sous chacun d'eux me remplaçait volontiers. Ma seconde résistance fut de couper mes cheveux en brosse et de prendre une queue. Je n'osai pourtant pas résister ouvertement; ma coquetterie de vingt ans n'aurait pas trouvé grâce. Il fut donc convenu que l'on attendrait que mes cheveux fussent assez longs, mais le perruquier de la compagnie, d'accord avec moi, me les coupait tous les huit jours. Si je me révoltais contre les corvées ennuyeuses, j'allais au-devant de celles qui auraient pu paraître plus pénibles. Peu de jours après mon arrivée, il fallut transporter des pierres au camp; je sollicitai la faveur de me joindre à ceux qui étaient commandés de corvée à ce sujet, et je m'attelai, comme les

autres, aux petites charrettes préparées pour ce transport. Deux jours après, il fut question d'une autre corvée plus pénible, dont je rendis compte, ainsi qu'il suit, dans une lettre à ma mère : « Il s'agissait de
« partir à l'entrée de la nuit, et d'aller dans un bois
« à deux lieues d'ici couper des perches très-lon-
« gues, très-épaisses, par conséquent très-lourdes,
« et les rapporter au camp sur nos épaules ; j'étais
« dispensé de cette corvée, mais je me la suis impo-
« sée volontairement, et d'abord rien ne m'a paru si
« pénible que de marcher avec un pareil poids sur
« les épaules. Cependant, à peine arrivé au camp, je
« n'ai ressenti ni douleur, ni fatigue, et j'ai recueilli
« l'avantage de prouver à mes camarades mon cou-
« rage et mon zèle, de trouver la nuit ma paille ex-
« cellente, et le lendemain mon sac très-léger. Lors-
« que l'on est condamné par sa position à mener une
« vie dure, ce qu'il y a de mieux à faire est de s'im-
« poser volontairement quelque chose de plus dur
« encore ; alors, ce qui devait fatiguer repose, et ce
« que l'on appelait un sacrifice devient un dédomma-
« gement. »

Cette lettre eut beaucoup de succès dans ma famille, et M. Molé m'écrivit à cette occasion le billet le plus aimable ; il m'assurait qu'il aurait suivi mon exemple, si les souvenirs de sa famille ne l'eussent point destiné à la magistrature.

Je ne montai la garde qu'une seule fois comme soldat ; on me mit en faction à la porte du magasin d'habillement, et je quittai mon poste. J'ajoute tout de suite que j'étais dans mon droit, car mon caporal y était et le trouvait bon. Ma deuxième faction a été, près d'un demi-siècle plus tard, comme garde national, à l'entrée de la caserne de la rue de la Pépinière, après 1848 ; et cette fois-là, je n'ai pas déserté mon poste.

Avec ma réputation de fortune, il était assez naturel de payer ma bien-venue. Le colonel me dit que ce serait de bonne grâce de ma part, mais qu'il ne fallait pas me le laisser imposer. Les soldats m'en parlèrent, je répondis que nous verrions plus tard ; et, au moment où l'on y pensait le moins, je donnai un grand repas. J'invitai les soldats de ma baraque et tous les caporaux de la compagnie. Le repas se composait de quelques plats de grosse viande, d'une salade, d'un plat de pommes de terre, de la bière à discrétion, et de mauvais vin d'ordinaire, dont j'offrais dans de petits verres. Le vin, qui coûtait vingt-cinq sous la bouteille, était un objet du plus grand luxe. Un verre d'eau-de-vie termina le repas. Nous étions quatorze et j'en fus quitte pour 21 francs. Mais un déjeuner que j'offris souvent à la chambrée se composait d'un petit pain avec un verre d'eau-de-vie pour chacun ; des soldats qui faisaient ce commerce nous les apportaient avant que nous fussions levés, et nous prenions ce premier repas en causant, chacun renfermé dans son sac. Rien au monde ne leur faisait plus de plaisir.

Un jeune caporal se chargeait particulièrement de mon instruction. Ce caporal, me trouvant fort novice pour l'état militaire, croyait apparemment mon ignorance égale en toutes choses. Un jour, nous promenant ensemble sur les bords de la mer, il voulut m'apprendre ce que c'était que le flux et le reflux ;

pour le coup, ce fut à moi de prendre ma revanche, et je lui dis que je me rappelais très-bien que lorsque César conduisit les légions romaines sur les bords de l'Océan, les soldats furent étonnés de ce phénomène qui n'a point lieu dans la Méditerranée. Il resta stupéfait.

Je fus nommé, le 18 octobre, caporal dans la même compagnie. Il n'y eut rien de changé dans ma manière de vivre, puisque je connaissais tout le monde et que j'en étais connu. Ce fut cependant alors que je subis mes plus fortes épreuves. Mes premiers débuts avaient été encouragés par beaucoup d'indulgence, mais on est nécessairement plus sévère pour un caporal qui doit répondre des autres. Or, j'était négligent, souvent mal tenu, sans ordre dans ma dépense et dans l'emploi de mon temps, remettant tout au dernier moment, et souvent quand il était trop tard. Ces défauts me firent punir plus d'une fois et réprimander plus souvent encore. Mon colonel partit pour Paris vers le milieu de novembre, afin d'assister au couronnement de l'Empereur. Le colonel se garda bien de me donner la moindre espérance sur mes chances d'avenir, de me dire quand il comptait me nommer sergent, quand je pourrais me flatter de devenir officier. *C'est un temps d'épreuves à passer*, me disait-il, *il faut cacher les avantages de votre situation personnelle, oublier et faire oublier aux autres que vous devez les commander un jour, enfin remplir jusqu'au bout votre rôle de soldat et de caporal. Vous saviez bien jouer la comédie au Marais et à Méréville, que ne la jouez-vous ici !* Je lui répondais qu'ici le spectacle était long, la pièce ennuyeuse, les costumes affreux, les acteurs sans talent, et qu'enfin il n'y avait pas d'actrices.

Je restai donc seul au milieu de tant d'hommes dont aucun ne pouvait m'entendre ; aucun ne savait même le nom des personnes qui m'étaient chères, des lieux où j'avais passé ma vie. J'ai raconté comment nous étions nourris, vêtus, logés. La mauvaise saison rendait la vie matérielle plus pénible encore. A peine pouvions-nous sortir, et n'ayant pas la permission d'avoir de la lumière, il fallait nous coucher quand le jour finissait. J'avais plus de vingt ans ; depuis deux ans j'étais mon maître. Quel contraste avec la vie que l'on menait à Paris, et que j'avais menée moi-même l'hiver précédent. La chute du jour me causait une tristesse inexprimable ; c'était le moment où finissait notre journée et où commençaient les soirées de Paris, et depuis cette époque je n'ai jamais entendu battre la retraite sans un serrement de cœur. Un soir, je portais à souper à un sergent de garde, c'était un des derniers beaux jours de l'automne. Je m'assis à moitié chemin, je regardai le coucher du soleil, dont les derniers rayons allaient disparaître ; je pensai à la vie du monde, à l'élégance des toilettes, à l'agrément de la conversation, mes yeux se fixèrent sur mes souliers ferrés, mon pantalon et mon sarrau de grosse toile, le pot de terre qui renfermait le triste souper de mon sergent, et je me mis à fondre en larmes.

Pourtant j'étais loin de me sentir découragé. D'abord la légèreté de l'âge rendait mes impressions mobiles. La gaîté succédait à la tristesse, les plaisanteries et les chansons des soldats m'amusaient comme le premier jour. **Mon emp**loi de caporal me donnait une petite importance ; j'étais fier du parti que j'avais pris, et je tenais à honneur de ne pas céder. J'appris à cette époque que plusieurs jeunes gens de mes amis venaient de jouer la comédie à Paris, et presqu'en public, avec des femmes qui se destinaient au théâtre. En présence de pareils divertissements je ne me plaignais pas d'être caporal et de manger à la gamelle.

On m'avait nommé caporal d'ordinaire, emploi bien pénible l'hiver ; il fallait par tous les temps aller à Etaples, à près de deux kilomètres du camp, pour acheter des légumes. On sait qu'un soldat accompagne toujours le caporal d'ordinaire pour être témoin des marchés. L'usage est que le caporal et le soldat boivent la goutte ensemble aux dépens de la compagnie ; je donnai le bel exemple, fort peu suivi depuis, de payer cette dépense, et la compagnie m'en sut beaucoup de gré. Les soldats ne se faisaient aucun scrupule de tromper les marchands, et des hommes, fort honnêtes d'ailleurs, trouvaient cela très-simple. Persuadés que chacun les volait, depuis le ministre jusqu'à leur sergent-major, depuis les fournisseurs de l'armée jusqu'aux paysans, les petits vols qu'ils pouvaient faire à leur tour leur semblaient une revanche très-légitime.

Le colonel Lacuée revint au commencement de janvier, parut satisfait de ma conduite et ne me parla point d'avancement. Chaque régiment fournissait pour la garde des bateaux canonniers à Etaples un détachement qu'on renouvelait tous les mois. Je fus désigné pour le détachement qui s'embarquait le 1er pluviôse (22 janvier). Les militaires connaissent leur tour, et ce n'était pas le mien.

Je réclamai auprès de l'adjudant, qui me reçut fort mal. Je m'en plaignis au colonel, en lui représentant que j'étais caporal depuis trois mois, que j'avais rempli ce grade dans la saison la plus rigoureuse et de la manière la plus pénible, que je ne pouvais comprendre l'avantage de passer un mois sur des bateaux où l'on était plus mal encore, sans aucune utilité pour ma carrière, et que s'il fallait rester caporal, je désirerais au moins que ce fût au camp, où l'on pouvait apprendre quelque chose. *Vous apprendrez*, me dit-il, *à être contrarié*. Je l'assurai qu'à cet égard depuis quatre mois, il avait bien complété mon éducation.

Je partis donc pour Étaples avec le détachement, et l'on nous installa dans une canonnière par un temps affreux, exposés à la pluie, à la neige et aux vents; nous couchions dans des hamacs où l'on pouvait à peine se garantir du froid. La marine se chargeait de nous nourrir et s'en acquittait avec de mauvais fromage et des pois durs fricassés dans l'huile. Les soldats, très-mécontents, s'en vengeaient par des murmures entremêlés d'histoires plaisantes et de chansons. Pour ma part j'étais peu sensible à tout cela, et j'écrivais à ma mère : *Je ne crains ni le froid, ni la neige, ni le vent qui désolent ici les soldats que je commande. Les peines physiques, qui sont tout pour le commun des hommes, ne sont rien pour celui qui veut se distinguer et qui a l'espérance d'y réussir; on a toujours assez de santé et de force quand on a du courage. Je plains bien plus les soldats de l'équipage que moi; ils ont moins de ressources et moins de motifs d'encouragement. J'aime à retrouver les mêmes* sentiments exprimés à peu près de même dans des occasions plus graves pendant la durée de ma carrière.

Mais je m'affligeais d'une situation qui me rendait toute occupation impossible, et je ne pouvais comprendre par quelle manie mon colonel me condamnait à une corvée aussi inutile. J'en eus bientôt l'explication, car au bout de cinq jours on vint m'apprendre que j'étais nommé sergent et que je devais rentrer au camp. C'était donc une malice, une épreuve de patience pour mon caractère. J'aurais dû m'en douter, connaissant mon colonel; si j'avais été aussi fin que lui, et que j'eusse accepté cette corvée gaiement et sans réclamation, je me serais fait à ses yeux un honneur infini.

La compagnie dans laquelle j'entrai était commandée par un capitaine, très-bon homme, insouciant dans son service, et ne sachant pas faire servir les autres, ayant pour sergent-major un mauvais sujet accablé de dettes, un fourrier qui ne valait pas mieux, des sergents fort braves gens, d'un caractère doux. Nous logions dans la même baraque, et nous mangions ensemble.

Je pris la semaine en arrivant au camp, et comme c'était jour d'inspection je passai en revue, pour la première fois de ma vie, toute la compagnie, ce qui me flatta beaucoup. Je passai près de deux mois dans ce nouveau grade et ils furent fort employés ; le sergent-major étant en prison et suspendu de ses fonctions, un sergent détaché, un autre embarqué, un troisième à l'hôpital, je me trouvai seul dans une compagnie aussi mal commandée que mal administrée. C'était de la besogne pour un débutant, je m'en tirai le moins mal possible.

Ce fut à cette époque qu'on me chargea de défendre devant le conseil de guerre un soldat prévenu de désertion, homme très-borné, et qui réellement n'avait pas su ce qu'il faisait; je fis valoir auprès du Conseil son peu d'intelligence qui l'empêchait d'avoir la conscience de sa faute, et je terminai par la péroraison suivante :

L'accusé, Messieurs, n'a rien à ajouter aux explications que vous venez d'entendre; c'est dans le simple exposé de sa conduite qu'il trouvera sa justification. S'il était coupable, il tâcherait d'émouvoir votre pitié en faveur de trois années de service et d'une conduite irréprochable jusqu'à ce moment. Mais il est innocent; il est accusé d'un crime qu'il n'a jamais eu l'intention de commettre, et comment n'espérerait-il pas, lorsqu'au lieu d'implorer votre clémence, il réclame votre justice. L'accusé fut acquitté, et le capitaine-rapporteur, en lui lisant son jugement, eut la bonté d'ajouter qu'il lui conseillait de ne pas recommencer, de peur de ne pas trouver un aussi bon défenseur. Cet événement fit beaucoup d'effet dans la division, les soldats accusés voulaient tous être défendus par moi. J'en acceptai quelques-uns, et je réussis toujours quand la cause n'était pas trop mauvaise.

Mon sergent-major sortit de prison et reprit ses fonctions; mais ce ne fut pas pour longtemps, et je fus la cause involontaire d'un nouveau malheur qui acheva de le perdre. Dans les premiers jours de mars, ce malheureux sergent-major m'invita à un dîner que donnait un de ses amis à Etaples ; il y avait ce jour-là exercice des sous-officiers, le colonel demanda pourquoi je n'y étais pas, l'adjudant répondit que j'étais de service, et j'étais en effet de planton au magasin d'habillement. Mais un capitaine m'avait vu à Étaples avec mon sergent-major. Le lendemain, mon colonel me fit venir, et après un long sermon sur ce que je sortais étant de service, je répondis qu'il ignorait apparemment ce qu'était le service de planton au magasin ; qu'après avoir défilé la parade, le sergent se présentait chez le capitaine d'habillement pour lui demander ses ordres, que le capitaine répondait qu'il n'en avait point, qu'alors le sergent rentrait au camp et se promenait pendant vingt-quatre heures, qu'enfin cela durait ainsi depuis mon arrivée, et que je n'avais fait que suivre l'exemple général. Le colonel avait la prétention de savoir tout ce qui se passait dans son régiment, et rien ne l'impatientait plus que d'être pris en faute à ce sujet ; il fut donc fort en colère, il cassa le sergent qui m'avait précédé dans ce poste malencontreux, et qui ne m'avait pas attendu pour me donner la consigne. Il fallait aussi me casser en compagnie de tous les sergents du régiment, car j'ai déjà dit qu'on ne faisait pas autre chose depuis un an. Quelque temps après le sergent-major fut cassé, et placé comme sergent dans une autre compagnie. Pour moi, je ne fus pas même consigné ; mais ce qu'il y a de singulier, c'est que, quinze jours après, on me donna la place du sergent-major, dont j'avais involontairement complété la disgrâce.

Avant de parler de ce nouveau grade, je veux faire quelques observations sur le régiment que je commençais à bien connaître. Le 59ᵐᵉ s'était distingué dans les guerres de la Révolution, et faisait partie de la division Desaix à Marengo; dix sous-officiers et soldats reçurent des fusils d'honneur pour leur conduite pendant cette journée. En 1802, ce régiment tenait garnison à Clermont-Ferrand, lorsque le nouvel évêque, M. de Dampierre, y fut installé solennellement en vertu du concordat. Nous ne pouvons pas comprendre aujourd'hui combien alors des cérémonies religieuses, des honneurs accordés à un évêque semblaient étranges. Aussi le capitaine de musique imagina de faire jouer à la cathédrale les airs les plus ridicules, tels que : *Ah! le bel oiseau, maman,* en choisissant de préférence le moment de l'entrée de l'évêque; le régiment fut envoyé à Luxembourg, où le dépôt se trouvait encore. J'ai dit dans quel désordre le dernier colonel avait laissé l'administration; l'instruction militaire n'avait pas été moins négligée, et tout était à refaire, ou plutôt à créer. On a vu dans l'état de la composition du camp que les régiments avaient deux bataillons complétés à huit cents hommes. Les deux chefs de bataillon étaient MM. Savary, frère du duc de Rovigo, vif, animé, colère, inégal dans sa manière de servir; et Silbermann, Alsacien, froid, méthodique, d'une tenue parfaite. Tous deux, devenus à leur tour chefs de corps, moururent au champ d'honneur, comme leur colonel. Lacuée voulait avoir une police, exemple que je n'ai pas cru devoir suivre quand j'ai eu moi-même l'honneur de commander un régiment. Les rapports de cette nature sont quelquefois faux, toujours exagérés; on donne trop d'importance à des propos irréfléchis, et il est à craindre que le colonel ne puisse se défendre de quelque injustice envers de bons officiers. Il y a des paroles que l'on ne doit point entendre, des choses qu'il vaut mieux ne pas savoir. Je pourrais donner l'état nominatif des officiers du 59ᵐᵉ, avec des notes sur chacun d'eux ; mais cette liste serait fastidieuse, et je me contenterai d'observations générales en citant quelques noms. Les officiers sortaient des rangs des sous-officiers ; tous avaient fait la guerre, la plupart étaient des gens de peu d'éducation. Quelques-uns, pour réparer ce désavantage, s'étaient donné une demi-instruction assez confuse. Leurs manières étaient communes, leurs politesses, des politesses de soldats. Le plus distingué de tous, le capitaine Baptiste, devint le colonel du 25ᵉ léger. Le plus original, le capitaine Villars, gascon de naissance et de caractère, exagérait outre mesure le nombre de ses actions d'éclat et de ses blessures, quoique plusieurs des unes et des autres fussent très-réelles. Saint-Michel, mon premier sous-lieutenant, devint général de division commandant la division militaire de Toulouse.

Les sergents-majors avec qui j'ai vécu dans l'intimité pendant cinq mois ne se distinguaient pas des officiers. Ceux-ci avaient été sergents ; les sergents pouvaient devenir officiers. Plusieurs auraient pu s'élever au-dessus des autres, mais ils n'avaient qu'un commencement d'éducation, aucune fortune, quelques-uns contractèrent l'habitude de boire, et arrivèrent à peine au grade de lieutenant ou de capitaine. Rester plusieurs années soldat ou sous-officier est toujours une épreuve pour un homme bien élevé. Décours, jeune homme de mon âge, sergent comme moi dans la même compagnie, m'amusa beaucoup par son originalité. D'une famille noble de Castillonès (ce dont il se vantait beaucoup), je n'ai connu que lui au régiment qui eût une véritable instruction. Il aimait la littérature, et nous avons fait bien des lectures ensemble. Aussi gascon que son origine, il eût dû être le sergent-major de Villars. On n'imagine pas toutes les histoires qu'il inventait sur lui et sur les autres. Mais la bravoure n'était pas en lui une gasconnade : brillant à la guerre, je pourrais ajouter querelleur et duelliste en temps de paix, s'il m'appartenait de m'appesantir sur les défauts d'un camarade qui m'a toujours témoigné une véritable amitié.

Les plus malheureux au camp étaient sans contredit les sergents-majors dépositaires des fonds de la compagnie, que le capitaine aurait dû garder dans sa baraque, où ils auraient été plus en sûreté. Aujourd'hui, le règlement défend avec raison aux capitaines de s'en dessaisir. Le capitaine, toujours responsable, aurait payé en cas de déficit, mais il s'en serait vengé en faisant casser le sergent-major. Celui-ci craignait donc sans cesse d'être victime d'un vol, et le plus léger déficit semblait grave à un militaire qui n'avait que sa faible solde. Ils étaient encore exposés à des dangers d'une autre nature, au danger des tentations. A cette époque, on payait la solde pour les hommes de la compagnie censés présents, et au dernier prêt du trimestre on retenait la solde de toutes les journées d'absence. Ainsi le sergent-major avait en sa possession, pendant trois mois, une somme d'argent souvent considérable pour un soldat, et dont il ne devait compte qu'à la fin du trimestre ; et ayant de l'argent à sa disposition, souvent accablé de fatigue, par le froid, par la grande chaleur, ou après une journée de pluie, il fallait se refuser, non pas une bouteille de vin, qui était un grand luxe, mais une bouteille de bière ou un petit verre d'eau-de-vie. Ceux qui n'avaient point cette vertu se trouvaient embarrassés au moment du règlement des comptes. Ainsi l'on convenait généralement que les sergents-majors ne pouvaient se tirer d'affaire avec leur faible solde, et c'est bien à eux que s'appliquait le mot de M. de Talleyrand : *qu'il ne connaissait personne qui pût vivre avec son revenu.* Plusieurs capitaines le disaient franchement, en ajoutant qu'ils voulaient connaître les petites ressources que le sergent-major se procurait. C'étaient quelques hommes absents que l'on comptait comme présents, quelques journées d'hôpital que l'on cherchait à dissimuler. On se montrait plus sévère pour les manœuvres dont le soldat aurait été victime ; par exemple, un conscrit qui ne savait pas ce qui lui était dû et au compte duquel on portait des effets ou de l'argent qu'il n'avait pas reçus. Ainsi, voler les particuliers était criminel ; voler l'État n'était qu'une faute vénielle : singulière morale à laquelle on était conduit par l'insuffisance de la solde. Les soldats connaissaient ces tours de passe-passe et en faisaient justice. *Le sergent-major connaît l'arithmétique,* disaient-ils ; *pose zéro et retiens neuf.* D'ailleurs le mauvais exemple porte toujours ses fruits ? La quantité de bois accordée pour la construction des baraques paraissant insuffisante, on permettait aux soldats d'aller la nuit couper des arbres dans les forêts voisines ; et pour mettre un terme à un pareil abus, il fallut les ordres les plus sévères de l'Empereur. Comment ensuite pouvait-on exiger des sergents-majors et des caporaux d'ordinaire de la probité soit envers les soldats soit envers les marchands. On a pris le parti de payer convenablement les militaires, et alors on a le droit d'être sévère. Pendant que j'étais sergent-major on me vola 300 francs. Mes camarades m'en témoignèrent leurs regrets, en me demandant seulement la permission d'ajouter qu'ils étaient charmés que ce malheur fût tombé sur moi plutôt que sur l'un d'eux ; 300 francs étaient un léger sacrifice pour ma famille et aucun autre sergent-major n'eût pu supporter une pareille perte.

Le camp de Boulogne, dont celui de Montreuil formait la gauche, a laissé de profonds souvenirs dans notre histoire contemporaine. L'avantage des réunions de troupes dans les camps est connu de tous les militaires. On attribue au camp de Boulogne l'honneur des succès que nous avons obtenus dans les campagnes suivantes : et l'on nous voit toujours occupés de travaux militaires, d'exercices de tous genres. J'étonnerai donc mes lecteurs en leur disant combien, au camp de Montreuil, nos chefs s'occupaient peu de notre instruction, comme ils profitaien mal d'un temps si précieux. Le maréchal Ney commanda deux grandes manœuvres dans l'automne de 1804 et autant en 1805, j'y assistai comme simple soldat puis comme officier. C'était un grand dérangement et une excessive fatigue ; nous partions avant le jour, après avoir mangé la soupe, et on rentrait à la nuit, n'ayant eu pendant la journée qu'une distribution d'eau-de-vie. Le général Malher, qui remplaça le général Partouneaux, réunit à peine la division trois fois et l'on manœuvra mal, il n'y eut point de manœuvre de brigade, le général ne venait même jamais au camp. Chaque colonel instruisait son régiment comme il voulait ; on faisait quelques théories, on instruisait les conscrits, et au printemps de chaque année, on recommençait l'instruction pratique de tous les sous-officiers, depuis la position du soldat sans armes. Le général Malher annonça même un jour l'intention de faire prendre un fusil aux officiers et de les faire exercer comme un peloton ; on lui représenta que les soldats se moqueraient d'eux et heureusement ce projet ne fut pas mis à exécution. Je trouvais déjà assez ridicule de vouloir instruire les sous-officiers comme des conscrits, de leur apprendre ce qu'ils savent et ce qu'ils doivent enseigner aux autres ; aussi rien ne les impatientait davantage. Un jour l'adjudant-major désignait un vieux sergent pour instruire des recrues, celui-ci répondit avec son accent provençal : *Je ne suis pas dans le cas, monsieur. L'exercice, je ne la sais pas. Si je la savais, on ne me la montrerait pas ; si je ne la sais pas, je ne peux pas la montrer* (1). L'instruction ainsi commencée pour toutes les classes se prolongeait jusqu'à l'école de bataillon. Le régiment fut rarement réuni pour manœuvrer en ligne ; on fit quelques promenades militaires qui n'étaient qu'une simple marche, comme une petite journée d'étape ; quelques tirs à la cible,

---

(1) L'exercice est féminin dans le langage du soldat.

sans aucune méthode, point d'école de tirailleurs, point d'escrime à la bayonnette, point de salle d'armes. On n'imagina pas une fois de construire le plus simple ouvrage de campagne. Aucun officier ne fut chargé du moindre travail de connaissance. Je ne parle pas d'écoles régimentaires, qu'il était si facile d'établir et auxquelles on ne pensait point alors. Faire faire l'arithmétique aux soldats ou leur apprendre l'orthographe eût paru bien étrange. Il valait mieux s'enivrer quand on avait de l'argent, ou bien dormir quand on n'en avait pas. Les régiments nos voisins n'en faisaient pas davantage, et je crois pouvoir en dire autant de la première et de la deuxième division, dont l'exemple nous eût entraînés malgré nous. Il est fort heureux qu'une si longue oisiveté n'ait pas enfanté de plus grands désordres.

Au commencement de mars, on donna à chaque compagnie un petit jardin à cultiver ; très-bon moyen pour occuper les soldats et pour leur procurer sans frais des légumes. Cependant ils s'en plaignirent, tant la paresse a de charmes. Les soldats sont comme les enfants, hélas ! comme la plupart des hommes, il faut leur faire du bien malgré eux.

Ce fut à une des promenades militaires dont je viens de parler, que mon sous-lieutenant me dit d'un ton dégagé, en jouant avec son épée : *Sergent, nous fons là une belle promenade.—Oui, mon lieutenant,* répondis-je, *mais moi qui ai un sac et un fusil à porter je trouve que nous vons un peu loin.*

Qu'est-ce donc qui occupait toute cette jeunesse dans les moments non employés à l'exercice, au nettoiement des armes, aux soins de propreté pour lesquels on se montrait du moins assez sévère? Rien du tout, je puis le dire. Dormir une partie du jour, après avoir dormi toute la nuit, chanter des chansons, conter des histoires, quelquefois se disputer sans savoir pourquoi, lire quelques mauvais livres que l'on parvenait à se procurer ; c'étaient leur vie, l'emploi de la journée des sergents comme des soldats, des officiers comme des sergents. Les mœurs étaient meilleures qu'on n'aurait pu le croire. D'abord on ne voyait pas de femmes, nous n'allions jamais à Montreuil distant de trois lieues. Si la ville d'Étaples offrait des ressources, elles étaient prises par la deuxième division, qui y campait. Sans doute on trouvait quelques paysannes aux environs, mais ces paysannes avaient leurs parents, leurs maris ou leurs amoureux et leurs confesseurs, et l'on ne pouvait les compter que comme de rares exceptions. Je suis persuadé que pendant toute la durée du camp, à peine un homme sur cinquante a-t-il eu le moindre rapport avec une femme. Dira-t-on que cette privation devait engendrer des désordres d'une autre nature? Il y en avait sans doute, mais en très-petit nombre. Je puis affirmer ce que j'avance ; car quand on est aussi rapprochés les uns des autres, on sait ce qui se passe. Le fait est qu'on n'y pensait guère. Cette expérience m'a fait croire bien exagéré ce que l'on raconte des mauvaises mœurs des couvents ; d'autant plus que les moines regardent comme un devoir d'éloigner toutes les idées que nous nous plaisions à entretenir. En effet, si nous étions sages, c'était par manque d'occasions ; quand par hasard une seule femme venait à paraître, on n'imagine pas l'excitation que causait sa présence ; et ces soldats, si tranquilles au camp, auraient tous voulu en garnison avoir une maîtresse.

Je n'ai pas besoin de dire qu'il n'était pas question de religion. Les régiments n'allaient à la messe que dans les villes ; car par une singulière contradiction, l'Empereur pensait que la piété convenait aux femmes et non aux hommes. *Je n'aurais pas voulu*, disait-il, *avoir une armée bigotte*; assurément, il devait être satisfait à cet égard. Mais j'ai eu lieu de remarquer combien il est fâcheux de ne jamais parler religion à une nombreuse réunion d'hommes. Rien ne leur rappelle aucun de leurs devoirs ; et l'oubli de la piété amène bientôt l'oubli de la morale.

Cependant quelqu'incomplets que fussent les travaux du camp, l'armée ne retira pas moins de grands avantages du long séjour qu'elle y fit. Le plus important de tous fut de s'accoutumer à vivre ensemble, d'apprendre à se connaître. D'abord la vie du camp nous préparait aux marches et aux campements. Un établissement aussi incommode ne nous rendait pas difficiles ; et j'ai connu tel bivouac bien supérieur à nos baraques. Ensuite les généraux, officiers d'état-major, officiers supérieurs des différents corps, étant depuis longtemps ensemble, se connaissaient, s'appréciaient mutuellement. Si dans une brigade les colonels étaient faibles, le général surveillait plus attentivement l'exécution de ses ordres ; si au contraire le général était peu capable, les colonels s'entendaient entre eux, pour lui indiquer très-respectueusement ce qu'il fallait faire ; et celui-ci, en suivant leur direction, croyait commander. Les manies, les défauts de caractère qui, de la part d'un nouveau venu, auraient pu blesser ou inquiéter, étaient appréciés à leur valeur. *Le général est un peu criard*, disait-on, *il faut le laisser dire, tout à l'heure il n'y pensera plus.* Le maréchal Ney mit lui-même à profit cette connaissance dans les campagnes suivantes. Il savait que tel poste était confié à un général sur lequel il pouvait compter ; il ne s'en occupait plus, et portait son attention sur des points occupés par des généraux ou des chefs de corps qui lui inspiraient moins de confiance. Des liens de fraternité, ainsi qu'une noble émulation existaient entre les divers corps. Les 6ᵉ et 9ᵉ légers, 59ᵉ et 96ᵉ de ligne s'étaient distingués à Marengo. L'Empereur avait dit un jour, en parlant du 32ᵉ : *J'étais tranquille; la* 32ᵉ *était là.* Les uns voulaient justifier de si belles renommées, les autres en acquérir à leur tour. Ce sont cette union, cette confiance, cette appréciation du mérite et du talent, des qualités, des défauts même de chacun, qui ont contribué à nos succès ; et c'était le résultat du long séjour de l'armée dans les camps.

J'ai interrompu mon récit pour faire quelques réflexions générales sur le régiment et sur la vie que l'on menait au camp ; elles seront mieux comprises après ce qui a précédé, et en même temps elles éclairciront ce qui va suivre.

Je continuai donc mon apprentissage de soldat et de sous-officier, et je dois convenir que si cette situation m'a causé quelquefois de l'embarras, j'en ai recueilli l'avantage dans la suite de ma carrière. En vivant avec les soldats, j'ai appris des choses que j'aurais toujours ignorées et qui m'ont été utiles quand j'ai été appelé à les commander.

J'ai dit que je venais d'être nommé sergent-major, et malheureusement dans la même compagnie, la plus mauvaise du régiment. Un capitaine insouciant et ne s'occupant d'aucuns détails, point de lieutenant, un sous-lieutenant vieux troupier, le sergent-major cassé pour sa mauvaise conduite, le fourrier paresseux, un très-mauvais caporal gâtant tous les autres, des sergents, mes camarades de chambrée, bonnes gens, sans caractère, le plus distingué de tous, Décours, dont j'ai parlé plus haut, d'une société agréable, mais embarrassant par sa mauvaise tête : voilà tout ce qui me secondait. Je fus nommé le 1er germinal (22 mars). Il fallait régler le trimestre ; mon prédécesseur devait à toute la compagnie, et niait une partie de ses dettes ; c'étaient des réclamations perpétuelles, et le capitaine ne savait interposer son autorité ni pour imposer silence aux soldats, ni pour leur faire rendre justice. Si l'on eût voulu remettre de l'ordre dans cette compagnie, il eût fallu y dépenser 500 francs. Quel début pour un jeune sergent-major, dont l'avancement est déjà un sujet de mécontentement et d'envie ! Tant de difficultés et de mécomptes me rendaient désagréable ce nouveau grade, que j'avais tant désiré et qu'au fond j'étais très-fier d'avoir obtenu. Je dois donc le dire ici en toute vérité, je n'ai point été un bon sergent-major, et le quartier-maître le dit un jour très-nettement au colonel, que cela mécontenta beaucoup. La vie de soldat et de sous-officier commençait à me fatiguer. On m'avait fait espérer d'être officier au bout de quelques mois; et plus j'approchais du terme, plus je voyais combien cela était difficile. Je n'avais pas d'argent, et je n'en

demandais pas ; il est vrai que je faisais des dettes. Cette situation m'attristait, me mécontentait ; au lieu de faire effort pour vaincre les difficultés, j'étais négligent dans mon service, et mon malheureux capitaine ne savait ni me diriger, ni m'encourager, n me réprimander. Pourtant je touchais au moment le plus grave et qui eût dû stimuler tout mon zèle. Il y avait une place de sous-lieutenant vacante au régiment, au tour du choix des officiers par suite d'une loi républicaine que l'Empire n'avait point encore abolie. Les sous-lieutenants désignaient au scrutin trois candidats parmi les sous-officiers, et les lieutenants choisissaient un des trois. De même pour le grade de lieutenant, les lieutenants désignaient trois sous-lieutenants, et les capitaines en choisissaient un. Le colonel avait toujours désiré me faire nommer de cette manière, elle était en effet plus flatteuse ; mais comment l'obtenir d'officiers déjà jaloux d'un avancement que je n'avais pas trop bien justifié, surtout dans ces derniers temps, et quand ces officiers avaient parmi les sous-officiers des amis, d'anciens camarades qui attendaient depuis longtemps cette distinction, si importante pour leur avenir, et qui tous la méritaient mieux que moi ? Cependant l'autorité du colonel, le désir de lui être agréable, surtout la crainte de lui déplaire dans un temps où la puissance des chefs de corps était immense ; tous ces motifs vainquirent l'opposition, et je fus nommé sous-lieutenant le 26 mai. Mais avant d'être reçu, il fallait la confirmation de l'Empereur, et jusque-là je devais continuer mon service de sergent-major. En ce moment parut un dé-
qui exigeait quatre ans de service avant d'être

nommé officier. Ce décret, qui combla de joie les vieux militaires, me donna de vives inquiétudes. Ma nomination serait-elle confirmée? Elle avait eu lieu avant la promulgation du décret fatal ; mais l'Empereur comptait pour rien les règles, et peut-être voudrait-il faire exécuter tout de suite un décret qu'il avait rendu pour flatter les anciens. Mon colonel fut d'avis d'attendre ; au bout d'un mois, cependant, il se décida à me faire recevoir. L'inspecteur aux revues consentit à me payer avant le décret de confirmation. Tout se préparait pour la descente en Angleterre; on parlait en même temps de rupture avec l'Autriche ; la guerre était donc imminente, et il pensa avec raison que l'on ne m'ôterait point mon grade en présence de l'ennemi. Je fus donc reçu à la tête du régiment, le 2 juillet, et cette nomination fut généralement mieux accueillie qu'on n'aurait pu le croire. D'abord on s'y était toujours attendu ; mon service de soldat et de sergent était un jeu, et l'on savait très-bien que je n'étais entré au régiment que pour devenir officier. Cette nomination faisait plaisir au colonel, que l'on voulait se rendre favorable. Quelques sous-lieutenants, mieux élevés que les autres, étaient bien aises de m'avoir pour camarade. Enfin, malgré la jalousie que j'inspirais, malgré quelques reproches que l'on pouvait me faire, j'étais aimé au régiment. On me savait gré d'avoir supporté de bonne grâce l'epreuve que je subissais depuis dix mois, et l'on savait que ce noviciat, bien court pour les autres, avait dû me paraître terriblement long. Mon bonheur était donc parfait, lorsque ce même soir il fut troublé par un événement bien funeste:

CHAPITRE PREMIER.

Le lendemain il devait y avoir un simulacre d'embarquement pour tout le corps d'armée. Le 27ᵉ régiment, détaché au camp de Saint-Josse, sur la rive gauche de la Canche, vint passer la nuit dans nos baraques. Officiers et soldats, chacun s'empressa de bien accueillir ces nouveaux hôtes, et ce fut un jour de fête pour les deux régiments. Le soir nous nous réunîmes tous au café, grande baraque construite à l'extrémité du camp, et en entrant le bruit et la chaleur me portèrent à la tête, je n'eus donc pas de peine à achever de me griser, et nous y étions encore à minuit au nombre de sept ou huit seulement. M. Lafosse, capitaine de police, qui nous tenait compagnie, fit observer alors que le colonel se promenait dans les rues du camp, que peut-être il trouverait mauvais que l'on restât si tard au café, que d'ailleurs on prenait les armes de grand matin et qu'il serait temps de nous retirer; je répondis qu'il n'avait point d'ordres à nous donner, qu'étant officier je n'étais plus soumis à l'appel, que nous étions bien les maîtres de rester au café toute la nuit, et que si nous étions prêts pour la prise d'armes, on n'avait rien à nous dire. Le capitaine répliqua et moi aussi. Un de mes camarades me fit de la morale, et au bout d'un instant m'emmena sans résistance. Après mon départ, quelques officiers blâmèrent ma conduite avec une vivacité qu'eux-mêmes avaient oubliée le lendemain. Mais le colonel avait tout entendu. On ne peut se figurer sa colère. C'était donc là la récompense de tant de soins; il m'avait reçu dans son régiment; il m'avait fait rapidement franchir les différents grades; lorsqu'il fallut remettre de l'ordre dans l'administration d'une compagnie, il m'avait presque imposé au capitaine comme sergent-major. J'avais répondu à sa confiance en servant négligemment et en faisant des dettes. Loin de se décourager, il avait obtenu des officiers de me nommer sous-lieutenant ; et, le soir même de ma réception, je commençais par un acte d'insubordination, par la désobéissance envers le capitaine de police. Aussi, plus il m'avait témoigné de bonté, plus il devait maintenant se montrer sévère. Ce n'était plus pour m'apprendre mon métier, pour me faire le caractère, c'était pour me punir et se justifier lui-même auprès des officiers. J'appris donc, à ma grande surprise, après le profond sommeil qui suit toujours l'ivresse, j'appris que j'étais aux arrêts forcés avec un factionnaire à ma porte ; l'officier aux arrêts paye ce factionnaire trois francs par jour ; voilà comment on m'aidait à acquitter mes dettes. Cette rigueur dura quinze jours et fut suivie de huit jours d'arrêts simples. Dans cette occasion, comme en d'autres, on manqua le but en le dépassant. La punition attira l'attention sur la faute, qui n'était rien par elle-même, rien que quelques propos d'homme ivre sans valeur, puisqu'après avoir refusé de m'en aller, j'étais sorti de moi-même l'instant d'après. Le capitaine Lafosse, à qui j'en ai parlé depuis, quand nous étions, lui chef de bataillon et moi général, m'a assuré qu'il ne m'aurait pas même mis aux arrêts.

Je logeais dans ma nouvelle baraque avec trois officiers. Ces baraques, aussi malsaines que celles des soldats, étaient au moins plus spacieuses et plus commodes.

Les officiers aux arrêts de rigueur ne reçoivent

personne, mais on ne pouvait pas punir mes compagnons de chambrée pour ma prétendue faute et je profitais des visites qu'on leur faisait. L'un d'eux eût été très-bon homme, s'il n'eût eu pour son malheur un peu d'éducation qui l'avait rendu un savantasse, mêlant à tort et à travers du latin à tout ce qu'il disait, devant les ignorants comme devant les savants, à peu près comme Partridge dans Tom Jones. L'autre, jeune homme sortant du Prytanée, paresseux d'esprit et de corps, passant la moitié de sa vie à garder les arrêts, l'autre à les mériter. Le troisième, bon militaire, ne sachant que dormir, chasser et commander l'exercice, parvenu enfin à force de travail au grade de sous-lieutenant, son *nec plus ultrà*. Ces trois hommes, si différents d'esprit et de caractère, n'en vivaient pas moins en bonne intelligence, et j'eus également à me louer d'eux. J'employai cette longue captivité à étudier mon métier, sans oublier la littérature. Je me souviens encore combien m'intéressaient les commentaires de Voltaire sur Corneille. Je cherchais à lutter d'esprit avec l'auteur, en faisant moi-même dans ma tête un commentaire sur les passages qu'il cite; et ma témérité se trouvait assez punie, quand je comparais les notes de Voltaire avec mes réflexions.

Mes arrêts furent enfin levés et je me présentai chez mon colonel avec moins de crainte encore que de douleur de l'avoir affligé. Son accueil fut froid, triste et sévère : il ne voulait plus être que mon colonel, puisque l'amitié qu'il me témoignait réussissait si mal; il avait cessé toute correspondance avec ma famille, ne pouvant pas dire du bien de moi, et n'en voulant pas dire de mal; sans doute cette affaire le brouillerait avec mes parents, parce qu'on lui donnerait tort et il regretterait de renoncer à une société aussi aimable. Je fus charmé de pouvoir le rassurer à cet égard, en lui disant que loin d'excuser ma conduite, dont j'avais déjà instruit mes parents, ils penseraient sans doute que j'étais coupable, puisqu'il me punissait, et que jamais rien ne pourrait ni à leurs yeux ni aux miens diminuer la reconnaissance que nous lui devions. Je me gardai bien d'ajouter combien sa rigueur me semblait excessive. Au bout de peu de temps je retrouvai toute son ancienne bonté.

Au mois de juillet je fis partie d'un détachement à Montreuil, et, le 1er fructidor (22 août), j'embarquai sur les canonnières, cette fois comme sous-lieutenant. Ce fut un plaisir pour moi de sortir du camp, de voir d'autres objets que cette plaine sur laquelle nous étions campés, et d'autres figures que celles de nos soldats. D'ailleurs, j'étais si content, si fier de mon nouveau grade, que tout me semblait bon et beau. Le moment le plus important dans la carrière d'un militaire est celui où il devient sous-lieutenant. L'armée est divisée en deux classes : les officiers et la troupe, et un intervalle immense les sépare. Or un adjudant, le premier sous-officier du régiment, fait partie de la troupe, comme le dernier tambour; un sous-lieutenant fait partie des officiers comme le doyen des maréchaux de France. Si cette différence est sensible en garnison, elle l'était bien plus encore au camp, où nous vivions entre nous, réunis dans un petit espace et sans autre société que nous-mêmes; aussi ces deux classes semblaient séparées par un abîme. Plusieurs sous-lieutenants, qui désiraient m'avoir pour camarade, n'auraient pas pu me faire la plus simple politesse, avant que je fusse devenu leur égal. J'ai vu des sous-officiers amis, anciens camarades, compagnons de plaisir ; l'un était nommé sous-lieutenant, tout rapport cessait entre eux. Quelquefois un mot de bonté d'un côté, un remercîment respectueux de l'autre : voilà tout ce qui restait de leur ancienne intimité. C'est donc après avoir passé dix mois sans sortir du camp et dans une telle infériorité vis-à-vis des officiers, que je me suis trouvé tout d'un coup leur égal, et que j'ai vu au-dessous de moi tout le reste du régiment, où j'avais si longtemps connu des camarades ou des supérieurs. Ainsi sans parler même de l'avancement auquel ce premier pas donne des droits, c'est pour le présent un avantage incalculable et l'on en jouirait tous les jours de sa vie, si l'on devait toute sa vie rester sous-lieutenant.

Cependant, au mois d'août 1805, l'expédition tant annoncée ne partait point encore. J'ai dit au commencement de ce récit avec quel bonheur et quelle habileté tous les moyens de transport avaient été réunis sur la côte ; mais comment transporter cette immense flottille en Angleterre ? Pouvait-on risquer le passage en présence de la croisière ennemie ? Fallait-il attendre l'arrivée de notre flotte qui eût occupé les Anglais pendant que nous aurions passé ? Ces deux partis furent longuement discutés.

Il ne fallait que quarante-huit heures pour faire sortir des ports notre flottille et traverser le détroit. Il y a dans la Manche, en été, de longs calmes pendant lesquels la croisière anglaise ne pouvait agir. Ainsi des bâtiments construits pour marcher à la rame comme à la voile pouvaient passer, même en présence de l'escadre anglaise. Les brumes de l'hiver offraient le même avantage. Dans ces deux cas on pouvait risquer la descente sans le secours de notre flotte; mais, à l'aide de la flotte, on pouvait la risquer dans toutes les saisons. Ainsi l'Angleterre était toujours tenue en alarme. On se croyait prêt dès le mois de septembre 1803; la nécessité de compléter l'équipement et l'armement, ainsi que mille difficultés qui se rencontrent toujours au dernier moment, firent remettre l'expédition jusqu'en août 1804.

Napoléon se décidait enfin à attendre l'arrivée de nos flottes; ce parti plus prudent promettait un succès presque infaillible. La mort des amiraux Latouche-Tréville et Brueys causèrent de nouveaux retards. L'amiral Villeneuve, qui remplaçait Latouche-Tréville, partit de Toulon en janvier 1805; il devait se joindre aux flottes de Brest et de Rochefort, attirer les Anglais dans la mer des Antilles et revenir ensuite dans la Manche. Mais Villeneuve était inquiet du mauvais état du matériel de la flotte et de l'inexpérience des équipages. Une tourmente dispersa les bâtiments, et causa de grands dommages. Après avoir fait soixante-dix lieues, Villeneuve rentra dans Toulon, et le projet échoua encore. L'Angleterre commençait à ne plus croire à la descente, et le voyage de l'Empereur à Milan, pour son couronnement comme roi d'Italie, continua à entretenir cette illusion. Cependant Napoléon ne pouvait pas sans une nécessité absolue abandonner un plan qui, depuis deux ans, occupait toutes ses pensées, et dont il attendait de si immenses résultats. L'Espagne venait de déclarer la guerre à l'Angleterre et sa flotte allait joindre la nôtre; le moment était donc venu de tenter un dernier effort.

Villeneuve repartit de Toulon le 30 mars, rallia à Cadix l'amiral Gravina et arriva à la Martinique, mais la flotte commandée par Ganteaume ne paraissait pas. Les vents contraires la retenaient à Brest, toujours bloquée par la flotte anglaise. Alors Villeneuve, au lieu d'attendre à la Martinique la jonction de toutes les escadres, reçut l'ordre de venir débloquer celles du Ferrol et de Brest, pour les conduire enfin dans la Manche. Un combat naval eut lieu au Ferrol, il fut indécis; le découragement de Villeneuve s'en augmenta. Personne ne peut révoquer en doute le courage personnel de ce malheureux amiral, mais son caractère indécis et inquiet le disposait toujours à exagérer les inconvénients et les dangers. Les Espagnols n'étaient pour lui qu'un embarras : « ce sont eux, dit-il, qui nous ont conduits au dernier degré des malheurs. » Villeneuve ne croyait pas même les Français capables de se mesurer en mer avec les Anglais, et il avouait au ministre de la marine qu'avec ses vingt-neuf vaisseaux il craindrait de rencontrer vingt vaisseaux ennemis. Villeneuve ignorait qu'en toute affaire, il ne faut pas trop craindre les chances défavorables, et qu'à la guerre principalement, qui ne risque rien n'a rien. Il partit donc de la Corogne ayant l'ordre d'aller à Brest, mais ne sachant pas bien lui-même ce qu'il voulait faire.

Pendant ce temps Napoléon, à Boulogne, préparait le départ de l'armée. Tout le matériel était embarqué et l'on avait fait plusieurs essais d'embarquement du personnel ; chaque régiment, chaque compagnie connaissait son emplacement, et le départ pouvait avoir lieu sans le moindre embarras. En même temps, on continuait à construire des baraques et le bruit d'une guerre continentale prenait quelque consistance. Irions-nous en Angleterre, en Allemagne ; ou bien serions-nous condamnés à passer encore un hiver dans ce malheureux camp ? Cette dernière hypothèse était la seule qui nous effrayât. Napoléon, étonné de ne pas voir arriver Villeneuve, commençait à concevoir de l'inquiétude, que le ministre augmentait encore en lui faisant part des irrésolutions de cet amiral. Enfin, on apprit, le 26 août, que Villeneuve, au lieu de marcher sur Brest, se décidait à retourner à Cadix ; et l'époque de la saison, la réunion des flottes anglaises empêchaient alors de rien entreprendre.

Heureusement, la nouvelle coalition de l'Europe permit à Napoléon de remplacer cette expédition, si souvent et si inutilement annoncée, par une grande guerre européenne. Aussi, dès le lendemain 27 août, après une violente explosion de colère contre l'incapacité de l'amiral Villeneuve, qui faisait manquer le plus beau plan du monde, il y renonça sur-le-champ, donna des ordres de départ pour l'Allemagne et dicta le plan de la campagne de 1805.

Ainsi se terminèrent nos incertitudes. Les trois divisions du camp de Montreuil, toujours sous le commandement du maréchal Ney, partirent pour Strasbourg le 1er septembre. J'étais ravi de faire la guerre comme officier, et les fatigues de l'infanterie me semblaient légères, n'ayant plus que mon épée à porter. L'Empereur n'avait point confirmé ma nomination; mais j'étais tranquille, bien persuadé qu'on ne me dégraderait pas sur le champ de bataille.

CHAPITRE II.

CAMPAGNE DE 1805.

Ire PARTIE.

MARCHE EN ALLEMAGNE. — COMBAT DE GUNTZBOURG. — PRISE D'ULM.

La troisième division partit du camp de Montreuil le 1er septembre (1). Les deux premières nous avaient précédés à un jour de distance. Ces deux jours furent précieux au moment d'un départ si précipité. Nous marchions par division, la gauche en tête; ainsi les 59e régiment, 50e, 27e et 25e léger. Rien ne fatigue plus les troupes que la marche par division. Il faut de la place pour loger huit mille hommes, et, après une longue route, les compagnies se trouvaient sou-

---

(1) Il faut revoir la composition du camp de Montreuil (Journal de cette époque, p. 7).

Les troupes qui y sont désignées formaient alors le 6e corps, commandé par le maréchal Ney.

On ne doit pas oublier que le 59e régiment, dont j'ai donné l'histoire, faisait partie de la 3e division, commandée par le général Malher.

vent obligées d'aller chercher par des chemins de traverse et à d'assez grandes distances le village qu'on leur assignait.

Le 59ᵉ étant tête de colonne, M. le chef de bataillon Silbermann commandait l'avant-garde, dont je faisais partie le jour du départ avec un autre sous-lieutenant. J'étais en retard, et mon camarade m'avait imité. L'avant-garde se trouvait bien loin quand nous allâmes présenter nos excuses au commandant, qui nous répondit avec son sang-froid alsacien : *Messieurs, je ne me fais jamais attendre et je n'attends jamais personne ; vous garderez les arrêts.* Rien ne me contraria plus que cette punition au début d'une campagne. Elle me parut un triste souvenir du passé, un sinistre présage pour l'avenir.

En vingt-six jours, la division atteignit les bords du Rhin à Seltz, au-dessous de Strasbourg, en passant par Arras, La Fère, Reims, Châlons, Vitry, Saint-Dizier, Nancy et Saverne. Nous marchions dans le plus grand ordre par le flanc, sur trois rangs, les officiers constamment avec leurs compagnies. Un jour que j'étais resté en arrière un quart d'heure pour achever de déjeuner à la halte, mon capitaine me dit que lui-même ne se serait pas permis ce que je venais de faire. Quand les officiers donnent un pareil exemple, on peut être sûr que tout va bien. Aussi le passage d'une armée aussi nombreuse ne donna lieu à aucune plainte. Il y avait dans nos régiments beaucoup de conscrits qui supportèrent admirablement cette longue marche ; il y eut peu de malades, point de traînards, et les hommes à qui l'on accorda des congés pour aller voir un instant leur famille, rentrèrent tous avant le passage du Rhin.

J'avais espéré moi-même une permission pour revoir mes parents après un an d'absence et au moment d'entrer en campagne. Mon colonel l'avait promis à ma mère, et je le vis avec surprise, le second jour de route, partir pour Luxembourg, dépôt du régiment, sans me parler de rien. Il nous rejoignit, le 15, à Saint-Dizier, et j'appris la cause de cette rigueur. Le second jour de marche j'étais de service à l'arrière-garde, corvée fort ennuyeuse, car on doit faire filer devant soi tous les bagages. Je causais avec une cantinière à la fin d'une longue étape, et comme elle me dit qu'elle se sentait fatiguée et un peu souffrante, je lui offris mon bras sans y penser et comme à une dame de Paris. Le général Malher nous vit et félicita mon colonel sur la galanterie des officiers qui donnaient le bras aux cantinières. Il n'en fallait pas tant pour exciter sa colère. Après m'avoir vivement reproché mon étourderie, il me dit que cette sottise l'avait empêché de me donner plus tôt une permission, mais que mes parents ne pouvaient pas être punis pour ma faute ; que j'allais partir pour Paris, à la condition d'être de retour pour le passage du Rhin, le 26. Ainsi, en douze jours, il fallait faire deux cents lieues en poste, car je ne pouvais pas perdre un des instants consacrés à ma famille. N'ayant point de voiture, je prenais à chaque poste un cabriolet, une carriole, une petite charrette, où l'on attelait un cheval ; le postillon assis à côté de moi, courant ainsi jour et nuit sans arrêter, prenant à peine le temps de manger. Mon arrivée à Paris fut un jour de fête pour ma famille et pour moi.

Il faudrait avoir passé un an au camp pour comprendre ce que j'éprouvai à Paris. Ce séjour me parut enchanté, je croyais rêver ; et pourtant, en me retrouvant dans le lieu où j'avais passé mon enfance, je me demandais quelquefois si le camp de Montreuil n'était pas plutôt un mauvais rêve. Quelqu'un disait qu'en lisant Homère, les hommes lui paraissaient avoir six pieds de haut. On peut dire aussi que les gens bien élevés semblent des êtres d'une autre nature, des espèces de génies supérieurs aux hommes. La toilette des femmes, la conversation, le ton, les manières me transportaient dans un nouveau monde. On avait fort approuvé le parti que j'avais pris, et qui était déjà couronné de succès, puisque j'étais officier. D'ailleurs, M. Lacuée étant l'ami de la maison, le numéro du régiment augmentait encore l'affection qu'inspirait le jeune sous-lieutenant. Ces moments de bonheur durèrent peu. Arrivé à Paris le 17 septembre, j'en devais partir de manière à arriver sur le Rhin le 26.

Mon voyage eut lieu, comme je l'ai dit, en charrette de poste, jour et nuit ; il fallait mon âge et ma santé pour supporter de pareilles épreuves. On attendait l'Empereur, et c'est à peine si je pouvais obtenir le seul cheval dont j'avais besoin. Quelquefois un voyageur demandait la permission de monter avec moi ; j'y consentais, pourvu qu'il donnât quelque chose au postillon et que la rapidité de la course ne fût point ralentie.

J'arrivai à Seltz le 26, veille du passage du Rhin ;

CHAPITRE II.

mais dans quel équipage ! J'avais acheté à Paris tout ce dont j'avais besoin; on le mit à la diligence. La rapidité de notre marche et notre changement de direction m'empêchèrent de le recevoir. Je passai le Rhin avec une épaulette et une épée d'emprunt. C'est ainsi que j'ai toujours manqué de tout dans le cours de ma carrière. J'ai été sergent-major sans argent pour payer le prêt, voyageur en poste sans voiture, officier sans épaulette ni épée, aide de camp sans chevaux. Je suis venu à bout de toutes ces difficultés, en les bravant hardiment, en ne doutant jamais ni de moi ni de la Providence. La division passa le Rhin le 27 sur un pont de bateaux, entre Seltz et Lauterbourg. Ce passage fut une véritable fête. Les soldats portaient de petites branches d'arbres à leurs habits, en guise de lauriers. Nous défilâmes de l'autre côté du Rhin, devant les généraux, au cri de : Vive l'Empereur !

Le 30, le corps d'armée se réunit à Stuttgard, en passant par Carlsruhe et Prorsheim. Nous y séjournâmes jusqu'au 3 octobre.

Il faut maintenant raconter la position de l'ennemi, expliquer les projets de Napoléon. On verra ensuite quelle part fut réservée au sixième corps dans leur exécution, quel rôle joua le 59e, dans les opérations du corps d'armée, enfin la part très-minime que j'ai prise aux exploits de ce régiment.

La coalition formée par les Anglais, les Autrichiens, les Russes, les Suédois et les Napolitains, espérait attirer les Bavarois, tout le reste de l'Allemagne et la Prusse elle-même. Plusieurs attaques se préparaient par la Poméranie, la Lombardie et le midi de l'Italie. La seule dont j'aie à m'occuper devait suivre la vallée du Danube; elle était confiée aux Autrichiens et aux Russes, mais les Russes étaient en arrière. Si l'armée autrichienne se fût portée à leur rencontre, elle eût découvert l'Allemagne, que Napoléon aurait envahie et forcée de se joindre à lui. Le général Mack, qui commandait l'armée autrichienne, résolut de le prévenir; il traversa la Bavière et vint prendre position, la droite à Ulm, la gauche à Memmingen, couvert par l'Iller. Il supposait que Napoléon l'attaquerait de front par les défilés de la forêt Noire, entre Strasbourg et Schaffouse; il comptait pouvoir se défendre avantageusement dans la forte position qu'il avait prise; et, en supposant même qu'il fût vaincu, il opérerait sa retraite en se rapprochant des Russes. Il avait détaché le général Kienmeyer à Ingolstadt pour observer les Bavarois et se lier avec les Russes qu'on attendait par la route de Munich.

Mais Napoléon forma un tout autre plan. Il ne se proposait pas de battre les Autrichiens, mais de les envelopper et de les détruire, pour marcher lui-même au-devant des Russes. Il organisa son armée en sept corps, et lui donna pour la première fois le nom de Grande Armée, ce nom devenu si célèbre. Chaque corps d'armée se composait de deux ou trois divisions d'infanterie, d'une brigade de cavalerie et d'un peu d'artillerie. Le maréchal Bernadotte commandait le premier, Marmont le deuxième, Davoust le troisième, Soult le quatrième, Lannes le cinquième, Ney le sixième, Augereau le septième. La grosse cavalerie, composée de carabiniers, de cuirassiers et de dragons, était réunie en un seul corps, que commandait habituellement le prince Murat; la garde impériale formait la réserve. La Grande Armée présentait une masse de cent quatre-vingt-six mille combattants, à laquelle allaient bientôt se joindre vingt-cinq mille Bavarois, huit mille Badois et Wurtembergeois, car l'électeur de Bavière, après beaucoup de perplexité, avait fini par s'unir franchement à la France.

Voici les dispositions que prit Napoléon pour exécuter son plan :

Le 25 septembre, Murat avec une partie de la cavalerie et quelques bataillons du cinquième corps, paraissant faire l'avant-garde de l'armée, passa le Rhin à Strasbourg et se présenta aux défilés de la forêt Noire, pour faire croire au général Mack qu'il allait être attaqué de ce côté; les fausses nouvelles, les achats de vivres, rien n'avait été négligé pour confirmer son erreur. Pendant ce temps, les corps de la Grande Armée franchissaient le Rhin de la droite à la gauche : le sixième à Lauterbourg; le quatrième à Spire; le troisième à Manheim; les premier et deuxième arrivèrent de la Hollande et du Hanovre à Wurtzbourg. Tous ces corps se dirigeaient sur le bas Danube, pour le passer à Donauwerth, s'emparer du pays situé entre le Lech et l'Iller, forcer le passage de cette rivière, afin d'investir Ulm par la rive droite; le maréchal Ney, avec le sixième corps, devait rester sur la gauche et s'approcher d'Ulm le plus possible.

Ainsi, nous partîmes de Stuttgard le 3 octobre pour suivre la grande route d'Ulm. La troisième division logea pendant deux jours dans de mauvais villages. Le 5, au soir, avant d'arriver à Geislingen, elle tourna à gauche pour suivre le mouvement des autres corps sur le bas Danube. Nous marchâmes la nuit et la journée suivante avec quelques moments de repos, et sans manger. L'Empereur avait ordonné de faire porter aux soldats du pain pour quatre jours, et d'avoir pour quatre jours de biscuit dans les fourgons. Je ne sais ce qui avait lieu dans les autres corps, mais, quant à nous, nous n'avions rien ; et comme le 59ᵉ marchait le dernier par son ordre de numéro, il n'arriva qu'à l'entrée de la nuit au bivouac près de Giengen, ville où logeait le général Malher. Le colonel lui dit que son régiment arrivait après une marche de trente-six heures, et lui demanda la permission de faire une réquisition de vivres. Le général refusa, parce qu'il avait promis de ménager la ville, mais c'était autoriser tous les désordres : aussi les villages environnants furent saccagés ; et le premier jour de bivouac devint le premier jour de pillage. Le colonel, qui mourait de faim lui-même, trouva les grenadiers faisant rôtir un cochon. Sa présence causa d'abord de l'embarras ; au bout d'un instant, un grenadier plus hardi lui offrit de partager leur repas, ce qu'il fit de grand cœur, et le pillage se trouva autorisé.

Le lendemain 7 nous bivouaquâmes près d'Hochstedt. Ce même jour, le maréchal Soult passait le Danube à Donauwerth. Le maréchal Ney reçut l'ordre de revenir sur ses pas pour se rapprocher d'Ulm, et de s'emparer des ponts de Guntzbourg et de Leipheim, afin de resserrer la place et de faciliter la communication entre les deux rives.

La troisième division fut chargée de cette opération. Il fut impossible d'aborder le pont de Leipheim, à cause des marais impraticables qui l'entouraient. Le général Malher, avec la brigade Marcognet, entreprit l'attaque du grand pont de Guntzbourg en face de la ville. Le lit du Danube, en cet endroit, est coupé par différentes îles ; elles furent toutes enlevées avec résolution. Mais il fut impossible de franchir le grand bras du Danube, qui touche à la ville. Une travée du pont avait été détruite, et les travailleurs, exposés aux coups des Autrichiens placés de l'autre côté du fleuve, ne purent réussir à rétablir le pont. Il fallut se retirer dans les îles boisées et renoncer à cette opération, qui avait déjà coûté près de trois cents hommes.

Le général Labassée, avec le 59e, reçut l'ordre d'enlever un autre pont situé au-dessous de Guntzbourg (1). Le régiment arriva, le 8, fort tard à la petite ville de Gundelfingen. La journée fut pénible ; plusieurs soldats, fatigués par les marches précédentes, restèrent en arrière. Le colonel assembla les sergents-majors et leur parla vivement sur le devoir pour des militaires de supporter sans se plaindre la fatigue, le manque de nourriture et tous les genres de souffrances. *Il ne suffit pas d'être braves*, ajou-

---

(1) Il y a quatre ponts aux environs de Guntzbourg le pont de Leipheim, celui de Guntzbourg même, un pont au-dessous de Guntzbourg, et enfin le pont de Reinsbourg (*Histoire du Consulat et de l'Empire*, t. VI, p. 92). Ce n'est pas ce dernier pont que le 59e fut chargé d'enlever, mais le pont intermédiaire entre Guntzbourg et Reinsbourg.

ta-t-il, *nous le sommes tous, et moi-même, je puis être tué demain* ; paroles, hélas ! bien tristement prophétiques. Le lendemain 9, le deuxième bataillon marchait en tête; le soir, pour la première fois, nos conscrits parurent devant l'ennemi ; les tirailleurs chassèrent les Autrichiens des bois qui sont en avant du pont ; ce pont lui-même fut enlevé au pas de charge. Le colonel plaça en réserve à l'entrée du pont les trois dernières compagnies du premier bataillon : c'étaient les sixième, septième et huitième (1); la mienne était la septième. Nous gardâmes longtemps cette position, fort impatientés de ne pouvoir partager la gloire et les dangers de nos camarades. Lefèvre, adjudant du bataillon, nous tenait compagnie. *Vous me voyez à mon poste*, me dit-il, *au demi-bataillon de gauche*. C'est en effet la place de l'adjudant ; mais je ne pus m'empêcher de penser que lorsqu'il y avait en avant un bon château, l'adjudant ne gardait pas si scrupuleusement son poste (2). Là, nous vîmes quelques blessés et un assez

---

(1) Les bataillons se composaient alors d'une compagnie de grenadiers et de huit de fusiliers.

(2) Je ne veux pas dire du mal de Lefèvre, excellent homme et bon militaire. Je saisis plutôt l'occasion de raconter à son sujet un événement peut-être sans exemple. En 1813, étant lieutenant, il quitta le régiment pour passer avec avancement dans un autre corps. Arrivé à Paris, il apprit qu'il était nommé chef de bataillon et non capitaine, sans doute par une erreur de travail de bureau. On refusa d'entendre ses explications ; il rejoignit son nouveau régiment avec un grade si singulièrement acquis, et il fut tué à la première affaire à la tête de son bataillon.

bon nombre de prisonniers, que la huitième compagnie fut chargée de conduire à Gundelfingen. A l'entrée de la nuit, nous eûmes enfin l'ordre de rejoindre le régiment. Le pont étant à moitié coupé, on ne pouvait passer qu'homme par homme. Quand vint notre tour de suivre la sixième compagnie, mon capitaine passa et se mit à courir sans regarder derrière lui; le premier sergent, les soldats le suivirent comme ils purent. Pour moi, j'oubliai en cette occasion que le premier soin d'un jeune officier qui débute devant l'ennemi doit être d'établir sa réputation; je ne pensai qu'au succès de l'affaire, et au lieu d'agir en sous-lieutenant, je me mis à faire le général. Je crus qu'il fallait, avant tout, faire passer les soldats, et comme la nuit venait, que la compagnie se trouvait la dernière, beaucoup d'hommes pouvaient rester en arrière; je les fis donc tous passer devant moi, et je passai ainsi moi-même le dernier du régiment. Aussi, quand je rejoignis mon capitaine sur le terrain, il se mit à rire, et ce rire voulait dire : *Vous voilà, j'y comptais ; mais il commençait à être temps.* Je n'ai compris cela que longtemps après.

Nous trouvâmes le régiment assez en désordre. Il avait résisté aux charges de cavalerie, comme au feu de l'infanterie, et cette journée lui fit beaucoup d'honneur. Pour dire la vérité, je ne crois pas que les attaques de l'ennemi aient été bien vives. Je trouvai les officiers agités et inquiets, s'occupant d'encourager les soldats et de tâcher de remettre de l'ordre, les compagnies se trouvant mêlées; car, comme je l'ai dit, il avait fallu passer le pont un à un, et en arrivant dans la plaine recevoir les coups de l'ennemi avant d'avoir le temps de se mettre en défense. Je suis persuadé qu'il y eut un moment où une attaque à la baïonnette et une charge de cavalerie sur nos flancs nous eussent ramenés et précipités dans le Danube. Dans cette situation, nos deux compagnies de réserve auraient pu être d'un grand secours. Mais les capitaines, pressés de se rendre sur le champ de bataille, n'avaient point voulu se donner le temps de les former après le passage du pont, et le régiment les eût entraînées dans sa déroute. Heureusement, il faisait nuit, les Autrichiens ignoraient notre petit nombre, et je crois même qu'ils ne combattirent que pour assurer leur retraite. Le feu cessa bientôt; le 50ᵉ vint nous rejoindre, et il est à regretter qu'il ne soit pas venu plus tôt. Nous passâmes la nuit sous les armes, sans allumer de feu. J'ai appris alors que le colonel avait reçu une blessure grave; il mourut quand on le transportait de l'autre côté du pont. Son dernier mot fut d'ordonner à l'officier qui le conduisait de le laisser mourir et de retourner au combat. Au point du jour, nous entrâmes dans Guntzbourg, que l'ennemi avait évacué ; nous y prîmes quelques heures de sommeil.

La perte du colonel Lacuée fut vivement sentie dans l'armée et particulièrement dans son régiment. Ceux qui l'aimaient le moins, ceux que lui-même traitait le plus sévèrement, rendaient justice à ses belles et nobles qualités. Il fut enterré le jour même dans le cimetière de Guntzbourg : les régiments qui se réunissaient dans cette ville y assistèrent ; mon capitaine prononça un petit discours que je regrette de n'avoir pas conservé. Le colonel Colbert, ami particulier de Lacuée, voulut avoir sa dragonne, et par un souvenir tout militaire de son affection il se promit bien de donner avec elle un bon coup de sabre, et il a bien tenu parole. Pour moi, je n'ai pas besoin de dire que j'en éprouvai une vive douleur. Il m'avait témoigné la tendresse d'un père ; je lui devais ma nomination d'officier, et la lettre que j'écrivis ce jour-là même à ma mère fut souvent interrompue par mes larmes.

Dans cette première affaire, chacun donna des preuves de son caractère, de sa bravoure et quelquefois de sa faiblesse. Le capitaine Villars ne manqua pas l'occasion de faire une gasconnade ; nous le retrouvâmes blessé dans une maison de Guntzbourg. Il nous raconta qu'il avait été renversé par terre et qu'on lui donnait des coups de sabre et de baïonnette. *Je riais en moi-même*, ajoutait-il, *et je me disais: Ils sont bien attrapés ; ils croient que je vais me rendre, et je ne me rendrai pas.* On le fit prisonnier cependant, mais comme le général Cambronne à Warterloo, lorsqu'il ne fut plus en état de se défendre. Le sergent Décours, mon ancien camarade, alors sergent-major, se conduisit de la manière la plus brillante. Il reçut une légère blessure et fut nommé légionnaire. La première affaire est une épreuve pour les jeunes gens. Un sergent de ma connaissance se cacha, et ne fut pas le seul (1). Chaque compagnie avait à cet égard une histoire à raconter. Les affaires de nuit sont commodes ; on se perd dans les bois, on

---

(1) Ce sergent, devenu un excellent officier, a été tué étant capitaine.

tombe dans un ruisseau, et j'ai admiré dans le cours de ma carrière militaire le talent de gens qui s'esquivent toujours au moment du danger, et toujours sans se compromettre.

Le régiment eut à l'affaire de Guntzbourg douze hommes tués, en comptant le colonel et deux sous-lieutenants, et une quarantaine de blessés, y compris le capitaine Villars. M. Silbermann, le plus ancien des deux chefs de bataillon, prit le commandement du régiment.

Pendant ce temps les autres corps d'armée passaient le Danube sur plusieurs points, occupaient le pays compris entre l'Iller et le Lech. Un brillant combat eut lieu, le 8, à Westingen ; le maréchal Soult entra le même jour à Augsbourg : le maréchal Bernadotte, ayant terminé sa longue marche, s'approchait de Munich. Napoléon, qui était resté plusieurs jours à Donauwerth (les 7, 8 et 9), se rendit à Augsbourg, pour apprendre des nouvelles de l'armée russe et diriger les mouvements de tous les corps d'armée. Il laissa dans les environs d'Ulm le maréchal Ney, le maréchal Lannes et le prince Murat, en donnant le commandement à ce dernier. Cette faveur, que Murat devait à son titre de prince et à l'honneur d'être beau-frère de l'Empereur, déplut beaucoup aux deux maréchaux, qui ne s'entendirent point avec lui. Depuis la prise du pont de Guntzboug, nous nous trouvions maîtres des deux rives du Danube ; le général Dupont occupait seul la rive gauche, en position à Albeck. Le maréchal Ney voulait le soutenir avec les deux autres divisions du 6° corps ; et bientôt l'événement lui donna raison. Dupont, qui avait **ordre de** s'approcher d'Ulm, et qui se croyait appuyé, se trouva avec six mille hommes en face de soixante mille Autrichiens ; il eut l'audace de commencer l'attaque, ce qui fit croire aux Autrichiens que sa division formait l'avant-garde de l'armée. Après avoir soutenu toute la journée un combat inégal, il se retira le soir à Albeck, emmenant quatre mille prisonniers. Mais les Autrichiens pouvaient renouveler l'attaque avec toutes leurs forces, écraser la division Dupont et nous échapper en se retirant en Bohême. Si l'Empereur avait ordonné de s'emparer des ponts de Guntzbourg, il n'avait point prescrit au 6ᵉ corps de rester sur la rive droite. Cette rive était assez bien gardée par tous les corps d'armée ; toutefois le prince Murat s'obstina à nous laisser sur la rive droite, et l'Empereur, arrivant d'Augsbourg le 13 au matin, donna raison au maréchal Ney. Il lui reprocha seulement d'avoir laissé la division Dupont s'engager témérairement sur les hauteurs d'Ulm. Maintenant, pour réparer la faute commise et repasser sur la rive gauche, l'Empereur ordonna au maréchal Ney de s'emparer du pont et des hauteurs d'Elchingen situés au-dessus de Guntzbourg, à environ 7 kilomètres d'Ulm. Cette opération offrait le double avantage de resserrer la place et de frapper le moral des ennemis par un nouveau triomphe. Mais l'entreprise offrait des difficultés. Les travées du pont avaient été enlevées. Il fallait les rétablir sous un feu meurtrier, enlever ensuite le village et le couvent situés sur une hauteur. Le maréchal Ney entreprit cette opération avec la plus grande vigueur. Il était mécontent de quelques reproches de l'Empereur, plus mécontent encore d'un propos du prince Murat, qui, quelques jours auparavant, ennuyé de ses explications, lui avait dit qu'il ne faisait jamais de plans qu'en présence de l'ennemi. Le matin, le maréchal Ney, au moment de l'attaque, lui prit le bras et lui dit en présence de l'Empereur et de tout l'état-major : *Prince, venez faire avec moi vos plans en présence de l'ennemi* ; et il se précipita au milieu du feu. La 1re division, qui n'avait rien fait encore, fut chargée de cette opération et s'en acquitta de la manière la plus brillante. Le pont fut réparé tant bien que mal, et franchi aussitôt ; le village et le couvent enlevés, la cavalerie dispersée, les carrés enfoncés. L'ennemi se retira sur les hauteurs du Michelsberg, qui défendent les approches de la place d'Ulm.

Nous marchions en réserve ce jour-là, et nous voyions revenir les blessés, soit à pied, soit sur des charrettes. Ce spectacle est pénible pour un régiment qui compte beaucoup de conscrits, et le dispose mal à entrer en ligne à son tour. Un vieux soldat les amusait en leur disant que nous étions loin encore, puisque les musiciens se trouvaient à notre tête. Au même instant, nous en vîmes revenir deux ; ce fut une joie générale.

Le même jour, le général Dupont avait rencontré le corps du général Werneck, sorti d'Ulm pour tâcher de trouver une direction par laquelle l'armée autrichienne pût opérer sa retraite. Le général Dupont le battit et l'empêcha de rentrer dans la place.

Le lendemain 15 vit compléter l'investissement. Le maréchal Ney enleva les hauteurs du Michelsberg, le maréchal Lannes celles du Frauenberg, qui toutes deux dominent la place. On s'avança jusque sur les glacis, et même un bastion fut un instant occupé ; mais l'attaque était prématurée, et il fallut se retirer. L'Empereur remit au lendemain la capitulation ou l'assaut.

Qu'aurait donc pu faire le général Mack pour éviter d'être réduit à une pareille situation ? Il est certain qu'en s'y prenant à temps, il aurait pu essayer de gagner le Tyrol par la rive droite du Danube, ou mieux encore la Bohême par la rive gauche. L'archiduc Ferdinand, qui commandait une division de l'armée, le voulait. Il obtint du moins la permission de sortir pour son compte ; et le 14 au soir, jour de la bataille d'Elchingen, il alla joindre le général Werneck, ce qui privait le général Mack de vingt mille hommes, et le réduisait à trente mille. Murat fut chargé de les poursuivre avec la division Dupont, les grenadiers Oudinot et la réserve de cavalerie. En quatre jours il dépassa Nuremberg, en passant par Meustetten, Heidenheim, Neresheim et Nordlingen ; chaque jour fut marqué par un combat, ou plutôt par un triomphe. Le général Werneck fut forcé de capituler ; l'archiduc Ferdinand se sauva en Bohême avec deux mille chevaux. Jamais on ne vit une telle rapidité, jamais une suite de succès si éclatants.

Il ne restait plus au malheureux général Mack qu'à capituler avec ses trente mille hommes. Mack ne pouvait obtenir d'autre condition que celle de mettre bas les armes. Les soldats devaient être conduits en France, les officiers rentreraient en Autriche avec parole de ne pas servir. Tout le matériel était livré à l'armée française. Le général Mack conservait jusqu'au dernier moment l'espoir d'être secouru, soit par l'armée russe, soit par l'archiduc Charles, opposé en Italie au maréchal Masséna. Il ne pouvait renoncer à cette pensée, qui l'avait engagé à se tenir enfermé dans Ulm, sans essayer de se faire jour à travers l'armée française, quand il en était temps encore. A peine les assurances les plus positives et la parole donnée par le maréchal Berthier furent-elles suffisantes pour lui prouver que, d'après les positions respectives des armées, tout secours était impossible. Il fut donc convenu que la place serait remise le 25 octobre à l'armée française, si elle n'était pas secourue à cette époque; cela faisait huit jours depuis le 17, époque de l'ouverture des négociations. Mais le 19, Napoléon, ayant appris la capitulation du général Werneck, représenta au général Mack que ce délai était parfaitement inutile et ne faisait que prolonger les souffrances et les privations des deux armées. Il obtint que la place fût rendue le lendemain 20, à condition que les troupes du maréchal Ney ne sortiraient point d'Ulm avant le 25. Ce fut une coupable faiblesse et bien inexcusable, car on ne pouvait exiger de lui que d'exécuter la capitulation; et avec un adversaire tel que Napoléon, il n'était pas indifférent de gagner quatre jours. Quoi qu'il en soit, cette clause nous a privés de l'honneur d'être à Austerlitz.

Ainsi, le 20 octobre, la garnison d'Ulm, au nombre de vingt-sept mille hommes, dont deux mille de cavalerie, sortit avec les honneurs de la guerre, et défila entre l'infanterie et la cavalerie françaises. Napoléon était en avant de l'infanterie, et assista pendant cinq heures à ce beau triomphe. Il fit appeler successivement tous les généraux autrichiens, conversa avec eux, leur témoigna beaucoup d'égards, mais en s'exprimant durement et avec menaces sur la politique de l'empereur d'Autriche.

J'ai toujours regretté de n'avoir point assisté à cette belle journée. J'avais été envoyé, deux jours auparavant, dans un village pour une réquisition de bestiaux, et c'est à peine si je pus arriver à Ulm le 22.

Tel fut le résultat de cette campagne si courte et si brillante. On croit rêver quand on pense que le 1er septembre nous étions encore au camp de Boulogne, et que, le 20 octobre, soixante mille Autrichiens se trouvaient en notre pouvoir, avec dix-huit généraux, deux cents bouches à feu, cinq mille chevaux et quatre-vingts drapeaux.

Je n'ai pas voulu interrompre ce récit très-succinct des opérations, et j'y ajoute maintenant quelques réflexions.

Cette courte campagne fut pour moi comme l'abrégé de celles qui suivirent. L'excès de la fatigue, le manque de vivres, la rigueur de la saison, les désordres commis par les maraudeurs, rien n'y manqua; et je fis en un mois l'essai de ce que j'étais destiné à éprouver dans tout le cours de ma carrière. Les brigades et même les régiments étant quelquefois dispersés, l'ordre de les réunir sur un point arrivait tard, parce qu'il fallait passer par bien des filières. Il en résultait que le régiment marchait jour et nuit, et j'ai vu pour la première fois dans cette campagne dormir en marchant, ce que je n'aurais pas cru possible; on arrivait ainsi à la position que l'on devait occuper, sans avoir rien mangé et sans y trouver de vivres. Le maréchal Berthier, major général, écrivait : *Dans la guerre d'invasion que fait l'Empereur, il n'y a pas de magasins, c'est aux généraux à se pourvoir des moyens de subsistance dans les pays qu'ils parcourent.* Mais les généraux n'avaient ni le temps ni les moyens de se procurer régulièrement de quoi nourrir une si nombreuse armée. C'était donc autoriser le pillage, et les pays que nous parcourions l'éprouvèrent cruellement. Nous n'en avons pas moins bien souffert de la faim pendant la durée de cette campagne. A l'époque de nos plus grandes misères, une colonne de prisonniers traversa nos rangs ; l'un d'eux portait un pain de munition, un soldat du régiment le prit de force ; un autre lui en fit des reproches, et il s'établit une discussion entre eux pour savoir s'il était loyal d'ôter les vivres à un prisonnier ; le premier alléguant le droit de la guerre, nos propres misères, le besoin de nous conserver ; l'autre le droit de possession et l'humanité. La discussion fut longue et très-vive. Le premier, impatienté, finit par dire à l'autre : *Ce qui arrivera de là, c'est que je ne t'en donnerai pas.* — *Je ne t'en demande pas, répondit celui-ci, je ne mange point de ce pain-là.* Pour apprécier la beauté de cette réponse et la noblesse de ce sentiment, il faut penser que celui qui l'exprimait était lui-même accablé de fatigue et mourant de faim.

Un autre jour, un petit soldat de la compagnie, à qui j'avais rendu quelques services, me donna en cachette un morceau de pain de munition et la moitié d'un poulet, qu'il avait enveloppé dans une chemise sale. Je n'ai de ma vie fait un meilleur repas.

Le mauvais temps rendit nos souffrances plus cruelles encore. Il tombait une pluie froide, ou plutôt de la neige à demi fondue, dans laquelle nous enfoncions jusqu'à mi-jambes, et le vent empêchait d'allumer du feu. Le 16 octobre en particulier, jour où M. Philippe de Ségur porta au général Mack la première sommation, le temps fut si affreux que personne ne resta à son poste. On ne trouvait plus ni grand'garde ni factionnaire. L'artillerie même n'était pas gardée : chacun cherchait à s'abriter comme il le pouvait, et, à aucune autre époque, excepté la campagne de Russie, je n'ai autant souffert, ni vu l'armée dans un pareil désordre. J'eus occasion de remarquer alors combien il importe que les officiers d'infanterie soient à pied et s'exposent aux fatigues aussi bien qu'aux dangers. Un jour, un soldat murmurait; son capitaine lui dit : *De quoi te plains-tu? tu es fatigué, je le suis aussi. Tu n'as pas mangé, ni moi non plus. Tu as les jambes dans la neige, regarde-moi.* Avec un pareil langage, il n'est rien qu'on ne puisse exiger des soldats, rien qu'on ne soit en droit d'attendre d'eux. C'est la célèbre réponse de Montézuma : *Et moi! suis-je donc sur un lit de roses ?*

Toutes ces causes développèrent l'insubordination, l'indiscipline et le maraudage. Lorsque par un temps pareil des soldats allaient dans un village chercher des vivres, ils trouvaient tentant d'y rester. Aussi le nombre d'hommes isolés qui parcouraient le pays devint-il considérable. Les habitants en éprouvèrent des vexations de tous genres, et des officiers blessés qui voulaient rétablir l'ordre furent en butte aux menaces des maraudeurs. Tous ces détails sont inconnus de ceux qui lisent l'histoire de nos campagnes. On ne voit qu'une armée valeureuse, des soldats dévoués, rivalisant de gloire avec leurs officiers. On ignore au prix de quelles souffrances s'achètent souvent les plus éclatants succès. On ignore combien, dans une armée, les exemples d'égoïsme ou de lâcheté s'unissent aux traits de générosité et de courage.

La prompte reddition d'Ulm mit bientôt fin à tant de désordres. Les soldats isolés rentrèrent à leurs corps, et quelques-uns reçurent de leurs camarades une punition militaire. J'ai même vu dans l'occasion les capitaines donner quelques coups de canne. Il est certain qu'il y a des hommes dont on ne peut pas venir à bout autrement; mais il faut être sobre de ce moyen de correction, et surtout savoir à qui l'on s'adresse : car il y a tel soldat qui se révolterait à moins; il est vrai que ceux-là n'ont pas besoin de pareilles leçons.

Le 6ᵉ corps passa six jours à Ulm en vertu des capitulations. Ce séjour, bien long pour cette époque, nous reposa de nos fatigues, en nous préparant à celles qui devaient suivre.

CHAPITRE III.

CAMPAGNE DE 1805.

IIe PARTIE.

CONQUÊTE DU TYROL. — MARCHE SUR VIENNE. — PAIX DE PRESBOURG. — CANTONNEMENTS SUR LES BORDS DU LAC DE CONSTANCE EN 1806.

Après avoir détruit l'armée autrichienne, l'Empereur se hâta de marcher au-devant des Russes. Il voulait les prévenir à Vienne, que les Autrichiens ne pouvaient plus défendre, et leur livrer ensuite bataille. On sait avec quelle rapidité il exécuta ce plan, et combien la fortune seconda encore son génie. Vienne fut occupée, et, le 2 décembre, à Austerlitz, l'armée russe détruite comme l'armée autrichienne l'avait été à Ulm. Je n'ai point à raconter de brillants succès auxquels le 6e corps ne prit aucune part, mais on va voir qu'en d'autres lieux sa coopération ne fut pas inutile.

En effet, plus l'armée dans sa direction sur Vienne s'avançait entre les montagnes de la Styrie et le cours du Danube, plus il convenait d'assurer sa marche en couvrant ses flancs. Le maréchal Ney fut donc chargé de la conquête du Tyrol. Le 6e corps ne se composait plus que de deux divisions, la deuxième (général

Loison), la troisième (général Malher), la division Dupont ayant reçu une autre destination ; j'ignore même pourquoi la division Loison se trouvait alors réduite à sa seconde brigade (69° et 76°). En y ajoutant cent cinquante chevaux des 3° hussards et 10° chasseurs, ainsi que quelque artillerie, le tout ne s'élevait pas à neuf mille hommes. Il fallait la confiance qu'inspirait l'audace du maréchal Ney, pour lui confier cette opération avec d'aussi faibles moyens. Vingt-cinq mille Autrichiens occupaient le Tyrol, sans compter la milice ; car, dans ce pays, la guerre était nationale, les habitants, dévoués à l'Autriche, craignant d'être donnés à la Bavière, ce qui eut lieu en effet. Ils étaient commandés par l'archiduc Jean, le général Jellachich et le prince de Rohan.

Pour pénétrer dans le Tyrol, on n'avait que le passage de Fuessen, celui de Scharnitz et celui de Kufstein. Le maréchal choisit Scharnitz, point intermédiaire entre les deux autres et que traverse la route directe d'Insbrück.

Nous partîmes d'Ulm le 26 octobre, et dès le premier jour de marche, je ne reconnus plus le régiment. La capitulation d'Ulm ayant mis à la disposition de l'armée un grand nombre de chevaux, on permit aux capitaines d'infanterie d'en prendre, et ce fut un malheur. Les chevaux ne marchant pas du même pas que les hommes, les capitaines se trouvaient à la tête ou à la queue du bataillon. Un capitaine ne doit jamais quitter ses soldats ; plus les marches sont longues et fatigantes, plus sa présence est nécessaire. Il soutient leur courage par son exemple ; il apprend à les connaître en écoutant leurs conversations. Un mot de lui peut prévenir une querelle; la gaieté augmente si le capitaine s'en amuse. Les lieutenants et sous-lieutenants, toujours à pied, remplaçaient les commandants de compagnie, mais avec moins d'autorité

Le 4 novembre, nous étions devant Scharnitz. Le fort qui porte ce nom est une demi-couronne taillée dans le roc, avec un large fossé appuyé à sa droite par le fort de Leutasch. On devait enlever ces deux postes pour pénétrer dans le Tyrol et les enlever promptement, afin de cacher à l'ennemi notre petit nombre et ne pas lui laisser le temps de se réunir. Le 69ᵉ régiment de la division Loison attaqua le fort Leutasch. La colonne, guidée par des chasseurs de chamois, s'engagea dans des sentiers qu'on jugeait impraticables. Surpris par cette attaque imprévue, le commandant se rendit avec trois cents hommes. Alors le général Loison envoya le 76ᵉ à Seefeld, pour tourner Scharnitz. En même temps, le 69ᵉ gravit le hauteurs presque inaccessibles du côté de Leutasch, malgré les balles et les pierres lancées par les chasseurs tyroliens. Les soldats, en s'accrochant aux arbustes, aux racines, en enfonçant les baïonnettes dans les fentes des rochers, parvinrent au sommet où ils plantèrent l'aigle du régiment. A cette vue, la troisième division commença l'attaque de front; en peu d'instants le 25ᵉ léger, soutenu par le 27ᵉ, emporta le fort d'assaut.

La seconde brigade (50ᵉ et 59ᵉ) restait en réserve. On prit dans Scharnitz mille huit cents hommes et seize pièces de canon. Le maréchal Ney se hâta d'arriver à Insbrück, où l'on trouva beaucoup de pièces d'artillerie, seize mille fusils et un grand approvisionnement de poudre. Par une heureuse circonstance, le 76ᵉ y reprit ses drapeaux qu'il avait autrefois perdus dans le pays des Grisons.

La veille de l'attaque de Scharnitz fut l'époque de la création des compagnies de voltigeurs. On en avait fait l'essai au camp de Montreuil, sous le commandement de M. Mazure, mon capitaine. A ce titre le commandement de la nouvelle compagnie lui appartenait dans le premier bataillon. On choisit les hommes les plus petits, les plus lestes, et le bataillon se trouva encadré entre deux compagnies d'élite, les grenadiers à droite, les voltigeurs à gauche. Dès les premiers instants on sentit l'avantage de cette création : aussi, tout le monde sait les services qu'ont rendus les voltigeurs, la réputation qu'ils ont acquise.

Je ne regrettai point le capitaine Mazure, dont j'avais à me plaindre et qui ne me comprenait point. Je dois dire que c'était un des meilleurs officiers du régiment. La vivacité de son caractère, son extrême activité faisaient oublier sa petite taille, son air chétif. L'étude et l'application suppléaient tant bien que mal à l'éducation qui lui manquait. Prétentieux, susceptible, jaloux des avantages qu'il n'avait pas, il ne voyait en moi qu'un jeune homme de Paris que la faveur de notre pauvre colonel avait fait nommer officier et pour lequel on devait se montrer sévère (1). Je

---

(1) Je raconterai plus tard la mort du capitaine Mazure, mort glorieuse, et dont pourtant son imprudence fut cause.

gagnai au change de toutes manières. M. Jacob, lieutenant, détaché depuis longtemps pour une mission, revint prendre le commandement de la compagnie. Fils d'un bourgeois de Paris, il avait fait lui-même son éducation et il portait toujours avec lui un recueil d'extraits de nos meilleurs auteurs, qu'il avait choisis avec intelligence et qu'il aimait à relire. Jacob, d'un caractère froid, sérieux, mais doux et bienveillant, me témoigna toujours une grande amitié. Son extérieur réservé cachait assez d'ambition ; je le revis en 1813 très-content d'être devenu officier supérieur. Il fut tué peu après à Lutzen, à la tête du bataillon qu'il était bien digne de commander.

Les trois dernières compagnies du 1er bataillon, 6e, 7e et 8e, furent chargées de la garde des forts de Scharnitz et Leutasch. J'ai déjà dit que la 7e compagnie était la mienne. Le sous-lieutenant de la 6e, Lonchamps, élevé au Prytanée, faisait partie du petit nombre d'officiers qui ne sortaient pas des rangs de l'armée (j'ai parlé de lui dans mon journal du camp de Montreuil, p. 41) ; son excessive paresse nuisait à son avancement, et dans un moment d'humeur il donna sa démission. Plus tard il voulut reprendre du service, et m'écrivit à ce sujet. L'Empereur, qui n'aimait pas les démissionnaires, refusa net. En 1813, à Dresde, Lonchamps s'estimait heureux d'un emploi dans les vivres. M. Isch, son ancien capitaine, alors lieutenant-colonel dans la garde impériale, l'engagea à venir me voir. Le pauvre garçon n'osa jamais se présenter chez son ancien camarade devenu général de brigade.

Chautard, sous-lieutenant de la 6e, pouvait passer

pour un des meilleurs officiers du régiment. Sa belle figure, sa force et sa tournure militaire le faisaient remarquer, et chez lui les qualités morales répondaient aux avantages physiques. Il a passé dans la garde impériale, et la douleur que lui a causée la chute de l'Empereur l'a rendu fou. Je lui croyais la tête plus forte.

J'ai dit que ces trois compagnies gardèrent les deux forts que nous venions de conquérir. Les 6e et 8e à Scharnitz, la 7e à Leutasch.

Nous passâmes dix jours dans ce triste lieu, où je restai même seul à la fin avec vingt-cinq hommes. Jamais je ne me suis tant ennuyé; je n'avais pour société qu'un gardien qui pouvait à peine nous procurer de quoi vivre. Le moindre livre m'aurait paru un chef-d'œuvre; le premier ou la première venue, un homme aimable, une femme charmante. Ne sachant pas l'allemand, j'avais pour interprète un vieux sergent de la compagnie qui répondait à tout : *ma foi oui, ma foi non*. On l'eût pris pour le type de Pandore dans la chanson des *Deux gendarmes*. Toutefois j'aimais tant mon métier que je ne pouvais me trouver à plaindre, et j'écrivais à ma mère que, quelque ennui que j'éprouvasse, mieux valait commander un fort que danser une contredanse.

Le lendemain de notre arrivée au fort de Leutasch, une femme vêtue de deuil, et dont le mari, officier dans l'armée autrichienne, avait été tué dans l'attaque de la ville, vint nous demander la permission de rechercher son corps. Quelques renseignements indiquaient l'endroit où il avait été enterré. Nous lui rendîmes volontiers ce triste service, et les soldats aidèrent les paysans qu'elle avait amenés pour ce travail. Les morts étaient enterrés assez près les uns des autres et ce fut un spectacle cruel que de la voir chercher à distinguer parmi tous ces cadavres celui de son mari. Aussitôt qu'elle l'eut reconnu, elle l'embrassa, lui parla comme s'il pouvait l'entendre, et tomba évanouie en le tenant encore serré dans ses bras. Les soldats restèrent silencieux et vivement émus. Au bout d'un instant, l'un d'eux hasarda une plaisanterie sur cette tendresse si extraordinaire, et tous se mirent à rire, oubliant que l'instant d'auparavant ils étaient près de pleurer.

Je reprends le récit des opérations militaires.

Après la prise du fort de Scharnitz et l'occupation d'Insbrück, capitale du Tyrol, nous étions maîtres de la grande route de Trente, et l'ennemi se trouvait rejeté ou par sa gauche sur le Voralberg, ou par sa droite sur le Tyrol italien. L'archiduc Jean, sans attendre les autres corps, se hâta de suivre cette dernière direction. L'archiduc Charles, commandant l'armée d'Italie, commençait sa retraite sur la Hongrie par Laybach. L'archiduc Jean se joignit à lui. Le maréchal Ney manœuvra dans le Tyrol pour empêcher le général Jellachich et le prince de Rohan de prendre la même route et pour les rejeter par leur gauche dans le Voralberg, où ils allaient rencontrer le maréchal Augereau qui suivait les bords du lac de Constance. Le général Malher prit la grande route de Trente sur Brixen, et se porta ensuite sur Menan, dans la vallée de l'Adige. Le 50ᵉ régiment alla jusqu'à Landeck sur l'Inn. Le général Jellachich se retirait devant eux, et comme en ce moment le maréchal

Augereau, avec le 7ᵉ corps, hâtait sa marche par Landau et Brégentz, Jellachich n'eut d'autre ressource que de se retirer dans le camp retranché de Feldkirck. Il y fut cerné par Augereau, et capitula le 16 novembre avec six cents hommes. Les troupes rentrèrent en Bohême avec promesse de ne point servir contre nous pendant un an. Au moment où la troisième division combattait avec succès le général Jellachich, la deuxième avait à son tour la mission de couper la retraite au prince de Rohan. Le général Loison, qui avait été rejoint par sa première brigade, devait porter six bataillons à Botzen, sur la route de Trente, lieu où se réunissent les grandes vallées de l'Adige, de l'Eisack, et par lequel l'ennemi devait nécessairement passer. J'ignore quelle méprise ou quelle négligence fut cause que Loison n'en envoya que deux. Le prince de Rohan, après une marche hardie autant que rapide, tomba, le 27 novembre, sur ces deux bataillons, les força de rétrograder, et s'ouvrit ainsi la route de l'Italie, en se dirigeant sur Venise.

Le maréchal Masséna, qui poursuivait l'archiduc Charles, avait laissé le général Saint-Cyr devant Venise. Celui-ci se porta au-devant du prince de Rohan, et après un combat très-vif, le fit prisonnier avec six mille hommes, sept drapeaux et douze pièces de canon. Enfin, la place de Kuffstein, qui ferme l'entrée du Tyrol à droite comme Feldkirck et Brégentz à gauche, se rendit sans combat au général bavarois Deroy. La garnison conserva ses armes et alla rejoindre l'armée autrichienne. Ainsi, en un court espace de temps, le Tyrol était conquis, les troupes qui l'occupaient faites prisonnières. La faute du général Loison troubla le bonheur que ce triomphe causait au maréchal Ney. Il ne pouvait lui pardonner d'avoir laissé échapper le prince de Rohan, et par ce moyen d'avoir procuré à d'autres l'honneur qui devait nous appartenir.

Quant à l'Empereur, sa joie fut sans mélange. Le succès était complet, et pourvu que ses ennemis fussent détruits, peu lui importait celui de ses généraux qui en avait le mérite. Un ordre du jour très-flatteur récompensa le 6ᵉ corps et son illustre chef.

Pour nous, soldats du 59ᵉ, nous prîmes notre part d'une gloire qui nous avait peu coûté à acquérir : le régiment ne tira pas un coup de fusil. On a vu que nous étions en réserve à la prise de Scharnitz, nous restâmes de même en observation aux environs de Brixen pendant le reste de la campagne. Ma compagnie occupa Sterzingen du 21 novembre au 3 décembre ; et sans parler de la gloire, nous aurions volontiers échangé un peu de fatigue contre tant d'ennui. Telle fut souvent la destinée du 59ᵉ. On le remarquera dans les campagnes suivantes. Il était par son rang de numéro le dernier de la dernière division ; et quoi qu'on fasse pour égaliser entre les régiments les dangers comme les fatigues, ceux qui marchent habituellement les premiers se trouvent plus souvent en face de l'ennemi.

Après la conquête du Tyrol, si heureusement, si brillamment terminée, le 6ᵉ corps se rapprocha de la Grande Armée. Il prit la direction de Vienne, en passant par Insbrück, Sell, Saint-Jean, Lauffen, Rastadt, Klagenfurth et Judenbourg. Cette marche dura depuis le 4 décembre jusqu'à la fin de l'année. Par ce moyen, le 6ᵉ corps liait l'armée d'Allemagne à l'armée d'Italie, et quoique, dès les premiers jours, la nouvelle de la bataille d'Austerlitz fît juger que notre concours ne serait pas nécessaire, on n'en continua pas moins la marche, pour appuyer par des forces imposantes les négociations déjà entamées. Cette longue route n'aurait eu rien de remarquable pour moi sans un événement singulier arrivé le dernier jour de l'an.

Nous logions, avec la huitième compagnie, dans le petit village de Unsmarck. Le soir je jouais aux cartes avec les deux officiers de cette compagnie. Une discussion sur le jeu survint entre eux, je ne sais à quel propos; mais ce que je sais, c'est qu'à la troisième phrase ils en étaient à se dire les injures les plus grossières et à se jeter à la figure tout ce qu'ils trouvaient sous la main. Il fallut me ranger, pour ne pas avoir moi-même un flambeau à la tête. M. Isch, leur capitaine, qui se chauffait tranquillement, accourut, et leur imposa silence. Le lendemain matin, comme de raison, il fut question de se battre; mais le capitaine leur défendit de sortir. Les compagnies se mirent en route, et le capitaine me témoigna sa surprise d'une pareille lubie, de la part d'officiers d'un caractère doux et vivant très-bien ensemble. Il ajouta qu'il y avait bien de quoi se battre, mais que lui ne permettrait pas à ces messieurs d'en parler en sa présence, son devoir comme supérieur étant de l'empêcher. Cet exemple aurait dû servir de leçon à des officiers d'un grade plus élevé que j'ai vus avec surprise, non-seulement permettre, mais autoriser, mais ordonner des duels. Il faut que l'autorité militaire soutienne la loi, et il est scandaleux de voir des généraux ordonner ce que le ministre de la guerre défend. On peut tolérer, fermer les yeux plus ou moins suivant les circonstances, sans jamais aller au delà. Au reste, ces messieurs ne se sont point battus; ils n'en avaient envie ni l'un ni l'autre, et je crois qu'ils ont fait sagement. Ils devaient être honteux d'un pareil accès de folie, et tous deux, également coupables, pouvaient également se pardonner.

Cette aventure m'en rappelle une autre du même genre, que j'aurais pu raconter plus tôt, mais qui trouve ici sa place. Quand j'étais caporal au camp de Montreuil, je fus témoin d'une querelle entre un sergent-major de grenadiers et son fourrier avec qui il vivait assez mal. Nous étions à boire avec le sergent-major de ma compagnie, et quand l'autre fut un peu gris, il se mit à dire à son fourrier les choses les plus désagréables en le menaçant d'une *calotte*, ce qui, dans la langue des soldats, veut dire un soufflet. L'autre l'en défia, et le sergent-major ne le manqua pas. Je suis convaincu qu'ils ne se battirent pas; car ni l'un ni l'autre n'eut une égratignure, et ils continuèrent à vivre mal ensemble. Or, dans les usages des soldats, un coup de sabre raccommode tout, et quelle qu'ait été l'irritation, on se retrouve bons amis. Rien n'est plus bizarre que les histoires de duel. On en voit pour des motifs frivoles, lorsque quelquefois les offenses les plus graves n'ont point de suite.

La paix fut signée à Presbourg le 26 décembre. L'Autriche donnait au royaume d'Italie, et par conséquent à Napoléon, les États de Venise, le Frioul, l'Istrie et la Dalmatie ; à la Bavière, les Tyrols allemand et italien. Elle recevait comme dédommagement la principauté de Saltzbourg, donnée en 1803 à l'archiduc Ferdinand, ancien grand-duc de Toscane, et que ce prince échangeait alors contre Wurtzbourg, que lui cédait la Bavière. L'Autriche payait quarante millions de contributions, au lieu de cent millions que l'on voulait d'abord exiger d'elle. Elle cédait deux mille canons et dix mille fusils contenus dans l'arsenal de Vienne. Ce traité de paix avait été précédé d'un traité d'alliance entre la France et la Prusse, traité qui, en ôtant à l'Autriche l'espoir d'être secourue de ce côté, l'avait forcée de souscrire à de si dures conditions.

Ainsi, au 1ᵉʳ septembre, nous quittions à peine les côtes de la Manche, l'Autriche et la Russie nous déclaraient la guerre ; la Prusse, mal disposée, pouvait suivre leur exemple ; les États d'Allemagne hésitaient encore, et à peine au bout de quatre mois, la Prusse s'alliait à nous, l'armée autrichienne tombait tout entière en notre pouvoir, l'Autriche s'estimait heureuse d'obtenir la paix en perdant quatre millions de sujets sur vingt-quatre, et quinze millions de florins de revenu sur cent trois. Enfin, ce qui était plus cruel encore, l'Autriche, par l'abandon de Venise et du Tyrol, perdait son influence en Suisse et en Italie ; Bade, le Wurtemberg, la Bavière, devenus nos alliés, s'agrandissaient à ses dépens ; la Russie, dont l'armée avait été détruite, se préparait à traiter elle-même. De pareils succès, obtenus en aussi peu de temps, tiennent du prodige, et l'histoire n'en offrait pas d'exemple.

CHAPITRE III.

La paix étant faite, nous nous arrêtâmes à Judembourg, distant de Vienne d'environ trente-cinq lieues. Dès le 1ᵉʳ janvier 1806, nous rétrogradâmes pour occuper la principauté de Saltzbourg, qui d'après le traité devait appartenir à l'Autriche. Le 59ᵉ arriva à Saltzbourg le 16 janvier, en passant par Rotenmann, Ischl et Saint-Gillain; la division cantonna aux environs. Le 59ᵉ faisait partie de la garnison de la ville où se trouvait le maréchal Ney. Nous y restâmes six semaines, jusqu'au 27 février. M. Dalton vint à Saltzbourg prendre le commandement du régiment. Ce nouveau colonel n'avait servi que dans les états-majors; mais il annonçait de l'aptitude, du goût pour l'état militaire, de l'activité, du zèle; il devint bientôt un excellent colonel, et plus tard il se fit remarquer comme général par ses connaissances en manœuvres et son habileté à commander l'infanterie à la guerre. A part de ses qualités militaires, Dalton, bon, obligeant, d'une humeur facile, obtenait tout de son régiment. Dans l'état militaire, plus que partout ailleurs, la raison, la justesse d'esprit, l'égalité de caractère et la suite dans les idées sont les qualités les plus importantes. L'esprit est un avantage sans doute, mais pourvu que le caractère soit bon et que l'esprit lui-même ne soit pas trop dominé par l'imagination.

MM. Savary et Silbermann, nos chefs de bataillon nommés colonels, nous quittèrent à cette époque, et eurent pour successeurs MM. Rousselot et Beaussin, officiers de mérite, surtout le dernier. Le capitaine Renard arrivant du dépôt vint prendre le commandement de notre compagnie. C'était un *petit noir*, comme il se désignait lui-même, manquant également d'esprit et d'instruction, bon homme, quoique colère sans savoir pourquoi, quand le sang lui montait à la tête ; il ne signait rien qu'avec répugnance, de crainte de se compromettre, parce que, disait-il, *les paroles sont des femelles et les écrits des mâles.*

Nous nous amusâmes beaucoup à Saltzbourg. Il y avait un bon opéra allemand et des bals par souscription. Ma nomination de juge au conseil de guerre me donna des occupations moins frivoles. Pourtant ces graves fonctions devenaient pour nous des parties de plaisir. La division occupant des cantonnements étendus, il fallait faire un voyage dans de fort beaux pays pour se rendre au lieu où siégeait le conseil. Là nous étions reçus, même fêtés par les officiers qui y logeaient, et, comme toujours, nourris et hébergés aux frais du pays.

Le 27 février, le 6ᵉ corps quitta Saltzbourg pour se rendre à Augsbourg. Le territoire autrichien se trouvait complétement évacué, et nous rentrions dans les États de la Confédération du Rhin, en nous rapprochant de la France. Nous arrivâmes à Augsbourg le 7 mars, en passant par Aibling et Landsberg. La route par Munich que nous laissions à droite aurait été plus courte, mais on voulait éviter le passage des troupes par la capitale du roi de Bavière notre allié. J'ignore quels arrangements l'Empereur avait pris avec les princes de la Confédération du Rhin ; ce qu'il y a de certain, c'est que nous vivions là comme en pays ennemi, logés et nourris aux frais des habitants, usant et souvent abusant de leur bonne volonté. Le 59ᵉ régiment tint encore garnison à Augsbourg jusqu'au 24 mars. Nous partîmes le 25, et nous étions le 29 à Ravensbourg après avoir passé par Memmingen. Je crois qu'alors l'intention de l'Empereur était de ramener l'armée en France. On le disait du moins généralement, et le lendemain, nous devions partir pour Stokach. On assurait que nous passerions le Rhin à Neuf-Brisach pour tenir garnison dans les départements voisins de la rive gauche du fleuve. Quoi qu'il en soit, à peine étions-nous partis le 30 mars, qu'un nouvel ordre nous fit rentrer dans la ville et reprendre nos logements. Nous avions été reçus la veille à merveille dans cette petite ville, et jamais le régiment n'a été mieux traité nulle part. Mais quand les habitants virent que cette occupation qui ne devait durer qu'un jour allait se prolonger, ils se montrèrent un peu moins généreux ; ce qui mécontenta tellement les soldats qu'il faillit y avoir une révolte.

L'état-major du régiment passa tout le mois d'avril à Ravensbourg, et les compagnies aux environs ; la mienne occupait l'ancienne abbaye de Weissenau. Le 6e corps cantonna ainsi dans la Souabe méridionale pendant six mois, et jusqu'au moment de la déclaration de guerre de la Prusse, qui eut lieu à la fin de septembre. On s'étendit dans le pays pour ménager les habitants ; et au bout de quelque temps les compagnies allaient loger dans les villages qui n'avaient point encore été occupés. L'état-major du régiment fut placé successivement à Mersbourg, Lindau, et enfin Überlingen, sur les bords du lac de Constance. Le régiment, formant l'extrême gauche, occupait tous les bords du lac et les villages environnants. Les autres régiments s'étendaient dans la direction d'Ulm.

Des cantonnements ainsi disséminés n'étaient pas favorables à l'instruction. La réunion des régiments, même des bataillons, devenait difficile. La brigade fut réunie une seule fois pour une revue. C'est alors que l'on eut la singulière idée de faire exécuter ensemble les différents mouvements de la charge à volonté, comme *passer l'arme à gauche, bourrer, porter l'arme*. Il est ridicule de faire à l'exercice ce qu'on ne pourrait pas faire à la guerre. Le nom même de *charge à volonté* indique qu'elle doit être exécutée librement et par chaque homme comme s'il était seul.

L'instruction se bornait donc à l'école de peloton, que chaque capitaine dirigeait à sa volonté, car les chefs de bataillon nous visitaient rarement. Ce n'est que le 1ᵉʳ juin que les cantonnements parurent décidément fixés. Ma compagnie fut placée à l'ancienne abbaye de Salmansweiler, où nous passâmes près de quatre mois, et c'est ici le lieu d'entrer dans quelques détails sur notre établissement, sur la vie que nous menions, sur nos rapports avec les habitants.

L'abbaye de Salmansweiler est située à neuf lieues du lac de Constance. L'abbé, qui portait le titre de prélat, exerçait une petite souveraineté. On voit dans le cloître de l'abbaye les portraits des abbés avec une notice en latin sur leurs règnes. Le dernier s'appelait Constantin. C'était un prélat de mérite qui employa tous ses efforts à adoucir pour ses sujets les maux des guerres de la Révolution ; et, par une hyperbole un peu forte, sa notice se termine par ces mots : *Hic fuit*

Constantinus verè magnus. Son successeur, atteint par la sécularisation, habitait alors une ville du voisinage. L'abbaye et ses domaines appartenaient au grand-duc de Bade, et un bailli l'administrait en son nom. L'église était fort belle et l'établissement princier. On y trouvait une magnifique bibliothèque, un cabinet de physique, plusieurs corps de logis et un petit hameau pour les dépendances de l'abbaye. C'est dans ce lieu que j'ai passé quatre mois avec mon capitaine, et je dois faire connaître la famille avec laquelle j'ai vécu dans une douce intimité.

M. de Seyfried avait été chancelier des États de Souabe. Agé de plus de soixante ans à cette époque, il passait pour avoir été fort aimable, avant que la douleur de la mort de sa femme eût détruit sa gaieté sans altérer la douceur de son caractère. Ses deux fils vivaient avec lui ainsi que ses deux petites-filles, dont la mère était mariée à Ulm. Le bailli, son fils aîné, instruit et bien élevé, s'est fait remarquer depuis dans la chambre des députés de Bade. Il avait épousé sa nièce, l'aînée des deux sœurs dont j'ai parlé. M. de Seyfried le cadet, assez misanthrope, chagrin et morose, n'avait jamais voulu se marier par goût d'indépendance autant que par la mauvaise opinion qu'il avait des femmes. Il n'en connaissait pas une bonne, disait-il, et sa sévérité n'épargnait pas ses deux nièces. Catherine, la cadette, par une combinaison malheureuse, avait peu d'esprit et une grande exaltation. Ses parents contrarièrent un attachement qu'elle avait eu pour un jeune homme du pays. Le chagrin qu'elle en ressentit la rendait inégale, rêveuse, capricieuse, quoique toujours douce et bonne. Elle avait alors vingt ans, et j'ai appris depuis que sa raison s'était même altérée et qu'après quelques années de traitement elle avait fini par se marier en Bavière, où elle menait une vie triste et décolorée.

Nanette, sa sœur aînée, âgée de vingt-deux ans, avait épousé son oncle. Plus jolie et plus spirituelle que sa sœur, elle aurait pu être une femme du monde très-aimable ; mais leur manière de vivre, leur manque absolu de toilette, l'isolement de toute cette famille, qui ne recevait personne et qui n'allait nulle part, tout cela déparait un peu les deux sœurs à mes yeux. Je leur ai souvent reproché tant de négligence. Les mœurs patriarcales du pays le voulaient ainsi. Le grand-père blâmait la moindre recherche de toilette, disant qu'une femme mariée ne devait pas chercher à plaire.

Nous vivions avec eux en famille, dînant à midi et soupant le soir ; les visites étaient rares et toujours en grande cérémonie. Si les chemins de fer s'établissent dans l'intérieur de la Souabe, ils en changeront bien les habitudes. Le vieux chancelier avait une fille mariée à quinze lieues de là sur les bords du lac de Constance. Elle venait voir son père deux fois par an et à époques fixes ; le grand voyage se composait de trois semaines, le petit voyage de cinq jours : jamais moins, jamais plus. Les doctrines philosophiques avaient pénétré dans ce pays, et j'ai vu tel homme aller à l'église avec Voltaire pour livre de prières. Je ne puis comprendre cette conduite de la part d'un honnête homme, cette imprudence de la part d'un homme d'esprit, dont la femme avait besoin de bons conseils et de bons exemples. L'irréligion, blâmable en tous lieux, m'a toujours choqué en Allemagne plus qu'ailleurs. Elle s'accorde mal avec la simplicité de mœurs et la vie de famille qui distinguent encore ce pays.

Le long séjour de l'armée française en Souabe rompit la monotonie de leurs habitudes. Pour ménager les habitants, on avait fort étendu les cantonnements, chaque régiment occupant près de vingt-cinq lieues. Les officiers allaient se voir souvent et portaient dans les logements de leurs camarades des nouvelles de leurs hôtes. Ils se chargeaient de lettres, de commissions, de paquets, et ces voyages perpétuels entretenaient des relations entre les gens du pays. Ces rapports leur étaient agréables, et j'ai su qu'après notre départ l'isolement dans lequel ils étaient retombés leur avait semblé plus pénible qu'auparavant.

Mais le séjour prolongé de l'armée en Allemagne eut pour le pays des inconvénients de plus d'un genre. A la fin de mars, l'armée rentrait en France, lorsque l'attitude menaçante de la Prusse décida l'Empereur à la laisser en Allemagne. On vivait aux frais de ses hôtes et à peu près à discrétion. Il eût mieux valu donner aux soldats des rations, aux officiers des frais de table, et acquitter exactement la solde; ce que l'on ne faisait point. Par ce moyen, on eût pu réunir les troupes dans un plus petit espace, ce qui valait mieux pour la discipline et pour l'instruction. Au lieu de cela, les soldats mangeaient chez leurs hôtes, et l'on peut comprendre avec quelles exigences, quand on connaît le caractère des Français, leur avidité, leur gourmandise, qui n'exclut pas la friandise, leur goût pour le vin et le dédain qu'ils ont toujours témoigné aux étrangers. La dépense pour l'habillement n'était pas plus payée que la solde, afin que l'armée, en rentrant en France, trouvât des économies et des habillements neufs. En attendant, le soldat n'était pas vêtu, et l'on répondait aux réclamations des chefs de corps qu'ils devaient y pourvoir le mieux possible. Voici ce que nous fîmes à cet égard. Dans les commencements, l'habitant donnait au soldat par jour une petite bouteille de vin du pays. Les capitaines en demandèrent la valeur en argent, à la condition de faire savoir aux habitants qu'ils n'étaient plus tenus de donner de vin. L'argent fut employé à acheter des pantalons dont les soldats avaient grand besoin. Mais ils n'y perdirent rien. Quelques-uns assez tapageurs se faisaient craindre de leurs hôtes. D'autres en plus grand nombre, très-bons enfants, travaillaient aux champs, faisaient la moisson, dansaient avec les filles, et le paysan, le soir, leur donnait à boire. Nous avions donc à la fois l'argent et le vin. Les officiers trop éloignés des soldats ne pouvaient pas réprimer les abus; d'ailleurs, la plupart d'entre eux donnaient l'exemple de l'exigence et de l'indiscrétion. Quand on voulait sortir, on demandait une voiture et des chevaux que l'on ne payait jamais. On recevait des visites, on donnait à dîner à ses amis, toujours aux frais du pays. Pendant la durée des cantonnements, j'ai été faire un voyage à Constance et un autre à Schaffouse, sans autre dépense que des pourboires aux postillons. Si chacun de nous faisait l'historique de tout ce qui est à sa connaissance dans ce genre, on pourrait en remplir des volumes. Un officier d'un grade élevé voulut aussi aller à Schaffouse ; il lui fallait quatre chevaux, que l'on relayait de distance en distance. Dans un de ces relais, où on le fit attendre, il envoya par punition vingt-cinq hommes de plus loger au village.

Un autre voulut donner un grand dîner le jour de la fête de l'Empereur. Il fit demander dans toutes les maisons du vin de Champagne et du vin de liqueurs. Il invita ensuite les autorités de la ville, auxquelles il offrait leur vin. Il porta lui-même la santé de l'Empereur : *Puisse-t-il vivre longtemps*, dit-il, *pour la gloire de la France, le repos de l'Europe et la sûreté de nos alliés*. L'ironie paraîtra forte, mais il le disait bonnement, trouvant cela tout simple.

Le général Marcognet commandait en ce moment notre brigade. J'ai parlé de son originalité ; en voici un exemple. Le jour de la prise du fort de Scharnitz, que sa brigade attaquait de front, il ordonna à un tambour de rester près de lui en portant une tête de chou au haut d'une perche et de l'abattre s'il était tué. Il dit ensuite à haute voix au 25ᵉ léger, qui allait escalader le rempart : *Tant que vous verrez la tête de chou, vous direz : Pierre Marcognet est là ; si vous ne la voyez plus, le colonel prendra le commandement.*

Je n'ai pas raconté plus tôt ces anecdotes, pour ne pas interrompre la narration de la courte campagne du Tyrol. Je reprends maintenant le récit de nos cantonnements en Souabe.

A part même des vexations pour la nourriture et pour le logement, les autorités locales étaient souvent traitées sans aucun égard. S'il survenait une discussion, le soldat avait toujours raison, l'habitant toujours tort. Un soldat de la 6ᵉ compagnie prétendit qu'on lui avait volé trente francs, et, sans examen, son capitaine exigea que cette somme lui fût rendue. Les femmes seules savaient adoucir tant de rudesse. Malheur aux habitants si le chef du cantonnement n'était pas amoureux ! et le capitaine ne l'était pas.

En effet, on pense bien que la galanterie ne fut point oubliée, et qu'avec un si long séjour et une telle intimité elle devait même jouer un grand rôle. On peut dire que presque dans chaque logement il y avait quelque intrigue de ce genre; il en résulta des querelles de ménage, des scènes de jalousie. Quelques maris plus sages, plus heureux si l'on veut, ne voyaient ou ne voulaient rien voir. Ainsi l'on craignait à la fois et l'on désirait notre départ. On le craignait, parce que beaucoup d'entre nous se faisaient aimer, soit d'amour, soit d'amitié, soit quelquefois d'amitié et d'amour; on le craignait, parce que nous apportions dans ces intérieurs froids et solitaires un mouvement, une gaieté, une animation inconnue, et auxquels les femmes surtout paraissaient fort sensibles. On désirait notre départ, parce qu'au fait les habitants ne se sentaient plus maîtres chez eux, parce que nous avions émancipé les femmes, en exigeant des frères et des oncles une politesse et des égards dont ils n'avaient aucune habitude. On le désirait surtout, parce que le pays ne pouvait plus supporter une charge si lourde et si longtemps prolongée. Dans les premiers temps de notre séjour à Salmansweiler, quelques rapports donnèrent lieu de craindre un soulèvement. M. de Seyfried, le bailli, me rassura à cet égard ; mais, au bout de trois mois, ce fut lui qui me témoigna de vives inquiétudes. Les paysans étaient poussés à bout ; on ne pouvait les calmer qu'en les assurant que l'occupation touchait à son terme, et ce terme n'arrivait pas. L'époque des vendanges approchait, c'était la plus grande ressource du pays. Rien ne pourrait empêcher les soldats de manger le raisin, et qui oserait répondre alors de paysans réduits au désespoir ?

L'Empereur n'ignorait pas cela, et il aurait peut-être pris un parti sans la déclaration de guerre de la Prusse, à laquelle il s'attendait, et qui arriva vers la fin de septembre. Nous le savions d'une manière vague, comme des gens qui ne lisent point les journaux, qui n'ont point de correspondances et qui quittent peu leurs cantonnements. L'ordre du départ arriva donc brusquement le 25 septembre pour le lendemain. Ce ne fut pas sans regret que je quittai une maison où j'avais vécu quatre mois comme dans ma famille. Nos hôtes eux-mêmes ne parurent sensibles qu'au chagrin de nous quitter. Le vieux chancelier m'embrassa comme un petit-fils, quand j'allai prendre congé de lui. Il s'enferma ensuite dans sa chambre, pour ne pas nous voir partir, *ne voulant pas*, disait-il, *recommencer son sacrifice*. C'était assurément bien de la bonté.

Je suis resté quelque temps en correspondance avec cette famille, particulièrement avec Mme de Seyfried. Elle est morte en 1810, à vingt-cinq ans, laissant une fille. Le chancelier l'avait précédée d'un an.

Son mari, qui s'était remarié, est mort lui-même longtemps après.

En partant de Salmansweiler, la 7ᵉ compagnie se rendit au cantonnement de la 8ᵉ pour se réunir à elle. Là, je fus encore témoin d'adieux mêlés de larmes. Le capitaine avait adouci pendant tout ce temps-là la fierté de son caractère. Il ménagea le pays, et sa compagnie ne donna lieu à aucune plainte. Il logeait aussi chez une baillive, et les baillives étaient toutes-puissantes.

Le premier jour de marche, le régiment se trouva pour la première fois réuni. Les moments de halte furent employés à faire le récit de ce long temps passé dans les cantonnements. Chacun voulait raconter son histoire, ses relations dans le pays, la bienveillance ou la mauvaise grâce de ses hôtes, ses bonnes fortunes vraies ou fausses, et d'autant plus suspectes qu'on en parlait davantage. En dix jours de marche nous atteignîmes Nuremberg, le 6 octobre. Ce jour fut marqué par un grand changement dans ma position.

La mort du colonel Lacuée, en affligeant ma famille, lui avait inspiré de vives inquiétudes sur mon sort. D'abord on m'avait cru tué avec lui, le bruit s'était répandu que le régiment avait été écrasé ; et l'ignorance naturelle aux femmes pour tout ce qui tient à l'état militaire faisait qu'on ne savait plus même comment m'adresser des lettres. Après que mes parents furent rassurés à ce sujet, ils se tourmentèrent de me voir sans protecteur. On fit des démarches auprès du maréchal Bernadotte et du général Nansouty, pour obtenir d'eux de me prendre pour aide de camp. Ils répondirent poliment, mais sans rien annoncer de positif. J'aurais regretté moi-même de quitter le régiment tout de suite après la mort du colonel, ne voulant pas qu'on crût que j'avais besoin d'appui dans un régiment où je servais depuis un an, et où j'étais généralement aimé. Mais on avait aussi parlé de moi au maréchal Ney, dont la réponse bienveillante parut plus positive. En effet, le 6 octobre, en arrivant à Nuremberg, mon colonel reçut l'ordre de m'envoyer à son quartier général pour faire auprès de lui le service d'aide de camp non commissionné, mais comptant toujours à mon régiment, ce que l'on nomme aujourd'hui officier d'ordonnance. Mon premier sentiment fut le regret de quitter un régiment que j'aimais, avec lequel je m'étais presque identifié, dont la gloire était devenue la mienne. Au moins, je restais au 6ᵉ corps, mon apprentissage d'aide de camp me serait plus facile dans une armée qui m'était connue, et je ne serais pas éloigné du régiment dont je continuais à porter l'uniforme. Restait une grave difficulté ; je n'avais pas de chevaux, pas d'équipages, fort peu d'argent. M. Baptiste, ancien capitaine au 59ᵉ, alors chef de bataillon au 50ᵉ, qui dans la campagne précédente avait fait le même service auprès du maréchal, m'engagea à le rejoindre sur-le-champ. Le maréchal me saurait gré de mon empressement. Si je n'avais pas de chevaux, j'en trouverais. L'Empereur ne connaissait pas d'obstacle, il fallait que chacun l'imitât. Cette témérité était assez de mon goût. Je partis donc pour le quartier général, comme l'année précédente pour le camp de Montreuil, sans savoir ce qui m'attendait, sans aucune idée du service que j'allais faire, sans comprendre comment je me procurerais ce qui m'était nécessaire, mais, cette fois-là encore, bien décidé à braver les obstacles et à aller jusqu'au bout. Comme alors aussi, je n'eus point à m'en repentir.

CHAPITRE IV.

CAMPAGNE DE PRUSSE ET DE POLOGNE. — 1806-1807.

Ire PARTIE.

GUERRE AVEC LA PRUSSE. — JE SUIS NOMMÉ OFFICIER D'OR-DONNANCE DU MARÉCHAL NEY. — SON ÉTAT-MAJOR. — BATAILLE DE IÉNA. — PRISE DE MAGDEBOURG. — LE 6e CORPS A BERLIN.

Rien ne se ressemble moins que le service d'un officier d'état-major et le service d'un officier de troupe. Chacun des deux sait ce que l'autre ignore, chacun ignore ce que l'autre sait. L'officier d'infanterie (je parle de mon arme) sait diriger les soldats dans les marches, dans les camps, dans les combats. Habitué à vivre au milieu d'eux, il leur parle la langue qui leur convient, il les soutient, les encourage, leur ménage le repos dont ils ont besoin; mais dans les grades inférieurs surtout, l'officier de troupe comprend peu les opérations militaires ; son régiment marche sans qu'il sache pourquoi. Le moindre mot d'un général l'inquiète. Il ne sait pas qu'il y a tel ordre qui ne doit être exécuté qu'à moitié; il a peine à saisir le moment où l'officier livré à lui-même doit prendre sur lui d'agir.

L'officier d'état-major, au contraire, vivant avec les généraux, les connaît comme le commandant de compagnie connaît ses soldats; il voit l'ensemble des mouvements, il comprend la portée des ordres qu'il est chargé de transmettre; il apprend à atténuer la sévérité d'un reproche, à modifier un ordre quelquefois inexécutable; mais il ignore à son tour les détails intérieurs d'un corps, et la partie morale si importante surtout dans l'armée française. A ses yeux, un régiment est une machine que l'on fait mouvoir à son gré, en tout temps comme en tout lieu. Une opération militaire ne représente qu'une partie d'échecs; aussi, pour devenir un bon général, même un bon chef de corps, il faut avoir servi dans un régiment et dans un état-major. J'aurais peine à dire lequel des deux m'a été le plus utile dans la suite de ma carrière. A l'époque dont je fais le récit, je pouvais regarder mon apprentissage d'officier de troupe comme terminé, après deux ans passés sans interruption dans le 59e régiment. C'était le moment d'apprendre le service d'état-major, et j'ai dû à la bienveillance de M. le maréchal Ney de commencer cette nouvelle école sous ses ordres et dans un moment aussi important.

J'ai eu d'abord, en arrivant au quartier général, une nouvelle espèce d'hommes à connaître. Les officiers d'état-major sont généralement supérieurs aux officiers de troupe. D'abord un officier qui a de l'éducation ou de la fortune cherche toujours à entrer à l'état-major. Le service y est plus agréable; les généraux sont disposés à traiter favorablement leurs aides de camp, à s'occuper de leur avancement. Ensuite, vivant familièrement avec des officiers d'un grade plus élevé, ils profitent de l'instruction que ces derniers ont acquise. Je vais faire connaître la composition actuelle du 6ᵉ corps, et spécialement des aides de camp du maréchal Ney, avec lesquels j'ai eu le plus de rapports.

CAMPAGNE DE PRUSSE. — Iʳᵉ PARTIE.

MARÉCHAL NEY, COMMANDANT EN CHEF.

GÉNÉRAL DUTAILLES, CHEF D'ÉTAT-MAJOR.

DIVISIONS et noms des généraux.	BRIGADES et noms des généraux.	RÉGIMENTS.	OBSERVATIONS.
1ʳᵉ Division d'infanterie. MARCHAND.	1ʳᵉ brigade. LIGER-BELAIR. MAUCUNE.	6ᵉ Léger, Colonel LAPLANE. — 39ᵉ de ligne.	Le général Maucune commandait d'abord le 6ᵉ léger.
	2ᵉ brigade. VILLATTE. ROGUET.	69ᵉ de ligne. — 76ᵉ de ligne, Colonel LAJONCHÈRE	
2ᵉ Division. MALHER. VANDAMME. GARDANNE. BISSON.	1ʳᵉ brigade. MARCOGNET.	25ᵉ Léger. — 27ᵉ de ligne. — 50ᵉ de ligne, Colonel Lamartinière.	Le général Malher, en congé pendant les cantonnements, ne revint plus. Le général Marcognet commandait par intérim. Le général Vandamme commanda pendant le siège de Magdebourg seulement. Son orgueil et la violence de son caractère ne permettaient pas de le laisser longtemps sous les ordres du maréchal Ney. Le général Gardanne, ancien officier de l'armée d'Égypte, était usé au physique comme au moral et devenu tout à fait incapable. Le maréchal Ney le renvoya d'autorité. Il alla se plaindre à l'Empereur, qui l'envoya se reposer à Paris et ne reprocha pas même au maréchal une conduite aussi étrange.
	2ᵉ brigade. LABASSÉE.	59ᵉ de ligne, Colonel DALTON.	
»	Brigade de cavalerie. COLBERT.	3ᵉ hussards, Colonel LEBRUN. — 10ᵉ chassʳˢ, Colonel SUBERVIC.	Depuis général de division et grand chancelier de la Légion d'honneur.
»	Artillerie. Génie.	»	*Note sur l'infanterie.* Il y avait de plus un bataillon de grenadiers et un de voltigeurs formés des compagnies d'élite des troisièmes bataillons des régiments du corps d'armée. Le tout s'élevait au plus à 20,000 hommes.

On voit que la composition était la même qu'au camp de Montreuil (1) : seulement, la première division (général Dupont), en avait été retirée, et le 6ᵉ corps réduit à deux divisions d'infanterie et une brigade de cavalerie.

Le long séjour au camp de Montreuil avait établi des rapports de confiance entre les régiments. Plusieurs officiers s'étaient liés d'amitié, on jugeait le mérite des généraux et des officiers d'état-major avec cette sagacité qui distingue le militaire français. La campagne d'Autriche avait redoublé les liens qui unissaient cette grande famille. Après avoir vécu longtemps ensemble dans les baraques du camp de Montreuil, nous venions de faire la campagne la plus brillante, nous en avions partagé la gloire, les fatigues, les dangers, nous nous étions mutuellement appréciés sur le champ de bataille. Il faut dire que cette appréciation n'avait pas été également favorable à tous nos chefs. Nous comptions d'excellents colonels, entre autres Maucune, du 6ᵉ léger; Lamartinière, du 50ᵉ; Dalton, du 59ᵉ; mais il y avait des généraux bien faibles. Ils n'en étaient ni moins aimés, ni moins estimés, et, par une espèce de convention tacite, les colonels dirigeaient la brigade, et le général lui-même suivait cette direction sans s'en rendre compte. Je regarde cette confiance mutuelle, cette union entre les régiments, entre les officiers de tous grades, comme une des grandes causes de nos succès.

---

(1) Voir nᵒ 1 de ces Mémoires, *Camp de Montreuil*, p. 10.

Le changement de situation du maréchal Ney s'étendit à son entourage, et ses aides de camp d'alors ne ressemblaient pas plus à leurs prédécesseurs que le maréchal de l'Empire au général républicain.

Parmi son état-major je citerai :

Labrume, chef d'escadron, amusant, spirituel, fin, d'un caractère agréable (1); Saint-Simon, lieutenant, que sa fortune mettait au-dessus des autres et qui contribua par son exemple à donner à cet état-major une tenue et des manières plus distinguées. Il est aujourd'hui sénateur; d'Albignac, faisant le service d'aide de camp, quoiqu'il ne fût encore qu'adjudant, comptant dans un régiment de dragons. Son écorce un peu rude cachait un excellent cœur et des qualités distinguées (2); Cassin, secrétaire intime du maréchal, et, depuis, intendant militaire, homme rempli d'esprit et de cœur, et dont les sages conseils ont souvent été utiles. Il a été secrétaire général du ministère de la guerre sous le maréchal Saint-Cyr, en 1817.

Tel était cet état-major au moment où j'allai le rejoindre, le 6 octobre, en avant de Nuremberg. On sait que nous étions en pleine marche contre la Prusse; et avant de continuer mon journal, il faut raconter très-sommairement la situation des deux armées, et le plan de campagne qui commençait à s'exécuter.

---

(1) Colonel de gendarmerie à Paris sous la Restauration, ministère Decaze.

(2) Général de brigade, mort de maladie en Espagne pendant la campagne de 1823.

CHAPITRE IV.

La Prusse, après avoir gardé la neutralité dans les guerres précédentes, venait de prendre son parti de nous attaquer. Elle choisissait le moment où l'Autriche, vaincue, ne pouvait se joindre à elle. Elle comptait sur l'alliance de la Russie; mais l'armée russe était éloignée, et la Prusse allait seule affronter la puissance de Napoléon. C'est la faute qu'avait faite l'Autriche l'année précédente, faute plus grave encore, car on avait vu à Ulm et à Austerlitz de quoi l'armée française était capable.

Le croirait-on cependant? une pareille imprudence n'inquiétait nullement la cour du roi Frédéric-Guillaume. L'armée française, disait-on, avait dû ses succès à une valeur téméraire et au peu d'habileté de ses ennemis; mais elle était hors d'état de se mesurer avec l'armée prussienne, avec des généraux héritiers de la tactique du grand Frédéric. Je me souviens que, peu de jours avant la bataille d'Iéna, mon hôte me parlait avec un éloge pompeux de l'armée prussienne, qu'il portait à cent cinquante mille hommes, dont cent mille d'élite; en ajoutant ironiquement que si nous finissions par la vaincre, cela serait long et difficile.

Toutefois ces généraux auraient dû sentir qu'ils étaient restés étrangers aux progrès que la guerre avait faits depuis quinze ans. Déjà, malgré leur jactance, le nom de Napoléon commençait à leur inspirer quelque inquiétude : aussi la discussion sur le plan de campagne s'éleva-t-elle tout de suite entre les vieux, représentés par le duc de Brunswick, neveu et élève de Frédéric, qui recommandait la prudence;

et les jeunes, tels que le prince de Hohenlohe, qui voulaient payer d'audace.

Voici quelle était la composition des deux armées.

La Grande Armée française se composait de six corps :

1er corps, maréchal Bernadotte	20,000 hommes.
3e — — Davout	27,000 —
4e — — Soult	32,000 —
5e — — Lannes	22,000 —
6e — — Ney	20,000 —
7e — — Augereau (1)	17,000 —
Réserve de cavalerie, commandée par le prince Murat, alors grand-duc de Berg	28,000 —
TOTAL	166,000 hommes.

Ces six corps, avec la réserve, s'élevaient à 170,000 combattants ; en y ajoutant la garde impériale, qui n'était pas arrivée en entier, on pouvait porter le total à 190,000 hommes.

Le point important était de passer l'Elbe, afin d'enlever la Saxe à la Prusse et de pénétrer au cœur du pays. Pour y parvenir, Napoléon avait à choisir entre les défilés qui conduisent de la Franconie dans la Saxe, en laissant à droite la forêt de Thuringe, ou bien la direction à gauche de la forêt par Fulde, Weimar et Leipzig. Il choisit la première, parce que ses troupes s'y trouvaient naturellement portées, et puis, parce qu'en appuyant à droite, il espérait tourner la gauche des Prussiens, les séparer de la Saxe et les prévenir sur l'Elbe. Mais il employa tous ses soins à

---

(1) Le 2e corps, commandé par le maréchal Marmont, était en Dalmatie.

laisser les Prussiens dans l'incertitude à cet égard, et les démonstrations qu'il fit faire sur sa gauche, ainsi que de faux rapports d'espions, donnèrent lieu de croire aux ennemis qu'il prendrait la route de Weimar ; ce qui contribua encore à augmenter leur irrésolution et l'inquiétude qu'ils commençaient à éprouver.

L'armée prussienne se composait de cent soixante mille hommes, que les réserves allaient porter à cent quatre-vingt mille. Dans ce nombre figuraient vingt mille Saxons. Elle était donc inférieure en nombre à l'armée française. Le duc de Brunswick commandait en chef. Mais le prince de Hohenlohe, à la tête d'un corps à part, se prétendait indépendant du généralissime. La sagesse aurait conseillé de faire à Napoléon une guerre défensive, de se retirer d'abord derrière l'Elbe, ensuite, s'il le fallait, derrière l'Oder, pour en défendre les passages. Par ce moyen, on se rapprochait de l'armée russe, on fatiguait l'armée française, on l'attirait dans des pays difficiles, surtout pour la mauvaise saison. Telle était l'opinion de Dumouriez, qui écrivait dans ce sens. Napoléon lui-même n'en doutait pas, et qualifia d'extravagance la marche des Prussiens sur la rive gauche de l'Elbe. Mais se retirer sans combattre, abandonner la Saxe, livrer Dresde et peut-être Berlin, cela n'était pas possible après tant de jactance.

Ce n'est qu'en 1813 que l'Europe a compris qu'elle ne pouvait vaincre un ennemi si redoutable qu'en l'écrasant de ses forces réunies.

L'expérience de l'Autriche en 1805 fut alors perdue

pour la Prusse, comme l'exemple de la Prusse elle-même fut encore perdu pour l'Autriche en 1809.

On se décida donc à prendre l'offensive et à marcher au-devant de l'armée française. Les Prussiens se concentrèrent sur la haute Saale, en plaçant en avant un corps pour observer les trois défilés qui y conduisent. Notre droite, composée des corps des maréchaux Soult et Ney (4e et 6e), devait déboucher par le chemin de Bayreuth à Hof ; le centre, formé des corps de Bernadotte et Davout (1er et 3e), ainsi que la réserve de cavalerie, se dirigeait de Kronach sur Schleitz. La gauche (5e et 7e corps), maréchaux Lannes et Augereau, revenait de Cobourg pour déboucher sur Saalfeld.

Telle était la situation au moment où je rejoignis le maréchal Ney pour commencer près de lui mon service d'aide de camp. Je reprends maintenant mon journal, en priant mes lecteurs de ne jamais oublier qu'il s'agit du 6e corps.

Je trouvai le maréchal le 6 octobre dans un château près de Nuremberg. Il me reçut bien, sans s'informer si j'avais rien de ce qui m'était nécessaire pour commencer mon nouveau service. J'ai dit que j'étais sans chevaux, sans équipage, presque sans argent. Il m'aurait fallu huit jours de repos et les ressources qui me manquaient pour me procurer le nécessaire, et c'était pendant des marches continuelles qu'il fallait me mettre en état de devenir aide de camp. Enfin, je trouvai un cheval isabelle, qui heureusement ne me coûta pas cher ; je le bridai et le sellai, Dieu sait comment. Ce fut mon compagnon fidèle pendant les marches comme à la bataille d'Iéna. On eût dit que le pauvre animal sentait combien il m'était nécessaire. Médiocrement soigné, mal nourri dans ce brillant état-major où chacun ne pensait qu'à soi, jamais il ne me fit défaut, et je lui dois d'avoir pu faire, tant bien que mal, un service improvisé dans de telles circonstances.

Le 6ᵉ corps marchait sans s'arrêter. L'avant-garde se composait du 25ᵉ léger, des deux bataillons de grenadiers et de voltigeurs réunis, et de la brigade de cavalerie (10ᵉ chasseurs, 3ᵉ hussards). On y avait joint quelques pièces d'artillerie légère, le tout commandé par le général Colbert. Rien n'égalait l'ardeur de ces régiments, leur émulation, leur désir de se distinguer. Le général Colbert, ancien colonel du 10ᵉ chasseurs, qui faisait partie de sa brigade, se trouvait fier à juste titre d'exercer un commandement important, qui eût fait honneur à un général plus ancien d'âge et de services. Il est vrai que ce commandement ne pouvait être en meilleures mains. Le 6ᵉ corps marchait derrière le 4ᵉ, tous deux formant, ainsi que je l'ai dit, la droite de la Grande Armée. Nous arrivâmes le 8 à Bayreuth, le 10 à Hoff, sur la Saale, première ville de Saxe, et nous devions suivre le 4ᵉ corps à Plauen, pour nous diriger sur l'Elbe dans la direction de Dresde ou de Leipzig ; mais, à peine arrivés à Hoff, nous reçûmes l'ordre d'en repartir sur-le-champ pour prendre à gauche la direction de Schleitz. Nous pûmes à peine y arriver le 11 au soir. A Schleitz, la route se partage : celle de droite conduit à Leipzig par Géra, celle de gauche à Weimar par Iéna. Nous devions suivre la direction de droite, et déjà le général Colbert, avec l'avant-garde, était établi en avant, près

7

d'un village qui conduit à Auma, route de Géra. J'étais de service à Schleitz ; à peine arrivé, le maréchal me donna un ordre de mouvement à porter au général Colbert. Je voulus demander où je devais aller. *Point d'observations*, me répondit-il, *je ne les aime pas.* On ne nous parlait jamais de la situation des troupes. Aucun ordre de mouvement, aucun rapport ne nous était communiqué. Il fallait s'informer comme on pouvait, ou plutôt deviner, et l'on était responsable de l'exécution de pareils ordres. Pour moi en particulier, aide de camp d'un général qui ne s'était pas informé un instant si j'avais un cheval en état de supporter de pareilles fatigues, si je comprenais un service si nouveau pour moi, l'on me confiait un ordre de mouvement à porter au milieu de la nuit, dans un moment où tout avait une grande importance, et l'on ne me permettait pas même de demander où je devais aller. Je partis donc avec mon fidèle cheval isabelle, que tant de fatigues ne décourageaient pas plus que son maître, et qui avait de moins l'inquiétude morale de ne pouvoir bien accomplir des missions si singulièrement données. On m'avait indiqué un village dans la direction d'Auma, je n'y trouvai que des cendres et des ruines ; enfin, par un rare bonheur, je rencontrai un chasseur qui portait aussi des dépêches au général Colbert, et qui savait où il était campé. Je le suivis, et après avoir remis mon ordre, je retournai à Schleitz, bien fier d'avoir réussi dans ma première mission. Deux heures après, je fus envoyé de nouveau pour faire marcher le général Colbert, et toujours avec mon isabelle ; mais, cette fois du moins, je connaissais ma route. Le 12, nous arrivâmes à Auma.

L'Empereur en était parti la veille et arrivait à Géra. Nous venions de prendre cette direction le 13, lorsque l'ordre arriva d'appuyer encore à gauche et de marcher sur Iéna. Voici la cause de ces divers mouvements.

L'armée française traversait ces trois défilés qui conduisent en Saxe, ainsi que je l'ai dit. Le centre et la gauche rencontrèrent l'ennemi, et remportèrent sur lui d'éclatants succès à Schleitz (1) et surtout à Saalfeld (2). La droite, dont nous faisions partie (4ᵉ et 6ᵉ corps), arrivait sans obstacle à Plauen et à Hoff. Ces deux affaires portèrent le trouble au quartier général prussien, non-seulement à cause des pertes que l'on avait essuyées, mais surtout à cause du désordre avec lequel les colonnes prussiennes s'étaient retirées, du découragement et de la terreur dont les soldats prussiens et surtout les Saxons semblaient être frappés. Le prince de Hohenlohe, découragé de tenter l'offensive, se retira derrière la Saale; Napoléon se hâta d'en occuper les passages à Iéna, Dornburg, Naumbourg, soit pour empêcher l'ennemi de la traverser dans son mouvement de retraite sur l'Elbe, soit pour livrer bataille sur la rive gauche si l'on osait l'y attendre. Mais le duc de Brunswick crut voir Napoléon marcher lui-même sur l'Elbe, le tourner, l'envelopper et le prendre comme le général Mack l'année précédente à Ulm. Il partit de Weimar avec la grande armée et se dirigea sur Naumbourg, où il comptait forcer le passage de la Saale et atteindre les

---

(1) 9 octobre.
(2) 10 octobre.

bords de l'Elbe de Torgau à Magdebourg suivant les circonstances. Il chargea le prince de Hohenlohe de défendre le passage de l'Elbe à Iéna et de le suivre ensuite. Le général Rüchel ferait l'arrière-garde en partant le dernier de Weimar. Napoléon, instruit de tous ces mouvements, rapprocha du centre sa droite et sa gauche pour les concentrer vers Iéna. Voilà pourquoi nous avions quitté successivement la direction de Plauen et de Géra pour prendre la route de cette dernière ville. Le 13, nous étions en marche; le maréchal, impatient d'apprendre des nouvelles, devançait son avant-garde, que les deux divisions suivaient à une grande distance. Dans un petit village, à deux lieues de Roda, il reçut la lettre suivante du major général :

« Au bivouac devant Iéna, le 13 octobre, à 4 heures du soir.

« L'ennemi a réuni ses forces entre Iéna et Wei-
« mar ; faites porter ce soir votre corps d'armée en
« avant de Roda, le plus près possible d'Iéna, afin d'y
« arriver demain matin. Tâchez vous-même de venir
« à Iéna ce soir, afin d'être présent à la reconnais-
« sance que l'Empereur fera dans la nuit sur l'en-
« nemi. Je compte sur votre zèle.

« Le prince de Neufchâtel,
« Alexandre BERTHIER. »

Le maréchal envoya des copies de cette lettre aux généraux Colbert, Marchand et Marcognet, et partit sur-le-champ pour Iéna, avec deux officiers qui seuls avaient d'assez bons chevaux pour le suivre.

Je remis moi-même au général Colbert, à son passage au village où j'étais resté, la copie qui lui était destinée. Il marcha sans s'arrêter, traversa Roda, arriva la nuit à Iéna, et campa en avant de la ville. Les aides de camp du maréchal Ney couchèrent à Roda; le 14, à deux heures du matin, nous étions à cheval. Quel que fût notre empressement de rejoindre notre général, nous marchâmes au pas jusqu'à Iéna, pour ménager des chevaux qui, dans la journée, devaient avoir fort à faire.

Pendant que l'armée prussienne cherchait à passer la Saale pour gagner l'Elbe, Napoléon songeait à s'établir sur la rive gauche, pour vaincre des ennemis qu'il trouvait enfin réunis. Les maréchaux Bernadotte et Davout (1er et 3e corps) devaient défendre le passage de la Saale contre la grande armée, à Dornburg et Naumbourg. L'Empereur lui-même passait la Saale à Iéna pour combattre le prince de Hohenlohe. Arrivé de sa personne le soir du 13 à Iéna, il reconnut la position avec le maréchal Lannes, qui l'y avait devancé. Déjà les tirailleurs du 5e corps s'étaient emparés des hauteurs principales qui, de ce côté, dominent la ville d'Iéna. On y plaça le 5e corps et la garde impériale; on travailla toute la nuit à élargir une route étroite et escarpée, pour transporter l'artillerie. L'armée prussienne, placée entre Iéna et Weimar, pouvait les précipiter dans la Saale; mais le prince de Hohenlohe croyait n'avoir affaire qu'aux 5e et 7e corps (Lannes et Augereau), dont il comptait avoir bon marché le lendemain. Le duc de Brunswick et lui, persuadés que Napoléon se dirigeait sur l'Elbe, ne craignaient aucune attaque sérieuse sur la rive gauche de la Saale. Le matin du 14, le maréchal

Lannes repoussa le général Tauenzien, commandant l'avant-garde, et conquit sur les plateaux l'espace nécessaire pour déployer l'armée. Le prince Murat accourait avec la cavalerie. On attendait les maréchaux Ney et Soult. De son côté, le prince de Hohenlohe, jugeant l'affaire plus sérieuse qu'il ne l'avait cru d'abord, arrivait de Weimar avec toute son armée. Le combat fut interrompu quelque temps.

Le maréchal Ney étant arrivé à Iéna de sa personne très-tard dans la soirée du 13, ses aides de camp, venus de Roda au point du jour, le cherchaient en vain au milieu d'un épais brouillard. Saint-Simon, ayant rencontré un escadron prussien, vint à bout de lui échapper par sa bravoure et son adresse; il nous rejoignit avec deux blessures. Nous fûmes plus heureux, nous retrouvâmes notre général à la tête de son avant-garde. Celle-ci, grâce à l'activité du général Colbert, traversa Iéna dans la nuit, et vint camper sur les hauteurs, près de la garde impériale, placée au centre de la position, entre le 5ᵉ corps à droite et le 7ᵉ à gauche. C'était le moment où le prince de Hohenlohe arrivait avec toutes ses troupes. Le maréchal l'attaqua vers dix heures, avant même, dit-on, d'en avoir reçu l'ordre de l'Empereur. On sait que l'avant-garde ne se composait que du 25ᵉ léger, de deux bataillons de compagnies d'élite, et de la brigade de cavalerie légère. Cette troupe fit des prodiges de valeur. Le 3ᵉ hussards et le 10ᵉ chasseurs chargèrent à plusieurs reprises une cavalerie bien plus nombreuse, et qui ne put jamais entamer nos faibles carrés. Jamais aussi le maréchal ne s'exposa davantage. Deux officiers d'ordonnance furent blessés à ses côtés; et j'admire encore que nous n'ayons pas tous été tués par le feu des tirailleurs, au milieu duquel il s'élança comme un caporal de voltigeurs. L'affaire étant engagée un peu précipitamment, nous restâmes pendant quelque temps exposés seuls aux efforts de l'ennemi. Mais bientôt nous fûmes soutenus par le maréchal Lannes, appuyés à droite par le maréchal Soult, à gauche par le maréchal Augereau. L'armée prussienne commença à fléchir. Napoléon alors ordonna une attaque générale, soutenue par la garde impériale. La déroute devint complète. Les efforts héroïques des généraux prussiens ne purent l'arrêter. Le corps du général Rüchel, qui arrivait un peu tard de Weimar, fut entraîné à son tour, deux brigades saxonnes obligées de mettre bas les armes. Quinze mille prisonniers, deux cents pièces de canon furent le prix de la victoire. Pourtant la moitié de l'armée française était encore en arrière. A peine cinquante mille hommes avaient combattu contre soixante-dix mille Prussiens.

Le prince Murat entra dans Weimar pêle-mêle avec les fuyards; il logea au palais où la grande-duchesse était restée. Le maréchal le suivit de près, mais ne voulut pas loger au palais, où il y avait de la place pour tout le monde. Il conservait une ancienne rancune contre Murat, dont la qualité de prince l'offusquait un peu. Il s'établit dans une auberge à l'extrémité de la ville. Un général, qui nous accompagnait dans ce moment, proposa quelques mesures pour empêcher le pillage. Mais, à vrai dire, de pareils désordres sont presque inévitables dans une ville ouverte, avec des soldats fiers de leur victoire et affamés. D'ailleurs le premier besoin pour nous était celui du repos. J'ai dit que nous étions montés à cheval à Roda à deux heures du matin ; nous en descendîmes à Weimar à sept heures du soir. Ayant à peine la force de manger, et déjà à moitié endormi, je me couchai sur une planche, et ne me réveillai de mon premier somme que le lendemain à midi. Mon cheval isabelle avait supporté cette fatigue avec un courage digne de lui. Heureusement, au milieu de la bataille, je trouvai dans un ravin un caisson qui renfermait de l'avoine. Je lui en fis manger, et je dus à cette rencontre la vie de mon compagnon et peut-être la mienne. J'ai dit que l'avant-garde seule du 6ᵉ corps prit part à la bataille ; les deux divisions ne purent arriver à Weimar que dans la nuit. On le comprendra sans peine, en se rappelant que le 13 elles campaient dans la direction de Géra, et que, dans la nuit du 14, elles arrivaient à Weimar, après avoir fait plus de quinze lieues. Les officiers du 59ᵉ m'ont raconté qu'ils n'avaient jamais vu les soldats si à bout de leurs forces. Il fallut une demi-heure pour les décider à allumer du feu et à chercher des vivres.

On se rappelle que la grande armée prussienne marchait sur Naumbourg pour y passer la Saale et continuer sa retraite, et que le maréchal Davout (3ᵉ corps) était chargé de lui en disputer le passage. Le maréchal Bernadotte devait occuper Dornbourg, entre Iéna et Naumbourg, mais avec l'ordre de seconder le maréchal Davout. Il se trouvait à Naumbourg, lorsque l'on reçut l'avis que la grande armée prussienne se dirigeait tout entière de ce côté. Mais, malgré les instances de son collègue, il voulut absolument se rendre à Dornbourg, où il était évident qu'il n'avait rien à faire. Il prétexta l'ordre de l'Empereur, qui pourtant était subordonné aux circonstances; et, s'il est vrai que sa jalousie pour Davout, qu'il détestait, ait été la cause de sa détermination, il en a été bien puni, car il a procuré à son rival l'occasion d'acquérir une gloire immortelle. Le maréchal Davout n'avait que trois divisions d'infanterie et trois régiments de cavalerie légère, qui s'élevaient à peine à vingt-six mille hommes. Il prit position sur les plateaux qui dominent la rive gauche de la Saale, autour du village de Hassenhausen; il repoussa constamment les attaques de l'infanterie, les charges de la cavalerie ennemie, et finit par les forcer à la retraite. Elle se fit en bon ordre, protégée par deux divisions prussiennes qui n'avaient pas combattu. Il était question de recommencer le combat. Mais le roi de Prusse, qui avait bien payé de sa personne dans cette journée, effrayé des pertes que lui avait fait éprouver un ennemi si inférieur en nombre, découragé par la mort du duc de Brunswick et du maréchal Mollendorf, tués à ses côtés, jugea plus prudent de se retirer. Il comptait, en marchant sur Weimar, se réunir au prince de Hohenlohe, qu'il croyait vainqueur à Iéna, ou du moins en état de protéger sa retraite. Mais il rencontra bientôt les débris de l'armée du prince, qui cherchaient eux-mêmes un abri auprès de l'armée du roi. Toutes deux se retirèrent dans un désordre inexprimable, partie à Erfurt, partie plus à droite, dans la direction de Sommerda. Dans cette journée, qu'on appelle la bataille d'Auerstadt, vingt-six mille Français avaient combattu contre soixante-dix mille Prussiens, dont dix mille étaient hors de combat, et trois mille prisonniers, ainsi que cent quinze canons.

Napoléon attendit la veille de cette grande journée pour répondre à la sommation de repasser le Rhin, que lui avait adressée le roi de Prusse au commencement des hostilités. *Sire*, disait-il, *cette lettre n'est pas de vous; des intrigants, des brouillons l'ont dictée. Faisons la paix, il en est temps encore. Votre Majesté sera vaincue; qu'elle se rappelle que j'ai donné le même conseil à l'empereur de Russie la veille d'Austerlitz.* Jamais on ne vit de prédiction plus promptement et plus complétement vérifiée. Le 25 septembre, nous étions cantonnés en Souabe, sans ordre de départ, et le 15 octobre l'armée prussienne était détruite, la monarchie sans défense. On comprend que l'armée française, conduite par Napoléon, l'emportât sur l'armée prussienne; mais la destruction de cette armée semble incompréhensible. Cela tient d'abord à la supériorité de Napoléon en manœuvres, à son adresse à tromper l'ennemi sur la direction qu'il devait suivre, à la rapidité avec laquelle les différents corps de son armée placés à d'énormes distances, se réunissaient sur le champ de bataille pour se disperser ensuite dans diverses directions, s'il s'agissait de poursuivre un ennemi vaincu. L'armée prussienne, héritière des traditions de la guerre de Sept ans, manœuvrait bien, mais lentement, méthodiquement, avec un nombre infini de bagages; cinq ou six lieues semblaient une forte journée. L'armée française ne s'embarrassait ni des distances, ni des vivres; il est vrai qu'elle ravageait le pays, mais je ne parle que du succès sans justifier les moyens. L'ennemi apprenait avec surprise qu'un corps d'armée, qu'il croyait à dix lieues, arrivait sur le champ de bataille. Il ne savait pas que ce n'étaient que des têtes de colonne portant le nom du 6ᵉ corps ; l'impression était produite. Enfin l'armée prussienne avait perdu l'habitude de la guerre, et l'armée française, enflammée par ses victoires, avait acquis le droit de se croire invincible.

Le 15, Napoléon se rendit à Weimar, où la grande-duchesse, dont le mari servait dans l'armée prussienne, le reçut avec courage et dignité. Il assembla les officiers saxons prisonniers, et leur témoigna le désir de faire la paix avec leur souverain. Il traita plus sévèrement l'électeur de Hesse, et s'empara de ses États. Après avoir ainsi privé la Prusse de ses deux alliés, il s'occupa de tirer parti des éclatantes victoires qu'il venait de remporter, et de poursuivre les débris de l'armée prussienne avec assez d'activité pour les empêcher de se réorganiser nulle part.

Les 3ᵉ corps (Davout), 5ᵉ (Lannes) et 7ᵉ (Augereau), qui avaient le plus souffert, prirent quelques jours de repos. Le 1ᵉʳ corps (Bernadotte) se dirigea vers l'Elbe, par Halle et Dessau, formant ainsi la droite de l'armée. Le 5ᵉ corps (Soult) poursuivit l'armée vaincue à travers la Thuringe, par Sommade et Nordhausen. Le prince Murat, suivi du maréchal Ney, arriva le 15 au soir devant Erfurt, et somma la place. Le maréchal témoigna beaucoup d'humeur de se trouver encore avec le prince Murat, qui allait lui ravir l'honneur de la prise d'Erfurt. Cette conquête lui appartenait, car il commandait l'infanterie. Aussi fit-il nommer gouverneur le général Dutaillis, son chef d'état-major, qui, en cette qualité, devait régler les conditions. Mais l'Empereur y envoya sur-le-champ le général Clarke avec tous les pouvoirs. Nous passâmes du moins une bonne journée, dans d'excellents logements. On prit à Erfurt quinze mille Prussiens, dont six mille blessés, un matériel et un butin considérables.

J'ai dit avec quelle rapidité l'on poursuivait l'armée prussienne dans toutes les directions. Le 4ᵉ corps se dirigeait sur Magdebourg en passant par Langensalza, Nordhausen, Halberstadt et Wansleben. Le 6ᵉ corps le suivait à un jour de distance. Jamais on n'a poursuivi plus vivement une armée plus complétement battue. Un général habile n'aurait pas pu rallier dix mille Prussiens, et l'Empereur, bien supérieur à Annibal, a su également vaincre et profiter de la victoire. Jamais aussi le pillage ne fut porté plus loin que pendant cette route, et le désordre alla jusqu'à l'insubordination. A Nordhausen en particulier, le colonel Jomini (1) et moi pensâmes être tués par des soldats dont nous voulions réprimer les excès. Il fallut mettre le sabre à la main et courir ainsi la ville. Le maréchal en rendit compte à l'Empereur, en demandant l'autorisation de faire dans l'occasion des exemples sévères. Cela prouve combien il est dangereux de laisser les soldats secouer le joug de la discipline et difficile de les arrêter quand ils ont fait le premier pas. Notre subordination n'est pas appuyée sur des bases aussi solides que celles de quelques armées

---

(1) Aide de camp titulaire du maréchal, souvent détaché auprès de l'Empereur.

étrangères. Dans celles-ci, le soldat est un esclave et l'officier son maître. Chez nous, au contraire, le soldat obéit à l'officier comme à son chef ; il sait le respect qu'il lui doit en cette qualité, mais il n'ignore pas que l'officier lui doit à son tour au moins des égards. Il est homme comme lui ; l'officier a été soldat, le soldat peut devenir officier, tout cela établit entre eux une sorte d'égalité de droit, presque comme entre le colonel et l'officier. Voilà ce qu'il ne faut jamais perdre de vue avec nos soldats. On doit les traiter avec fermeté sans dureté, avec bonté sans faiblesse. La dureté les irrite, la faiblesse excite leurs moqueries. C'est cette mesure, ce juste milieu, cette fraternité paternelle, si l'on peut s'exprimer ainsi, que nos officiers observent tous plutôt par instinct que par calcul et dont les étrangers seraient incapables. Des Français peuvent seuls commander à des Français.

En partant de Nordhausen le 19 pour nous porter sur Halberstadt, le 6ᵉ corps marcha sur deux colonnes, l'état-major et la première division par Hasefeld, la deuxième division par Benneckenstein. La première route est remplie de défilés ; dix mille hommes y arrêteraient facilement une armée nombreuse, mais les Prussiens n'eurent ni le temps, ni peut-être la prévoyance de chercher à s'y défendre. Ils n'étaient occupés qu'à fuir à toutes jambes pour se jeter dans Magdebourg. Le corps d'armée se réunit le 20 à Halberstadt, et marcha réuni le 21 à Hamersleben, le 22 à Groswantzleben. Le maréchal Soult, qui était parti avant nous de Nordhausen, se trouvait déjà dans cette ville, et commençait à entourer Magdebourg. A notre arrivée, nous restâmes chargés du siége ; le maréchal Soult passa l'Elbe à Tangermünde, au nord de Magdebourg, pour prendre la route de Berlin. Le maréchal Ney porta son quartier général à Schonebeck, à deux lieues de Magdebourg, et commença, le 25 novembre, l'investissement de la place. Le général Kleist, vieillard octogénaire, infirme, et pouvant à peine monter à cheval, répondit pourtant à la première sommation qu'il ne pouvait se rendre qu'après avoir acquis la preuve que l'on possédait les moyens de l'y contraindre; mais la garnison affaiblie et découragée, le nombre des blessés et des malades qui remplissaient la ville, le mécontentement des habitants, qui craignaient de se voir sacrifiés à une cause déjà perdue, tous ces motifs n'annonçaient pas une défense longue et opiniâtre. Le maréchal Ney n'en fit pas moins ses dispositions, comme s'il eût eu affaire à l'ennemi le plus redoutable. Bientôt l'investissement fut complet. Les deux divisions occupaient la rive gauche de l'Elbe depuis Farmersleben jusqu'à Barleben, et communiquaient par un pont de bateaux avec la rive droite occupée par le général Colbert et l'avant-garde. On manquait d'artillerie de siége; quelques mortiers envoyés d'Erfurt en tinrent lieu; on menaça la ville d'un bombardement, en commençant par incendier le village de Krakau, que les assiégés occupaient sur la rive droite. Le gouverneur se voyant investi, sachant que Berlin était en notre pouvoir, calculant qu'une plus longue résistance ne sauverait pas la Prusse, et n'aurait d'autre résultat que de faire maltraiter la ville, peut-être d'obtenir de plus dures conditions pour ses troupes et pour lui-même, prit enfin le parti de capituler; faiblesse sans doute condamnable, les travaux du siége n'étant pas même commencés. Mais la déroute d'Iéna, la conquête de la Prusse, avaient entièrement découragé les Prussiens; peut-être doit-on les blâmer moins que les plaindre. On convint de remettre la ville aux Français, les officiers et feld-webels ayant la permission de retourner dans leur pays sur parole, en conservant leurs armes, les soldats prisonniers de guerre. La veille du jour de notre entrée dans la place, le maréchal passa en revue le corps d'armée. Les troupes étaient parfaitement belles. Après la revue, nous allâmes rendre visite au gouverneur, qui nous reçut avec politesse. La conversation roula sur les malheurs de la guerre, l'imprudence du gouvernement prussien et, en particulier, de la reine, qui avait provoqué cette fatale campagne, l'éloge des troupes prussiennes et de la sagesse du gouverneur, qui ne s'obstinait point à prolonger une défense inutile. Le lendemain, jour de notre entrée à Magdebourg, l'armée prit les armes de bonne heure. Les deux divisions d'infanterie, formées en bataille, faisaient face aux remparts, la gauche du 59ᵉ vis-à-vis la porte par laquelle devait sortir la garnison. La brigade Colbert avait sa gauche appuyée à cette même porte. Le maréchal avec son état-major, à la droite de la brigade dans la même direction, et formant le côté du carré avec l'infanterie, toute l'armée dans la plus grande tenue. A l'heure marquée, la garnison sortit, les généraux et colonels à la tête de leurs troupes. Le général Kleist, placé à côté du maréchal, lui nommait chaque officier supérieur qui le saluait en passant. La garnison défilait en portant les armes au son de la musique française, et, après avoir passé devant la cavalerie et l'état-major, faisait un changement de direction à gauche, passait devant l'infanterie et déposait les armes à la droite de la ligne. La cavalerie suivit l'infanterie. Le tout se montait à dix-huit mille hommes. Jamais je n'ai assisté à un plus magnifique triomphe, que l'éclat du soleil embellissait encore. Les officiers prussiens paraissaient accablés de tristesse, et, pour comble d'humiliation, quelques-uns furent insultés par leurs soldats, au moment où ceux-ci déposaient les armes en se séparant d'eux. Les prisonniers, divisés en trois colonnes, partirent sur-le-champ pour Mayence. Des compagnies tirées de tous les régiments, et commandées par le général Roguet, furent chargées de les conduire. Les malheureux firent plus de douze lieues ce même jour.

Nous entrâmes dans Magdebourg, dont les 50e et 59e régiments formèrent la garnison, le reste logeant aux environs.

Le sixième corps se rendit bientôt après à Berlin, en laissant le 59e en garnison à Magdebourg. L'Empereur passa successivement en revue les différentes brigades, qu'il combla d'éloges et de récompenses. Saint-Simon, aide de camp du maréchal, à peine rétabli des blessures reçues à Iéna, fut nommé capitaine.

Pendant le siége de Magdebourg, les autres corps d'armée complétaient la destruction de l'armée prussienne et la conquête du pays. Il ne m'appartient pas de raconter en détail ces marches rapides, ces brillants succès. J'en dirai seulement deux mots, selon mon habitude, pour que ceux qui voudront lire ce journal puissent suivre l'ensemble des opérations.

Le 20 octobre, six jours après la bataille d'Iéna, le maréchal Bernadotte (1ᵉʳ corps) passait l'Elbe à Barby; Lannes (5ᵉ corps) à Dessau; Davout (3ᵉ corps) à Wittemberg. L'honneur d'entrer le premier à Berlin fut réservé à Davout, en récompense de la bataille d'Auerstadt (1). Les historiens racontent qu'il refusa les clefs de la ville et un logement au palais pour en faire hommage à l'Empereur. On m'a assuré qu'il accepta le don d'un million, mais pour en faire don lui-même aux hôpitaux de Berlin. Cette conduite serait digne de lui. Le même jour, Spandau se rendait sans résistance.

Quelque morcelée que fût l'armée prussienne, elle eût pu encore combattre, si on lui eût laissé le temps de se réunir. Ce n'est pas en quelques jours que l'on détruit une armée de cent soixante-dix mille hommes. Les débris des différents corps, commandés par le prince de Hohenlohe, s'élevaient à cinquante mille hommes, qui cherchaient à gagner l'Oder pour le passer à Stettin et se rapprocher de l'armée russe. Poursuivi à outrance par la cavalerie de Murat, par l'infanterie de Lannes, qui semblait fatiguer les chevaux, le prince de Hohenlohe fut cerné à Prenzlow et forcé de mettre bas les armes. Plusieurs régiments d'infanterie et de cavalerie eurent le même sort à Passewalk. Pendant ce temps, la place de Stettin se rendait à un régiment de cavalerie légère commandé par le général Lasalle. Restait le général Blücher, qui, poursuivi de tous côtés dans le Mecklembourg,

---

(1) 25 octobre.

finit par entrer de vive force dans la ville neutre de Lübeck, espérant embarquer ses troupes pour les transporter dans la Prusse orientale, non occupée par les Français. Cette dernière ressource lui fut encore enlevée. Le 7 novembre, les 1er et 3e corps (Bernadotte et Davout) occupèrent de vive force les ouvrages qui défendaient la ville, et, après un combat acharné dans les rues, les Prussiens furent chassés et se retirèrent vers les frontières danoises. Là, le manque de vivres et de munitions força Blücher de capituler à son tour avec quatorze mille hommes. Il avait laissé à Lübeck mille morts et six mille prisonniers.

J'ajoute, pour compléter le tableau, que, pendant que Stettin se rendait à un régiment de cavalerie légère, un bataillon d'infanterie faisait capituler Cüstrin.

Ainsi en un mois de campagne une armée de cent soixante-dix mille hommes avait disparu, vingt mille Saxons rentraient dans leurs foyers. On comptait vingt-cinq mille Prussiens tués ou blessés, cent mille prisonniers ; le reste était dispersé, sans armes, errant dans le pays. Huit capitulations avaient eu lieu, les unes en rase campagne, les autres dans des places fortes sans livrer de combat. Tout le matériel en armes, munitions, chevaux, approvisionnements, appartenait à l'armée française. Cüstrin, Stettin nous rendaient maîtres de la ligne de l'Oder.

Napoléon visita Postdam, et enleva l'épée du grand Frédéric, qu'il envoya aux Invalides. Il fit ensuite son entrée triomphale à Berlin. Ainsi fut terminée la première partie de la campagne de 1806.

CHAPITRE IV.

Avant de parler de la campagne d'hiver contre les Russes, je veux entrer dans quelques détails sur notre service d'aides de camp. Ils s'appliqueront également à la campagne qui venait de se terminer et à celle qui va suivre.

Le maréchal Ney nous tenait à une grande distance de lui. Dans les marches, il était seul en avant et ne nous adressait jamais la parole sans nécessité. L'aide de camp du jour n'entrait jamais dans sa chambre que pour affaire de service, ou bien quand il était appelé, et c'était la chose la plus rare que de voir le maréchal causer avec aucun d'entre nous. Il mangeait seul, sans inviter une fois aucun de ses aides de camp. Cette fierté tenait à sa nouvelle situation, au désir de garder son rang. Les premiers maréchaux nommés en 1804 étaient des généraux de la République. La transition était brusque. En 1796, à l'époque du 18 fructidor, le général Augereau reprochait aux officiers de s'appeler *Monsieur*. Et quelques années plus tard, les généraux républicains devenaient eux-mêmes maréchaux, ducs et princes. Ce changement embarrassa quelquefois le nouveau maréchal, qui d'ailleurs croyait avec raison que son élévation excitait l'envie. Il crut ne pouvoir se faire respecter qu'à force de hauteur, et il alla quelquefois trop loin à cet égard. Toutefois la familiarité aurait eu de plus graves inconvénients, et, à défaut de la juste mesure, toujours difficile à observer, peut-être a-t-il pris le meilleur parti. Les aides de camp ne s'en plaignaient pas ; ils se trouvaient plus à leur aise en vivant ensemble, et se livraient sans contrainte à la gaieté qui caractérise la jeunesse, la jeunesse française, la jeunesse militaire. Nous faisions très-bonne chère, car suivant les circonstances on ne manquait ni de force pour s'emparer des vivres, ni d'argent pour les payer. J'ai souvent admiré comment, en arrivant le soir dans une misérable cabane, le cuisinier trouvait moyen, au bout de deux heures, de nous donner un excellent dîner de Paris. Mais cette manière de vivre avait de grands inconvénients pour notre service. Restant étrangers à tout ce qui se passait, n'ayant communication d'aucun ordre, nous ne pouvions ni nous instruire de notre métier, ni bien remplir les missions dont nous étions chargés. Plusieurs causes diverses rendaient quelquefois ces missions difficiles à exécuter. En voici un exemple :

Au commencement du siége de Magdebourg, je fus envoyé un matin au général commandant une division de dragons momentanément attachée au 6ᵉ corps. Il devait être à Egeln, distant de quatre lieues du quartier général de Schonebeck. En arrivant, j'appris qu'il avait quitté Egeln depuis trois jours pour s'établir à Kloster-Meyendorf, à six lieues au nord. Je m'y rendis sur-le-champ ; j'y arrivai le soir. Le général en était parti le matin pour aller à Gros-Salza, à six lieues au sud, du côté opposé de Magdebourg. Mon cheval avait besoin de repos, et je passai deux heures à Kloster-Meyendorf, grand couvent de femmes qui, par parenthèse, venait d'être ravagé par une centaine de soldats français. J'y ai cependant trouvé un assez bon souper, et j'en suis parti à l'entrée de la nuit. Je passai par Gros-Wantsleben et Sulldorf, et j'arrivai à Gros-Salza, où je trouvai enfin le général que je cherchais. Ainsi un général changeait trois fois de cantonnement à de grandes distances sans en prévenir. Pourtant il ne fut ni réprimandé ni puni. A mon retour, le maréchal se contenta de dire, en haussant les épaules : « *Quelle manière de servir !* »

Les grandes missions se faisaient en voiture, avec des frais de poste que quelques-uns mettaient dans leur poche, en se servant de chevaux de réquisition, mauvaise manière à tous égards ; car, à part du peu de délicatesse, on était plus mal servi et l'on perdait un temps précieux. Quant aux missions à cheval, j'ai déjà dit qu'on ne s'informait pas si nous avions un cheval seulement en état de marcher quand il s'agissait d'aller au galop, si nous connaissions le pays, si nous avions une carte (et nous en manquions toujours). L'ordre devait être exécuté, et l'on ne s'embarrassait pas des moyens. Je le ferai remarquer dans des occasions importantes. Cette habitude de tout tenter avec les plus faibles ressources, cette volonté de ne rien voir d'impossible, cette confiance illimitée dans le succès qui avait d'abord été une des causes de nos avantages, ont fini par nous devenir fatales.

Comme je me rendis seul de Magdebourg à Berlin, j'eus l'occasion d'aller à Postdam visiter la demeure du grand Frédéric, et j'en profitai d'autant plus volontiers que les voyages de plaisir sont rares à la guerre. Nous nous reposâmes quelques jours à Berlin avant d'entreprendre la nouvelle campagne dont je vais faire le récit.

CHAPITRE V.

CAMPAGNE DE PRUSSE ET DE POLOGNE. — 1806-1807.

IIᵉ PARTIE.

MARCHE SUR LA VISTULE. — BATAILLE DE PULTUSK. — BATAILLE D'EYLAU.

L'orgueil de Napoléon, sa confiance en sa puissance, avaient été portés au comble par la conquête de la Prusse. Rien ne lui semblait impossible, et, dans ses vastes projets, il ne connaissait plus de limite que celle de sa volonté. Maître de la ligne de l'Oder, il allait franchir ce fleuve et se porter au-devant de l'armée russe, qui s'avançait sur la Vistule. La plus redoutable de ses ennemies, l'Angleterre, était la seule qu'il ne pût prendre corps à corps. Mais il regardait les puissances de l'Europe comme vassales de l'Angleterre. En les attaquant, c'était elle qu'il croyait combattre. Il déclara donc qu'il ne ferait la paix avec la Prusse et la Russie que si elle était commune à l'Angleterre, et qu'il ne rendrait aucune de ses conquêtes que lorsque l'Angleterre restituerait les colonies qu'elle avait prises, soit à la France, soit à la Hollande ou à l'Espagne, nos alliés. Il voulait, selon son énergique expression, *reconquérir les colonies par la terre.* Pourtant la résolution de s'avancer vers la Vistule, et peut-être au delà, présentait de graves difficultés. Plus on s'éloigne de son pays, plus les embarras augmentent. Il fallait non-seulement réparer les pertes qu'avait faites l'armée, mais augmenter son effectif, pourvoir à son entretien, assurer ses communications, lui procurer des subsistances dans un pays pauvre et à l'approche de la mauvaise saison. On doit lire dans les historiens le récit des moyens employés pour obtenir ces résultats, l'admirable intelligence, la prodigieuse activité déployées en cette occasion par Napoléon. La Grande Armée, dont l'effectif au moment du départ de Boulogne était de quatre cent cinquante mille hommes et de cinq cent mille au commencement de la guerre avec la Prusse, se trouva portée à cinq cent quatre-vingt mille. Or la campagne d'Autriche et celle de Prusse ayant à peine coûté chacune vingt mille hommes, l'armée augmentait à chaque campagne au lieu de diminuer; car on sait que les libérations n'étaient pas admises pendant la guerre.

Ajoutons qu'en s'avançant autant dans l'intérieur de l'Allemagne, Napoléon se trouvait entouré, sinon d'adversaires déclarés, au moins de neutres ou d'alliés bien suspects. On ne doit pas se le dissimuler, tous les États de l'Europe étaient nos ennemis, et on l'a bien vu en 1813. Il fallait donc effrayer les uns par des menaces, attirer les autres par des promesses. C'est ainsi que la Saxe, notre ennemie dans la campagne précédente, devint notre alliée par son admission dans la confédération du Rhin.

Il est vrai que nous pouvions trouver en Pologne

des alliés plus sincères. Pour arriver à la Vistule et nous approcher de Varsovie, il fallait traverser le duché de Posen. Il est évident que la présence de nos troupes allait faire soulever le pays, dans l'espérance de recouvrer son indépendance. Mais cela seul devait inquiéter l'Autriche, qu'il nous importait de ménager. Déjà cette puissance faisait connaître que toutes les pertes qu'elle avait essuyées ne lui permettaient pas de prendre part à la lutte, que la neutralité lui était donc imposée ; et, en attendant, elle réunissait un corps de soixante mille hommes pour protéger ses frontières. On sait que ces corps d'observation deviennent bientôt des corps d'armée actifs, et qu'une circonstance que l'on croit favorable change la neutralité en hostilité. Napoléon s'expliqua avec l'Autriche. Il fit entendre que dans le cas du rétablissement de la Pologne, on pourrait lui donner la Silésie en compensation de la Gallicie; si cet arrangement ne convenait pas, il promit que, tout en favorisant l'insurrection de la Pologne russe et prussienne, ce qu était conforme aux droits de la guerre, il n'entreprendrait rien contre les intérêts de l'Autriche. Il annonça d'ailleurs qu'il était prêt à tout événement, et fort disposé à combattre l'Autriche, si, malgré les dispositions bienveillantes qu'il lui témoignait, elle voulait entrer en lutte.

Enfin, des mésintelligences s'étant élevées entre la Turquie et la Russie, mésintelligences entretenues habilement par Napoléon, la Russie s'était vue obligée d'envoyer un corps de soixante mille hommes sur les bords du Dniester.

Ainsi Napoléon allait recommencer la guerre contre

la Russie, secondée par l'Angleterre, la Suède, et vingt mille Prussiens, débris de leur armée. Nous avions pour alliés la confédération du Rhin, et bientôt la Turquie. L'Autriche restait inquiète et silencieuse. La Pologne agitée s'apprêtait à se joindre à nous. Telle était la situation au moment de la reprise des hostilités.

Depuis l'Oder jusqu'à la Vistule nous ne devions pas rencontrer d'ennemis. Les Prussiens occupaient Thorn, les Russes approchaient seulement de Varsovie. Voici notre ordre de marche de la droite à la gauche. A l'extrême droite, le prince Jérôme, secondé du général Vandamne, devait occuper la Silésie, faire le siége des places situées sur le haut Oder, telles que Glogau et Breslau, pour nous rendre entièrement maîtres du cours de ce fleuve, le franchir ensuite et couvrir la droite de l'armée en s'appuyant à la frontière d'Autriche. Le maréchal Davout (3e corps) se dirigeait de Cüstrin sur Posen. A sa gauche venait le maréchal Augereau (7e corps), et, plus à gauche encore, le maréchal Lannes (5e corps), partant de Stettin. Tous ces corps réunis formaient quatre-vingt mille hommes. Les 1er, 4e et 6e corps, avec la garde impériale et la réserve de cavalerie restées en arrière, composaient une autre armée de quatre-vingt mille hommes, qui devait appuyer le mouvement de la première.

Ce fut alors que se présenta la question du rétablissement de la Pologne. Le maréchal Davout fut reçu à Posen avec un grand enthousiasme. Le duché de Posen appartenait à la Prusse, et cette province semblait plus impatiente que les autres de secouer le joug étranger. Notre arrivée leur parut le signal de leur indépendance, et, quoique aucun mot n'eût été dit à cet égard, la cause de la Pologne paraissait liée à celle de la France. Les mêmes sentiments se manifestèrent plus tard à Varsovie. On ordonna des levées d'hommes qui se firent d'abord avec facilité. Mais bientôt la haute noblesse polonaise se demanda où la conduirait un entraînement irréfléchi. La fortune des armes pouvait nous devenir contraire, et alors ils retombaient sous le joug des Prussiens et des Russes, irrités de leur révolte. Ils auraient donc voulu que Napoléon prît l'engagement de reconstituer la Pologne, en lui donnant pour souverain un prince de sa famille. La proposition lui en fut faite formellement en leur nom par le prince Murat, lorsqu'il eut fait son entrée à Varsovie. Cette démarche mécontenta Napoléon. Il comprit très-bien que ce souverain était Murat lui-même, que l'enthousiasme des Polonais, son esprit chevaleresque et son costume déjà à demi polonais, désignaient assez; or, il ne voulait pas qu'on lui fît de conditions. Lui-même était embarrassé des suites que pouvait avoir une démarche aussi significative. La paix devenait plus difficile à conclure avec la Prusse et la Russie. D'ailleurs qu'était-ce que le rétablissement de la Pologne sans la Gallicie, et pouvait-on s'exposer à s'attirer l'Autriche sur les bras? Napoléon voulait donc que les Polonais se donnassent à lui unanimement, sans réserve, sans conditions. Il voulait qu'un grand mouvement national forçât pour ainsi dire la destinée, et que le rétablissement de la Pologne devînt une nécessité. Il n'y avait pas moyen de s'entendre, puisque, comme le dit fort bien M. Thiers : *les Polonais demandaient à Napoléon de commencer par proclamer leur indépendance, et que Napoléon leur demandait de commencer par le mériter.* D'ailleurs, leur concours pouvait-il inspirer une grande confiance ? J'en doutais un peu pour mon compte, et cette opinion ne m'était point particulière. Les maréchaux Lannes et Augereau, marchant à gauche de Posen, trouvaient dans les campagnes les Polonais peu disposés à s'insurger. Ils représentaient à l'Empereur qu'il ne *fallait pas se laisser éblouir par l'enthousiasme factice des nobles de Posen ; qu'au fond, on les retrouverait toujours légers, divisés, anarchiques, et qu'en voulant les reconstituer en corps de nation, on épuiserait inutilement le sang de la France pour une œuvre sans solidité et sans durée.* Aussi Napoléon, évitant de les encourager ou de les décourager entièrement, ne voulut point paraître à Varsovie. Il trouva en eux des auxiliaires utiles, quitte à les sacrifier dans l'occasion, ce qu'il ne manqua pas de faire. Après l'entrée à Posen, on avait marché sur Varsovie. L'armée russe qui l'occupait n'essaya point de la défendre ; elle repassa la Vistule en détruisant le pont.

Je reprends l'historique du 6e corps.

J'ai dit que ce corps d'armée faisait partie de la réserve. Nous partîmes à notre tour de Berlin. L'état-major se rendit en poste à Posen, où nous arrivâmes le 15 novembre, pendant que les troupes faisaient leur mouvement. Nous logions chez Mme de Zastrow, femme de l'ancien gouverneur prussien de cette ville, qui avait suivi le roi à Kœnigsberg. Je l'ai vue plusieurs fois ; c'était une personne douce et aimable; on pense bien qu'elle était triste et préoccupée. Les malheurs de la Prusse, l'incertitude de la destinée de son mari, la surveillance de trois grandes filles jeunes et belles au milieu d'une armée telle que la nôtre, étaient des motifs suffisants de trouble, et l'on sent combien devait être pénible pour la femme du gouverneur prussien de Posen le spectacle de l'enthousiasme qu'y excitait notre présence. L'Empereur arriva le 27 novembre au soir sans le moindre appareil. Quoiqu'il fît nuit et qu'on ne pût l'apercevoir, mon hôtesse voulut aller au-devant de lui; elle resta longtemps à la pluie et marchant dans la boue, trop heureuse d'avoir vu un instant passer sa voiture. Le 28 novembre, l'armée était entrée à Varsovie. A part l'importance politique de cette conquête, Varsovie nous assurait un point de passage sur la Vistule, et déjà le maréchal Davout avait franchi le fleuve, que les Russes ne défendirent pas plus qu'ils n'avaient défendu la ville. Le maréchal Lannes (5ᵉ) le remplaça à Varsovie. Augereau (7ᵉ) s'établit au-dessous de Varsovie sur la Vistule, vis-à-vis de Modlin. L'Empereur chargea le maréchal Ney de s'emparer de la ville de Thorn, afin d'avoir deux points sur la Vistule, ce qui était important pour ses opérations ultérieures. Nous partîmes de Posen le 1ᵉʳ décembre, et la 1ʳᵉ brigade arriva le 4 devant Thorn, en passant par Gnesen et Bromberg. Thorn, situé sur la rive droite de la Vistule, n'a sur la rive gauche que le faubourg de Podgurtz. Il fallait donc passer le fleuve pour entrer dans la ville. Quinze mille Prussiens, commandés par le général Lestocq, la défendaient.

Le pont de bois qui unissait les deux rives avait été détruit. Le colonel Savary, du 14ᵉ de ligne (7ᵉ corps), étant resté en arrière, occupait Podgurtz. Informé le 4 que l'ennemi commençait à évacuer la ville, comptant sur la faveur de la population, il eut l'audace de passer la Vistule sur des bateaux, malgré les glaçons, avec une faible partie de son régiment; entreprise d'autant plus hasardeuse que le lit de la Vistule est large en cet endroit et qu'on se trouvait exposé à la fusillade de l'ennemi placé sur l'autre rive. Les bateliers polonais le secondèrent, en se jetant dans l'eau et en tirant les barques au rivage sous le feu de l'ennemi. La 1ʳᵉ brigade du 6ᵉ corps, déjà arrivée à Podgurtz, ainsi que je l'ai dit, passa la Vistule, se joignit au 14ᵉ et s'empara de la ville.

Le maréchal était, le 4, à Bromberg, à huit lieues en arrière; ce ne fut que le 5 au matin qu'il apprit la prise de la ville. Il se rendit aussitôt au faubourg de Podgurtz, et n'entra à Thorn que le 6 au matin. Je me trouvais seul auprès de lui; et, dès le 5 au soir, il m'envoya à Thorn, qu'occupait déjà la 1ʳᵉ division du 6ᵉ corps, réunie au 14ᵉ régiment. Je fus heureux de pouvoir complimenter mon ancien chef de bataillon sur la belle conduite de son régiment, et le lendemain il reçut des félicitations bien plus flatteuses que la mienne. Les troupes du 6ᵉ corps arrivèrent successivement, et furent placées en cercle sur la rive droite de la Vistule, ayant en tête la cavalerie légère pour se garantir des courses des Cosaques. On s'occupa avec activité à réparer le pont; cette opération ne fut pas aussi facile qu'on le suppose. Le 5 nous étions maîtres de la ville, et le pont fut à peine réparé

CHAPITRE V.

le 15. Le 59ᵉ, qui arriva le dernier, passa la Vistule en bateaux le 13.

J'ai dit que ce dernier régiment était resté en garnison à Magdebourg. Il y séjourna jusqu'au 25 novembre, et arriva à Thorn le 13 décembre, après dix-huit jours de marche sans un instant de repos. Il n'était nullement nécessaire de fatiguer ainsi ce régiment; on pouvait le faire partir un peu plus tôt, ou même lui accorder un ou deux séjours pendant cette longue route. L'officier envoyé de Thorn à Magdebourg pour porter au 59ᵉ l'ordre de marcher ne revint qu'avec le régiment. Ainsi, ayant des frais de poste, il mettait dix-huit jours à faire cent dix lieues comme un régiment d'infanterie. C'était assez son usage, pour éviter à la fois les fatigues et les chances de la guerre. Ce nouvel exemple de zèle et d'activité de sa part nous amusa beaucoup.

Varsovie et Thorn étant occupés, Graudenz investi près de tomber en notre pouvoir, l'hiver pouvait être employé au siége de Dantzig, dont la prise nous eût rendus maîtres du cours entier de la Vistule. L'époque de l'année et la difficulté des chemins rendaient nécessaire de prendre des quartiers d'hiver. Napoléon y pensait d'autant plus, qu'il croyait les Russes en pleine retraite sur le Prégel pour couvrir Kœnigsberg.

Bientôt il apprit qu'ils paraissaient s'établir près de Varsovie, entre la Narew et l'Ukra, sur la droite de la Vistule. Ces deux rivières en se réunissant, avant de se jeter dans la Vistule, décrivent un angle, dont le sommet vient s'appuyer sur ce grand fleuve, un peu au-dessous de Varsovie. Les troupes prussiennes, placées entre Dantzig et Kœnigsberg, se liaient aux Russes du côté de Thorn. A peine restait-il vingt mille Prussiens armés, et dix mille composant les garnisons. La première armée russe, commandée par le général Benningsen, occupait la position de la Narew; la seconde, par le général Buxhowden, placée en arrière à Ostrolenka, ces deux armées formant quatre-vingt mille hommes. Dans cette situation, les Russes pouvaient se réunir aux Prussiens vers la mer, et s'appuyant sur la forte place de Dantzig, passer la basse Vistule et nous tourner sur la haute. Ils pouvaient aussi en laissant les Prussiens en observation devant Kœnigsberg, réunir toutes leurs forces dans l'angle formé par l'Ukra et la Narew, et se porter sur Varsovie. Napoléon était en mesure de faire face à ces deux combinaisons et de repousser toutes les tentatives de l'ennemi. Mais il ne lui convenait pas de se laisser attaquer par eux. Il ne lui convenait pas non plus de les laisser s'établir en quartiers d'hiver si proche de lui. Il voulait bien faire reposer ses troupes, en arrêtant la poursuite de l'ennemi; mais il voulait que cet ennemi fût vaincu d'abord, et entièrement vaincu. Il se décida donc à prévenir les Russes; il se flattait de les détruire comme il avait jusqu'à présent détruit toutes les armées ennemies; il voulait au moins les forcer de s'éloigner de Varsovie. Il quitta Posen, où il avait passé dix-neuf jours, et entra la nuit à Varsovie, voulant éviter les réceptions solennelles et tout ce qui pourrait l'engager avec les Polonais. Le 23 décembre il était à la tête de son armée, et dirigea lui-même dans la nuit le passage de l'Ukra à Okumin.

Je ne ferai point le récit des combats livrés les 24,

CHAPITRE V.

25 et 26 décembre, sous le nom de batailles de Pultusk et de Golymine. Le 6ᵉ corps n'y a pris aucune part, et cet écrit n'est que le journal de l'aide de camp du maréchal Ney. Je dirai seulement que le passage de l'Ukra fut forcé, les Russes poursuivis le 25 et attaqués le 26, par le maréchal Lannes à Okumin, par les maréchaux Davout et Augereau à Golymine. L'ennemi, partout repoussé, perdit quatre-vingts pièces de canon, beaucoup de bagages et vingt mille hommes, tant tués que blessés et faits prisonniers. Les Russes étaient en pleine retraite; et l'Empereur avait réussi dans son projet de les éloigner de Varsovie. Mais le mauvais temps et la nature du terrain rendirent les opérations difficiles et empêchèrent de compléter la victoire. Le terrain est naturellement fangeux, la neige et la pluie le rendirent impraticable, et le nom des *boues du Pultusk* s'est conservé dans les souvenirs de nos soldats. Les hommes enfonçaient jusqu'aux genoux dans cette boue liquide, et beaucoup d'entre eux y périrent. On pouvait à peine conduire l'artillerie en doublant les attelages. Il en résulta d'abord l'impossibilité de connaître les mouvements de l'ennemi. Ainsi le maréchal Lannes se trouva seul à Pultusk en présence de forces supérieures, parce qu'on croyait que le gros de l'armée ennemie s'était retiré à Golymine. Il en résulta ensuite qu'après la victoire il fut impossible de poursuivre les Russes, et qu'ils purent tranquillement effectuer leur retraite qu'ils essayèrent de transformer en victoire. L'étoile de Napoléon commençait alors à pâlir. Le moment des demi-succès, des triomphes incomplets était arrivé. Ce fut alors aussi

que commencèrent les misères de l'armée, le manque de vivres, de fourrages, toutes les privations dont j'aurai occasion de faire le récit. L'attaque contre les Russes fut appuyée à gauche par les 1er et 6e corps, ce dernier formant l'extrême gauche. Nous partîmes donc de Thorn le 18 décembre, en passant successivement à Gollup, Strasburg et Ziélona. Les Prussiens se retiraient à notre approche. La 1re division, qui marchait en tête, les rencontra à Soldau, et les en chassa après une vive résistance : c'était le 26 décembre, jour de la bataille de Pultusk. Je n'assistai point à cette affaire, ayant été envoyé la veille auprès du maréchal Bernadotte, avec lequel nous combinions nos mouvements. Je partis le soir de Ziélona, et après l'avoir cherché inutilement à Biézun, je le trouvai le matin dans un village à trois lieues de là au moment où il allait en repartir. Je fis trois lieues avec lui jusqu'à un village près de Mlawa, d'où il me renvoya le soir même au maréchal Ney, que je trouvai le lendemain matin à Soldau.

C'est la seule fois que j'ai vu le futur roi de Suède, qui me parut bien différent de nos autres généraux. D'abord il était parfaitement aimable, aimable pour tout le monde ; première différence. Il le fut beaucoup pour moi, dont il ne connaissait que le nom. Il mangeait avec ses aides de camp, avec les officiers en mission. Mon cheval étant très-fatigué, il m'en fit donner un autre pour faire route avec lui. Le soir de mon départ, le temps était affreux ; je lui dis en riant que je tâcherais de ne pas laisser tomber sa dépêche dans la neige. Il me proposa d'attendre au lendemain ; il aurait ajouté un *postscriptum* à sa lettre pour dire au maréchal Ney qu'il m'avait retenu. Je le remerciai, en lui disant qu'à la guerre il ne fallait pas perdre une minute pour se rendre à son poste. Il avait passé toute la soirée à questionner l'homme chez lequel il logeait sur la situation du pays et les mœurs des habitants. Assurément, il avait quelque espérance qu'on penserait à lui en Pologne, et à tout événement, il cherchait à se procurer des renseignements qui pouvaient lui être utiles, comme à se faire partout des partisans et des amis.

Cette première partie de la campagne terminée, l'armée prit ses cantonnements. A l'extrême droite, le 5e corps (Lannes), gardant Varsovie, dans l'angle formé par la Narew, le Bug et la Vistule : position dont on avait chassé les Russes ; ensuite le maréchal Davout (3e corps) à Pultusk, Soult (4e corps) à Golymine, Augereau (7e corps) un peu plus en arrière, à Plonsk ; Ney (6e corps) aux environs de Mlawa et de Neidenburg, à l'origine des affluents de la Narew, et liant la Grande Armée au 1er corps (Bernadotte) cantonné vers Osterode et s'étendant près de la mer, pour défendre la basse Vistule et protéger le siège de Dantzig que l'on allait entreprendre. Toutes les précautions étaient prises pour faire communiquer entre eux les différents corps ; tous les passages sur la Vistule, Varsovie, Thorn, Graudenz (quand il fut en notre pouvoir) mis en état de défense. Quant aux vivres, on donna les ordres nécessaires ; mais la saison rendant les arrivages difficiles, j'ai presque toujours vu les soldats réduits à ce qu'ils pouvaient se procurer dans le pays.

Le maréchal Ney porta son quartier général à Neidenbourg, sur la route d'Ostrolenka à Thorn. Nous y restâmes du 27 décembre au 11 janvier 1807, logés dans la maison du bailli, que suivant notre usage nous occupions tout entière, moins deux pièces où il était relégué avec sa famille. Le maréchal, n'ayant lui-même qu'une petite chambre et un cabinet, nous avait abandonné un grand salon, et ne parut pas un instant fatigué du bruit étourdissant que nous lui faisions toute la journée. A part des chansons et des facéties, les jeux de hasard faisaient notre principale occupation; souvent, et heureusement à tour de rôle, l'un de nous se couchait, n'ayant plus un sou. La joie des vainqueurs, aussi bruyante que la colère des vaincus, s'augmentait encore du son d'une trompette que l'un de nous s'était procurée. Pour le coup, le maréchal demanda grâce, et la trompette disparut. J'admirai tant de patience; mais le jour du départ fut le jour des représailles. En montant à cheval, il ne trouva pas son guide; il nous entendit faire quelques plaisanteries assez innocentes; alors il nous dit que nous ne pensions qu'à des balivernes, que nous n'apprendrions rien, ne serions bons à rien. Il mit son premier aide de camp aux arrêts, parce qu'il ne savait pas nous faire servir; enfin, il se vengea en un quart d'heure de la contrainte qu'il éprouvait depuis quinze jours. Le maréchal ne savait pas faire une réprimande de sang-froid. Il se taisait, ou il s'emportait au delà de toutes les bornes. Malgré cette violence de caractère, son cœur était bon, son esprit parfaitement juste, son jugement sain : qualités bien précieuses dans un militaire.

Le repos ne fut pas long pour le 6ᵉ corps. Le 11 janvier, nous partîmes de Neidenbourg pour Wartembourg et Allenstein. L'avant-garde du général Colbert occupait Bartenstein; elle devait pousser ses avant-postes le plus près possible de Kœnigsberg. Les divisions d'infanterie suivirent le mouvement à d'assez grandes distances. Le maréchal fit une course rapide à Bartenstein, où je l'accompagnai. M. Thiers dit qu'il fut au moment de prendre Kœnigsberg; c'est aller trop loin. Je ne pense pas que l'avant-garde dépassât jamais Preussich-Eylau, et même dans l'affaiblissement physique et moral où était tombée l'armée prussienne, il eût fallu plus qu'une brigade de cavalerie pour entrer à Kœnigsberg. Quel était donc le but de ces mouvements que l'Empereur n'avait pas ordonnés ? C'était d'abord de se procurer des vivres dont nous avions grand besoin; ensuite de s'approcher de Kœnigsberg, d'avoir peut-être la gloire d'y entrer le premier. Je ne sais à quelle occasion le maréchal Ney conclut à Bartenstein un armistice de quelques jours avec l'avant-garde prussienne. Mais comme il fallait expliquer à l'Empereur tous ces mouvements, je fus envoyé de Bartenstein à Varsovie. Jamais je ne fis un voyage aussi difficile; le récit suivant en fera juger.

Je partis le 15 au soir de Bartenstein en traîneau par un temps épouvantable; des chevaux de poste me conduisirent par Heilsberg, Allenstein et Neidenbourg jusqu'à Mlawa, où commencèrent mes misères. Le pays dans lequel j'entrai était ruiné par le passage des troupes russes et françaises, par la bataille de Pultusk et de Golymin. J'eus beaucoup de peine à avoir des chevaux à Mlawa. Ce fut bien une autre affaire à Ciechanow, où j'arrivai le 17; il fallut persécuter le bourgmestre et les juifs, notre seule ressource en Pologne, puisqu'ils entendent seuls l'allemand. Enfin j'obtins deux rosses et une mauvaise charrette qui devait me traîner jusqu'à Pultusk. La gelée avait succédé au dégel. On voyait de Ciechanow à Pultusk les chevaux et les voitures d'abord enfoncés dans la boue, en ce moment incrustés dans la terre gelée. Les villages étaient entièrement dévastés. A une lieue de Ciechanow, une roue de ma charrette cassa; on prit du temps pour la réparer. A Golymin, quoique mes chevaux fussent épuisés de fatigue, il fallut marcher encore, n'ayant pu en trouver d'autres. Mon postillon m'assura qu'on en trouverait à Pezemodowo, village à deux lieues de Pultusk. J'y arrivai le soir, et je descendis au château, où l'état-major d'un régiment du 4ᵉ corps me donna l'hospitalité. On me promit des chevaux, que j'attendis longtemps, et qui me menèrent à Pultusk; là, j'attendis plus longtemps encore deux chevaux, un mauvais traîneau et un postillon complétement sourd et qui ne savait que le polonais. A une lieue de Pultusk, le traîneau cassa en mille pièces au milieu d'un bois. Je me mis à pied, précédé de mon postillon à cheval, après avoir chargé sur ses épaules un paquet que je portais au major général. Après avoir fait près de quatre lieues à pied et dans cet équipage, j'arrivai au point du jour à un village dont les seigneurs, qui parlaient latin, me promirent des chevaux, que je fus pourtant obligé de prendre moi-même de force chez les paysans. J'arrivai à Siérosk, où je trouvai enfin les postes rétablies. Je passai le Bug dans un bac, le pont n'étant

CHAPITRE V.

pas encore raccommodé. Les glaçons rendaient le passage assez difficile, mais j'arrivai à bon port. Mes chevaux me conduisirent à Nieporen, et ceux de cette dernière poste à Varsovie, où je terminai heureusement un aussi singulier voyage.

Pourtant j'ai rempli des missions plus pénibles encore. Ici du moins ma direction était assurée, je n'avais à combattre que la fatigue; et si je portais mes dépêches à pied ce n'était pas ma faute. Mais j'ai passé quelquefois des nuits entières au milieu des bois, par des chemins défoncés, exposé à la pluie ou à la neige à demi fondue que le vent du nord me jetait à la figure, craignant que mon cheval ne s'abattît, que mon guide ne m'égarât et responsable des ordres dont j'étais porteur. Dans une de ces missions j'eus lieu d'admirer la bonté des Allemands. Ma voiture versa dans un village que nous avions brûlé, et les habitants sortirent de leurs maisons à demi consumées pour m'aider à la relever; en Espagne ils m'auraient tiré des coups de fusil. L'Empereur me garda un jour à Varsovie, et me renvoya le 18 avec le colonel Jomini (1) chargé d'une mission particulière et verbale pour le maréchal Ney. En voici la cause. La lettre dont j'étais porteur avait irrité Napoléon; et il exprima son mécontentement contre le maréchal en termes fort durs. *Que signifiaient ces mouvements qu'il n'avait point ordonnés, qui fatiguaient les troupes et qui pourraient les compromettre? Se pro-*

---

(1) Jomini, Génevois au service de France, avait été premier aide de camp du maréchal Ney; il se trouvait en ce moment au quartier impérial.

curer des vivres? S'étendre dans le pays, entrer à Kœnigsberg? C'était à lui qu'il appartenait de régler les mouvements de son armée, de pourvoir à ses besoins. Qui avait autorisé le maréchal Ney à conclure un armistice, droit qui n'appartenait qu'à l'Empereur généralissime? On avait vu pour ce seul fait des généraux traduits devant un conseil d'enquête. Jomini était donc chargé de lui témoigner le mécontentement de l'Empereur. Il voulut bien me raconter tout cela pendant notre voyage, et je fus fort sensible à une marque de confiance dont je n'ai point abusé.

Notre retour ne fut pas exempt d'embarras, moins grands pourtant que ceux que j'avais eus en allant. Nous rejoignîmes le maréchal à Allenstein; mais de grands événements venaient de se passer en notre absence.

Après la perte de la bataille de Pultusk, le général Benningsen avait passé sur la gauche de la Narew, et remontait cette rivière pendant que le général Buxhowden la remontait également sur la rive droite, sans pouvoir se réunir à l'armée principale, parce que les ponts avaient été emportés par les glaces. Rien n'eût été plus facile que de détruire isolément ces deux portions de l'armée russe. Mais l'affreux dégel et le déluge de boue dont j'ai fait la description, nous empêchaient également d'éclairer la marche de l'ennemi et de le poursuivre. Les généraux ne purent se réunir qu'à Nowogrod sur la Narew, au-dessus d'Ostrolenka. Benningsen voulait reprendre l'offensive, et venait à peine de vaincre les objections de son collègue, lorsque lui-même fut nommé général en chef et Buxhowden rappelé. Rien ne s'opposait donc

CHAPITRE V.

plus à l'exécution de son plan. Il s'agissait de tourner par un mouvement en arrière la masse des forêts qui couvrent ce pays, de traverser la ligne des lacs, et de se porter vers la région maritime et la Vistule, en passant par Arys, Rastenbourg et Bischofftein. Par ce moyen, on secourait Dantzick, et l'on tournait la position de Napoléon en avant de Varsovie, qu'il serait forcé d'abandonner. L'armée russe se portait donc de notre extrême droite à notre extrême gauche. Elle espérait surprendre les cantonnements des 1er et 6e corps, et détruire l'aile gauche de notre armée, tout en forçant l'aile droite d'abandonner sa position. Ce plan hardi et habilement conçu demandait une exécution également prompte et vigoureuse. Car si on laissait le temps à Napoléon de réunir ses corps d'armée, il pouvait à son tour marcher sur les Russes, les déborder et les acculer à la mer. La situation des 6e et 1er corps à l'aile gauche favorisa d'abord le général russe. Les 5e, 3e, 4e et 7e étaient rapprochés les uns des autres autour de Varsovie. Le 6e, qui liait le 7e au 1er, occupait une grande étendue de pays; et les excursions que faisait faire le maréchal Ney dans la direction de Kœnigsberg le séparaient bien plus encore du reste de l'armée. L'avant-garde occupait encore Bartenstein, les divisions en arrière à Allenstein et Hohenstein, quand l'armée russe débouchant de Rastenbourg se dirigea sur Heilsberg par Bischofftein. Le général Colbert, commandant notre avantgarde, se retira précipitamment; ses troupes, presque entourées à Bischofftein, le 21 janvier, se firent jour et regagnèrent Allenstein. Le maréchal Ney, qui occupait ce bourg, mit tous ses officiers en campagne pour concentrer ses troupes dans la direction de Hohenstein et de Gilgenbourg, afin de se rapprocher du 1ᵉʳ corps, qui se réunissait à Osterode. A peine arrivé à Varsovie le 20 janvier, je repartis le 21 au soir pour porter l'ordre au général Marchand, qui devait être à Hohenstein. Je partis à l'entrée de la nuit, par le froid le plus rigoureux. Arrivé à Hohenstein, je ne trouvai point le général, et je fus obligé d'aller à un village distant de trois lieues, qu'il avait lui-même désigné pour son quartier général. Il n'y avait dans ce village aucun Français, et les paysans ne parlaient que polonais. J'en trouvai à la fin un qui savait un peu d'allemand, et qui m'assura qu'un général logeait à un château éloigné de deux lieues. Je conjecturai que ce pouvait être celui que je cherchais. J'y allai ; c'était enfin lui. Le 22 au matin, je partis pour rejoindre le maréchal à Neidenbourg. Le froid était tellement vif, et je pris si peu de précautions pour m'en garantir, que j'arrivai à Gilgenbourg avec les oreilles gelées. Deux femmes parvinrent à me les sauver en les frottant avec de la neige ; et, après m'être reposé quelque temps, je continuai ma route. Je voyageai toute la nuit avant d'arriver à Neidenbourg. Enfin, après des peines et des difficultés infinies, je terminai cette course ou pour mieux dire je crus l'avoir terminée, car le maréchal n'était pas à Neidenbourg. Le colonel Jomini, qui retournait à Varsovie, fut le seul que je trouvai. Il m'apprit la marche de l'ennemi, que j'ignorais encore (puisqu'on ne nous parlait jamais de rien), et il me dit que je trouverais le maréchal à Hohenstein, où j'arrivai le 23 au matin.

CHAPITRE V.

Cet exemple prouve une fois de plus combien de difficultés, souvent même d'embarras, nous éprouvions à remplir nos missions. C'était peu que de braver jour et nuit en toute saison les fatigues, les privations, les souffrances; nous étions encore tourmentés par la crainte de ne pas réussir. Peut-on croire qu'un général changeât trois fois de cantonnement sans en prévenir son chef, et n'est-il pas plus étonnant encore que le maréchal Ney tolérât des négligences si coupables?

Les troupes restèrent trois jours autour de Hohenstein, dont la brigade Labassée (50ᵉ et 59ᵉ) faisait la garnison, et où le quartier général se trouvait un peu aventuré, n'ayant devant lui qu'une grand'garde à cheval, que les Cosaques harcelaient sans cesse et finirent par enlever le 26 au matin; mais la bonne contenance de la garnison empêcha l'ennemi de tenter des attaques plus sérieuses. Le 27, le 6ᵉ corps continua sa retraite sur Tannenberg et Gilgenbourg, où nous arrivâmes le 28 sans être poursuivis ni même suivis. Le corps d'armée s'y concentra dans les jours suivants.

Le maréchal Bernadotte s'était retiré sur notre gauche avec autant de succès et plus de mérite, car ses troupes fort disséminées furent attaquées plus sérieusement. Averti par le maréchal Ney de la marche des Russes, tous deux résolurent de se concentrer à Osterode et Gilgenbourg. C'est ce qu'avait exécuté le 6ᵉ corps, ainsi que je l'ai dit. Quant au 1ᵉʳ corps, qui était fort dispersé, il marcha par diverses directions. Les troupes que conduisait Bernadotte en personne rencontrèrent l'avant-garde russe à Mohrungen, en avant de Liebstadt. Le maréchal ne craignit point d'attaquer, avec neuf mille soldats qui venaient de faire dix lieues, seize mille ennemis bien postés et établis depuis la veille. Il se fit jour avec une perte de sept cents hommes, quand l'ennemi en perdit seize cents, et atteignit Osterode pendant que les Russes, concentrés à Liebstadt, se croyaient encore une fois vainqueurs, parce qu'ils avaient enlevé à Mohrungen les équipages de Bernadotte.

Ainsi cette marche rapide et bien combinée fut si mal exécutée, le général en chef mit dans ses opérations si peu d'ensemble et d'activité, que deux corps d'armée isolés se retirèrent devant eux, presque sans éprouver aucune perte; qu'ils se réunirent dans une belle position sur les plateaux en arrière d'Osterode, et s'y soutinrent jusqu'au moment où l'on vint à leur secours. Ce moment était arrivé.

Napoléon, apprenant la marche des Russes, leva ses cantonnements pour marcher lui-même à leur rencontre. Il laissa le 5ᵉ corps à Siérock, au confluent du Bug et de la Narew, pour défendre Varsovie contre deux divisions russes restées de côté. Ces précautions prises, il se mit en marche avec la garde impériale, la réserve de cavalerie, les 3ᵉ, 4ᵉ et 7ᵉ corps, et voici quel fut son plan :

Pendant que les Russes cherchaient à gagner la basse Vistule, pour prendre à revers sa position de Varsovie sur la Haute, il manœuvra pour tourner leur gauche à son tour, les repousser vers la mer et les forcer de se renfermer dans Kœnigsberg, où ils auraient été pris comme, quelques mois auparavant, les Prussiens dans Lubeck. Le rendez-vous général était à Allenstein sur l'Alle : la cavalerie d'avant-garde, le 4ᵉ corps et la garde impériale, marchant par Willemberg, le 3ᵉ corps par Misniecz, le 7ᵉ par Neidenbourg. Le 6ᵉ devait les y joindre par Hohenstein. Nous partîmes donc de Gilgenbourg le 2 février, toujours harcelés par les Cosaques ; et, après quelques instants de repos à Hohenstein, nous arrivâmes le 3 au matin à Allenstein. L'Empereur y était déjà. Il entretint un instant le maréchal Ney à son bivouac, et nous jugeâmes facilement à la physionomie de celui-ci qu'il le réprimanda sur ses courses aventureuses. L'armée se porta ensuite à gauche pour suivre l'ennemi dans la direction de Jnchowo (route d'Elbing). Par une manœuvre habile Napoléon avait ordonné au maréchal Bernadotte de se rapprocher successivement de la Vistule, fût-ce même jusqu'à Thorn, afin d'attirer l'ennemi à sa poursuite. Tandis que les Russes porteraient ainsi leur droite en avant, la Grande Armée tournerait plus facilement leur gauche pour les rejeter sur la basse Vistule et sur la mer. Mais la ruse avait été découverte par une dépêche adressée à Bernadotte et surprise par les Cosaques. Ainsi Benningsen, au lieu de poursuivre le 1ᵉʳ corps sur la basse Vistule, rangea son armée entre l'Alle et la Passarge à Jnkowo, et parut se préparer à livrer bataille. Napoléon ne pouvait comprendre que l'armée russe fût si promptement réunie sur ce terrain, car la marche de l'armée française par Allenstein ne pouvait être assez promptement connue de Benningsen pour le faire renoncer à son projet d'opération sur la basse Vistule. Il apprit bientôt la vérité, et le stratagème étant découvert, il ordonna au maréchal Bernadotte de quitter la Vistule et de venir promptement appuyer la gauche de la Grande Armée. D'ailleurs, il ne craignait pas de livrer bataille avec soixante-quinze mille Français, qu'il avait sous la main, contre quatre-vingt-dix mille Russes. La veille au soir, le pont sur l'Alle avait été enlevé par le 4ᵉ corps après un vif combat; ainsi la gauche de l'ennemi pouvait être tournée. Benningsen le sentit; il se retira dans la nuit par les routes d'Arendorf et d'Eylau. Il fallut donc renoncer pour cette fois à l'espoir de la bataille que nous attendions.

Le lendemain 4, la poursuite continua sur trois colonnes. A droite Davout (3ᵉ corps), suivant le cours de l'Alle, s'empara de Guttstadt, qui renfermait quelques magasins. Au centre l'Empereur, précédé de la cavalerie avec les 4ᵉ et 7ᵉ corps; à gauche, Ney (6ᵉ corps), vers la Passarge. L'arrière-garde ennemie se retirait en combattant toujours. Notre maréchal la poursuivit avec sa vigueur accoutumée; il s'exposa beaucoup ce jour-là. Le général Gardanne (1) fut blessé auprès de lui. Après une journée longue et pénible, nous couchâmes au village de Scholitten. Le général Lestocq avec les Prussiens se trouvait sur la rive gauche de la Passarge; le 6ᵉ corps, chargé de le poursuivre, passa le pont à Deppen le 5 au matin. Lestocq précipita sa retraite pour passer la Passarge à la hauteur de Wormditt (route d'Elbing à Kœnigs-

---

(1) Ce n'est point le général de division Gardanne qui commanda une division du corps d'armée; celui-ci était général de brigade et attaché au quartier impérial. Il a été gouverneur des pages et ambassadeur en Perse.

CHAPITRE V.

berg par Eylau), et il laissa pour protéger sa marche une arrière-garde de quatre mille hommes. Le 6ᵉ corps l'attaqua à Waltersdorf, et la culbuta sur tous les points : la brigade Labassée se distingua particulièrement, ainsi que deux régiments de dragons détachés près du maréchal Ney. Mille morts ou blessés, deux mille cinq cents prisonniers, beaucoup d'artillerie et de bagages furent le résultat de cette journée. Nous allâmes nous reposer de nos fatigues à Liebstadt.

Le 6, nous passâmes la Passarge et arrivâmes à Wormditt. La marche fut paisible, le général Lestocq ayant gagné de l'avance pendant que nous combattions son arrière-garde. En repassant sur la rive droite de la Passarge, nous nous trouvions sur la route et en arrière de la Grande Armée. Ce même jour, dans la soirée, Benningsen arrivait à Landsberg, où il voulait s'arrêter; il posta dans ce but un fort détachement d'infanterie et de cavalerie au village de Hoff; la cavalerie du prince Murat renversa d'abord la leur, puis leur infanterie après une résistance opiniâtre; une division du 4ᵉ corps compléta la défaite. Benningsen ne pouvant plus conserver Langsberg, se retira dans la nuit à Eylau.

Notre armée y arriva dans la soirée du 7. Un combat sanglant eut lieu à Ziegelhoff avec l'arrière-garde ennemie, qui se replia et fut poursuivie jusque dans Eylau, où Napoléon s'établit.

Sur ces entrefaites, le maréchal Ney recevait, dans la nuit du 6 au 7, l'ordre de marcher sur Kreutzbourg, et d'en approcher le plus possible. On battit la générale au point du jour, et l'on fit attendre longtemps les troupes avant de partir. La générale doit se réserver pour les occasions pressantes ; il faut alors s'assembler vite et partir sur-le-champ. Après une marche de huit lieues, qui ne fut point inquiétée, le 6ᵉ corps traversa le champ de bataille de Hoff couvert de cadavres et s'arrêta à Landsberg.

Depuis l'arrivée de l'Empereur, l'armée russe se retirait pas à pas, en se rapprochant de Kœnigsberg. Le général paraissait chercher une position favorable pour faire halte et décider cette grande querelle. Il crut l'avoir trouvée dans les environs de Preussich-Eylau, et concentra son armée en arrière de cette ville. D'ailleurs étant serré de près, il crut qu'il valait mieux s'arrêter, faire face à l'ennemi et livrer bataille dans un terrain convenable que de se laisser ainsi poursuivre à outrance et détruire en détail. L'Empereur ignorait cette détermination, et ne la connut que dans la nuit du 7 au 8. Le maréchal Ney, qui n'en avait aucune idée, m'envoya au quartier général le 7 au soir. Il rendait compte à l'Empereur de sa longue marche pour gagner Landsberg et annonçait qu'il continuerait le lendemain son mouvement sur Kreutzbourg, en poussant devant lui le général Lestocq. C'est la plus importante mission que j'aie remplie, et la plus singulière par ses circonstances ; elle mérite donc d'être racontée avec quelques détails.

Je partis de Landsberg, le soir à neuf heures, dans un traîneau. En quittant la ville, les chevaux tombèrent dans un trou ; le traîneau s'arrêta heureusement au bord du précipice, dont ils ne purent jamais sortir. Je revins à Landsberg, et je pris un de mes chevaux de selle. Le temps était affreux ; mon cheval s'abattit

CHAPITRE V.

six fois pendant ce voyage; j'admire encore comment je pus arriver à Eylau. Les voitures, les troupes à pied, à cheval, les blessés, l'effroi des habitants, le désordre qu'augmentaient encore la nuit et la neige qui tombait en abondance, tout concourait dans cette malheureuse ville à offrir le plus horrible aspect. Je trouvai chez le major général un reste de souper que dévoraient ses aides de camp, et dont je pillai ma part. Ayant reçu l'ordre de rester à Eylau, je passai la nuit couché sur une planche, et mon cheval attaché à une charrette, sellé et bridé. Le 8, à neuf heures du matin, l'Empereur monta à cheval, et l'affaire s'engagea. Au premier coup de canon, le major général m'ordonna de retourner auprès du maréchal Ney, de lui rendre compte de la position des deux armées, de lui dire de quitter la route de Kreutzbourg, d'appuyer à sa droite, pour former la gauche de la Grande Armée, en communiquant avec le maréchal Soult.

Cette mission offre un singulier exemple de la manière de servir à cette époque. On comprend l'importance de faire arriver le maréchal Ney sur le champ de bataille. Quoique mon cheval fût hors d'état d'avancer même au pas, je savais l'impossibilité de faire aucune objection. Je partis. Heureusement j'avais vingt-cinq louis dans ma poche; je les donnai à un soldat qui conduisait un cheval qui me parut bon. Ce cheval était rétif, mais l'éperon le décida. Restait la difficulté de savoir quelle route suivre. Le maréchal avait dû partir à six heures de Landsberg pour Kreutzbourg. Le plus court eût été de passer par Pompiken, et de joindre la route de Kreutzbourg. Mais le général

Lestocq se trouvait en présence du maréchal; je ne pouvais pas risquer de tomber entre les mains d'un parti ennemi; je ne connaissais pas les chemins, et il n'y avait pas moyen de trouver un guide. Demander une escorte ne se pouvait pas plus que demander un cheval. Un officier avait toujours un cheval excellent, il connaissait le pays, il n'était pas pris, il n'éprouvait pas d'accidents, il arrivait rapidement à sa destination, et l'on en doutait si peu, que l'on n'en envoyait pas toujours un second; je savais tout cela. Je me décidai donc à retourner à Landsberg, et à reprendre ensuite la route de Kreutzbourg, pensant qu'il valait mieux arriver tard que de ne pas arriver du tout. Il était environ dix heures, le 6° corps se trouvait à plusieurs lieues de Landsberg, et engagé avec le général Lestocq. Enfin, je vins à bout de joindre le maréchal à deux heures. Il regretta que je fusse arrivé si tard, en rendant justice à mon zèle et en convenant que je n'avais pu mieux faire. A l'instant même il se dirigea sur Eylau, et il entra en ligne à la fin de la bataille, à la chute du jour. Le général Lestocq, attiré comme nous sur le terrain, y était arrivé plus tôt. Si je n'avais pas éprouvé tant d'obstacles dans ma mission, nous l'aurions précédé, ce qui valait mieux que de le suivre.

Que s'était-il passé pendant cette terrible journée, dont j'ai à peine vu le commencement et la fin? J'en dirai un mot selon mon habitude.

Le 8, au matin, quand la bataille s'engagea, Napoléon n'avait sous sa main que les 4° et 7° corps, la cavalerie et la garde impériale. Le 3° corps (Davout) était sur la droite à Bartenstein, à moins de quatre lieues ; le 6ᵉ corps, sur la gauche, dans la direction de Kreutzbourg, ainsi que je l'ai dit. Selon M. Thiers, Napoléon envoya dans la soirée du 7 plusieurs officiers aux maréchaux Davout et Ney pour les ramener sur le champ de bataille (1). C'est une erreur en ce qui concerne le maréchal Ney ; il ne reçut aucun avis, et ne se doutait pas de la bataille quand je le joignis le 8 à deux heures, dans la direction de Kreutzbourg.

Les Russes étaient rangés sur deux lignes en avant d'Eylau, faisant face à la ville, appuyés par de fortes réserves, la cavalerie sur les ailes, le front couvert par trois cents bouches à feu. Du côté des Français, le 4ᵉ corps occupait la gauche et la ville d'Eylau comme un bastion avancé ; le 7ᵉ corps (Augereau) le centre, à droite de la ville, jusqu'au village de Rothenen. C'est à droite de ce dernier village que l'on attendait le 3ᵉ corps (Davout). L'affaire commença par une épouvantable canonnade, qui embrasa Eylau et Rothenen, et fit éprouver aux deux armées des pertes supportées avec un courage héroïque. Napoléon attendait pour agir l'arrivée du 3ᵉ corps (Davout). Il parut à l'extrême droite et fit replier l'avant-garde ennemie. Le 7ᵉ corps se porta en avant entre Eylau et le 3ᵉ corps ; ce corps d'armée, presque détruit par la mitraille, fut obligé de se replier. L'infanterie russe s'avançait sur le centre de la position. Un effort incroyable de notre cavalerie la repoussa. Le 3ᵉ corps, au milieu d'une lutte acharnée, commençait à tourner la gauche de l'ennemi. Le général Lestocq, arrivant

---

(1) T. vii, p. 372.

de Kreutzbourg, rétablit un instant le combat ; mai ses efforts ne purent regagner le terrain perdu, et l maréchal Davout conserva sa position. Les deux armées, épuisées de fatigue, auraient peut-être recommencé la lutte, quand le maréchal Ney arriva à Schmoditten sur la droite des Russes. Benningsen, craignant d'être enveloppé, dirigea contre ce village une attaque que la brigade Liger-Belair (6ᵉ léger, 39ᵉ) repoussa énergiquement. Benningsen prit alors le parti de la retraite.

Nous ignorions cette détermination, et le maréchal Ney en particulier ne connaissant pas les détails de la bataille, croyait qu'elle recommencerait le lendemain. Le 6ᵉ corps, arrivé le dernier, et n'ayant pas pris part à l'action, devait naturellement être engagé le premier. Une misérable cabane réunit à Schmoditten l'état-major. Le paysan qui l'habitait avait été tué, je ne sais par qui, ni comment. Pour tout souper, le maréchal prit comme nous sa part d'une mauvaise oie. Il nous exhorta à nous reposer, en annonçant la bataille pour le lendemain. *S'il le faut*, ajouta-t-il, *je mettrai pied à terre, le sabre à la main, et j'espère qu'on me suivra*. Nous l'assurâmes que nous serions tous heureux et fiers de vaincre ou de mourir avec lui. Il s'étendit ensuite sur une planche, et dormit d'un profond sommeil. Le 9 au matin, ainsi que je l'ai dit, l'ennemi s'était retiré. Le 6ᵉ corps devait occuper Eylau et les environs. Avant de rentrer, nous allâmes voir le champ de bataille. Il était horrible et littéralement couvert de morts. Le célèbre tableau de Gros n'en peut donner qu'une bien faible idée. Il peint du moins avec une effrayante vérité l'effet de ces torrents de sang répandus sur la neige. Le maréchal, que nous accompagnions, parcourut le terrain en silence, sa figure trahissait son émotion ; et il finit par dire en se détournant de cet affreux spectacle : « *Quel massacre, et sans résultat!* » Nous rentrâmes à Eylau, dont le lugubre aspect ne pouvait pas adoucir l'impression que nous avait causée le champ de bataille. Les maisons étaient remplies de blessés auxquels on ne pouvait donner aucun secours, les rues pleines de morts, les habitants en fuite; nous-mêmes n'ayant littéralement rien à manger. Il faisait un temps épouvantable, et ceux qui ont fait la guerre savent combien cette circonstance augmente la fatigue, et rend plus sensibles les privations. Il n'en fallait pas moins poursuivre l'ennemi qui se retirait derrière la Prégel pour couvrir Kœnigsberg. Le prince Murat suivit les Russes jusqu'à la Frisching, petite rivière qui coule de la ligne des lacs à la mer, à quatre lieues en avant de Kœnigsberg ; le 6ᵉ corps, moins fatigué que les autres, le suivit aux avant-postes, les 3ᵉ et 4ᵉ marchèrent un peu en arrière.

Maintenant à quel parti s'arrêter ? Allait-on poursuivre les Russes ? fallait-il prendre en arrière des quartiers d'hiver ? Les Russes, retirés derrière la Prégel et à Kœnigsberg même, se préparaient à s'y défendre ; les murs garnis d'artillerie, la ville entourée de quelques ouvrages construits à la hâte, pouvaient offrir de la résistance. Si l'on réussissait, la Prusse entière était conquise, une partie de l'armée russe prise dans Kœnigsberg, l'autre forcée de se retirer derrière le Niémen. Mais si l'on échouait, la retraite nous eût exposés aux plus grands revers. Pour le comprendre, il faut se rendre compte de la situation matérielle et morale de l'armée française à cette époque, situation que les historiens n'ont point assez expliquée.

Voici quel était l'état des présents sous les armes au commencement de février, époque de la reprise des hostilités :

Le maréchal Lannes. . . (5ᵉ corps).	12,000	hommes.
— Davout. . . (3ᵉ —).	18,000	—
— Soult. . . . (4ᵉ —).	20,000	—
— Augereau. . (7ᵉ —).	10,000	—
— Ney . . . . (6ᵉ —).	10,000	—
— Bernadotte. (1ᵉʳ —).	12,000	—
— Oudinot . (grenadiers réunis).	6,000	—
La garde.	6,000	—
La cavalerie de Murat.	10,000	—
TOTAL.	104,000	hommes.

On voit que, depuis l'ouverture de la campagne, l'armée se trouvait diminuée d'un tiers, et que le 6ᵉ corps en particulier, qui n'avait paru ni à Pultusk, ni à Eylau, et dont l'avant-garde seule combattait à Iéna, le 6ᵉ corps ne comptait plus que dix mille hommes au lieu de vingt mille; et cependant douze mille recrues rejoignirent successivement les différen corps, et tous les chevaux de l'Allemagne avaient ét enlevés pour remonter la cavalerie. Dans le mois de février, l'armée éprouva de nouvelles pertes par les maladies et les combats d'avant-garde. A Eylau, elle eut dix mille hommes hors de combat, dont trois mille morts. Je sais que cinquante-quatre mille Français combattirent soixante-douze mille Russes, que nos deux cents bouches à feu répondaient aux quatre cents de l'ennemi; je sais que leur perte fut de trente mille hommes; mais enfin notre armée n'en était pas moins elle-même considérablement affaiblie. Il s'en fallait que cette énorme diminution d'hommes fût réelle. On comptait soixante mille absents, presque tous maraudeurs.

L'amour du pillage n'était pas leur seul motif; la nécessité de se procurer des vivres semblait les justifier. Jamais on n'a donné plus d'ordres que Napoléon pour assurer les subsistances de son armée; jamais il n'y en eut de plus mal exécutés. D'abord, quelques-uns étaient inexécutables, et l'on reconnaissait déjà les illusions ou le charlatanisme de celui qui devait ordonner un jour *de protéger les paysans qui apporteraient des vivres au marché de Moscou.* Découvrir les denrées cachées, en faire venir de Varsovie, réparer les fours, les moulins, faire des distributions régulières, établir des magasins de réserve, tout cela est bien sur le papier; mais ceux qui ont fait cette campagne savent ce qui nous en revenait. On a donc eu tort de dire que l'armée avait le nécessaire et quelquefois davantage. Je puis assurer au contraire qu'avec des ordres si bien donnés en janvier, notre corps d'armée mourait de faim en mars. Napoléon en convenait lui-même quelquefois. *Nous sommes au milieu de la neige et de la boue,* écrivait-il à son frère Joseph, *sans vin, sans eau-de-vie, sans pain.* Mais fallait-il rassurer l'opinion publique qui s'inquiétait des souffrances de nos soldats : *J'ai de quoi nourrir l'armée pendant un an,* écrivait-il au ministre de la police; *il est absurde de penser qu'on peut manquer de blé, de vin, de pain et de viande en Pologne.* Cette viande se bornait souvent aux cochons de lait, dont la chair malsaine causa des dyssenteries dans l'armée et jusque dans notre état-major.

Les traînards, en dévastant le pays, privaient l'armée des ressources qu'elle aurait pu se procurer régulièrement. Ils augmentaient la fatigue des soldats restés sous les drapeaux et forcés de faire le même service avec un bien moins grand nombre d'hommes. Quelques-uns se demandaient si ce n'était pas une duperie, tandis qu'ils pouvaient vivre plus à l'aise, et l'exemple des maraudeurs devint contagieux. Le froid augmenta bientôt leurs souffrances, car à la fin de février, le thermomètre descendit à dix degrés. Le découragement et la tristesse s'emparèrent surtout de la cavalerie, dont les chevaux se soutenaient à peine. Cette arme est moins propre que l'infanterie à supporter toutes les misères de la guerre. Il ne faut à l'infanterie que du pain et des souliers. Il faut de plus à la cavalerie le ferrage et la nourriture des chevaux. Dans cette situation, les Cosaques se rendirent redoutables. Leurs chevaux exigent moins de soins; l'homme et sa monture sont faits au climat.

Napoléon se décida donc à rétrograder et à reprendre les cantonnements que nous occupions, en les modifiant comme je vais le dire. Nous nous attendions même à repasser la Vistule, et avec une armée si épuisée, et atteinte même dans son moral, ce parti semblait inévitable. Napoléon en jugea autrement. Repasser la Vistule était s'avouer vaincu; au contraire, reprendre les anciens cantonnements pouvait s'expliquer par la nécessité de donner du repos à ses troupes, après une excursion dans laquelle nous avions eu tout l'avantage. On se préparait ainsi à terminer complétement au printemps cette terrible lutte.

La retraite commença le 17 février. Le 6ᵉ corps, auquel on adjoignit une division de cavalerie, fut chargé de l'arrière-garde. Nous partîmes de Mülhausen, et arrivâmes à Eylau sans être inquiétés. Le 18, on se dirigea sur Landsberg. L'Empereur avait laissé à Eylau un officier chargé de faire transporter les nombreux blessés que renfermaient cette ville et les environs. Le mauvais temps, les difficultés des transports, l'état de plusieurs de ces malheureux, obligèrent d'en abandonner un grand nombre. Je fus chargé ce jour-là de suivre le général Colbert, qui couvrait la retraite. Nous partîmes donc les derniers. La route était couverte de voitures, de chariots de toute espèce, qui restaient enfoncés dans la neige. Beaucoup de blessés, réfugiés dans ces voitures, nous conjuraient vainement de ne pas les abandonner; j'arrêtai même à temps l'explosion de deux caissons hors la route, que l'on voulait faire sauter, lorsque je m'aperçus qu'ils étaient remplis de blessés. Le général envoya un officier pour recommander tous ces malheureux au bourgmestre d'Eylau et au commandant de l'avant-garde russe, dont les Cosaques occupaient déjà la ville. Je retournai bientôt auprès du maréchal à Landsberg, et je pris quelque repos après une journée aussi pénible qu'affligeante.

Le maréchal Ney se porta à Freymarck le 19, et le 20 à Guttstadt, où nous passâmes huit jours. Le 28, nous nous retirâmes jusqu'à Allenstein; l'avant-garde arrêtée à moitié chemin de Guttstadt. Le 22, je portai des dépêches à l'Empereur à Osterode; j'ai fait rarement un aussi pénible voyage. La neige ne cessait de tomber; il faisait un temps épouvantable, et je crus avoir un bras gelé. Nous manquions de tout, même au quartier général.

Benningsen nous suivit de loin avec des forces assez considérables. Il se vantait de n'avoir jamais quitté l'offensive; vainqueur à Pultusk, vainqueur à Eylau, il se donnait l'air de poursuivre une armée vaincue. Napoléon voulut le repousser à son tour, lui montrer que sa retraite était volontaire, et lui ôter l'envie d'inquiéter nos cantonnements. Déjà la division Dupont venait de prendre Braunsberg à l'embouchure de la Passarge. Le 2 mars, l'Empereur envoya au 6ᵉ corps l'ordre de prendre Guttstadt, que l'ennemi abandonna en nous laissant quelques magasins. Nous le poursuivîmes sur la route de Heilsberg. Nos tirailleurs chassèrent les Cosaques du village de Schmolaynen. L'ennemi fit sa retraite par les bois qui séparent Schmolaynen de Péterswald. L'affaire avait duré presque toute la journée. On ne perdit pas cependant beaucoup de monde. Nous regrettâmes M. Talbot, aide de camp du général Dutaillis, officier d'un grand mérite, qui unissait toutes les vertus sociales à toutes les qualités militaires. Le quartier général s'établit à Guttstadt, l'avant-garde à Péterswald. Les 4 et 5, quelques combats d'avant-garde eurent lieu encore à Péterswald et à Zechern.

Les Russes se replièrent ensuite et prirent leurs quartiers d'hiver comme nous les nôtres, dont voici la disposition :

CHAPITRE V.

Au mois de décembre, les corps de la Grande Armée se concentraient autour de Varsovie. Cette fois, la ville parut suffisamment défendue par les Polonais, les Bavarois et le 5ᵉ corps, où le maréchal Masséna venait de succéder au maréchal Lannes. Napoléon établit donc son armée en avant de la basse Vistule, derrière la Passarge, ayant Thorn à sa droite, Elbing à sa gauche, Dantzick sur ses derrières, son centre à Osterode, ses avant-postes entre la Passarge et l'Alle.

Les différents corps se trouvaient ainsi répartis : de la gauche à la droite, le 1ᵉʳ corps (Bernadotte), sur la Passarge, de Braunsberg à Spaden; le 4 (Soult), au centre à Liebstadt et Mohrungen, le 3ᵉ (Davout), entre l'Alle et la Passarge, à Allenstein et Hohenstein; le 6ᵉ (Ney), à l'avant-garde, entre ces deux mêmes rivières, à Guttstadt; le quartier impérial à Osterode; la cavalerie sur les derrières pour se refaire et nourrir ses chevaux, qui avaient tant souffert (1).

Dans cette position, Napoléon pouvait se porter sur Kœnigsberg et tourner la droite des Russes, s'ils marchaient sur Varsovie; il pouvait aussi réunir facilement toute son armée, s'ils avaient l'audace de l'attaquer. En même temps, il protégeait le siège de Dantzick, opération importante à laquelle on employa l'hiver.

L'armée resta tranquillement dans ses cantonnements pendant quatre mois, l'armée russe nous

---

(1) Le 7ᵉ corps, à moitié détruit, avait été dissous, et ce qu'il en restait, réparti entre les autres.

faisant face, ses grand'gardes en vue de celles du maréchal Ney. Ainsi se termina la campagne d'hiver.

Je m'arrête ici, hélas! la campagne du printemps suivant a été nulle pour moi. J'ajoute quelques réflexions sur l'impression que causèrent en France et en Allemagne les événements que j'ai racontés.

Je l'ai dit, après la bataille de Pultusk, le prestige de l'Empereur était sinon détruit, du moins considérablement affaibli. Cette campagne d'hiver aurait fait la gloire de tout autre.

Benningsen, vaincu à Pultusk, cherchait à surprendre nos cantonnements. Deux faibles corps d'armée lui résistaient; l'Empereur arrivant lui-même venait de le vaincre à Eylau et de le repousser jusque sous les murs de Kœnigsberg. C'était beaucoup pour tout autre; ce n'était pas assez pour Napoléon. Avec lui l'ennemi vaincu devait être détruit. Une victoire incomplète semblait un échec. Or, Benningsen à Pultusk se retirait sans être poursuivi; et si, après Eylau, il s'était replié sous les murs de Kœnigsberg, il en était sorti peu de jours après pour suivre Napoléon, qui se retirait à son tour. Enfin, il venait audacieusement de placer ses cantonnements vis-à-vis les nôtres. Assurément on ne reconnaissait pas là le vainqueur de Marengo, d'Austerlitz, d'Iéna. Le récit des derniers événements inquiéta Paris et la France presque autant que la nouvelle d'une défaite. La malveillance se plut à aggraver nos pertes, les souffrances de nos soldats, l'attitude encore menaçante des Russes. La correspondance de Napoléon avec ses ministres prouve qu'il attachait de l'importance à démentir ces nouvelles, souvent bien exagérées, et lui-même dans la réfutation passait souvent la mesure : « *Quand je ramènerai mon armée en France*, écrivait-il au ministre de la police, *on verra qu'il n'en manque pas beaucoup à l'appel.* » C'était pousser loin l'exagération.

Si les nouvelles de l'armée causaient en France de l'inquiétude et de l'agitation, on peut se figurer quelle impression elles produisaient en Allemagne et surtout en Prusse. Pour bien le comprendre cependant, il faudrait se rendre compte des souffrances du pays, et, sans l'avoir vu de près comme nous, il est difficile de s'en faire une idée. J'ai dit combien les habitants de la Souabe supportaient impatiemment le long séjour de l'armée française. Et si nos exigences paraissaient intolérables à nos alliés en temps de paix, qu'était-ce donc pour nos ennemis et pendant la guerre? Le passage des troupes aurait seul suffi à épuiser le pays. Nous étions nourris à discrétion, et un régiment logé dans un village prenait tout pour lui, sans s'embarrasser de ceux qui devaient le suivre. Les nouveaux venus à leur tour ne se montraient pas moins difficiles, et ce passage de troupes se renouvelait tous les jours. Ce n'étaient-là pourtant que des malheurs nécessaires. Il faut y ajouter les maraudeurs qui parcouraient le pays, le mettant à contribution, exigeant de l'argent, du drap, des chevaux, des voitures, emprisonnant les habitants jusqu'à ce qu'on eût satisfait à leurs exigences; les uns employant la force ouverte, d'autres ayant l'effronterie de se dire chargés de faire rentrer les contributions, fabriquant à cet effet de faux ordres, s'affublant même d'épaulettes et de décorations. Ajoutez aussi les contributions véritables imposées par Napoléon, impositions ordinaires et extraordinaires. Joignez à tant de maux la souffrance morale, l'humiliation de voir la Prusse conquise, et conquise si précipitamment, vous comprendrez avec quelle impatience on attendait les nouvelles de l'armée, avec quel empressement on accueillait celles qui nous étaient défavorables. C'était surtout à Berlin que cette agitation se faisait sentir. La police parvenait à peine à empêcher la circulation des pamphlets contre Napoléon, des fausses nouvelles que l'on se plaisait à répandre. Le général Clarke, gouverneur de la Prusse, y employait tous ses soins. Il se montrait également sévère envers les Français qui commettaient le moindre désordre. C'était un devoir de justice, d'humanité, et en même temps cet esprit de justice servait nos intérêts, en montrant aux habitants que nous ne voulions faire peser sur eux que les maux inévitables de la guerre.

Je reprends mon histoire personnelle, n'ayant malheureusement maintenant rien de plus intéressant à raconter. Mon sort s'était un peu amélioré, malgré mon peu de ressources ; j'avais trouvé moyen de joindre deux montures assez médiocres à mon cheval isabelle. Je m'accoutumais à mon nouveau service ; et après avoir rempli des missions aussi pénibles que celles que j'ai racontées, aucune ne pouvait plus m'effrayer. Mes rapports avec mes camarades étaient des plus agréables ; le maréchal me témoignait de la bienveillance. Pourtant dans les derniers jours de février je ne sais quelle tristesse s'empara de moi. Sans croire aux pressentiments, je l'ai toujours regardée comme l'annonce du malheur qui allait m'arriver.

La rigueur du froid, la mauvaise nourriture, la misère des soldats pouvaient à elles seules expliquer cette disposition. Je n'avais pas encore vu de retraite. Je n'avais pas vu nos blessés abandonnés dans la neige, nos caissons tombant au pouvoir de l'ennemi. La mort de Talbot m'affligea sensiblement; ses excellentes qualités nous le rendaient cher à tous, et il me témoignait une amitié toute particulière. Ce jour-là, lui-même semblait frappé. Au moment où le maréchal l'envoya porter un ordre à un bataillon qui se trouvait à cent pas, il demanda d'un air égaré où était ce bataillon. Le maréchal le lui montra avec humeur; il partit, et un boulet lui fracassa la hanche. Je passai près de lui en ce moment. Je crois voir encore sa noble figure à peine altérée par la souffrance et par l'approche de la mort; je crois entendre le son de voix doux et affectueux avec lequel il me dit : *Adieu, Montesquiou.* Nous assistâmes le lendemain à un service pour lui dans l'église de Guttstadt. La vue d'une église où malheureusement nous n'entrions guère, les cérémonies religieuses, les prières pour les morts m'attendrirent, ranimèrent dans mon cœur des sentiments affaiblis, mais jamais éteints, et augmentèrent le trouble que j'éprouvais depuis quelques jours.

Le matin du 5 mars (jour de la dernière affaire), nous trouvant aux avant-postes au village de Zechern, le maréchal m'envoya auprès du maréchal Soult, à Elditten, (entre Guttstadt et Liebstadt), pour l'informer de l'engagement de la veille. Le général Dutaillis me traça ma route par Mawern, Freymarck, Arensdorf et Dietrichsdorf. L'indication de Freymarck était plus qu'une imprudence. Ce point, fort en dehors de la ligne de nos avant-postes, pouvait être occupé par les Russes; mais j'ai déjà dit que n'ayant pas de cartes nous ignorions toujours notre position et celle de l'ennemi. La direction donnée par le chef d'état-major me semblait certaine, et je n'aurais ni osé, ni cru nécessaire de demander une explication. Depuis deux jours j'avais un excellent cheval pris à un officier cosaque; heureuse fortune qui m'avait rendu courage et confiance. Je partis donc avec un hussard et un guide; je partis sans savoir que je disais adieu à mes compagnons d'armes, sans prévoir où cette malheureuse mission allait m'entraîner.

CHAPITRE VI.

CAMPAGNE DE PRUSSE ET DE POLOGNE. — 1806-1807.

III PARTIE.

JE SUIS FAIT PRISONNIER LE 5 MARS 1807. — RÉCIT DE MA CAPTIVITÉ. — PAIX DE TILSITT. — OBSERVATIONS SUR LES OPÉRATIONS DU 6 CORPS PENDANT CETTE CAMPAGNE. — MA RENTRÉE EN FRANCE.

Mon fatal ordre de route me conduisit d'abord à Mawern, occupé par une compagnie de voltigeurs, qui en avait barricadé toutes les issues. Cette précaution aurait dû me faire comprendre que l'ennemi n'était pas loin ; mais confiant dans mon itinéraire, je vis sans inquiétude se fermer derrière moi la barrière qui allait me séparer pour longtemps de l'armée française. Je ne fus pas plus inquiet en distinguant de loin quelques cavaliers dans la plaine, ne doutant point qu'ils ne fussent des nôtres. La route de Freymarck traverse un bois, où je fus cerné par un régiment de hussards russes en reconnaissance. Les hussards paraissant à la fois de tous côtés, m'interdirent également la fuite et la résistance. Je pris sur-le-champ mon parti. Le sang-froid ne m'a jamais quitté dans les grandes occasions; jamais je n'essayai de lutter contre des maux sans remède. Un officier reçut mon épée. Il me traita fort bien, et me conduisit à Launau, quartier général de l'avant-garde. Le général Pahlen, depuis ambassadeur en France, qui la commandait, me reçut avec politesse et m'offrit à manger. J'acceptai, quoique n'en ayant aucune envie, mais par la curiosité de voir dans quelle situation l'ennemi se trouvait par rapport à nous. Le général Pahlen me donna de bonne viande, d'excellent vin; assurément nos généraux n'auraient pas pu traiter aussi bien leurs prisonniers. Aussitôt il m'envoya au général en chef à Heilsberg. Celui-ci me reçut mieux encore, et recommanda à ses aides de camp de me faire reposer et de me garder auprès d'eux.

C'est un affreux malheur pour un militaire que d'être fait prisonnier, surtout dans de telles circonstances. Un jour de bataille, tout le monde s'y attend : vous êtes renversé dans une charge et tout est dit. Mais en mission, au milieu de la sécurité la plus parfaite, se voir enlever brusquement à sa carrière, perdre ses espérances d'avancement et de gloire, devenir inutile à son pays, entendre désarmé le récit des événements de la guerre, quelquefois des succès de l'ennemi, toujours de ses fanfaronnades : mais se voir séparé de compagnons d'armes, que l'habitude et la communauté de dangers avaient rendus vos amis, se trouver doublement séparé de sa famille, dont on ne recevra plus de nouvelles, et tout cela en un clin d'œil; c'est une des épreuves les plus douloureuses que l'on puisse subir. Ajoutez encore qu'un jeune officier craint qu'on ne lui reproche son malheur, qu'on ne l'accuse de n'avoir pas su son chemin, de ne pas s'être défendu quand il aurait pu le faire. Il craint de perdre la récompense de son zèle, le fruit de tant de dévouement, de fatigues, de dangers. Toutes ces réflexions, qui m'assaillirent au premier instant, prenaient de moment en moment de nouvelles forces. Pourtant, accablé de fatigue à la fin d'une journée commencée auprès du maréchal Ney et terminée auprès du général Benningsen, je dormis profondément, et le lendemain au réveil ma douleur n'en fut que plus vive et plus profonde. Enfin j'essayai de reprendre courage, d'observer dans l'intérêt de mon instruction un spectacle si inattendu, et par l'examen de l'armée russe de juger quelles chances la suite de la guerre offrait à l'armée française.

Le général Benningsen portait son quartier général à Bartenstein et m'emmena avec lui. L'état-major était nombreux; je me croyais le jouet d'un mauvais rêve en revoyant cette route que j'avais faite quelque temps auparavant avec un état-major bien différent. Il causa souvent avec moi, en ayant la discrétion d'éviter sur notre armée des questions auxquelles il savait que je n'aurais pas répondu. Dans ces conversations souvent répétées pendant mon séjour à Bartenstein, il me parlait de la campagne qu'il venait de faire. Il n'avait jamais quitté l'offensive; vainqueur à Pultusk, il l'avait encore été à Eylau, et il remarquait comme une faveur divine que la reine de Prusse, malade depuis quelque temps, eût pu aller à l'église justement le jour de ce dernier triomphe.

Je ne le chicanai point là-dessus; j'aurais préféré aux récits du passé quelques détails sur les projets futurs. A cet égard, Benningsen se montrait plus réservé. Je crus cependant entrevoir qu'il se disposait à interrompre le cours de ses triomphes pour reposer son armée en cantonnements; j'en fus ravi, la continuation de la campagne d'hiver ne pouvant pas être à notre avantage. M. Thiers parle des souffrances de l'armée russe, des Cosaques venant demander du pain à nos soldats. Je ne le conteste pas; mais au quartier général l'apparence démentait cette assertion. Si ma qualité de prisonnier de guerre m'interdisait les questions, je voyais du moins l'état-major vivre dans l'abondance, les soldats bien vêtus, les chevaux en bon état. Assurément la comparaison n'était pas en notre faveur.

Je passai trois semaines à Bartenstein au quartier général, logeant avec les aides de camp du général en chef, ainsi qu'avec MM. Ribeaupierre et de Nesselrode, dont l'un devint ambassadeur, l'autre ministre des affaires étrangères. Tous deux, jeunes alors et chambellans, avaient été envoyés au quartier général pour la correspondance avec l'Empereur. Nous dînions chez le général à une table nombreuse et bien servie. On amenait quelquefois des prisonniers qui paraissaient jaloux de ma faveur, plus rarement des déserteurs, contre lesquels ma colère mal déguisée amusait beaucoup les officiers. Un jour une députation de la ville vint féliciter Benningsen sur son arrivée. Il demanda si celui qui porta la parole était le bourgmestre : « *Je puis vous l'assurer*, lui dis-je : *j'ai entendu monsieur, il y a peu de temps, féliciter*

M. *le maréchal Ney dans les mêmes termes.* » Ce fut une joie générale.

Les promenades dans la ville m'étant interdites, ma journée se passait à causer avec mes compagnons de chambrée, à parler beaucoup de Paris et de la France, objets constants de la prédilection des Russes, surtout à jouer au pharaon. Je dois m'accuser ici d'un trait de mauvais joueur, tel que je l'ai toujours été. Ayant perdu un gros coup, je déchirai les cartes. Les joueurs restèrent confondus ; celui qui tenait les cartes dit tranquillement : « *C'est dommage pourtant, nous n'avions que ce jeu-là.* » Cette douceur me toucha plus que les reproches que j'aurais mérités.

Le maréchal Ney, étonné de ne pas me voir revenir, devina ma mésaventure ; et quand il en eut acquis la certitude, il m'envoya de l'argent, et fit demander mon échange, que l'on refusa, trouvant sans doute de l'inconvénient à renvoyer un officier qui venait de passer quelque temps à l'état-major russe, et qui pouvait en donner des nouvelles. Le général Benningsen eut l'attention de ne pas m'en parler pour ne pas m'affliger.

Au bout de quinze jours, je partis pour Wilna, en passant par Grodno. Je partis en traîneau découvert par une nuit des plus froides, mais couvert de fourrures que mes nouveaux amis m'avaient prodiguées, et beaucoup mieux vêtu, voyageant plus commodément comme prisonnier, que je ne le faisais à l'armée française. Le gouverneur de Grodno m'accueillit avec bienveillance ; je logeais et je mangeais chez lui. Mais rien ne pouvait adoucir ma tristesse. Je ne trouvai point à Grodno l'intérêt de curiosité que m'inspirait le séjour du quartier général ; je n'y trouvai pas les agréments de société que je rencontrai plus tard à Wilna, et ce séjour a été pour moi l'époque la plus pénible de ma captivité. La femme du gouverneur, personne spirituelle et d'un grand sens, me dit un jour : « *Vous êtes bien triste, et vous avez tort. Le* « *malheur qui vous est arrivé, malheur fort commun* « *à la guerre, n'est point votre faute et ne peut vous* « *faire aucun tort. Profitez de l'occasion pour faire* « *un voyage en Russie. On vous mènera où vous* « *voudrez, les voyages sont faciles dans ce pays ; on* « *aime les étrangers, les Français, et vous voyez la* « *bienveillance particulière qu'on vous témoigne.* « *Vous rentrerez dans votre pays à vingt-trois ans,* « *ayant fait une belle campagne et un voyage in-* « *structif.* » Je me sentais trop découragé pour suivre ce sage conseil. Ne voulant rien demander, je m'abandonnai à ma triste destinée.

Au bout de quinze jours je partis pour Wilna, où je menai une vie toute différente.

Le général Korsakoff, gouverneur de cette ville, m'accorda la même hospitalité. Wilna se trouvant loin du théâtre de la guerre, j'y circulai librement. Je louai une très-petite chambre, et mon couvert était mis tous les jours à la table du gouverneur. Le général Korsakoff se plaisait à parler de ses campagnes, surtout de la célèbre bataille de Zurich, qu'il avait perdue contre Masséna, et que, d'après ses explications, il devait gagner : faiblesse ordinaire à tous les militaires, comme on voit les parents préférer leurs enfants contrefaits ou idiots. Un jour même, en passant en revue les généraux français, il me dit que Masséna avait peu de talent. « *C'est possible*, répondis-je, *mais convenons qu'il a toujours eu du bonheur.* » Je n'ai pas besoin d'ajouter que Korsakoff était un homme de peu d'esprit, bon homme d'ailleurs, un peu kalmouk de figure et de manières. Il élevait deux enfants naturels ; l'aîné à quatorze ans annonçait la brutalité de l'ancien caractère russe ; il maltraitait et avec le plus cruel sang-froid son frère, enfant de huit ans. Un jour en nous promenant, je ne sais ce que fit celui-ci qui contraria l'aîné : « *Nous verrons cela plus tard*, lui dit-il. » La promenade s'acheva gaiement, et en rentrant il emmena son frère dans sa chambre pour lui donner des coups de bâton.

Je fus également bien reçu par le gouverneur civil, M. Bagmewski, et j'avais mon couvert mis chez l'un des gouverneurs comme chez l'autre. C'est la grande politesse du pays. Il y a toujours un certain nombre de couverts vides pour les personnes que l'on autorise à venir demander à dîner, et cette autorisation n'est point une vague formule de politesse. Le maître de la maison vous adresse des reproches si vous n'en profitez pas.

M. Bagmewski avait épousé mademoiselle Mileykho, Polonaise fort belle, plus jeune que lui, et heureusement n'ayant de passion que pour la toilette. Sa sœur Marie me frappa davantage. Son agréable caractère, ses manières, moitié polonaises, moitié françaises, plaisaient autant que sa figure, et je ne doute pas qu'à Londres ou à Paris elle n'eût eu autant de succès qu'à Wilna. On pense bien que je fréquentais la maison du gouverneur civil plus que celle du gouverneur militaire, et que la société de deux belles femmes fort aimables pour moi me semblait préférable à celle de deux enfants mal élevés. Seulement nous étions convenus de ne jamais parler de la guerre, pour tâcher d'oublier que le frère des dames, et un frère fort aimé d'elles, était mon ennemi.

Je fis également connaissance avec Mme de Choiseul, née Potocka, dont le mari, fils du comte de Choiseul-Gouffier, ambassadeur à Constantinople, s'était établi en Pologne. Mme de Choiseul, belle et aimable, était fort liée avec Mme Franck. M. Franck, fils du célèbre docteur, passait lui-même pour un bon médecin ; Mme Franck avait une belle voix et un talent qui eussent fait honneur à une artiste.

Je voyais presque journellement les personnes dont je viens de parler, qui toutes me semblaient aimables, car elles l'étaient pour moi. Il y avait peu de soirées priées, peu de grandes réunions, mais toujours du monde ; un théâtre médiocre, quelquefois de la musique, que je faisais surtout en particulier avec Mme Franck. La société polonaise fréquentait peu celle-ci. Le zèle pour le rétablissement de la Pologne se montrait aussi vif en Lithuanie que dans le duché de Posen. On accueillait à Wilna les prisonniers français comme des frères. On vit des gens du peuple les embrasser en pleurant, leur porter à boire dans leurs rangs ; on vit un cocher descendre du siége et leur donner tout l'argent qu'il possédait. Ces démonstrations inquiétaient le gouvernement au point qu'un jour, étant allé voir nos malades à l'hôpital, le commandant du poste, me prenant pour un Polonais, me fit conduire chez le commissaire de police. On peut donc juger avec quel empressement je fus accueilli par la société polonaise; mais je leur dis avec franchise qu'étant prisonnier des Russes, je ne voulais pas me compromettre avec eux; que je désirais que la politique de l'Empereur lui permît de seconder leurs vœux, mais qu'enfin il ne s'était pas prononcé à cet égard, et que dans ma position je ne pouvais voir en eux que des sujets de l'Empereur de Russie. Ils le comprirent, et je gardai avec eux de bons rapports, en conservant pour ma société intime les personnes que j'ai nommées, personnes toutes étrangères ou appartenant au gouvernement russe.

Je trouvai à Wilna le baron de Damas, jeune émigré au service de Russie, et chargé alors d'instruire des recrues. A vingt-deux ans, on remarquait déjà en lui la sévérité de principes et l'austérité de maintien qui l'ont toujours distingué. Je ne puis comprendre que dans une ville de plaisir comme Wilna, il consacrât son temps à l'instruction de ses recrues, en se permettant pour distraction quelques parties de whist avec des personnes âgées. J'admirais d'autant plus ce que je n'aurais pas eu la vertu d'imiter. Quoique engagé dans un parti différent du mien, M. de Damas me rechercha le premier; il venait me voir souvent dans ma petite chambre, et nos longues conversations paraissaient courtes, tant nous avions mutuellement de choses à nous apprendre. Après avoir épuisé l'armée russe et l'armée française, il me parla de la petite cour de Louis XVIII à Mittau, dont on pense bien qu'il était un des fidèles. Ces détails m'intéressèrent vivement; ils étaient nouveaux pour moi, les journaux ne prononçant jamais le nom des princes exilés; d'ailleurs, dans ces conversations sur des sujets souvent délicats, nous évitions avec soin ce qui aurait pu blesser un de nous deux. Ce ne fut donc qu'avec une extrême réserve qu'il me témoigna le désir qu'on aurait à Mittau de me voir me rapprocher de la cause du roi. Je ne répondis à une pareille insinuation que par le silence.

Je reçus en même temps une lettre d'un autre émigré, ancien ami de ma famille et présentement à Mittau. Après mille choses aimables, il me disait qu'un prisonnier pouvait avoir besoin d'argent; il m'offrait donc sa bourse ou celle de ses amis. Je lui exprimai ma reconnaissance, en ajoutant que le témoignage de son attachement pour mes parents était tout ce que je pouvais accepter. Je montrai la lettre au baron de Damas, en ajoutant que j'aimerais mieux vivre de pain noir que de recevoir de l'argent de Mittau. Personne ne pouvait mieux comprendre et apprécier un pareil sentiment.

Deux mois et demi s'étaient écoulés à Wilna fort doucement, fort agréablement, trop agréablement peut-être pour un prisonnier. Au mois de juin, on reçut la nouvelle des premiers combats qui signalèrent la reprise des hostilités. Toute l'armée russe avait attaqué le 6ᵉ corps sans pouvoir l'entamer. Mais ce corps d'armée s'était retiré, les équipages du maréchal Ney avaient été pris, il n'en fallait pas davantage pour transformer le combat en victoire. Malgré la connaissance de la jactance des Russes, cette nouvelle me causa quelque inquiétude. Mais enfin tout allait s'éclaircir; et, en effet, la bataille de Friedland amena les conférences de Tilsitt, bientôt suivies de la paix. Mes lecteurs peuvent donc supposer qu'après un mois encore passé à Wilna, ma captivité cessa, et qu'elle se termina aussi heureusement qu'elle avait commencé. Une singulière circonstance en décida tout autrement.

Un vieux général russe commandait à Wilna sous les ordres du gouverneur. Le baron de Damas m'avait engagé à lui faire une visite, comme à mon chef immédiat, en ma qualité de prisonnier de guerre. Je ne m'en souciai pas, me croyant assez sûr de mon fait par la protection du gouverneur lui-même. Le général en fut fort choqué. Je consentis à y aller un jour avec le baron de Damas; mais le mal était fait, et cette visite tardive me fit peut-être dans son esprit plus de mal que de bien. A la nouvelle de la reprise des hostilités, le général Korsakoff fut appelé à l'armée, et le vieux général resté maître de mon sort, se vengea de mon impolitesse par une brutalité bien digne des anciens Russes. J'appris un matin que j'allais partir sur-le-champ pour joindre un dépôt d'officiers français prisonniers à Kostroma, à cent lieues au delà de Moscou, à trois cents lieues de Wilna. Il ne me fut pas même permis d'aller dire adieu à mes amis, pas même à madame Bagmewska, femme du gouverneur civil, dont la maison ne pouvait pas être suspecte. On me permit du moins de choisir la manière de voyager qui me conviendrait. Un banquier me donna tout l'argent nécessaire, et un sous-officier, chargé de me conduire, reçut l'ordre de me traiter avec égards. Ne voulant solliciter aucune faveur après un traitement si indigne, je demandai à voyager jour et nuit sans perdre une minute. Le bruit de cet enlèvement se répandit dans la ville, et affligea doublement mes amis, en leur montrant de quoi était capable l'autorité qui pesait sur eux. Mon départ fut pour moi un jour de triomphe. Toute la ville était aux fenêtres. Tous me souhaitaient un heureux voyage, un prompt retour; plusieurs femmes agitaient leurs mouchoirs. Le lendemain, elles se plaignirent au général d'un traitement si brutal et si peu mérité. Il répondit avec plus de galanterie qu'on ne l'eût attendu de sa part, que, s'il avait cru mon départ si affligeant pour les dames de Wilna, il m'aurait renvoyé beaucoup plus tôt.

J'arrivai à Smolensk comme l'éclair. Le gouverneur me logea chez lui et voulut me garder quelques jours. Son aide de camp m'insinua même très-clairement de sa part que si je voulais me dire malade je pourrais rester à Smolensk. Je ne sais quelle folie me porta à refuser cette nouvelle marque de bienveillance, mais j'ai déjà dit que je ne voulais solliciter ni accepter aucune faveur. J'en fus puni par une prolongation de captivité de trois mois, et de trois mois des plus incommodes, des plus tristes, des plus ennuyeux que j'aie passés en ma vie.

Je partis donc conduit par mon sous-officier, voyageant jour et nuit, comme je l'avais demandé, prenant à peine le temps de manger et avec la rapidité de Mazeppa emporté par un cheval sauvage. Une petite charrette non suspendue, couverte de paille, et qu'on changeait à chaque relais, contenait le postillon, le sous-officier et moi. Un seul cheval nous menait au grand galop. Il fallait ma jeunesse, ma santé, pour supporter de pareilles fatigues. Je passais les jours et les nuits à dormir dans cet étrange équipage. Quand nous nous arrêtions pour manger, ma figure devenait l'objet de la curiosité générale. Un jour que la chaleur et la poussière m'avaient causé un gonflement à l'œil, je fis dans une auberge une fumigation à l'eau bouillante; les habitants du village, se pressant à la porte, regardaient avec terreur cette tête couverte d'un voile et exposée à la vapeur. Ils me croyaient occupé d'une opération cabalistique; et assurément, s'il eût éclaté en ce moment un coup de tonnerre ou un incendie, ils me l'auraient attribué. Une autre fois, on me consulta sur un enfant malade. Je fis l'aveu de mon ignorance. Pour rétablir ma réputation, je prescrivis un remède quelconque à un cheval demi-fourbu, et je repartis vite dans ma charrette avant qu'on eût pu éprouver l'effet de ma singulière ordonnance.

L'irritation était extrême en tous lieux contre l'armée française, et surtout contre l'Empereur. J'avais un petit portrait d'Homère qu'un maître de poste voulut déchirer, le prenant pour un portrait de Napoléon. Je vins à peine à bout de l'apaiser, en lui jurant que les deux figures ne se ressemblaient pas plus que les deux personnages.

J'éprouvai encore un mécompte particulier dans ce maudit voyage. J'avais demandé si Moscou se trouvait dans mon itinéraire, et dans ce cas, ma fierté s'abaissait jusqu'à solliciter la faveur d'y passer au moins un jour. On m'avait assuré que non. Cependant, voyant un matin à l'horizon une foule de clochers, je demandai à mon sous-officier ce que c'était. *Moskwa*, me répondit-il. Il était trop tard pour obtenir la permission d'y rester, mon conducteur n'ayant que la consigne de me conduire. J'y fis du moins un meilleur repas qu'à l'ordinaire, et nous repartîmes aussitôt.

J'arrivai enfin à Kostroma, en passant par Jaroslaw, et je rejoignis le dépôt d'officiers prisonniers qui y était établi. Ici commença pour moi une existence toute nouvelle. Le général russe qui m'avait si indignement traité se garda bien de me recommander au gouverneur de Kostroma, homme d'ailleurs ignorant et assez grossier, comme les Russes qui ne savent ni l'allemand ni le français. Sa femme, mieux élevée, me reçut bien et m'offrit quelques livres pour ma consolation. Du reste rien ne me distingua des autres prisonniers, ce qui au fait n'eût guère été possible. A Wilna, j'étais seul, mais à Kostroma les distinctions auraient blessé les officiers d'un grade égal ou supérieur au mien. Je fus donc réduit à la vie commune, dont voici la description.

Il y avait à Kostroma trois officiers supérieurs : un lieutenant-colonel et deux chefs d'escadron mangeant à part, et une vingtaine d'officiers inférieurs, auxquels je me réunis. Nous étions douze logés dans deux chambres, et couchés sur des chaises, sur un matelas, sur la paille sans pouvoir éviter complétement les insectes et la vermine. Nous avions trouvé heureusement une assez bonne pension chez un Allemand établi à Kostroma, et aussi bon marché qu'il convenait à notre position. Je n'ai à mentionner aucun de ces officiers en particulier ; ils appartenaient à différentes armes, à différents corps. On y voyait des sous-officiers se faisant passer pour officiers, et jouant si bien leur rôle que les officiers véritables en furent la dupe. Ainsi un jeune fourrier de chasseurs, s'étant procuré un petit habit gris, se disait élève sorti de Saint-Cyr, et pris au moment où il allait rejoindre son régiment d'infanterie. Tel maréchal des logis se faisait lieutenant, tel adjudant, capitaine. Les véritables officiers, ayant appris plus tard ces tours de passe-passe, s'en sont choqués, et bien à tort, selon moi. Il est naturel de chercher à améliorer une situation si triste ; et pour un prisonnier, entre le traitement des officiers et celui de la troupe, c'est la vie ou la mort. Pour moi je crus recommencer mon apprentissage du camp de Montreuil. Il me fallait oublier Wilna comme autrefois j'avais oublié Paris, reprendre l'habitude de toutes les privations, de toutes les misères, me retrouver dans l'intimité de gens bien différents de ceux avec lesquels j'avais repris l'habitude de vivre. Ces officiers dans le fait différaient peu des soldats. C'étaient la même ignorance, un pareil manque de savoir-vivre ; quelques-uns, un peu mieux élevés, souriaient en entendant les autres. Chacun racontait ses prouesses vraies ou fausses. Les caractères n'étant plus contenus par la discipline, se montraient à découvert. Il y avait du bien, du mal, de la générosité, de l'égoïsme ; des natures bienveillantes, des caractères querelleurs. On aurait compté plus d'un duel dans cette petite colonie si nous avions eu des armes. Le temps, le bonheur de voir la fin de notre exil firent oublier les querelles, et je ne crois pas qu'une seule de ces provocations ait été suivie d'effet.

Un officier était fort mal vu de tous les autres. Quoique logeant et mangeant avec nous, on le laissait toujours à part. J'ai su qu'on l'accusait d'avoir reçu d'un seigneur polonais une somme à distribuer à ses camarades d'infortune, et de l'avoir gardée pour lui.

Comme au camp de Montreuil aussi, mon arrivée causa quelque surprise, même quelque ombrage. Ma toilette, moins décousue que celle des autres quoiqu'elle ne fût pas brillante, ma situation exceptionnelle jusqu'à ce jour paraissaient étranges. Quel était cet officier qui voyageait en poste avec un sous-officier russe pour le conduire ? Pourquoi cette distinction qui n'était pas due à son grade ? Il se disait aide de camp du maréchal Ney, et il portait l'uniforme du 59e. Était-ce encore un chevalier d'industrie, un de ces prisonniers habiles à se faire passer pour ce qu'ils ne sont pas ? Ces doutes furent bientôt dissipés. Moins novice qu'au camp de Montreuil, je savais à qui j'avais affaire, et je connaissais la langue du pays. Quelques officiers, comprenant la situation de ma famille, ne s'étonnaient pas de me voir de l'argent. Mon caractère plut à mes compagnons d'infortune, et je n'employai mes avantages personnels qu'à leur être agréable ; la meilleure intelligence s'établit donc entre nous.

Dans ce chef-lieu d'un des gouvernements les plus reculés de la Russie d'Europe, on rencontrait cependant quelque société. On parlait peu français et un peu plus allemand. Personne ne nous donna à dîner; mais nous reçûmes quelques invitations à des collations qui duraient presque toute la journée, avec le genre d'hospitalité particulier aux peuples à demi sauvages. Il fallait manger de toutes sortes de choses l'une après l'autre, et quand ensuite vous vouliez vous retirer en prétextant une affaire, le maître de la maison courait après vous pour vous conjurer de revenir ensuite.

La nouvelle de la paix arriva enfin, et fut suivie de l'ordre de notre départ. Mais quel étrange voyage! Il y a plus de trois cents lieues de Kostrama à Wilna, en passant par Moscou ; et encore, comme on voulait nous faire éviter cette capitale, on allongea la route de cinquante lieues. Chacun de nous était monté sur une petite charrette à un cheval conduite par un paysan. Un détachement de soldats, commandé par un officier, ouvrait et fermait la marche. Qu'on juge d'un voyage de trois cent cinquante lieues à petites journées dans un tel équipage, par tous les temps! Quelle incommodité, quel ennui, quelle fatigue! A peine trouvions-nous à manger, et Dieu sait ce que nous trouvions. Nous couchions dans de mauvaises huttes, au milieu des paysans, et exposés à tous les inconvénients qui pouvaient en résulter. Dans les villes nous faisions de meilleurs repas en emportant quelques provisions pour les jours suivants. Par une négligence bien digne de moi dans ma jeunesse, je me laissai voler presque tout mon argent et je fus privé d'une ressource qui eût été précieuse pour moi et pour les autres. Après vingt-huit jours de cet étrange voyage, nous arrivâmes à Wilna en passant par Vladimir, Kolomna, Kaluga, Viasma, Smolensk, Orcha, Borissow et la Bérézina, lieux devenus depuis bien tristement célèbres, et que je ne m'attendais pas à revoir cinq ans plus tard dans une situation tellement différente. Wilna étant le lieu de rendez-vous de tous les convois de prisonniers, chacun eut la faculté de rejoindre individuellement l'armée française. Le général Korsakoff avait repris son gouvernement, le général Benningsen, revenant de l'armée, s'y trouvait également. Je les remerciai tous deux de leurs bontés. Tous deux me témoignèrent le regret que leur causait un fatal voyage, qu'ils m'auraient épargné s'ils eussent pu le prévoir.

Je reçus à Wilna la plus aimable hospitalité de la part d'un inconnu. Je rencontrai un jeune officier russe que j'avais vu à Paris avant la guerre. Il me mena voir son général retenu dans sa chambre par suite d'une chute. Celui-ci, apprenant que j'étais dans mon logement à peu près couché par terre par suite de l'encombrement que causait la quantité de prisonniers, me fit mettre un lit dans son salon et me garda jusqu'à mon départ. Rien n'égale l'hospitalité des Russes, mais il serait dangereux de s'y fier; leur accueil est capricieux et changeant comme leur caractère. Tels sont les peuples encore à demi sauvages; et l'on se rappelle que le capitaine Cook, après avoir reçu mille marques d'affection des habitants d'une île de la mer du Sud, fut massacré par eux quand la tempête le rejeta sur le rivage. Il est bon de vivre avec les Russes, quand on peut se passer d'eux.

Je ne peindrai pas ma joie en retrouvant à Varsovie l'armée française, en revoyant nos uniformes, nos soldats armés. Mon bonheur fut plus grand encore à Glogau, quartier général du 6ᵉ corps, dont les régiments occupaient la Silésie. Le maréchal Ney était retourné à Paris, en laissant à Glogau son aide de camp d'Albignac, mon meilleur ami. Le général Marchand commandait le corps. Le général Colbert se trouvait aussi à Glogau. Tous me reçurent comme un échappé de la Sibérie, et m'apprirent une nouvelle qui me combla de joie : on m'avait donné la croix de la Légion d'honneur. La nomination avait souffert quelque embarras, non que j'en fusse plus indigne qu'un autre, mais je n'avais été porté ni à l'état-major comme comptant au régiment dont je portais l'uniforme, ni à mon régiment, parce que j'étais à l'état-major. Le zèle de d'Albignac, la bienveillance du général Marchand vainquirent cette difficulté; mon cœur en garde à leur mémoire une éternelle reconnaissance.

Après avoir raconté ma captivité en détail, je voulus apprendre à mon tour ce qui s'était passé à l'armée, les glorieuses actions auxquelles j'avais eu le malheur de rester étranger. Je termine par l'extrait de nos conversations, qui confirment et quelquefois modifient les travaux des historiens; ce sera le complément de l'analyse très-succincte des opérations de cette campagne. Semblable aux poëmes anciens, mon journal sera partie en action, partie en récit.

Le temps de ma captivité avait été bien utilement employé à l'armée. Dantzick s'était rendu le 24 mai, après une belle défense continuée pendant cinquante jours de tranchée ouverte. Cette conquête nous rendait maîtres du cours entier de la Vistule. L'armée avait reçu des vivres dans ses cantonnements; elle campait au bivouac par divisions, protégée par des ouvrages de campagne et des abatis. J'ai raconté la position de chaque corps d'armée, et l'on a vu que le 6° était à l'avant-garde entre la Passarge et l'Alle, le quartier général à Guttstadt sur cette dernière rivière. Trois mois s'étaient ainsi passés. Napoléon se préparait à reprendre l'offensive, lorsque, le 5 juin, il fut prévenu par Benningsen, dont l'effort principal eut lieu contre le 6° corps, qu'il espérait écraser à l'aide de forces supérieures. Rien n'avait pu faire pressentir les préparatifs de l'ennemi ce jour-là ; mais comme on s'y attendait d'un moment à l'autre, et que toutes les précautions étaient prises, les troupes furent sur pied en un instant. Le maréchal Ney se retira sur Deppen, point qui lui était assigné en cas de retraite pour repasser la Passarge ; mais il ne fit ce jour-là que la moitié du chemin, et l'ennemi ne put le faire reculer que de deux lieues, pendant lesquelles il combattit toujours. Le soir, en rendant compte à l'Empereur, et sachant qu'il serait attaqué le lendemain, il ne craignit pas d'écrire : « *Je ferai verdre encore à l'ennemi la journée de demain.* » En effet, le 6 juin, il défendit le terrain pied à pied jusqu'au pont de Deppen. Là, se trouvant serré de près, il profita de quelques accidents de terrain qui retardaient la marche de l'ennemi pour faire contre lui un mouvement offensif. Ce mouvement, si inattendu de la part des Français en pleine retraite, arrêta un instant la marche des Russes et permit au 6° corps d'exécuter le passage de la Passarge. Ces deux journées couvrirent de gloire le 6° corps d'armée et son illustre chef, en donnant à l'Empereur le temps d'arriver et de préparer les grands événements qui suivirent.

Les corps d'armée se réunirent, le 8, à Saalfeld, conduits par Napoléon, qui manœuvra pour tourner la droite des Russes et les couper de Kœnigsberg. Benningsen, renonçant à l'offensive, se retira par les deux rives de l'Alle jusqu'à Heilsberg, qu'il avait entouré d'ouvrages de campagne. Il fut attaqué le 10 en avant de cette ville par le prince Murat et Davout, qui n'attendirent ni la présence ni les ordres de l'Empereur. Après une journée de carnage les troupes bivouaquèrent sur le terrain. Le lendemain 11, Benningsen continua la retraite en suivant les bords de l'Alle jusqu'à Friedland. Là, il s'arrêta pour livrer bataille ; il eût été plus sage de descendre l'Alle jusqu'à la Prégel, de se placer ensuite derrière ce fleuve en couvrant Kœnigsberg. La résistance que lui avaient fait éprouver nos corps détachés devait lui apprendre à quel danger il s'exposait en combattant l'armée entière commandée par Napoléon. Je ferai encore moins le récit de cette bataille que des autres, puisque je n'y ai point assisté ; je dirai seulement quelques mots sur la part que le 6ᵉ corps y a prise. Friedland est situé sur la rive gauche de l'Alle. L'armée russe fut rangée en bataille en avant de cette ville. Le maréchal Lannes, arrivé le premier sur le terrain, engagea l'affaire et soutint l'effort de l'armée russe pendant une partie de la journée. Napoléon et les autres corps n'arrivèrent qu'un peu tard. Le 6ᵉ, resté en arrière après la glorieuse retraite de Deppen, prit, le soir, la droite de l'armée en s'appuyant à l'Alle. On m'a conté que dans ce moment le maréchal Ney, voyant la plaine occupée par une nombreuse cavalerie russe, voulut la faire charger par quelques escadrons de la garde impériale qui se trouvaient là. Le colonel ayant observé qu'il ne pouvait agir sans l'ordre des généraux de la garde, le maréchal pour toute réponse fit charger son peloton d'escorte commandé par un excellent officier, qui ramena la cavalerie russe sur la garde impériale, et la força ainsi de combattre. Dans ce moment décisif, Napoléon chargea le maréchal Ney d'enlever la ville de Friedland et les ponts par lesquels l'ennemi communiquait avec la rive droite de l'Alle. Le 6ᵉ corps, disposé en échelons par régiments la droite en tête, marcha sous le feu de l'infanterie russe, secondée par leur nombreuse artillerie et d'autant plus redoutable que d'autres batteries placées sur la rive droite prenaient en flanc les échelons. Pour la première fois les régiments du 6ᵉ corps furent ébranlés. Le désordre commença à l'échelon de droite, composé de la 1ʳᵉ brigade de la 1ʳᵉ division, parce que l'on voulut faire relever par le 39ᵉ le 6ᵉ qui avait beaucoup souffert et qui manquait de munitions. Ce mouvement au milieu du feu de l'ennemi amena quelque confusion, et le désordre se communiqua promptement de la droite à la gauche à tous les échelons, qui voyaient la nombreuse cavalerie russe s'apprêter à les charger. On peut juger de la colère du maréchal Ney. Heureusement, le 59ᵉ régiment, qui formait le dernier échelon, se maintint. La division Dupont, placée à la gauche du 6ᵉ corps, appuya ce régiment. Les dragons de la Tour-Maubourg repoussèrent la cavalerie ennemie. Une nombreuse artillerie commandée par le général Senarmont vint secourir la faible artillerie du 6ᵉ corps. Tous les régiments ralliés **marchèrent** en avant. Cette fois la ville de Friedland fut emportée et les ponts rompus. L'aile droite des Russes, repoussée à son tour, voulut rentrer dans Friedland, et un nouveau combat s'engagea dans la ville en flammes. Les Russes essayèrent de se sauver en traversant l'Alle à gué, et beaucoup se noyèrent. La victoire était complète. L'ennemi eut 25,000 hommes hors de combat; nous prîmes 80 bouches à feu, et sur 80,000 hommes qui composaient notre armée, 55,000 à peine avaient été engagés. Pendant cette terrible bataille le maréchal Soult était entré à Kœnigsberg. L'armée russe se retira derrière le Niémen suivie par l'armée française. L'armistice fut conclu le 22 juin, et la paix signée enfin à Tilsitt le 8 juillet.

Tels furent les récits de mes camarades, récits entremêlés de mille autres détails. Je sentis plus vivement encore le regret d'avoir été séparé d'eux, et d'avoir passé dans la frivolité ou dans la tristesse le temps consacré à de si éclatants triomphes. J'allai visiter les cantonnements du 6ᵉ corps, et en particulier celui du 59ᵉ régiment, que je revis avec une grande émotion. M. Baptiste, déjà chef de bataillon au 50ᵉ, venait d'être nommé colonel du 25ᵉ léger; je l'en félicitai de tout mon cœur. M. Mazure, mon ancien capitaine, avait été tué en conduisant un peu imprudemment dans une affaire la compagnie de voltigeurs qu'il méritait bien de commander. Je n'avais pas eu besoin de sa mort pour lui pardonner ses anciens torts envers moi. Au reste, le régiment avait peu souffert.

Le maréchal Ney, en quittant l'armée, m'avait laissé l'ordre de venir le rejoindre à Paris. J'achetai une calèche, qui cassa cinq ou six fois en route selon l'usage; et voyageant jour et nuit, ce qui était aussi dans nos habitudes, j'arrivai à Paris au mois de septembre 1807, et je retrouvai ma famille.

On peut juger des transports qui m'accueillirent après trois ans d'absence, interrompus seulement par un voyage de huit jours en partant du camp de Montreuil. Mais je ne saurais peindre avec quelle émotion furent écoutés les récits que je viens de tracer. Mes parents se crurent revenus au temps des héros d'Homère. Ils crurent entendre raconter les combats de l'Iliade, les voyages de l'Odyssée; et, de fait, les événements auxquels j'ai assisté sont d'une telle importance que, même pour des lecteurs indifférents, le récit de la très-petite part que j'y ai prise ne sera peut-être pas dépourvu de quelque intérêt.

CHAPITRE VII.

CAMPAGNE D'ESPAGNE. — CAMPAGNE D'ALLEMAGNE EN 1809.

I.

CAMPAGNE D'ESPAGNE EN 1809.

Je n'ai point à raconter la guerre d'Espagne, qu'on appelle à juste titre la guerre de l'Indépendance ; je n'y ai assisté que pendant trois mois (novembre et décembre 1808, janvier 1809). C'est seulement alors que Napoléon a commandé ses armées en personne. Voici à quelle occasion j'ai fait cette courte campagne.

Je venais de me marier. Le duc de Feltre, ministre de la guerre, mon beau-père, regrettant toujours de ne pouvoir suivre l'Empereur à l'armée, voulut au moins se faire remplacer par ses aides de camp. Assurément il ne me convenait pas de solliciter une exception. La question était de savoir en quelle qualité je serais employé. Je ne voulais pas entrer dans un régiment qui pouvait rester en arrière ou tenir garnison dans quelque place. M. le maréchal Ney venait d'être appelé en Espagne. J'étais sûr qu'auprès de lui il y aurait de la gloire à acquérir ou au moins des dangers à courir. On a vu dans ce qui précède combien j'avais eu à me louer de ses bontés pour moi. Il m'en donna une nouvelle preuve en me permettant de faire encore cette campagne comme son aide de camp.

Je raconterai donc ce qui s'est passé sous mes yeux, en faisant précéder mon récit de courtes observations sur l'ensemble des événements.

Depuis quelque temps, nos troupes, sous différents prétextes, avaient occupé les principaux points de l'Espagne; et Napoléon s'en croyait le maître, lorsqu'il manda à Bayonne la famille royale, à laquelle il imposa son abdication. Cette nouvelle produisit en Espagne un effet terrible, et l'insurrection éclata de toutes parts. Des exemples sévères et quelques avantages remportés par nos généraux sur différents points en arrêtèrent d'abord le progrès, mais la malheureuse affaire du général Dupont à Baylen porta au comble l'enthousiasme des Espagnols et doubla les forces de l'insurrection. Dès le mois d'août, l'armée française n'occupait plus que la ligne de l'Ebre.

Napoléon ne perdit point de temps pour réparer ce désastre. Il appela en Espagne les 1er et 6e corps de la Grande Armée restés en Allemagne, trois divisions de dragons, deux divisions de l'armée d'Italie.

Les maréchaux Victor et Ney conservèrent les commandements des 1er et 6e corps; d'autres troupes furent mises sous les ordres des maréchaux Bessières, Lannes, Moncey, Lefèvre.

CHAPITRE VII.

Le passage en France de ces différents corps fut une marche triomphale. Les municipalités de toutes les villes rivalisèrent de zèle pour leur réception. Partout on organisa des fêtes militaires; partout des banquets leur furent offerts. Les compliments, les harangues, les chansons militaires se succédaient pour célébrer les triomphes de la Grande Armée et pour en prédire de nouveaux. Hélas! cet espoir fut cruellement trompé.

Napoléon voulait avoir sous ses ordres cent à cent vingt mille hommes de bonnes troupes. Il espérait en quelques mois venger l'honneur de nos armes, ramener son frère à Madrid, lui soumettre l'Espagne entière. Il se hâterait ensuite de revenir à Paris, car les dispositions hostiles de l'Autriche lui causaient déjà quelque inquiétude.

Napoléon, selon son énergique expression, disait :
« *J'ai envoyé aux Espagnols des agneaux qu'ils ont dévorés ; je vais leur envoyer des loups qui les dévoreront à leur tour.* » Il était bien temps en effet de reprendre l'ascendant que des revers inattendus venaient de nous faire perdre. On avait vu les Français repoussés jusqu'à la ligne de l'Ebre par des Espagnols à peine organisés, et dont le triomphe semblait encore redoubler la haine. Le général Dupont avait capitulé à Baylen, le général Junot à Lisbonne. L'armée anglaise, après avoir ainsi délivré le Portugal, allait se joindre aux Espagnols ; encore un effort, et l'Espagne entière serait délivrée.

Voici donc le plan de campagne qu'ils adoptèrent:
L'armée française étant réunie sur l'Ebre autour de Vittoria, ils entreprirent de l'envelopper en la

tournant d'un côté par Pampelune, de l'autre par Bilbao. La gauche (45,000 hommes), commandée par Blake, marcha sur Bilbao; la droite (18,000 hommes), par Palafox, sur Pampelune; Castanos (30,000 hommes), au centre, occupait la droite de l'Ebre autour de Logrono. Il devait se joindre à l'armée de droite, quand le mouvement pour envelopper l'armée française serait en pleine exécution.

Napoléon, déjà établi à Vittoria, pénétra le projet des ennemis et s'en félicita. Il savait bien que ni la droite ni la gauche des ennemis ne pourraient vaincre la résistance des admirables troupes, des habiles généraux qu'il leur opposerait, et que lui-même, partant de Vittoria, écraserait l'une après l'autre la droite et la gauche des ennemis, qui chercheraient vainement à se réunir. Il blâma même ses généraux de s'être engagés précipitamment avant son arrivée.

Quoi qu'il en soit, ces avantages partiels ayant rétabli la confiance dans notre armée, Napoléon n'hésita plus à marcher sur Burgos, dont il s'empara, après avoir mis ses défenseurs dans une déroute complète. Pendant ce temps, la gauche de l'ennemi fut battue par le maréchal Victor à Espinosa, les 10 et 11 novembre, et presque entièrement détruite.

Bientôt après, la droite éprouva le même sort au combat de Tudéla (23 novembre). Les débris de cette armée, poursuivis par le maréchal Lannes, se retirèrent partie vers Saragosse, partie sur la route de Madrid, sous la conduite des généraux Castanos et Palafox.

Napoléon continua sa marche sur Madrid pour rétablir le roi Joseph dans sa capitale, et en même temps pour prévenir l'armée anglaise, qui, après avoir débarqué à Samtander, s'avançait dans la Vieille Castille.

Il prescrivait au maréchal Ney, à peine rendu à Aranda sur la route de Madrid, de se porter à gauche par Osma et Soria, pour se placer sur les derrières de Castanos et Palafox, qui, dans leur retraite après l'affaire de Tudéla, allaient être attaqués en tête par les maréchaux Lannes et Moncey, et pouvaient ainsi être détruits.

C'est sur ces entrefaites que je rejoignis le maréchal Ney. Je passai la frontière le 10 novembre, en voyageant avec mes chevaux, et le 19 j'atteignis Aranda, sur la route de Madrid. Après quelques incertitudes sur la marche du maréchal Ney, j'appris enfin qu'il avait pris la route de Soria, ainsi que je viens de le dire, et je le joignis le 22 dans cette ville, en passant par Osma et Berlinga.

J'étais depuis peu de jours en Espagne, et déjà je remarquai la différence de cette guerre avec celles que nous avions faites précédemment. Nous n'avions à combattre en Allemagne que les armées ennemies. La victoire nous rendait maîtres du pays. Les habitants se soumettaient tristement, mais avec calme. Si les désordres que nous ne commettions que trop souvent les irritaient contre nous, il était facile de les ramener avec de bons procédés. Ici, la haine était profonde, ardente, irréconciliable. On peut dire que toute la nation était armée contre nous, et nous ne possédions en Espagne que le terrain occupé par nos troupes. Les maraudeurs de notre armée, fort nombreux à cette époque, commettaient mille excès. Les cruautés commises contre nous semblaient aux Espagnols une vengeance légitime. Elles étaient même autorisées par la religion. J'ai trouvé dans un catéchisme l'article suivant :

Est-il permis de tuer les Français? Non, excepté ceux qui sont sous les drapeaux de Napoléon.

Aussi existait-il entre eux et nous une émulation de cruauté dont les détails feraient frémir. Même en notre présence, les Espagnols ne dissimulaient pas leurs sentiments. Un paysan, devant qui nous parlions du roi d'Espagne, ne craignit pas de nous dire: *Quel roi? le vôtre ou le nôtre?* Les officiers de notre armée, les soldats eux-mêmes paraissaient attristés et inquiets. Accoutumés à vaincre l'ennemi sur le champ de bataille, ils comprenaient que la bravoure et l'art militaire sont impuissants à réduire une population tout entière, qui combat pour sa religion et son indépendance.

Je reçus à l'état-major du maréchal Ney le bienveillant accueil auquel j'étais accoutumé.

J'ai dit que le maréchal avait été envoyé sur cette route pour poursuivre Castanos et lui couper la retraite, mais les renseignements étaient difficiles à obtenir dans un pays dont les habitants fuyaient à notre approche, ou bien ne nous donnaient que de fausses nouvelles. Le maréchal Ney ignorait les résultats du combat de Tudéla; on chercha même à lui faire croire que le maréchal Lannes avait été battu. Il ignorait également la marche de Castanos, que l'on disait être à la tête de 60 ou 80,000 hommes; comme il n'en avait lui-même que 14 ou 15,000, il craignit

CHAPITRE VII.

de les exposer, et il passa trois jours à Soria pour attendre des renseignements qui n'arrivaient pas. Or le combat de Tudéla ayant eu lieu le 22, s'il eût marché sur Agreda le 23, il se trouvait sur les derrières de Castanos et complétait sa défaite. L'Empereur lui en fit des reproches avec les égards dus à son mérite, et en tenant compte des motifs qui pouvaient expliquer cette irrésolution.

Le maréchal Ney continua donc sa route et arriva le 28 novembre à Alagon, devant Saragosse, en passant par Agreda et Tarrazona. Le maréchal Moncey était à Alagon, occupé des préparatifs du siége de Saragosse. L'Empereur blâma encore ce mouvement, disant que le maréchal Ney ne devait point mêler ses troupes avec celles du maréchal Moncey, qui restait chargé du siége ; que, pour lui, il ne devait s'occuper qu'à poursuivre Castanos.

Le soir même de notre arrivée à Alagon (28 novembre), le maréchal demanda l'aide de camp de service pour l'envoyer au quartier général de l'Empereur ; j'étais de service et je fus donc désigné. La mission était dangereuse : l'Empereur marchait sur Madrid par la grande route d'Aranda ; il devait se trouver près de cette capitale. On ne pouvait prendre la route directe par Catalayud. Il fallait donc gagner Aranda par le chemin que nous venions de parcourir et reprendre ensuite la grande route de Madrid ; mais partout les populations étaient exaspérées et l'on devait craindre qu'elles ne voulussent exercer leur vengeance sur un officier isolé, comme il n'y en avait déjà que trop d'exemples. Aussi mes camarades me regardaient-ils comme perdu. On en fit même l'observation au maréchal Ney; car enfin je n'étais pas son aide de camp. J'en faisais seulement le service pour cette campagne, et c'était mal récompenser mon zèle que de m'envoyer à une mort presque certaine. Le maréchal, après un instant de réflexion, répondit que : puisqu'il avait parlé d'un de ses aides de camp, il ne pouvait pas désigner d'autre officier; que l'aide de camp de service devait marcher, et que je ne souffrirais pas d'ailleurs qu'on en mît un autre à ma place. *La mission*, ajouta-t-il, *est dangereuse sans doute, mais moins qu'on ne le suppose; les populations, encore agitées et effrayées par notre passage, n'ont pas eu le temps de se concerter pour agir; je pense donc qu'avec du sang-froid et de la résolution, personne n'osera l'arrêter.* Cette confiance encouragea la mienne; et l'on va voir que l'entreprise, un peu téméraire, eut un plein succès.

Je partis le soir même, sous la conduite d'un guide espagnol. Il me conduisit à Mallen par des chemins de traverse. Je ne reconnus pas la route par laquelle nous avions passé la veille; j'en fis l'observation, non sans quelque inquiétude. Mon guide me répondit qu'il avait quitté la grande route, parce qu'elle nous conduirait dans un village où je pourrais être arrêté. Nous arrivâmes en effet sans encombre à Mallen, et la rare fidélité de ce premier guide me parut d'un bon augure pour le succès de mon périlleux voyage. Je trouvai ensuite, de distance en distance, des postes de cavalerie française qui me fournissaient un cheval et un cavalier d'escorte. Partout les populations étaient inquiètes, agitées, incertaines. Je trouvai sur la route beaucoup de traînards et de maraudeurs de notre corps d'armée ; je les grondai de rester en arrière, quoique au fond du cœur je fusse charmé de les trouver sur mon chemin. A Tarrazona, pendant qu'on sellait mon cheval, un hussard fit partir un pistolet par mégarde, un rassemblement considérable et assez menaçant se forma aussitôt devant la porte. Le brigadier voulait faire monter à cheval et disperser le rassemblement ; c'était le meilleur moyen de se faire massacrer. Je l'en empêchai et je sortis avec le hussard qui m'accompagnait. Les groupes s'écartèrent pour me laisser passer, et je traversai la ville au petit pas, donnant et recevant des saluts. Je trouvai sur toute ma route les habitants dans une attitude hostile ; leurs visages portaient l'empreinte de la haine et de la frayeur. A mon approche, des groupes se formaient et se dissipaient aussitôt. Si je n'ai pas été massacré, assurément ce n'est que par la crainte des représailles. J'arrivai ainsi à Aranda le 30 novembre, après avoir marché jour et nuit. Je suivis alors la grande route de Madrid. Les dangers étaient passés, car je me trouvais au milieu des corps d'armée qui marchaient à la suite de l'Empereur ; mais les chevaux de poste avaient été enlevés, et il n'existait aucun moyen de correspondance. Je voyageais presque toujours à pied, singulière manière de porter des dépêches. Tout était ravagé sur la route, où l'on ne trouvait pas plus de vivres que de chevaux. Après avoir traversé le champ de bataille de Somosierra, je trouvai enfin l'Empereur, le soir du 3 décembre, au château de Chamartin, devant Madrid. La ville se rendit le lendemain.

Aussitôt après mon départ, le maréchal Ney recevait l'ordre de se rendre lui-même à Madrid par Catalayud, Siguenza et Guadalaxara; je ne pouvais aller isolément à sa rencontre par cette route. Le prince de Neuchâtel me garda à Madrid jusqu'au 10; le maréchal Ney était alors à Guadalaxara. La proximité de cette ville me permit d'aller l'y joindre sans danger. Ce ne fut donc qu'au bout de douze jours que je pus lui rendre compte de ma singulière mission. Ses aides de camp m'embrassèrent tous comme un homme échappé du naufrage. Le corps d'armée du maréchal Ney vint tenir garnison à Madrid le 14. L'Empereur le passa en revue un des jours suivants. Ce corps d'armée fut ensuite destiné, ainsi que celui du maréchal Soult, à poursuivre l'armée anglaise commandée par le général Moore, qui se retirait à travers le royaume de Léon et la Galice pour s'embarquer à la Corogne. Le maréchal Ney devait former la réserve du maréchal Soult.

Nous partîmes le 20 décembre pour Astorga, où nous arrivâmes le 2 janvier, en passant par Guadarrama, Tordesillas, Rioseco. La rigueur du temps rendit pénible et même dangereux le passage de la montagne du Guadarrama.

L'Empereur suivit la même route jusqu'à Astorga, et retourna ensuite à Valladolid. Le maréchal Soult, qui nous précédait, suivait les Anglais dans leur retraite, qu'ils conduisirent avec habileté. On lui avait donné la brigade de cavalerie légère du maréchal Ney, commandée par le général Colbert, qui fut tué, le 3 janvier, à Carcabelo, dans une affaire d'avant-garde, qu'il dirigeait comme toujours avec sa téméraire valeur. Cette nouvelle nous causa une profonde douleur. Tous les aides de camp du maréchal Ney étaient dévoués au général Colbert, qui leur témoignait la plus grande bonté. On a dit qu'il avait exprimé le regret d'être enlevé si tôt à la carrière qui s'ouvrait devant lui. Ce n'est point exact : il a été tué sans pouvoir proférer une parole.

Le maréchal Soult continua à poursuivre les Anglais sans réclamer l'assistance du maréchal Ney, qui resta toujours en réserve, soit à Astorga, soit à Lugo. Après avoir perdu la bataille de la Corogne, les Anglais s'y embarquèrent le 17 et le 18 ; ils perdirent dans cette retraite six mille hommes, trois mille chevaux, un matériel considérable.

Le départ de l'armée anglaise nous rendait maîtres de tout le pays. Le maréchal Ney fut chargé d'occuper la Galice, et le maréchal Soult de s'approcher des frontières du Portugal.

Je passai huit jours à Lugo, et, au moment de partir pour la Corogne, le maréchal voulut bien m'engager à retourner à Paris pour prendre part à la campagne qui se préparait contre l'Autriche. Il me proposa seulement de retarder de quelques jours, si j'étais curieux de voir la Corogne. Je n'acceptai point, et je fis très-bien. Il n'y avait pas une minute à perdre pour la campagne d'Autriche. D'ailleurs, huit jours après mon passage, les communications étaient interceptées et tous nos postes égorgés. Saint-Simon, aide de camp du maréchal, qui retournait aussi en France, m'accompagna ; et je fus heureux de trouver un tel compagnon de voyage pour une route pénible, longue et dangereuse. Notre voyage eut lieu plus tranquillement qu'on n'eût osé l'espérer. Nous trouvâmes partout des postes de correspondance, dont les commandants nous fournissaient des chevaux. Nous arrivâmes le 1ᵉʳ février à Valladolid, et des relais de poste nous conduisirent à Bayonne et de là à Paris.

II.

CAMPAGNE D'ALLEMAGNE EN 1809.

J'arrivais d'Espagne, quand je dus repartir de Paris pour cette nouvelle campagne. Le prince de Neuchâtel voulut bien m'adjoindre à ses aides de camp (j'étais capitaine aide de camp du duc de Feltre, mon beau-père). Je n'écris pas mon journal qui n'offrirait point d'intérêt, n'ayant eu aucune mission ; je n'ai fait que suivre le grand quartier général. Je n'écris donc que quelques mots pour compléter mon histoire militaire.

Cette campagne avait succédé si vite à la campagne d'Espagne que l'Empereur n'avait dans les premiers temps personne auprès de lui, et que nous arrivâmes successivement, sans chevaux, sans équipages. C'était chose curieuse que de voir les officiers du grand quartier général montés sur des chevaux de paysans ; d'autres officiers de la maison civile de l'Empereur remplaçant avec zèle et intelligence ceux qui n'avaient pu encore arriver.

Je rejoignis l'Empereur sur le premier champ de bataille, à Abensberg (20 avril) ; deux jours après, à Eckmulh, le général Cervoni fut tué à mes côtés, et je fus témoin des regrets que l'Empereur donna à cet ancien compagnon d'armes.

Après la prise de Ratisbonne, je suivis le quartier général à Vienne, et à l'affaire d'Aspern (21 mai), étant envoyé près du général Nansouty, je reçus au genou gauche une forte contusion qui me força de me rendre à Vienne, et me priva d'assister à la bataille d'Essling, le lendemain 22. Le temps qui s'écoula jusqu'à la reprise des hostilités me permit de me rétablir, et j'étais présent à Wagram et à la suite des hostilités jusqu'à l'armistice de Znaym. L'Empereur, pour récompenser ma bonne volonté, et plutôt ce que j'aurais voulu faire que ce que j'avais fait, me nomma chef d'escadron et baron de l'Empire, avec une dotation de 4,000 francs en Hanovre.

III.

MISSION A L'ARMÉE DE CATALOGNE EN 1811.

Je fus envoyé, au mois d'août 1811, en mission auprès du maréchal duc de Tarente, qui commandait l'armée de Catalogne, et qui, après un siége très-brillant, venait de reprendre le fort de Figuières, qui avait été surpris par l'ennemi. Mes instructions me prescrivaient d'aller à Girone, à Barcelonne et au mont Serrat. Le maréchal me dit que pour aller à Girone, il me faudrait l'escorte d'un bataillon, pour Barcelonne celle d'une division, et qu'enfin je ne pourrais aller au mont Serrat que lorsque toute l'armée ferait un mouvement pour s'en rapprocher. Cependant l'ordre m'avait été donné, sans tenir aucun compte de ces difficultés, tant à cette époque on ignorait ou l'on feignait d'ignorer la véritable situation de l'Espagne. Je restai donc un mois au quartier général, en me contentant de visiter Figuières et les environs.

A mon retour à Paris j'écrivis le rapport ci-joint.

Rapport sur la Catalogne et la situation de l'armée.

La guerre de Catalogne plus encore que celle du reste de l'Espagne présente des difficultés qui paraissent presque insurmontables. Ces difficultés viennent des dispositions du pays et des moyens qu'on a employés et que l'on emploie encore pour le soumettre.

L'esprit du pays nous est premièrement tout à fait opposé. Les Catalans sont fiers, ennemis de tout assujettissement, ils ont toujours été en guerre ou en révolte. Ils détestaient les Français depuis la guerre de la Succession, ils se croient même au-dessus des autres Espagnols dont leur langage contribue encore à les séparer; ils ont peut-être encore plus de ténacité dans leurs opinions, surtout plus de respect pour les ecclésiastiques et de zèle pour la religion.

Telles étaient leurs dispositions au commencement de la guerre; et c'est avec des vexations, des brigandages de toute espèce, de mauvais traitements, même des cruautés, et du mépris pour tous les objets de leur culte, qu'on a cherché à les soumettre. Doit-on s'étonner de leur haine et de leur aversion pour les Français? Aussi l'une et l'autre sont-elles portées au comble, et je ne crois pas trop m'avancer en disant que nous n'avons pas un ami dans toute la Catalogne; il est même impossible d'essayer de les ramener, et il ne reste plus pour les soumettre qu'à employer la force. Ce dernier parti ne présente pas de moins grandes difficultés. Un pays de près de 200 lieues carrées, ayant une grande étendue de côtes, couvert de montagnes, arrosé de mille courants d'eau, et n'ayant que peu de chemins, un tel pays offre de grands moyens de défense aux insurgés soutenus par les Anglais.

La difficulté des subsistances est pour nous un obstacle de plus, et l'on ne doit pas s'attendre à trouver de grandes ressources dans les récoltes du pays.

La Catalogne, bien cultivée autrefois, produisait du froment, du seigle, du maïs, de l'huile, du vin, etc.; cependant jamais le blé ne suffisait à la consommation de la province. Comment la récolte de cette année pourrait-elle fournir aux besoins de l'armée, surtout si l'on pense qu'elle souffrira de la diminution de la population et que les insurgés en auront une partie?

On peut dire que la Catalogne est constamment en pleine insurrection. Nous n'y sommes maîtres que des lieux que nous occupons, et l'on ne peut aller nulle part sans des escortes souvent nombreuses. Ce n'est pourtant pas qu'ils aient fait le moindre progrès en tactique ou en discipline, ils ne déploient pas même sur le champ de bataille un courage très-brillant; nous les battons en toute rencontre, même avec des forces inférieures : mais il existe dans chaque individu une volonté de résistance que les revers exaltent au lieu de diminuer, que les succès encouragent et dont on ne peut prévoir le terme.

La surprise du fort de Figuières avait fort relevé

leurs espérances. On sait que par l'incroyable négligence du gouverneur, la trahison de quelques Espagnols qui étaient dans le fort et la lâcheté des Napolitains qui le défendaient, le fort fut surpris par une porte basse et que les insurgés s'en emparèrent sans résistance. Le maréchal duc de Tarente se trouvait à Barcelonne. Dans le premier moment tout parut perdu et les Catalans crurent voir les Français chassés d'Espagne. Cependant ces événements n'eurent aucune suite fâcheuse, le duc de Tarente revint aussitôt investir le fort, toutes les tentatives des insurgés pour le débloquer ou pour en sortir furent vaines. Le général Baraguay-d'Hilliers les battit complétement, et le fort se rendit enfin après un blocus dans lequel les troupes françaises déployèrent une intelligence et une bravoure au-dessus de tout éloge.

Après la capitulation, il fallut donner quelque repos aux troupes qui étaient excessivement fatiguées des travaux du blocus. On prit des cantonnements autour de Figuières, où s'établit le quartier général. L'intention de l'Empereur était que l'armée se portât à Barcelonne ou au mont Serrat ; mais l'énorme quantité de malades rendit toute espèce de mouvements impossible. On n'aurait pu réunir plus de 4,000 hommes, et cette petite armée, sans cesse harcelée en route par les insurgés, se serait entièrement fondue. On ne peut donner trop d'éloges au bon esprit de l'armée, et il serait injuste de citer quelques régiments ou quelques officiers ; tous ont rivalisé d'activité, de courage et d'intelligence. L'armée attend avec confiance de la bonté de l'Empereur les récompenses qu'elle a si bien méritées. Les insurgés sont en force sur la côte; leur quartier général est à Mataro, le général Lasey les commande; ils ont aussi quelques troupes sur la rive droite de la Fluvia à Castel-Follit et Olot. Ils s'occupent de lever des hommes et de les organiser; ils lèvent aussi des contributions; il paraît qu'ils travaillent toujours à fortifier Urgel et Cardonne. Avant d'entreprendre le siége de ces deux places nous serons obligés de construire pour l'artillerie un chemin de Manresa à Cardonne et un autre de Belver à Urgel.

Les Anglais paraissent sans cesse sur les côtes pour protéger les insurgés et gêner le cabotage; l'occupation des îles de Las Medas n'atteint que trop ce dernier but. Nous avions un poste dans la tour de l'île du milieu, il était facile de prévoir que l'ennemi voudrait nous en chasser, et le maréchal ordonna une reconnaissance sur ce point. Les officiers d'artillerie qui y furent envoyés rapportèrent qu'il était impossible d'élever des batteries sur la grande île la plus voisine de la côte et qui est fort escarpée. On dut croire, d'après ce rapport, le poste de la seconde île en sûreté. Cependant l'ennemi construisit en une nuit une batterie sur la grande île, malgré cette impossibilité prétendue, la tour que nous occupions dans l'île voisine fut détruite en un instant et le poste obligé de se rendre. Depuis ce temps l'ennemi se fortifie dans la grande île, où il a fait sauter les murs et élever des batteries. Ce malheureux événement rend le cabotage très-difficile sur ce point.

La communication est interrompue. Le chemin qui y conduit le long de la mer est entièrement détruit. Quant à la route d'Ostalrich, les insurgés l'ont fait sauter en différents endroits, et l'on ne peut passer sur cette route qu'avec toute l'armée. On a cependant de temps en temps par des espions des nouvelles de Barcelonne. Le général Maurice Mathieu y maintenait le plus grand ordre et la plus parfaite surveillance. Comme les insurgés venaient souvent couper l'aqueduc qui conduit dans la place les eaux du Béjos, on construisit une redoute près de Moncada pour s'opposer à leurs entreprises. Le baron Dérolès, commandant les insurgés sur ce point, résolut d'enlever cette redoute au mois de septembre. Le général Mathieu en ayant eu avis sortit avec 1,500 hommes de la garnison, marcha à l'ennemi qui était fort de 3,000 hommes de ligne et un grand nombre de paysans; malgré cette disproportion, l'ennemi fut repoussé et poursuivi jusqu'à Ripallen.

On estime que Barcelonne est approvisionnée jusqu'à la fin de l'année, excepté en viande dont on ne donne depuis longtemps à la garnison que les dimanches. Il est donc essentiel de renouveler bientôt l'approvisionnement; pour parvenir à ce but, le cabotage présente de grandes difficultés, surtout depuis les entraves qu'y apportent les Anglais. La voie par terre est impraticable à cause des chemins; il n'y a donc d'autre moyen qu'une expédition maritime.

Les habitants de Barcelonne nous sont aussi opposés que ceux du reste de la Catalogne. Pendant le séjour qu'y fit le duc de Tarente, les habitants élevaient des feux la nuit sur les terrasses des maisons pour servir de signaux aux insurgés, et malgré les menaces les plus sévères et les recherches de la police, il fut également impossible d'empêcher cette connivence et d'en découvrir les auteurs. On n'avait que très-difficilement des nouvelles de la division Frère ; elle s'étendait depuis le mont Serrat jusqu'à Lérida.

Un pareil état de choses laisse, comme on l'a dit, bien peu d'espérance de voir l'ordre se rétablir. Il faudrait, pour vaincre tant d'obstacles, employer une armée nombreuse parfaitement disciplinée, commandée par des généraux expérimentés et occupés du bien public. Il faudrait surtout que le chef de cette armée fût d'une probité irréprochable, qu'il eût avec les Espagnols de l'indulgence sans faiblesse, de la fermeté sans dureté ; que cette armée fût payée exactement de l'argent de France et qu'on ne fût pas obligé d'attendre pour toucher la solde la rentrée des contributions si lente et si incertaine ; enfin que l'on tâchât de persuader aux Espagnols que l'on s'intéresse à eux, qu'on les estime et qu'on les honore, que l'on s'occupe de leur bonheur ; peut-être à force de bons procédés pourrait-on ramener ceux que la rigueur n'a fait qu'éloigner davantage, et peut-être avec le temps pourrait-on guérir des plaies si profondes et si envenimées.

LIVRE II.

CAMPAGNE DE RUSSIE EN 1812.

> Iliaci cineres, et flamma extrema meorum,
> Testor, in occasu vestro, nec tela, nec ullas
> Vitavisse vices Danaum ; et si fata fuissent
> Ut caderem, meruisse manu.
>
> O cendres d'Ilion, et vous, mânes de mes compagnons, je vous prends à témoin que, dans votre désastre, je n'ai reculé ni devant les traits des ennemis, ni devant aucun genre de danger, et que, si ma destinée l'eût voulu, j'étais digne de mourir avec vous.
>
> *Énéide*, liv. II.

PREMIÈRE PARTIE.

CHAPITRE PREMIER.

COMPOSITION DE L'ARMÉE FRANÇAISE ET DE L'ARMÉE RUSSE. — DÉCLARATION DE GUERRE. — PASSAGE DU NIÉMEN. — LE QUARTIER GÉNÉRAL A WILNA. — SÉPARATION DES DEUX CORPS RUSSES. — CONQUÊTE DE TOUTE LA LITHUANIE. — LE QUARTIER GÉNÉRAL A GLUBOKOË. — MOUVEMENTS DES RUSSES. — COMBATS DEVANT WITEPSK. — PRISE DE CETTE VILLE. — CANTONNEMENTS (1).

Depuis le traité de paix conclu à Tilsitt et renouvelé à Erfurth, plusieurs causes de mécontentement

---

(1) Indépendamment de l'atlas de l'*Histoire du Consulat et*

s'étaient élevées entre la France et la Russie. L'Empereur Napoléon s'était emparé des villes anséatiques, et principalement du duché d'Oldenbourg, qui appartenait au beau-frère de l'empereur Alexandre ; ses troupes occupaient la Prusse, l'Allemagne tout entière, et il insistait sur l'adhésion complète de la Russie au système continental. L'empereur Alexandre refusait de persévérer dans un système qui eût entraîné la ruine totale du commerce de son empire, et il exigeait de son côté l'évacuation de la Prusse et des villes anséatiques. La guerre paraissait inévitable ; et, dès l'hiver de 1812, les deux armées s'avançaient, l'une pour défendre le territoire russe, l'autre pour l'envahir. Jamais de notre côté l'on n'avait vu réunies de masses aussi imposantes. Onze corps d'infanterie, quatre corps de grosse cavalerie et la garde impériale formaient un total de plus de 500,000 hommes, protégés par 1,200 bouches à feu (1). On avait recruté la France, l'Italie, l'Allemagne et la Pologne pour former cette prodigieuse armée ; l'Autriche et la Prusse n'avaient pas osé refuser leurs contingents ; on y voyait aussi les troupes de l'Illyrie et de la Dal-

---

de l'Empire, on peut, pour cette campagne et pour celle de 1813, consulter l'atlas du général Guillaume de Vaudoncourt.

(1) La note A en donne le détail. Le total de l'armée, au moment du passage du Niémen, était de 414,000 hommes ; mais en ajoutant le 9ᵉ corps et la division Loison, qui n'entrèrent en ligne que plus tard, les nombreux détachements qui vinrent successivement rejoindre les différents corps, les administrateurs, les employés, les non-combattants, on arrive facilement au chiffre de 500,000 hommes qui ont fait tout ou partie de cette campagne.

matie, et même quelques bataillons portugais et espagnols, étonnés de se trouver, à l'autre bout de l'Europe, engagés dans une semblable cause. La Suède gardait la neutralité ; et la paix conclue avec la Turquie venait de permettre aux Russes de réunir toutes leurs forces contre une aussi formidable invasion.

Pendant que les différents corps de la Grande Armée traversaient rapidement l'Allemagne, l'empereur Napoléon s'était établi à Dresde et y avait convoqué tous les souverains de la Confédération du Rhin, même l'empereur d'Autriche et le roi de Prusse. Il passa plusieurs jours à présider cette assemblée de rois, qu'il paraissait se plaire à humilier par l'éclat de sa puissance.

J'étais alors chef d'escadron et aide de camp de M. le duc de Feltre, mon beau-père, ministre de la guerre ; je lui témoignai le désir de faire cette campagne, et, sur sa demande, le prince de Neufchâtel, major général de la Grande Armée, voulut bien me prendre auprès de lui comme aide de camp. Au commencement du mois de mai, je me rendis à Posen, où se réunissait le quartier général. Je passai par Wesel, Magdebourg et Berlin, que je trouvai transformé en une place de guerre. Afin de ne pas gêner la marche des troupes et de conserver en même temps a dignité du roi de Prusse, on avait décidé que ce prince se retirerait à Postdam avec sa garde, et que Berlin serait commandé par un général français. Cette capitale, ainsi que tout le reste de la Prusse, était accablée de logements militaires et de réquisitions de toute espèce. On sait à quelles vexations étaient exposés les habitants des pays que traversaient nos armées, mais jamais elles ne furent poussées si loin qu'à cette époque. C'était peu que l'obligation pour les habitants de nourrir leurs hôtes suivant l'usage constamment établi pendant notre séjour en Allemagne ; on leur enlevait encore leurs bestiaux ; on mettait en réquisition les chevaux et les voitures que l'on gardait au moins jusqu'à ce que l'on en trouvât d'autres pour les remplacer. J'ai rencontré souvent des paysans à cinquante lieues de leurs villages, conduisant les bagages d'un régiment, et ces pauvres gens finissaient par se trouver heureux de pouvoir se sauver en abandonnant leurs chevaux.

Je trouvai à Posen tous les officiers du quartier général, qui n'avaient pas accompagné l'Empereur à Dresde, ainsi que plusieurs régiments de la garde impériale, des troupes appartenant aux différents corps d'armée, des trains d'artillerie, des équipages de toute espèce. Jamais on ne vit d'aussi immenses préparatifs ; l'Empereur avait réuni toutes les forces de l'Europe pour cette expédition ; et chacun, à son exemple, emmenait avec lui tout ce dont il pouvait disposer. Chaque officier avait au moins une voiture, et les généraux plusieurs ; le nombre de domestiques et de chevaux était prodigieux.

Bientôt le quartier général se porta à Thorn, et de là à Gumbinen, en passant par Osterode, Heilsberg et Guttstadt, lieux célèbres dans la guerre de 1807. L'Empereur nous rejoignit à Thorn et alla visiter Dantzick et Kœnigsberg avant d'arriver à Gumbinen. Ce fut dans cette ville que les dernières espérances de paix furent détruites. M. de Narbonne revint de Wilna, en rapportant le refus de l'empereur Alexandre aux propositions qu'il avait été lui faire. A son audience de congé, ce monarque lui dit qu'il se décidait à la guerre ; qu'il la soutiendrait avec constance, et que quand même nous serions maîtres de Moscou, il ne croirait point sa cause perdue. *En effet, Sire,* répondit M. de Narbonne, *vous n'en serez pas moins alors le plus puissant monarque de l'Asie.* La déclaration de guerre suivit de près cette dernière démarche ; les deux Empereurs l'annoncèrent chacun par une proclamation dont le style se ressemblait bien peu. Napoléon s'écriait d'un ton prophétique : *La Russie est entraînée par la fatalité ; il faut que son destin s'accomplisse.* Alexandre disait à son armée : *Je suis avec vous ; Dieu est contre l'agresseur.*

De Gumbinen, l'armée entra en Pologne pour se rapprocher du Niémen. En passant la frontière, nous fûmes frappés de l'étonnant contraste que présentent ces deux pays, et du changement subit de mœurs des habitants. Tout annonce dans la Prusse l'aisance et la civilisation ; les maisons sont bien bâties ; les champs cultivés ; dès qu'on entre en Pologne, on ne rencontre que l'image de la servitude et de la misère, des paysans abrutis, des Juifs d'une horrible saleté, des campagnes à peine cultivées, et, pour maisons, de misérables cabanes aussi sales que leurs habitants.

L'armée russe réunie à cette époque sur les bords du Niémen était divisée en première et deuxième armée : la première commandée directement par le général Barklay de Tolly, généralissime, défendait les passages aux environs de Kowno ; la deuxième, commandée par le prince Bagration, défendait Grodno. Toutes deux formaient un total de 230,000 hommes ;

à l'extrême gauche, 68,000 hommes, commandés par le général Tormasow, couvraient la Volhynie ; à l'extrême droite, 34,000 hommes défendaient la Courlande : la Russie avait donc 330,000 hommes sous les armes, et la France environ 400,000.

Dans cet état de choses, le plan de l'empereur Napoléon fut promptement conçu. Il se décida à forcer le passage du Niémen auprès de Kowno, et à marcher rapidement en Lithuanie, afin de séparer le général Barklay du général Bagration. Après avoir dirigé le deuxième corps sur Tilsitt pour attaquer la Courlande, et placé les cinquième, septième et huitième corps à Novogrodeck, devant le prince de Bagration, il se porta lui-même sur le Niémen avec la garde impériale, les premier, deuxième, troisième et quatrième corps, et les deux premiers corps de cavalerie. Les bords du Niémen furent reconnus ; le point de passage fixé un peu au-dessus de Kowno. L'armée s'y réunit, le 23 juin, à l'entrée de la nuit ; trois ponts furent construits en un instant.

Le jour paraissait à peine, et déjà le premier corps était passé. Les deuxième et troisième, ainsi que la réserve de cavalerie, le suivirent. Les tentes de l'Empereur furent placées sur une hauteur qui domine la rive opposée. C'est là que nous nous étions réunis pour contempler ce magnifique spectacle. Le général Barklay, n'ayant qu'une division sur ce point, ne put s'opposer au passage. Kowno fut occupé sans résistance, et l'Empereur y porta son quartier général. De là les différents corps d'armée marchèrent sur Wilna. Le général Barklay se retirait à leur approche. Je fus plusieurs fois envoyé en mission auprès des généraux qui commandaient nos troupes, et j'eus lieu d'admirer la tenue des régiments, leur enthousiasme, l'ordre et la régularité de leurs mouvements. L'Empereur rejoignit l'avant-garde le 27 au soir, et le lendemain matin, après une légère résistance, nos troupes entrèrent dans Wilna, où elles furent reçues avec acclamations.

La campagne était commencée depuis cinq jours, et déjà le projet de l'Empereur avait réussi : les deux armées russes étaient séparées ; le général Barklay fit sa retraite sur le camp retranché de Drissa, sur la Dwina, découvrant ainsi la Lithuanie pour couvrir la route de Pétersbourg. Le général Bagration abandonna les bords du Niémen pour s'efforcer de le rejoindre ; mais nos troupes étaient déjà placées entre deux. Pendant le séjour de l'Empereur à Wilna, les corps de la Grande Armée, se répandant dans la Lithuanie, poursuivaient sur toutes les directions les deux armées russes ; le roi de Naples, avec la cavalerie et les deuxième et troisième corps, suivait le mouvement de retraite du général Barklay dans la direction de Drissa. Le premier corps, sur la route de Minsk, coupait la communication au prince Bagration, que les cinquième, septième et huitième serraient de près (1). Les quatrième et sixième corps restaient aux environs de Wilna, dont la garde impériale formait la garnison. Chaque jour était marqué par un succès ; chaque officier envoyé en mission

---

(1) Ces trois derniers corps, placés sous le commandement du prince Jérôme, roi de Westphalie, formaient ainsi l'extrême droite de l'armée.

rapportait une heureuse nouvelle. Cependant la saison nous favorisait peu ; à une chaleur étouffante succéda bientôt une pluie par torrents ; ce changement subit de température, joint à la difficulté de se procurer des fourrages, causa une grande mortalité parmi les chevaux de l'armée, le mauvais temps acheva de gâter des chemins qui ne consistent souvent qu'en de longues pièces de bois jetées sur des marais. Le manque de subsistances se faisait déjà sentir ; l'armée vivait des ressources du pays ; et ces ressources, peu considérables par elles-mêmes, l'étaient bien moins encore avant la moisson ; déjà les soldats se livraient à l'indiscipline et au pillage (1), mais tout semblait justifié par le succès.

Cependant l'Empereur songeait à profiter de l'importante conquête qu'il venait de faire si heureusement dès les premiers jours de la campagne. La situation géographique de Wilna fixa d'abord son attention. La rivière de la Vilia, qui la traverse, est navigable jusqu'au Niémen, ainsi que le Niémen jusqu'à la mer. Cette considération engagea l'Empereur à faire de Wilna son principal dépôt. On transporta les magasins préparés à Dantzick et à Kœnigsberg ; on éleva divers ouvrages de fortification pour mettre la ville à l'abri d'un coup de main. En même temps, Napoléon ne négligea rien pour tirer parti de l'importance politique de la capitale de la Lithuanie. A peine étions-nous maîtres de Wilna que la noblesse lithua-

---

(1) Je ne parle point des régiments, mais des traînards marchant isolément, et dont le nombre était déjà grand à cette époque.

nienne lui demandait le rétablissement du royaume de Pologne. Une diète assemblée à Varsovie par sa permission prononça ce rétablissement et envoya une députation à Wilna pour demander l'adhésion de la Lithuanie et solliciter la protection de l'Empereur. Dans une réponse assez ambiguë, Napoléon leur fit entendre qu'il se déciderait après l'événement, en déclarant cependant qu'il avait garanti à l'empereur d'Autriche l'intégrité de son territoire, et que, par conséquent, il fallait renoncer à la Gallicie. Cette réponse évasive, loin de décourager les Polonais, ne fit qu'enflammer leur zèle ; ils se livrèrent avec transport à l'espoir de recouvrer leur indépendance. La délibération du grand-duché de Varsovie, portant le rétablissement du royaume de Pologne, fut acceptée solennellement par la Lithuanie. Cette cérémonie eut lieu dans la cathédrale de Wilna, où toute la noblesse s'était réunie. On y voyait les hommes revêtus de l'ancien costume polonais, les femmes parées de rubans rouges et violets aux couleurs nationales. Après une messe solennelle, l'acte d'adhésion fut lu et accepté avec acclamations ; on chanta le *Te Deum*, et, tout de suite après la cérémonie, l'acte d'adhésion fut porté chez le duc de Bassano, pour le présenter à l'Empereur, qui le reçut avec bienveillance. Aussitôt l'on organisa un gouvernement civil de la Lithuanie, dont la première opération fut d'ordonner de grandes levées d'hommes. Au milieu de ces préparatifs, les assemblées, les bals, les concerts se succédaient sans interruption. Témoins de ces fêtes, nous avions peine à reconnaître la capitale d'un pays ravagé par deux armées ennemies et dont les habitants étaient réduits à la misère et au désespoir ; et si les Lithuaniens eux-mêmes paraissaient quelquefois s'en souvenir, c'était pour dire qu'aucun sacrifice ne devait coûter à des Polonais lorsqu'il s'agissait du rétablissement de leur patrie (1).

Le séjour de l'Empereur à Wilna nous donna l'occasion d'observer dans tous ses détails la composition de l'état-major général. L'Empereur avait auprès de lui le grand maréchal, le grand écuyer, ses aides de camp, ses officiers d'ordonnance, les aides de camp de ses aides de camp, et plusieurs secrétaires pour son travail du cabinet. Le major général avait huit ou dix aides de camp et le nombre de bureaux nécessaire pour tout le travail qu'exigeait une pareille armée ; l'état-major général, composé d'un grand nombre d'officiers de tous grades, était commandé par le général Monthion. L'administration dirigée par le comte Dumas, intendant général, se subdivisait en service administratif proprement dit : ordonnateurs, inspecteurs aux revues et commissaires des guerres ; service de santé : médecins, chirurgiens et pharmaciens; service de vivres dans ses différentes branches et ouvriers de toute espèce. Quand le prince de Neufchâtel en passa la revue à Wilna, on eût cru voir de loin des troupes rangées en bataille, et, par une malheureuse fatalité, malgré le zèle et les talents de l'intendant général, cette immense administration fut presque

---

(1) Le désordre était porté si loin que le sous-préfet de New-troki (près de Wilna), se rendant à son poste, fut pillé par nos soldats et arriva presque nu dans la ville qu'il venait administrer.

inutile dès le commencement de la campagne et devint nuisible à la fin. Qu'on se représente maintenant la réunion sur le même point de tout ce qui composait cet état-major; qu'on imagine le nombre prodigieux de domestiques, de chevaux de main, de bagages de toute espèce qu'il devait traîner à sa suite, et l'on aura quelque idée du spectacle qu'offrait le quartier général. Aussi, lorsque l'on faisait un mouvement, l'Empereur n'emmenait avec lui qu'un très-petit nombre d'officiers; tout le reste partait d'avance ou suivait en arrière. Si l'on bivouaquait, il n'y avait de tentes que pour l'Empereur et le prince de Neufchâtel; les généraux et autres officiers couchaient au bivouac comme le reste de l'armée.

Le service d'aide de camp que nous faisions auprès du major général n'avait rien de pénible. Tous les jours, deux d'entre nous étaient de service, l'un pour porter les ordres, l'autre pour recevoir les dépêches et les officiers en mission. Notre tour ne revenait donc que tous les quatre ou cinq jours, quand aucun de nous n'était en course, ce qui arrivait rarement, car on envoyait habituellement les officiers d'état-major. Le prince de Neufchâtel mettait dans ses rapports personnels avec nous ce mélange de bonté et de brusquerie qui composait son caractère. Souvent il ne paraissait faire à nous aucune attention; mais, dans l'occasion, nous étions sûrs de retrouver tout son intérêt, et pendant le cours de sa longue carrière militaire il n'a négligé l'avancement d'aucun des officiers qui ont été employés sous ses ordres. On prenait pour son logement la première maison de la ville après celle de l'Empereur; et comme il logeait toujours de sa personne auprès de lui, son logement appartenait à ses aides de camp. L'un d'eux, M. Pernet, était chargé de tous les détails de sa maison, dont la tenue pouvait servir de modèle; le prince de Neufchâtel trouvait lui-même, au milieu de ses occupations, le temps d'y songer; il voulait que ses aides de camp ne manquassent de rien, et il avait souvent la bonté de s'en informer. C'était, au milieu de la guerre, une bien grande douceur que de n'avoir à s'occuper d'aucun de ces détails et de se trouver, sans la moindre peine, mieux logés et mieux nourris que tout le reste de l'armée. La composition des officiers du quartier général contribuait encore à l'agrément de notre situation. Parmi les officiers attachés à l'Empereur ou aux généraux de sa maison se trouvaient MM. Fernand de Chabot, Eugène d'Astorg, de Castellane, de Mortemart, de Talmont. Les aides de camp du prince de Neufchâtel étaient MM. de Girardin, de Flahault, Alfred de Noailles, Anatole de Montesquiou, Lecouteulx, Adrien d'Astorg et moi. On pouvait quelquefois se croire encore à Paris au milieu de cette réunion.

Nous voyions peu le prince de Neufchâtel, n'étant chargés d'aucun travail auprès de lui; il passait presque toute la journée dans son cabinet à expédier des ordres d'après les instructions de l'Empereur. Jamais on ne vit une plus grande exactitude, une soumission plus entière, un dévouement plus absolu. C'était en écrivant la nuit qu'il se reposait des fatigues du jour; souvent, au milieu de son sommeil, il était appelé pour changer tout le travail de la veille, et quelquefois il ne recevait pour récompense que des réprimandes injustes, ou pour le moins bien sévères. Mais rien ne ralentissait son zèle; aucune fatigue de corps, aucun travail de cabinet n'était au-dessus de ses forces; aucune épreuve ne pouvait lasser sa patience. En un mot, si la situation du prince de Neufchâtel ne lui donna jamais l'occasion de développer les talents nécessaires pour commander en chef de grandes armées, il est impossible au moins de réunir à un plus haut degré les qualités physiques et morales convenables à l'emploi qu'il remplissait auprès d'un homme tel que l'Empereur.

Dans les premiers jours de juillet, Napoléon se décida à porter son quartier général en avant, pour suivre le mouvement de l'armée. Glubokoé, petite ville à trente lieues de Wilna, dans la direction de Witepsk, lui parut le point central le plus convenable. En effet, il pouvait de là marcher avec une égale facilité sur le camp de Drissa par la gauche, sur Minsk par la droite, et en avant de lui sur la ligne d'opérations par laquelle les deux armées russes pouvaient tenter encore leur réunion.

Les 4e et 6e corps et la garde impériale partirent successivement de Wilna pour suivre cette direction. L'Empereur, devant faire le trajet très-rapidement, envoya d'avance presque tous les officiers d'état-major.

Les aides de camp du prince de Neufchâtel partirent de Wilna le 12 juillet, et en cinq jours de marche (1) nous arrivâmes à Glubokoé. Le pays que nous traver-

---

(1) Par Lavarischki, Mikailtchi, Cheki et Daniélowitz.

sâmes était, en général, beau et bien cultivé ; les villages misérables comme tous ceux de Pologne et ravagés par nos troupes. Nous rencontrâmes plusieurs régiments de la jeune garde ; je remarquai entre autres le régiment des flanqueurs, composé de très-jeunes gens. Ce régiment était parti de Saint-Denis, et n'avait eu de repos qu'un jour à Mayence et un à Marienwerder sur la Vistule ; encore faisait-on faire l'exercice aux soldats les jours de marche, après leur arrivée, parce que l'Empereur ne les avait pas trouvés assez instruits. Aussi ce régiment fut-il le premier détruit ; déjà les soldats mouraient d'épuisement sur les routes.

Glubokoé, petite ville toute bâtie en bois, n'est habitée que par des Juifs ; les forêts et les lacs qui l'entourent lui donnent un aspect triste et sauvage, et les souvenirs de Wilna ne contribuèrent pas à nous en rendre le séjour agréable. L'Empereur y arriva dès le 18, et les plans de l'ennemi lui firent adopter de nouvelles dispositions.

Le prince Bagration, par la rapidité de sa marche, avait échappé à la poursuite des 5° et 8° corps, et était hors de leur portée. L'Empereur, très-mécontent, s'en prit au roi de Westphalie, et mit l'aile droite entière sous les ordres du prince d'Eckmühl. Le roi, très-mécontent lui-même, quitta l'armée. Mais nécessairement ces nouvelles dispositions firent perdre du temps ; le prince Bagration en profita ; dès le 17 il passa la Bérézina à Bobruisk, et marcha sur Mohilow pour rejoindre le général Barklay à Witepsk. Tout ce que put faire le prince d'Eckmühl fut d'arriver avant lui à Mohilow et d'entreprendre de lui fermer le chemin. D'un autre côté, le général Barklay, informé de ces événements, et voyant l'impossibilité où était le prince Bagration d'arriver au camp de Drissa, résolut de marcher à sa rencontre en avant de Witepsk. Ce camp retranché, qui avait coûté tant de soins à construire, fut évacué sans coup férir le 18, et l'armée russe se dirigea en toute hâte sur Witepsk. Le général Wittgenstein resta en avant de Polotzk, sur la rive droite de la Dwina, dans le but de défendre la route de Pétersbourg. Les 2° et 6° corps se portèrent à Polotzk pour s'opposer à lui. Les 3° et 4° corps, la cavalerie et la garde poursuivirent rapidement la grande armée russe dans la direction de Witepsk. Le quartier général, parti le 22 de Glubokoé, arriva le 24 à Beszenkowisk; tous les rapports donnaient lieu de croire que l'ennemi livrerait une grande bataille devant Witepsk. L'ardeur des régiments était extrême, et nous la partagions tous.

Le 25 au matin, le prince de Neufchâtel m'ordonna de parcourir toute la droite de l'armée jusqu'à Mohilow, où je devais trouver le prince d'Eckmühl; mes instructions portaient d'expédier des ordonnances pour informer sur-le-champ l'Empereur de tout ce que j'apprendrais de nouveau. Un officier polonais m'accompagnait pour questionner les habitants. L'Empereur mettait particulièrement du prix à connaître dans quelle situation était le prince d'Eckmühl vis-à-vis du prince Bagration, et si les 5° et 8° corps étaient enfin en mesure de le seconder. Je partis aux premiers coups de canon qui annonçaient l'attaque du roi de Naples.

Mohilow est à environ trente-cinq lieues de Babinovitschi ; on rejoint à Sienno la route de poste ; mais nous les chevaux ayant été enlevés, il fallut user d'industrie pour continuer notre route ; mon compagnon de voyage me fut fort utile, en me conduisant dans des châteaux polonais, dont les seigneurs nous fournissaient des chevaux. Le pays était tranquille, et l'on n'y savait aucune nouvelle. La nuit nous arrivâmes à Kochanow ; le général Grouchy y commandait un corps de cavalerie, dont l'avant-garde était établie à Orcha, sous les ordres du général Colbert. Il y avait devant lui un corps russe qui défendait la route de Smolensk. Le 26, à la pointe du jour, nous arrivâmes à Chklow, petite ville de Juifs très-commerçante, et dans la matinée à Mohilow, où était le 1er corps. J'eus lieu d'observer dans cette dernière ville l'ordre et la discipline qui distinguaient toujours les troupes du prince d'Eckmühl. J'appris de lui que le prince Bagration, remontant le Dniéper depuis Staroi-Bychow, l'avait attaqué inutilement les 22 et 23 ; que, désespérant alors de forcer le passage à Mohilow, le prince Bagration avait passé le Dniéper à Staroi-Bychow, et se retirait dans la direction de Smolensk. Quant aux 5e et 8e corps, ils étaient attendus à Mohilow, et aussitôt après leur arrivée le prince d'Eckmühl comptait remonter le Dniéper jusqu'à Orcha, pour se rapprocher des autres corps d'armée. Ainsi le prince Bagration avait échappé aux efforts que l'on faisait pour l'envelopper ; mais aussi sa réunion avec le général Barklay, sous les murs de Witepsk, était devenue impossible.

Le 26 était un dimanche. Le prince d'Eckmühl,

CHAPITRE Ier.

au sortir de la messe, reçut l'archimandrite et lui recommanda de reconnaître l'empereur Napoléon pour son souverain, et de substituer, dans les prières publiques, son nom à celui de l'empereur Alexandre. Il lui rappela à ce sujet les paroles de l'Évangile, qu'*il faut rendre à César ce qui est à César*, en ajoutant que César voulait dire celui qui est le plus fort. L'archimandrite promit de se conformer à cette instruction; mais il le fit d'un ton qui témoignait qu'il l'approuvait peu.

Je partis le même soir par la même route; le lendemain, en approchant de l'armée, j'appris que les trois jours de mon absence avaient été remplis par trois combats brillants, dans lesquels Ostrowno avait été emporté, et l'armée russe poussée de position en position jusque sous les murs de Witepsk. Je traversai les champs de bataille encore couverts des débris de ces trois combats, et j'arrivai le soir du 26 au quartier général, où je rendis compte de ma mission à l'Empereur et au prince de Neufchâtel.

L'armée était campée en bataille vis-à-vis de l'armée russe, dont le ruisseau de la Lutchissa la séparait, et les tentes de l'Empereur dressées sur une hauteur vers le centre. Notre soirée se passa à raconter ma mission et à entendre à mon tour le récit des combats qui venaient de se livrer. J'appris avec plaisir que plusieurs aides de camp du prince de Neufchâtel s'y étaient distingués, et que la belle conduite des troupes promettait les plus brillants succès dans des occasions plus importantes. On s'attendait le lendemain à une bataille générale; la surprise fut grande en voyant, à la pointe du jour, que l'ennemi s'était retiré. Le général Barklay avait en effet reçu l'avis que le prince Bagration, n'ayant pu forcer le pont de Mohilow, passait le Dniéper au-dessous de cette ville et se dirigeait sur Smolensk, seul point où il pût se réunir à lui; et Barklay, ne voulant pas livrer bataille avant cette réunion, s'était décidé à quitter Witepsk pour marcher sur Smolensk (1).

L'Empereur entra à Witepsk et dirigea ses troupes à la poursuite de l'ennemi. Au bout de deux jours, voyant le mouvement de retraite bien décidé sur Smolensk, il résolut de donner à son armée quelque temps de repos, d'autant mieux que les bonnes nouvelles qu'il recevait des corps détachés rendaient pour ce repos le moment très-favorable. A la gauche, le 10e corps avait conquis la Courlande et s'approchait de Riga. Le duc de Reggio, à la tête des 2e et 6e corps, venait de battre le général Wittgenstein en avant de Polotzk, tandis que sur la droite le 7e corps et les Autrichiens, entre le Bug et la Narew, se soutenaient avec avantage contre le général Tormasow. Les corps de la Grande Armée furent cantonnés entre le Dniéper et la Dwina; le 5e corps, à la droite, à Mohilow, et successivement les 8e, 1er, 3e et 4e, dont la gauche

---

(1) Les combats d'Ostrowno et de Witepsk furent livrés aux Russes par la cavalerie du roi de Naples et par le 4e corps. Dans l'un de ces combats, deux compagnies de voltigeurs du 9e régiment (4e corps), s'étant engagées fort avant dans la plaine, furent chargées par toute la cavalerie russe. Ces deux compagnies, serrées en masse, repoussèrent cette attaque, et vinrent rejoindre l'armée française qui, réunie sur les hauteurs envi-

CHAPITRE Ier.

était à Vély, au-dessus de Witepsk, la cavalerie en avant-garde, la garde impériale et le quartier général à Witepsk.

---

ronnantes, comme sur un amphithéâtre, contemplait cette belle action et encourageait les soldats par ses applaudissements.

CHAPITRE II.

SÉJOUR A WITEPSK. — SITUATION DE L'ARMÉE. — MARCHE SUR SMOLENSK. — COMBAT ET PRISE DE CETTE VILLE. — AFFAIRE DE VALONTINO. — PROJETS DE L'EMPEREUR. — MARCHE SUR MOSCOU. — BATAILLE DE LA MOSKOWA.

La ville de Witepsk, seul lieu considérable que nous ayons rencontré depuis Wilna, offrait un séjour convenable pour le quartier général. Napoléon en profita pour achever d'organiser le gouvernement provisoire de la Lithuanie, qu'il avait établi à Wilna. Comme il était de notre intérêt de ménager Witepsk et que nous y entrâmes sans combat, la ville ne fut point pillée. Witepsk, capitale de la Russie blanche, située sur la Dwina, à égale distance de Pétersbourg et de Moscou, est commerçante et bien peuplée. Sa province, réunie depuis longtemps à la Russie, en a pris les mœurs et les habitudes : aussi nous ne retrouvâmes point à Witepsk l'enthousiasme de Wilna. Les habitants nous reçurent plutôt comme des conquérants que comme des libérateurs. Mais l'intérêt de la politique de l'Empereur était de reculer autant que possible les frontières de la Pologne, et la province de Witepsk fut déclarée malgré elle partie intégrante de ce royaume. On lui nomma un gouverneur et un intendant, qui reçurent l'ordre de la traiter en alliée et non en sujette.

Un nouveau genre de désordre fixa en même temps l'attention de Napoléon. Les paysans des environs, entendant parler de liberté et d'indépendance, s'étaient crus autorisés à se soulever contre leurs seigneurs, et se livraient à la licence la plus effrénée. La noblesse de Witepsk en porta plainte à l'Empereur, qui ordonna des mesures sévères pour les faire rentrer dans le devoir. Il importait d'arrêter un mouvement qui pouvait dégénérer en guerre civile. Des colonnes mobiles furent envoyées; quelques exemples en imposèrent, et l'ordre fut bientôt rétabli.

Pour nous, qui n'avions à nous mêler ni d'administration ni de police, nous employions notre repos à parler de nos premiers succès et à nous en promettre de nouveaux. Jamais compagne n'avait commencé d'une manière plus brillante. La Lithuanie entière était conquise en un mois, presque sans combattre; l'armée, réunie sur les bords du Dniéper et de la Dwina, n'attendait que l'ordre de son chef pour pénétrer dans l'intérieur de la Russie. D'ailleurs les dispositions des ennemis depuis le passage du Niémen donnaient lieu de croire qu'ils n'avaient aucun plan arrêté. Placés d'abord pour défendre le Niémen et ayant Wilna pour place d'armes, on les avait vus abandonner rapidement les bords de ce fleuve, détruire les magasins de Wilna, laisser couper la communication entre les deux armées, et découvrir la Lithuanie tout entière. On avait vu le général Barklay se retirer sur la Dwina, dans le camp de Drissa, pour y attendre le prince de Bagration, qui, depuis le passage du Niémen par l'armée française, était dans l'impossibilité absolue de l'y joindre ; puis abandonner encore sans combattre ce camp retranché qui avait coûté tant de temps à construire, s'arrêter quelques jours devant Witepsk, et en partir tout à coup pour se réunir enfin au prince de Bagration sous les murs de Smolensk. La supériorité des manœuvres de l'Empereur était incontestable ; le talent de nos généraux, la bravoure de nos troupes, ne pouvaient faire l'objet d'un doute. S'il y avait une bataille, on pouvait espérer la victoire ; si l'ennemi l'évitait, on organisait la Lithuanie, on prenait Riga, et l'année prochaine la campagne s'ouvrait avec d'immenses avantages. L'Empereur partageait d'aussi brillantes espérances. Dans une conversation qu'il eut à Witepsk avec M. de Narbonne, il évaluait à 130,000 hommes les deux armées russes réunies devant Smolensk ; il comptait en avoir 170,000 avec la garde, la cavalerie, les 1ᵉʳ, 3ᵉ, 4ᵉ, 5ᵉ et 8ᵉ corps ; si l'on évitait la bataille, il ne dépasserait pas Smolensk ; s'il remportait une victoire complète, peut-être marcherait-il droit à Moscou. Dans tous les cas une bataille, même indécise, lui paraissait un grand acheminement vers la paix.

Cependant les gens d'un esprit sage et les officiers expérimentés n'étaient pas sans inquiétude. Ils voyaient l'armée diminuée d'un tiers depuis le passage du Niémen, et presque sans combattre, par l'impossibilité de pourvoir à sa subsistance d'une manière réglée, et la difficulté de tirer quelque chose, même en pillant, d'un pays pauvre par lui-même et déjà ravagé par l'armée russe. Ils remarquaient la mortalité effrayante des chevaux, la mise à pied d'une partie de la cavalerie, la conduite de l'artillerie rendue plus difficile, les convois d'ambulance et les fourgons de médicaments forcés de rester en arrière : aussi, en entrant dans les hôpitaux, trouvaient-ils les malades presque sans secours. Ils se demandaient non-seulement ce que deviendrait cette armée si elle était battue, mais même comment elle supporterait les pertes qu'allaient causer de nouvelles marches et des combats plus sérieux. Au milieu de ces motifs d'inquiétude, ils étaient frappés de l'ordre admirable dans lequel l'armée russe avait fait sa retraite, toujours couverte par ses nombreux Cosaques, et sans abandonner un seul canon, une seule voiture, un seul malade. Ils savaient d'ailleurs que l'empereur Alexandre appelait tous les Russes à la défense de la patrie, et que chaque pas que nous allions faire dans l'intérieur de l'empire diminuerait nos forces et augmenterait celles de nos ennemis.

L'Empereur passa quinze jours à Witepsk ; tous les matins, à six heures, il assistait à la parade de la garde devant son palais ; il exigeait que tout le monde s'y trouvât ; il fit même abattre quelques maisons pour agrandir le terrain. Là, en présence de l'état-major général et de la garde assemblée, il entrait dans les plus grands détails sur tous les objets de l'administration de l'armée ; les commissaires des guerres, les officiers de santé, étaient appelés et sommés de déclarer dans quel état étaient les subsistances, comment les malades étaient soignés dans les hôpitaux, combien de pansements on avait réunis pour les blessés. Souvent ils recevaient des réprimandes ou des reproches très-durs. Personne plus que

Napoléon n'a pris soin des subsistances et des hôpitaux de l'armée. Mais il ne suffit pas de donner des ordres, il faut que ces ordres soient exécutables ; et avec la rapidité des mouvements, la concentration des troupes sur un même point, le mauvais état des chemins, la difficulté de nourrir les chevaux, comment aurait-il été possible de faire des distributions régulières et d'organiser convenablement le service des hôpitaux ? Les soldats, qui ne tenaient aucun compte de ces impossibilités, n'accusaient que le zèle et quelquefois la probité des administrateurs ; ils disaient, en périssant de misère sur les grandes routes ou dans les ambulances : *C'est malheureux, l'Empereur s'occupe pourtant bien de nous.*

Ce fut à une de ces parades que fut reçu le général Friant, commandant des grenadiers à pied de la garde, à la place du général Dorsenne, mort en Espagne. Napoléon le reçut lui-même à la tête des grenadiers de la garde, l'épée à la main, et l'embrassa.

Cependant, dans les premiers jours d'août, les Russes livrèrent à nos avant-postes quelques combats, avec des succès divers. Toutes les mesures étant prises et l'ordre donné d'emporter pour quinze jours de vivres, l'Empereur se décida à marcher sur Smolensk par la rive gauche du Dniéper. Ce mouvement commença le 10, et tous les corps d'armée prirent la grande route d'Orcha à Smolensk ; un pont de bateaux fut jeté à Rasasna ; les 3ᵉ et 4ᵉ corps, la cavalerie, la garde impériale, le passèrent et se portèrent rapidement sur la route de Smolensk, tandis que les 1ᵉʳ et 8ᵉ corps, déjà placés à Dubrowna et Orcha, marchaient dans la même direction, et que le 5ᵉ corps, passant le Dniéper à Mohilow, appuyait le mouvement par la droite. Toutes ces manœuvres furent exécutées avec une rapidité et une précision à laquelle les Russes ont rendu justice. L'Empereur partit de Witepsk le 13, il passa le Dniéper à Rasasna; déjà, le 14, l'avant-garde ennemie, postée à Krasnoé, fut vivement repoussée par le roi de Naples et le maréchal Ney.

Le 15, le quartier général était à Koritnya, et l'avant-garde s'approchait de Smolensk. L'Empereur, trop occupé des opérations militaires, ne voulut recevoir aucun compliment pour le jour de sa fête; il passa la soirée à questionner les prisonniers avec grand détail, et leurs rapports, joints aux mouvements rapides des armées russes, donnèrent lieu de croire que Smolensk était évacuée.

Le 16, à la pointe du jour, quelques officiers du quartier général et beaucoup de domestiques qui allaient en avant pour faire les logements trouvèrent l'avant-garde aux prises avec les ennemis, et l'on apprit bientôt que la nouvelle de l'évacuation de la ville était fausse. En effet, le général Barklay, qui couvrait Smolensk sur l'autre rive du fleuve, voyant le mouvement général de notre armée par la rive gauche, s'y était reporté précipitamment; il avait ordonné au prince Bagration d'occuper en arrière Dorogobuje, sur la route de Moscou, pour couvrir ses communications avec cette capitale, et il se préparait à défendre lui-même Smolensk.

L'Empereur mit ses troupes en mouvement, et

CHAPITRE II.

l'arrière-garde ennemie se repliant successivement, nous arrivâmes le soir devant les murs de la ville.

Smolensk est célèbre dans les anciennes guerres de la Russie et de la Pologne, qui se la disputèrent longtemps; mais la Pologne l'ayant cédée depuis près d'un demi-siècle à la Russie, elle est devenue entièrement russe. Ses hautes murailles, garnies de tours, attestaient encore à nos yeux son ancienne importance. Les fortifications étaient loin d'être construites dans le nouveau système, et d'offrir, pour une défense régulière, les avantages que présentent nos places de guerre; mais le grand développement de ses murailles sur une étendue de près de quatre mille toises, leur hauteur de vingt-cinq pieds, leur épaisseur de dix, le large fossé et le chemin couvert qui en défendaient les approches, rendaient difficile une attaque de vive force; les remparts étaient garnis d'une nombreuse artillerie, les faubourgs en avant de l'enceinte retranchés, les maisons crénelées.

Sur l'autre rive du Dniéper s'élève un faubourg en amphithéâtre; l'armée russe était en position sur les hauteurs qui dominent ce faubourg, prête à soutenir au besoin les divisions qui allaient défendre Smolensk.

L'Empereur reconnut dans la soirée toute l'enceinte de la ville; il plaça son armée en demi-cercle, appuyant les deux côtés au Dniéper; le 3° corps à l'extrême gauche; puis, successivement, les 1er et 5° corps; enfin, la cavalerie du roi de Naples à l'extrême droite; la garde impériale en réserve derrière le centre avec le quartier général. Le 4° corps était resté en arrière ; le 8ᵉ ayant fait un faux mouvement, n'arriva pas.

La nuit se passa au bivouac, et, contre notre attente, la matinée du lendemain fut tranquille. J'ai su, depuis, que l'Empereur croyait être attaqué par les Russes sous les murs de la ville, et qu'il préférait les attendre. Cependant, à deux heures, voyant que rien ne paraissait, il ordonna l'attaque. Les troupes des 3ᵉ et 1ᵉʳ corps enlevèrent les faubourgs ; les Russes, chassés du chemin couvert, rentrèrent dans la place. Les batteries de brèche ouvrirent leur feu ; mais l'épaisseur des murs était telle que le canon n'y produisait que peu d'effet. J'eus lieu de m'en convaincre par moi-même, ayant reçu l'ordre de l'Empereur de visiter les batteries ; et, d'après l'avis unanime des officiers d'artillerie, il renonça au projet de livrer l'assaut le soir même, et fit cesser le feu, remettant au lendemain la prise de la ville.

En retournant aux tentes, on parla de l'affaire du jour ; les anciens officiers de l'armée d'Égypte disaient à demi-voix que l'épaisseur des murailles de Smolensk leur rappelait celles de Saint-Jean d'Acre.

Le 18, à la pointe du jour, quelques soldats, voyant les remparts dégarnis, pénétrèrent dans la ville, et rendirent compte qu'elle était abandonnée ; on en prit possesion sur-le-champ ; les Russes l'avaient incendiée la nuit en la quittant ; les ponts étaient brisés, et l'armée russe rangée sur la rive droite. Une fusillade très-vive s'établit entre les deux rives, et dura tout le jour, pendant que nous travaillions à la construction des ponts. Le soir et dans la nuit, le général Barklay continua sa retraite par la route de Moscou,

CHAPITRE II.

après avoir brûlé le faubourg de la rive droite. Le quartier général s'établit à Smolensk.

Le 19, le 3ᵉ corps, suivi du 1ᵉʳ, passa le Dniéper, et poursuivit l'ennemi; le maréchal Ney l'atteignit près de Valutina-Gora, à deux lieues de Smolensk, et le battit complétement après une vive résistance. Le 8ᵉ corps avait reçu l'ordre de passer le Dniéper, au-dessus de Smolensk, pour prendre l'ennemi à revers; ce corps d'armée resta encore en arrière, et son absence empêcha de compléter le succès de la journée : j'ignore quelle cause retarda sa marche ou fit changer sa direction. Quoi qu'il en soit, l'Empereur en garda rancune au duc d'Abrantès, et refusa de le recevoir la première fois qu'il se présenta devant lui.

Le 3ᵉ corps déploya dans cette journée une valeur si brillante, que les Russes crurent avoir affaire à la garde impériale; l'Empereur, qui n'avait pas été présent au combat, se porta le lendemain sur le champ de bataille; il passa en revue sur le terrain, et au milieu des morts, les troupes qui avaient combattu la veille. Après leur avoir témoigné sa satisfaction et donné des regrets à la perte du général Gudin, tué à la tête de sa division, il accorda aux régiments beaucoup de grâces et d'avancements. Le 127ᵉ, de nouvelle formation, reçut une aigle.

L'avant-garde se remit à la poursuite de l'ennemi, et l'Empereur rentra dans Smolensk pour méditer de nouveaux plans.

Notre perte, dans les combats de Smolensk et de Valutina, s'élevait à plus de huit mille hommes; celle de l'ennemi était plus considérable sans doute, et cependant ce n'était point là une de ces victoires complètes qui peuvent amener la paix. Nous ne faisions pas un seul prisonnier; l'armée russe se retirait toujours dans le meilleur ordre, et reprenait en arrière une autre position. Beaucoup d'entre nous crurent que l'Empereur allait s'arrêter et établir de nouveau son armée entre la Dwina et le Dniéper, avec d'autant plus d'avantages que la prise de Smolensk le rendait maître des deux rives du Dniéper; le 10° corps pouvait encore prendre Riga avant la fin de la campagne, et, en passant l'hiver dans cette position, l'armée réparait ses pertes, le gouvernement de la Lithuanie achevait de s'organiser, et cette province nous fournissait bientôt des troupes sur le dévouement desquelles nous pouvions compter. Ce plan eût peut-être été le plus sage; mais l'Empereur, accoutumé à maîtriser les événements, ne pouvait s'en accommoder; il voulait une bataille, et il pensa qu'en poussant vivement les Russes sur la route de Moscou, il les forcerait tôt ou tard à livrer cette bataille décisive si longtemps attendue, et dont la conséquence devait être la paix. Cependant, en marchant en avant, on devait se résigner à tous les sacrifices; on devait s'attendre à voir les villages brûlés, les habitants dispersés, les grains, les bestiaux et les fourrages détruits ou enlevés. La manière dont les Russes avaient traité Smolensk prouvait qu'aucun sacrifice ne leur coûterait pour nous faire du mal et gêner nos opérations. Le roi de Naples, toujours à l'avant-garde, ne cessait de répéter que les troupes étaient épuisées, que les chevaux, qui ne mangeaient que de la paille des toits, ne pouvaient plus résister à la fatigue, et que l'on risquerait de tout perdre en s'engageant plus

CHAPITRE II.

avant; son avis ne prévalut point, et l'ordre fut donné de continuer la marche.

Le quartier général prit quelques jours de repos à Smolensk, si l'on peut appeler repos un séjour dans une pareille ville. Nous avions trouvé, en y entrant, l'incendie établi sur plusieurs points, les blessés russes périssant dans les flammes et les habitants fuyant leurs maisons; on vint à bout d'arrêter le feu, et les maisons que l'on sauvait de l'incendie étaient livrées au pillage. Au milieu de ce désordre, les habitants avaient disparu; mais, en entrant dans l'église cathédrale, on les trouvait entassés les uns sur les autres, couverts de haillons et mourant de faim. L'Empereur témoigna le plus grand mécontentement de ces excès; un soir il fit battre la générale pour rassembler toute la garde, qui faisait la garnison; il assigna un quartier à chaque régiment et donna des ordres sévères pour faire cesser le pillage.

Avant son départ, il prit soin de l'administration de ses nouvelles conquêtes; il nomma un gouverneur et un intendant de la province de Smolensk; il y organisa un second grand dépôt, des magasins de vivres et un hôpital.

L'armée marcha sur trois colonnes. Le roi de Naples commandait l'avant-garde; les 1er, 3e et 8e corps, la garde impériale et le quartier général le suivaient sur la grande route.

Le 5e corps formait la colonne de droite, et le 4e celle de gauche; tous deux à une ou deux lieues de la route.

La route de Smolensk à Moscou traverse de vastes plaines, entrecoupées de quelques collines. On trouve aussi des forêts aux environs de Dorogobuje et de Viasma. Le pays est fort peuplé, les champs cultivés avec soin; les villages bâtis en bois comme dans le reste de la Russie. Les villes se distinguent par leurs maisons de pierre et par leurs nombreux clochers; quelquefois on rencontre des châteaux magnifiques, surtout en approchant de Moscou. Il est facile de s'apercevoir, sans consulter la carte, que l'on vient de quitter la Pologne. Les Juifs ont disparu, et les paysans russes, aussi éloignés de la liberté et de la civilisation que les paysans polonais, ne leur ressemblent cependant en aucune manière ; les premiers sont grands et forts, les seconds chétifs et misérables; ceux-ci sont abrutis, ceux-là ne sont que sauvages. Dans une guerre ordinaire, ce pays pourrait offrir quelques ressources; mais, à cette époque, l'armée russe, fidèle à son système, brûlait les maisons et détruisait tout sur la route; nous la suivions en achevant de ravager ce qui lui avait échappé. Il était impossible d'atteindre l'infanterie ennemie, l'avant-garde n'avait à combattre que leur cavalerie légère, qui ne se défendait elle-même que pour laisser le temps à l'armée d'opérer tranquillement sa retraite. L'activité du roi de Naples était au-dessus de tout éloge, ainsi que sa bravoure. Jamais il ne quittait l'extrême avant-garde ; c'était là qu'il dirigeait lui-même le feu des tirailleurs et qu'il restait exposé aux coups de l'ennemi, auquel sa toque et ses plumes blanches servaient de point de mire.

L'Empereur, croyant chaque jour voir les Russes s'arrêter pour livrer bataille, se laissait ainsi entraîner sur la route de Moscou, sans consulter la fatigue des troupes et sans songer qu'il n'était déjà plus en communication avec les autres corps d'armée.

Le quartier général fut, le 25, à Dorogobuje ; le 26 et le 27 à Slavkowo, le 28 près Semlivo, le 29 à une lieue de Viasma, le 30 à Viasma, le 31 à Vélicsevo, et le 1er septembre à Gyat, à trente-huit lieues de Moscou. Nous donnâmes des regrets particuliers à la petite ville de Viasma, dont les maisons étaient dévorées par les flammes. L'Empereur, en la traversant, rencontra des soldats occupés à piller un magasin d'eau-de-vie qui brûlait. Cette vue le mit en fureur ; il s'élança au milieu d'eux en les accablant d'injures et de coups de cravache. L'impossibilité d'atteindre l'armée russe, et les ravages qu'elle commettait sur notre passage, contrariaient ses projets et lui donnaient une humeur dont ceux qui l'entouraient étaient souvent victimes. Il apprit enfin à Gyat que l'ennemi s'arrêtait pour lui livrer bataille ; jamais nouvelle ne fut mieux reçue.

Le général Kutusow venait de succéder au général Barklay dans le commandement de l'armée russe ; l'empereur Alexandre mettait toute son espérance dans ce nouveau général, et sa confiance était partagée par l'armée et par la nation. Pour la justifier, Kutusow résolut de livrer une bataille générale, et d'ailleurs l'approche de Moscou rendait ce parti nécessaire. L'empereur Alexandre s'était rendu dans cette ville au mois de juillet ; sa présence y avait causé le plus grand enthousiasme ; les corps de la noblesse et des marchands réunis avaient unanimement voté d'immenses levées d'hommes et d'argent ; on leur avait donné l'assurance positive que jamais l'ennemi n'entrerait à Moscou. Tout faisait donc un devoir au général russe de tenter le sort d'une bataille avant de livrer la ville. Kutusow choisit la position de Borodino, derrière le ruisseau de Kologha, à cinq lieues en avant de Mojaïsk et à vingt-cinq lieues de Moscou. L'Empereur, en étant informé, prévint les généraux, et passa trois jours à Gyat pour faire ses dispositions. L'armée se remit en marche le 4, et repoussa l'avant-garde ennemie. Le 5 au matin, nous étions en présence.

Le général Kutusow avait réuni en ordre de bataille 100,000 hommes d'infanterie et 30,000 chevaux, en y comprenant les deux armées russes, augmentées par les renforts qu'il venait de recevoir et, par la milice de Moscou.

Le ruisseau de Kologha couvrait sa droite, appuyée à la Moskowa, et défendue par de nombreuses batteries; le centre était placé derrière un ravin et protégé par trois fortes redoutes; la gauche, en avant du bois qui traverse la vieille route de Moscou, et fortifiée également par une redoute. Une autre redoute, construite à douze cents toises devant le centre, servait, pour ainsi dire, d'avant-garde à cette position. L'Empereur en ordonna l'attaque. Le 5 au matin, le général Compans, du 1er corps, l'enleva et s'y maintint après qu'elle eut été prise et reprise trois fois. Notre armée s'approcha alors et campa vis-à-vis de la position des ennemis. L'Empereur fit dresser ses tentes sur une hauteur, près de la route en arrière du village de Waloïnéva. La garde impériale campait en carré autour de lui.

La journée du 6 fut employée à reconnaître la position de l'ennemi et à placer les troupes en ordre de bataille. L'Empereur résolut d'attaquer le centre et la gauche des Russes, en enlevant les redoutes élevées sur ces points. Il plaça, en conséquence, le 5ᵉ corps à la droite sur la vieille route ; les 1ᵉʳ et 3ᵉ corps au centre, vis-à-vis les grandes redoutes, la cavalerie derrière eux, près la redoute qu'on avait prise la veille, la garde impériale en réserve ; le 4ᵉ corps à l'extrême gauche, près du village de Borodino. Le total des présents ne dépassait pas 120,000 hommes. On assure que l'on proposa à l'Empereur de manœuvrer sur sa droite pour tourner la gauche de l'ennemi et le forcer à quitter sa position ; mais il voulait la bataille, il la croyait depuis longtemps nécessaire, et il craignit de la laisser échapper.

Nous passâmes cette journée tout entière au quartier général, et l'impression qu'elle nous fit n'est point sortie de ma mémoire. Il y avait quelque chose de triste et d'imposant dans l'aspect de ces deux armées qui se préparaient à s'égorger. Tous les régiments avaient reçu l'ordre de se mettre en grande tenue comme pour un jour de fête. La garde impériale surtout paraissait se disposer à une parade plutôt qu'à un combat. Rien n'était plus frappant que le sang-froid de ces vieux soldats ; on ne lisait sur leur figure ni inquiétude ni enthousiasme. Une nouvelle bataille n'était à leurs yeux qu'une victoire de plus, et, pour partager cette noble confiance, il suffisait de les regarder.

Dans la soirée, M. de Beausset, préfet du palais, arriva de Paris, et présenta à l'Empereur un grand ortrait de son fils ; cette circonstance parut d'un favorable augure. Le colonel Fabvier le suivit de près ; il venait d'Espagne et apportait à l'Empereur les détails sur la situation de nos affaires après la perte de la bataille de Salamanque. Napoléon, malgré ses graves préoccupations, l'entretint toute la soirée.

Le 7, à deux heures du matin, les deux armées étaient sur pied ; chacun attendait avec inquiétude le résultat de cette terrible journée. Des deux côtés, il fallait vaincre ou périr ; ici, une défaite nous perdait sans ressources ; là, elle livrait Moscou et détruisait la Grande Armée, seul espoir de la Russie. Aussi, de part et d'autre, on n'avait rien négligé pour enflammer l'ardeur des soldats ; chaque général parlait aux siens le langage qui convenait à leurs idées, à leurs habitudes. Dans l'armée russe, des prêtres, portant une image révérée, parcouraient les rangs ; les soldats recevaient à genoux leurs bénédictions, leurs exhortations et leurs vœux ; le général Koutousow rappelait aux soldats les sentiments de religion dont ils étaient pénétrés : *C'est dans cette croyance,* s'écriait-il, *que je veux moi-même combattre et vaincre. C'est dans cette croyance que je veux vaincre ou mourir, et que mes yeux mourants verront la victoire. Soldats, pensez à vos femmes et à vos enfants qui réclament votre protection ; pensez à votre Empereur qui vous contemple, et avant que le soleil de demain ait disparu, vous aurez écrit votre foi et votre fidélité dans les champs de votre patrie, avec le sang de l'agresseur et de ses légions.* Dans l'armée française, les maréchaux, réunis à l'Empereur près de la grande redoute, reçurent ses derniers ordres. Aux premiers rayons du jour, il s'écria : *Voilà le soleil d'Austerlitz !* On battit un ban dans chaque régiment, et les colonels lurent à haute voix la proclamation suivante : *Soldats, voilà la bataille que vous avez tant désirée; désormais, la victoire dépend de vous ; elle nous est nécessaire ; elle nous donnera l'abondance, de bons quartiers d'hiver, et un prompt retour dans la patrie. Conduisez-vous comme à Austerlitz, à Friedland, à Witepsk, à Smolensk, et que la postérité la plus reculée cite votre conduite dans cette journée; que l'on dise de vous : Il était à cette grande bataille sous les murs de Moscou!* Les soldats répondirent par des acclamations ; un coup de canon fut tiré, et l'affaire commença.

Au même signal la garde impériale et les officiers d'état-major partirent du camp ; nous nous réunîmes tout près de la redoute qu'on avait prise la veille, et devant laquelle l'Empereur s'était établi. L'attaque devint générale sur toute la ligne, et, pour la première fois, l'Empereur n'y prit personnellement aucune part. Il resta constamment à un quart de lieue du champ de bataille, recevant les rapports de tous les généraux et donnant ses ordres aussi bien qu'on peut les donner de loin. Jamais on ne vit plus d'acharnement que dans cette journée ; à peine manœuvrat-on ; on s'attaqua de front avec fureur. Les 1er et 3e corps enlevèrent deux fois les deux redoutes de gauche ; la grande redoute de droite fut prise par un régiment de cuirassiers, reprise par l'ennemi, enlevée de nouveau par la 1re division du 1er corps, détachée auprès du vice-roi. Le 4e corps emporta le village de Borodino, et soutint un mouvement que fit la droite de l'armée russe pour tourner la position. Je fus envoyé en ce moment auprès du vice-roi, que je trouvai au centre de ses troupes, et je fus témoin de la valeur avec laquelle il repoussa cette attaque. Chaque officier qui revenait du champ de bataille apportait la nouvelle d'une action héroïque. Déjà sur toute la ligne nous étions vainqueurs ; les Russes, repoussés de toutes leurs positions, et cherchant en vain à les reprendre, restaient pendant des heures entières écrasés sous le feu de notre artillerie ; à deux heures ils ne combattaient plus que pour la retraite. On dit que le maréchal Ney demanda alors à l'Empereur de faire au moins avancer la jeune garde, pour compléter la victoire ; il s'y refusa, ne voulant, a-t-il dit depuis, rien donner au hasard. Le général Kutusow se retira dans la soirée. Nos troupes, accablées de lassitude, purent à peine le poursuivre. Les corps d'armée bivouaquèrent sur le terrain.

La perte fut excessive de part et d'autre (1) : elle peut être évaluée à 28,000 Français et 50,000 Russes. Je citerai parmi les morts du côté de l'ennemi le prince Eugène de Würtemberg et le prince Bagration ; du nôtre, le général Montbrun, commandant un corps de cavalerie, et le général Caulaincourt, frère du duc de Vicence et aide de camp de l'Empereur. Ce dernier fut vivement regretté au quartier général, où il était fort aimé. Il avait été chargé de

---

(1) Voici le détail exact des pertes de l'armée française : 10 généraux tués, 39 blessés, total, 49 ; 10 colonels tués, 27 blessés, total 37 ; 6,547 officiers et soldats tués, et 21,453 blessés, total, 28,090. Pendant la journée, l'armée française a tiré 60,000 coups de canon et brûlé 1,400,000 cartouches.

remplacer le général Montbrun, et il fut tué dans la grande redoute. Un grand nombre d'officiers de tous grades restèrent sur le champ de bataille.

Le lendemain matin, le 5e corps manœuvra par la droite pour se porter sur Moscou par la vieille route. Le général Kutusow, craignant d'être coupé, décida sa retraite entière.

L'Empereur parcourut avec nous le champ de bataille ; il était horrible et littéralement couvert de morts ; on y voyait réunis tous les genres de blessures et toutes les souffrances, les morts et les blessés russes cependant en bien plus grand nombre que les nôtres. L'Empereur visita les blessés, leur fit donner à boire, et recommanda qu'on en prît soin. Le même jour l'armée continua son mouvement, toujours sur trois colonnes, dans la direction de Moscou. La prise de cette capitale devait compléter la victoire, et c'était là que l'Empereur s'attendait à signer la paix. L'avant-garde russe défendit quelque temps Mojaisk pour laisser le temps de l'incendier. Le quartier général s'y établit le 10.

Ce fut alors que le prince de Neufchâtel me proposa de demander à l'Empereur de me nommer colonel du 4e régiment de ligne, en remplacement du colonel Massy, tué à la bataille. Je reçus cette proposition avec reconnaissance, et, ayant été nommé le lendemain, je partis de Mojaisk pour rejoindre mon nouveau régiment.

Je termine ici la première partie de mon récit ; dans la seconde, je n'écrirai plus que l'histoire du 4e régiment et celle du 3e corps, dont ce régiment faisait partie. Je dirai un mot cependant des opérations du reste de l'armée, afin qu'on ne perde point de vue l'ensemble de ce grand mouvement, et qu'on puisse juger quelle part le 3ᵉ corps y a prise.

DEUXIÈME PARTIE.

CHAPITRE PREMIER.

SITUATION DU 3ᵉ CORPS ET EN PARTICULIER DU 4ᵉ RÉGIMENT. — MARCHE DE MOJAISK A MOSCOU. — INCENDIE DE LA VILLE. — LE 3ᵉ CORPS PLACÉ SUR LES ROUTES DE WLADIMIR ET TWER. — LE 3ᵉ CORPS ENTRE DANS MOSCOU ET OCCUPE LES FAUBOURGS DE CE COTÉ. — MANOEUVRE DES RUSSES. — LE 3ᵉ CORPS A BOGHORODSK. — RETOUR A MOSCOU. — REVUE DU 18 OCTOBRE. — ORDRE DE DÉPART.

Je partis de Mojaisk le 12 au matin, et j'arrivai le soir même au quartier général du maréchal Ney, dans un village près de Koubinskoé. Les régiments du 3ᵉ corps bivouaquaient autour du village. Le maréchal m'accueillit avec toute son ancienne bonté; j'avais servi auprès de lui quelques années auparavant, et je considérai comme une double faveur en cette circonstance l'emploi qui me replaçait sous ses ordres. Je fus reçu le lendemain matin à la tête de mon régiment par le général d'Hénin, commandant la brigade.

Voici la composition du 3ᵉ corps :

LE MARÉCHAL NEY, GÉNÉRAL EN CHEF.

LE GÉNÉRAL GOURÉ, CHEF D'ÉTAT-MAJOR.

GÉNÉRAUX DE DIVISION.	GÉNÉRAUX DE BRIGADE.	RÉGIMENTS.	COLONELS.
1ʳᵉ division. LEDRU DES ESSARTS.	GENGOULT. LENCHENTIN. BRUNI.	24ᵉ léger. 46ᵉ de ligne. 72ᵉ —	DEBELLIER. BRU. »
2ᵉ division. RAZOUT.	JOUBERT. D'HÉNIN.	4ᵉ de ligne. 48ᵉ — 93ᵉ —	FEZENSAC. PELLEPORT. BEAUDOUIN.
2 brigades de cavalerie légère.	BEURMANN. VALMABELE.	» »	» »
Artillerie.	FOUCHET.	»	»

Une troisième division d'infanterie, composée de Wurtembergeois, sous les ordres du général Marchand, était réduite à 1,000 hommes. Le prince de Wurtemberg la commandait au commencement de la campagne. L'Empereur lui fit des reproches très-sévères sur les désordres que commettaient ses troupes, désordres fort exagérés par les Français. Le prince de Wurtemberg voulut établir une discipline plus rigoureuse ; mais comme on ne pouvait vivre que de maraude, les soldats mourants de faim se dispersèrent. Le prince lui-même, malade et mécontent, quitta l'armée.

Le 4ᵉ de ligne, formé dès les premières années de la révolution, avait fait toutes les campagnes d'Allemagne et comptait Joseph Bonaparte au nombre de ses colonels. A l'époque où je pris le commandement du régiment, on pouvait partager les officiers en trois classes : la première, formée d'élèves nouvellement sortis de l'École militaire, ayant du zèle, de l'instruction, mais manquant d'expérience et dont la santé à peine formée ne pouvait déjà plus supporter les fatigues excessives de cette campagne ; la seconde classe, au contraire, composée d'anciens sous-officiers, que leur manque total d'éducation aurait dû empêcher d'aller plus loin, mais qu'on avait nommés pour entretenir l'émulation et pour remplacer les pertes énormes que causaient des campagnes aussi meurtrières ; d'ailleurs excellents soldats, endurcis aux fatigues, et sachant tout ce que peut apprendre l'habitude de la guerre dans les grades inférieurs. La troisième classe tenait le milieu entre les deux premières ; elle se composait d'officiers instruits, dans la force de l'âge, formés par l'expérience et ayant tous la noble ambition de se distinguer et de faire leur chemin. Cette classe était malheureusement la moins nombreuse.

Le général Ledru avait été longtemps colonel, et connaissait parfaitement les détails du service en paix comme en guerre. Le général Razout, ancien militaire, avait la vue tellement basse, que, ne distinguant rien auprès de lui, il devait s'en rapporter à ceux qui l'entouraient ; et ses dispositions sur le terrain se ressentaient nécessairement de l'incertitude perpétuelle à laquelle il était livré. Parmi les généraux de brigade, je citerai le général Joubert, officier d'un mérite ordinaire, et le général d'Hénin, à qui une longue captivité en Angleterre avait fait un peu perdre l'usage de la guerre. Les colonels étaient pour la plupart d'excellents militaires. M. Pelleport, engagé volontaire au 18ᵉ, avait fait tout son avancement dans ce même régiment, qu'il commandait alors avec une rare distinction.

Mais le grand avantage du 3ᵉ corps était d'être commandé par le maréchal Ney, dont j'aurai occasion de faire remarquer souvent l'audace, la constance et l'admirable présence d'esprit.

Je fus frappé dès le premier jour de l'épuisement des troupes et de leur faiblesse numérique. Au grand quartier général on ne jugeait que les résultats sans penser à ce qu'ils coûtaient, et l'on n'avait aucune idée de la situation de l'armée ; mais en prenant le commandement d'un régiment, il fallut entrer dans tous les détails que j'ignorais et connaître la profondeur du mal. Le 4ᵉ régiment était réduit à 900 hommes de 2,800 qui avaient passé le Rhin ; aussi les quatre bataillons n'en formaient plus que deux sur le terrain, et chaque compagnie avait un double cadre en officiers et sous-officiers. Toutes les parties de l'habillement et surtout la chaussure étaient en mauvais état ; nous avions alors encore assez de farine et quelques troupeaux de bœufs et de moutons, mais ces ressources devaient bientôt s'épuiser; pour les renouveler, il fallait changer sans cesse de place, puisque nous ravagions en vingt-quatre heures les pays que nous traversions.

Ce que je dis ici de mon régiment s'applique à tous ceux du 3ᵉ corps, et particulièrement à la division wurtembergeoise, qui était presque détruite; ainsi l'on peut assurer qu'il ne restait pas 8,000 combattants dans un corps d'armée de 25,000 hommes. On remarquait l'absence de beaucoup d'officiers blessés aux dernières affaires, entre autres des colonels des 46ᵉ, 72ᵉ et 93ᵉ. Jamais nous n'avions éprouvé de pertes aussi considérables; jamais aussi le moral de l'armée n'avait été si fortement atteint. Je ne retrouvai plus l'ancienne gaieté des soldats; un morne silence succédait aux chansons et aux histoires plaisantes qui leur faisaient oublier autrefois la fatigue des longues marches. Les officiers eux-mêmes paraissaient inquiets; ils ne servaient plus que par devoir et par honneur. Cet abattement, naturel dans une armée vaincue, était remarquable après une affaire décisive, après une victoire qui nous ouvrait les portes de Moscou.

La marche continua sur trois colonnes comme avant la bataille : le roi de Naples à l'avant-garde avec la cavalerie, puis les 1ᵉʳ et 3ᵉ corps, la garde impériale et le quartier général; sur la droite, le 5ᵉ corps; sur la gauche, le 4ᵉ. On marchait avec beaucoup d'ordre, les généraux et les officiers toujours à la tête de leurs troupes. Le général Kutusow, ne croyant plus pouvoir défendre Moscou, repliait successivement son avant-garde et se retirait par les routes de

Twer et de Wladimir, en découvrant la ville. L'armée française bivouaqua, le 13, à Perkouschkovo ; le lendemain l'avant-garde entra dans Moscou. Une troupe d'habitants armés tenta un moment de défendre le Kremlin et fut bientôt dispersée ; l'avantgarde se porta en avant de la ville ; l'Empereur s'établit au Kremlin avec la garde ; les 1ᵉʳ et 3ᵉ corps campèrent à un quart de lieue en arrière de Moscou, avec défense expresse d'y entrer. Ce ne fut donc que de loin que nous aperçûmes alors cette antique capitale que nous venions de conquérir. Cependant nous admirâmes son immense étendue, ses dômes de mille couleurs, et l'incroyable variété qui distinguait ses nombreux édifices. Ce jour fut un des plus heureux pour nous, puisqu'il devait être le terme de nos travaux, puisque la victoire de la Moskowa et la prise de Moscou devaient amener la paix. Mais au moment même un événement sans exemple dans l'histoire du monde vint détruire ces flatteuses espérances, et montrer combien il fallait peu compter sur un accommodement avec les Russes. Moscou, qu'ils n'avaient pu défendre, fut brûlé de leurs propres mains. Depuis longtemps on s'occupait de préparer ce vaste incendie ; le gouverneur Rostopchin avait réuni une immense quantité de matières combustibles et de fusées incendiaires, sous prétexte de travailler à la construction d'un ballon avec lequel on devait brûler l'armée française, tandis que ses proclamations, d'accord avec celles du général Kutusow, rassuraient le peuple de Moscou, en changeant en victoires les défaites de l'armée russe. A Smolensk, les Français avaient été battus ; à la Moskowa, ils avaient été détruits. Si l'armée russe se retirait, c'était pour prendre une meilleure position et marcher au-devant de ses renforts. Cependant les nobles partaient de Moscou, ainsi que les archives et les trésors du Kremlin ; et lorsque l'armée russe fut aux portes de la ville, il devint impossible de cacher la vérité. Beaucoup d'habitants prirent la fuite ; d'autres restèrent chez eux, pleins de confiance dans l'intérêt que les Français devaient mettre à conserver Moscou. Le 14 au matin, le gouverneur rassembla 3 ou 4,000 hommes de la lie du peuple parmi lesquels se trouvaient des criminels auxquels on donna la liberté ; on leur distribua des mèches et des fusées incendiaires, et les agents de police reçurent l'ordre de les conduire dans toute la ville. Les pompes furent brisées, et le départ des autorités civiles, qui suivirent l'armée, devint le signal de l'incendie. L'avant-garde, en traversant la ville, la trouva presque déserte; les habitants, renfermés dans leurs maisons, attendaient ce que nous allions ordonner de leur sort ; mais à peine l'Empereur s'établissait au Kremlin, que le Bazar, immense bâtiment qui contenait plus de 10,000 boutiques, était livré aux flammes. Le lendemain et jours suivants, le feu fut mis à la fois dans tous les quartiers. Un vent violent favorisait les progrès de l'incendie, et il était impossible de les arrêter, puisqu'on avait eu la cruelle précaution de détruire les pompes. Les incendiaires surpris en flagrant délit étaient fusillés sur-le-champ. Ils déclaraient qu'ils avaient exécuté les ordres du gouverneur, et mouraient avec résignation. Les maisons furent livrées au pillage avec d'autant moins de scrupule que tout ce qu'on enlevait allait être consumé par les flammes; mais ce pillage fut accompagné de tous les excès qu'il entraîne à sa suite. Ce déluge de feux, que nous apercevions de notre camp, nous causa de vives alarmes, et je me décidai à aller savoir des nouvelles au quartier général. J'entrai seul dans la ville, et bientôt les flammes me fermèrent le chemin du Kremlin. Cependant ni ce danger, ni celui de la chute des maisons ne pouvaient ralentir l'ardeur du pillage; les habitants, chassés de leurs maisons par nos soldats autant que par l'incendie, erraient dans les rues; les uns se livraient à un affreux désespoir, d'autres témoignaient une morne résignation. Je rentrai au camp, vivement affligé de ce spectacle et décidé à donner tous mes soins à mon régiment en détournant la vue de malheurs que je ne pouvais soulager. Trois jours se passèrent en détails d'inspection; tous les officiers me furent présentés individuellement; je pris des renseignements sur la conduite et l'instruction de chacun. J'examinai aussi, autant que la situation pouvait le permettre, ce qui était relatif à l'instruction et à l'administration du régiment. La lueur de l'incendie de Moscou éclairait ces opérations. On avait défendu d'entrer dans la ville; mais le pillage avait commencé, et comme c'était la seule ressource, il était clair que les derniers venus mourraient de faim. Je convins donc avec le colonel du 18ᵉ que nous permettrions tacitement à nos soldats d'aller en prendre leur part. Au reste ce n'était qu'avec beaucoup de peine qu'ils pouvaient se procurer quelque chose. I fallait en revenant traverser le camp du 1ᵉʳ corps placé devant nous, et se battre avec leurs soldats ou avec ceux de la garde impériale qui voulaient tout enlever. Personne n'a moins profité que nous du pillage de cette ville. Au bout de six jours, le feu s'éteignit faute d'aliments; les neuf dixièmes de la ville n'existaient plus; et l'Empereur, qui s'était retiré au château de Pétrofski pendant l'incendie, revint au Kremlin attendre les propositions de paix sur lesquelles il comptait encore (1).

Cependant, bien loin de se laisser décourager par la prise de Moscou, l'empereur Alexandre n'y vit qu'un motif de continuer la guerre avec plus d'ardeur.

Le général Kutusow, pensant avec raison qu'en partant de Moscou nous nous dirigerions vers les provinces du sud, quitta la route de Wladimir, et, tournant autour de Moscou, se porta sur les routes de Kaluga et de Tula. Cette marche, éclairée par l'incendie de Moscou, porta au comble l'exaspération de l'armée russe. Kutusow se plaça derrière la Nara, à vingt-cinq lieues de Moscou, et fortifia de redoutes cette nouvelle position, couvrant ainsi les routes de Kaluga et de Tula. Pour pénétrer dans les provinces du sud, il fallait donc livrer une seconde bataille. En attendant, l'armée russe réparait ses pertes par de

---

(1) On se souviendra toujours du singulier coup d'œil qu'offrait le camp de Pétrofski. On y voyait les différents états-majors qui composaient le quartier général campés dans des jardins anglais, les généraux logés dans des fabriques, les chevaux bivouaqués dans les allées. A chaque instant des soldats revenaient du pillage de Moscou, dont ils vendaient les dépouilles; et, pour comble de bizarrerie, ils étaient revêtus de tous les costumes tartares ou chinois qu'ils avaient trouvés.

nouvelles levées, organisait son matériel et reprenait un nouveau courage avec de nouvelles forces. Au milieu de ces préparatifs on ne parlait que de paix aux avant-postes, et de feintes ouvertures de négociations entretenaient Napoléon dans l'espérance de la conclure. Le roi de Naples se porta sur Kaluga avec l'avant-garde, vis-à-vis le camp retranché des Russes, et le 3ᵉ corps fut chargé de le remplacer au nord sur les routes de Twer et Wladimir, où l'ennemi avait laissé un corps d'observation.

Je traversai pour la première fois les ruines de Moscou à la tête de mon régiment. C'était un spectacle à la fois bien horrible et bien bizarre. Quelques maisons paraissaient avoir été rasées ; d'autres conservaient quelques pans de murailles noircis par la fumée ; des débris de toute espèce encombraient les rues ; une affreuse odeur de brûlé s'exhalait de tous côtés. De temps en temps une chaumière, une église, un palais paraissaient debout au milieu de ce grand désastre. Les églises surtout, par leurs dômes de mille couleurs, par la richesse et la variété de leurs constructions, rappelaient l'ancienne opulence de Moscou. La plupart des habitants, chassés par nos soldats des maisons que le feu avait épargnées, s'y étaient réfugiés. Ces infortunés, errant comme des spectres au milieu des ruines et couverts de haillons, avaient recours aux plus tristes expédients pour prolonger leur misérable existence. Tantôt ils dévoraient au milieu des jardins quelques légumes qu'on y trouvait encore, tantôt ils arrachaient des lambeaux de la chair d'animaux morts au milieu des rues ; on en vit même plonger dans la rivière et en retirer du blé que les Russes y avaient jeté et qui était en fermentation. Pendant notre marche, le bruit des tambours, le son de la musique militaire rendaient ce spectacle encore plus triste en rappelant l'idée d'un triomphe au milieu de l'image de la destruction, de la misère et de la mort. Après avoir traversé en totalité cette ville immense, nous cantonnâmes dans les villages sur la route de Jaroslawl et Wladimir. Je logeai au château de Kouskowa, appartenant au comte de Cheremetew, homme d'une fortune prodigieuse. Cette charmante habitation avait été pillée comme tout le reste. Après avoir consommé le peu de ressources qu'offrait ce pays, nous rentrâmes dans Moscou et nous logeâmes dans le faubourg de Wladimir. Ce faubourg, situé au nord de Moscou, est traversé par la petite rivière de la Jaouza, qui se jette dans la Moskowa au milieu de la ville. La plupart des maisons sont séparées par des enclos cultivés ou par des jardins ; quelques palais s'y font remarquer comme dans les autres quartiers, le reste est bâti en bois. Comme presque tout était brûlé, il fallait loger les compagnies à de grandes distances les unes des autres, malgré les inconvénients qui en résultaient pour le service et surtout pour la police et la discipline. Je logeais au centre de mon régiment avec les officiers supérieurs, dans une grande maison en pierres assez bien conservée. Quarante habitants du voisinage s'étaient réfugiés dans une grande salle de cette maison. J'ordonnai qu'on les protégeât et qu'on adoucît leur misère autant qu'il dépendait de nous ; mais que pouvions-nous faire pour eux ? nous étions près de manquer de tout nous-mêmes. C'était avec peine que l'on se procurait du pain noir et de la bière ; la viande commençait à devenir très-rare ; il fallait envoyer de forts détachements prendre des bœufs dans les bois où s'étaient réfugiés les paysans, et souvent les détachements rentraient le soir sans rien ramener. Telle était la prétendue abondance que nous procurait le pillage de cette ville. On avait des liqueurs, du sucre, des confitures, et l'on manquait de viande et de pain. On se couvrait de fourrures, et l'on n'avait bientôt plus ni habits ni souliers. Enfin, avec des diamants, des pierreries et tous les objets de luxe imaginables on était à la veille de mourir de faim. Un grand nombre de soldats russes erraient dans les rues de Moscou. J'en fis arrêter cinquante que l'on conduisit à l'état-major. Un général, à qui j'en rendis compte, me dit que j'aurais pu les faire fusiller, et qu'il m'y autorisait parfaitement à l'avenir. Je n'ai point abusé de sa confiance.

On comprendra sans peine combien de malheurs et de désordres de tous genres signalèrent notre séjour à Moscou. Chaque officier, chaque soldat pourrait raconter à cet égard de singulières anecdotes. Une des plus frappantes est celle d'un Russe qu'un officier français trouva caché dans les ruines d'une maison ; il lui fit entendre par signes qu'il le protégerait, et l'emmena en effet avec lui. Bientôt, étant obligé de porter un ordre et voyant passer un autre officier à la tête d'un peloton, il lui remit ce particulier en lui disant vivement : *Je vous recommande monsieur.* Cet officier, se méprenant sur le sens de ce mot et sur le ton dont il était prononcé, prit ce malheureux pour un incendiaire et le fit fusiller.

CHAPITRE Iᵉʳ.

Au commencement de l'incendie, un très-jeune homme, Allemand de nation et étudiant en médecine, vint se réfugier à mon bivouac ; il était presque nu et paraissait avoir perdu la tête. Je l'accueillis, et le gardai dans mon logement pendant près de trois semaines ; il paraissait reconnaissant, mais rien ne pouvait le guérir de sa terreur. Je lui fis un jour la plaisanterie de lui proposer de s'enrôler dans mon régiment ; le même soir il disparut, et je ne le revis plus.

L'armée russe cependant se fortifiait tous les jours sur les bords de la Nara. Les corps de partisans répandus autour de Moscou devenaient plus entreprenants. La ville de Véréya fut surprise, la garnison massacrée. Les détachements et convois qui venaient joindre l'armée, les blessés et malades que l'on transportait en arrière étaient enlevés sur la route de Smolensk ; les Cosaques attaquaient nos fourrageurs presque aux portes de Moscou ; les paysans massacraient les maraudeurs isolés. Le roi de Naples, dont la cavalerie était presque entièrement détruite et réduite depuis longtemps à manger du cheval, demandait tous les jours qu'on fît la paix ou bien qu'on se retirât. Mais l'Empereur ne voulait rien voir ni rien entendre ; en réponse à leurs réclamations, les généraux recevaient de l'état-major les ordres les plus extraordinaires. Tantôt il fallait rétablir l'ordre dans Moscou et protéger les paysans qui apporteraient des vivres au marché, tandis que tous les environs étaient ravagés et les paysans armés contre nous ; tantôt il s'agissait d'acheter 10,000 chevaux, dans un pays où il n'y avait plus ni chevaux ni habitants ; on annonçait ensuite le projet de passer l'hiver dans une ville ravagée, où nous mourrions de faim au mois d'octobre ; puis venait l'ordre de faire confectionner des souliers et des vêtements d'hiver dans chaque régiment ; et quand les colonels disaient que nous manquions de draps et de cuirs, on répondait qu'il n'y avait qu'à chercher pour en trouver de reste. En même temps, et comme pour rendre cet ordre plus inexécutable encore, on défendit sévèrement le pillage, et la garde impériale fut consignée au Kremlin. On nomma un gouverneur, un intendant, des administrations. Un mois entier cependant s'écoula sans que notre situation fût améliorée en rien.

Vers le 10 octobre, une division du 4ᵉ corps fit un mouvement sur Dmitrow, route de Twer. Le maréchal Ney, pendant ce temps, s'empara de Boghorodsk, à douze lieues de Moscou, sur la route de Wladimir. On passa quelques jours à construire autour de cette petite ville des baraques pour y passer l'hiver. Cette simagrée était bien inutile ; elle n'en imposa ni à l'ennemi ni à nos soldats. Je n'allai point à Boghorodsk. Je faisais alors partie d'une expédition commandée par le général Marchand, sur les bords de la Kliasma, entre la route de Wladimir et celle de Twer. Une partie de mon régiment m'accompagnait ; le reste avait suivi le maréchal Ney. L'ennemi, fidèle à son système, se retirait à notre approche. Le général Marchand fit construire un blockhaus sur le bord de la Kliasma, à un endroit où un poste avait été enlevé par un régiment de Cosaques. Le commandement de ce petit fort venait d'être donné à un officier fort intelligent, lorsque

CHAPITRE Ier.

tout à coup le général Marchand reçut l'ordre de rentrer avec tout son détachement. Il fut facile alors de juger que l'armée allait quitter Moscou, puisque l'on cessait d'en défendre les approches.

Pendant le cours de cette expédition je trouvai partout la même misère. Les généraux recueillirent quelques provisions ; mais les ressources étaient nulles pour l'armée. Les paysans cachaient leurs vivres, et n'osaient pas les apporter, même quand on leur promettait de les payer. Un soldat de mon régiment, fils d'un cultivateur de la Côte-d'Or, mourut à côté de moi près d'un feu de bivouac. Ce jeune homme languissait depuis longtemps ; une fièvre lente causée par la fatigue et la mauvaise nourriture le consumait. Il mourut d'épuisement, et je le fis enterrer au pied d'un arbre, quand on se fut bien assuré de sa mort. Nous trouvâmes dans son sac des lettres de sa mère, fort touchantes par leur simplicité. Je donnai des regrets sincères à ce malheureux, condamné à mourir loin de sa patrie et d'une famille dont il aurait peut-être fait le bonheur. De semblables malheurs étaient communs parmi nous ; et je ne rapporte ici cette mort, dont je fus témoin, que parce que ce triste spectacle fut comme le présage de toutes les calamités qui allaient fondre sur nous. Le détachement rentra à Moscou le 15.

Deux jours s'écoulèrent sans entendre parler de départ. Le 18, l'Empereur passa la revue du 3e corps dans la cour du Kremlin. Cette revue fut aussi belle que les circonstances le permettaient. Les colonels rivalisèrent de zèle pour présenter leur régiment en bon état. Personne, en les voyant, n'aurait pu s'imaginer combien les soldats avaient souffert et combien ils souffraient encore. Je suis persuadé que la belle tenue de notre armée au milieu des plus grandes misères a contribué à l'obstination de l'Empereur, en lui persuadant qu'avec de pareils hommes rien n'était impossible. Tout le 3ᵉ corps présent ne s'élevait pas à 10,000 hommes. Pendant cette revue, M. de Bérenger, aide de camp du roi de Naples, apporta à l'Empereur la nouvelle de l'affaire de Winkowo, où nos troupes avaient été surprises et vivement repoussées la veille. Cette affaire mettait fin à une espèce d'armistice qui existait aux avant-postes; elle achevait de détruire toute espèce d'accommodement, et devait hâter notre départ. La préoccupation de l'Empereur se peignait sur sa figure ; il précipita la revue, et pourtant il nomma à tous les emplois vacants, et accorda beaucoup de décorations. Il avait plus que jamais besoin d'employer tous les moyens qu'il savait si bien mettre en usage pour obtenir de son armée des efforts surnaturels. Je profitai de ses bonnes dispositions pour récompenser ceux des officiers de mon régiment dont j'avais déjà éprouvé le zèle ; beaucoup d'entre eux furent avancés (1). Le général qui commandait la division wurtembergeoise, sous les ordres du général Marchand, reçut le titre de comte de l'empire, avec une dotation de 20,000 fr.: faible récompense pour les souffrances de 12,000

---

(1) M. d'Arcine, adjudant-major, fut nommé chef de bataillon. Il a depuis fait partie de l'expédition d'Alger, en 1830, comme maréchal de camp.

hommes que les fatigues et les privations avaient réduits à 800.

La revue finissait à peine, lorsque les colonels reçurent l'ordre de partir le lendemain. Rentré dans mon logement, j'ordonnai les préparatifs, en chargeant sur des charrettes tout ce qui nous restait de vivres. Je laissai dans ma maison la farine que je ne pus emporter ; on m'avait conseillé de la détruire ; mais je ne pus me résoudre à en priver les malheureux habitants, et je la leur donnai de bon cœur, en dédommagement du mal que nous avions été forcés de leur faire. Je reçus leurs bénédictions avec attendrissement et reconnaissance ; peut-être m'ont-elles porté bonheur.

CHAPITRE II.

RETRAITE DE MOSCOU A VIASMA.

PROJETS DE L'EMPEREUR. — DÉPART DE MOSCOU. — MARCHE DU 3ᵉ CORPS JUSQU'A BOWROSK. — OPÉRATIONS DES AUTRES CORPS D'ARMÉE. — COMBAT DE MALOJAROSLAVETS. — LA RETRAITE EST DÉCIDÉE PAR LA GRANDE ROUTE DE SMOLENSK. —MARCHE DE BOWROSK A MOJAISK.—DE MOJAISK A VIASMA. — SITUATION DE L'ARMÉE.—AFFAIRE DE VIASMA.

L'Empereur, ayant perdu tout espoir de paix, ne pouvait plus songer qu'à la retraite. Il fallait repasser la Dwina et le Dniéper, se remettre en communication sur la gauche avec les 2ᵉ et 6ᵉ corps, et sur la droite avec le 7ᵉ et les Autrichiens, qui défendaient le grand-duché de Varsovie. La route de Smolensk, entièrement ravagée, n'offrait plus aucune ressource; on résolut de prendre la direction de Kaluga, et de tourner, par la route de Bowrosk et Malojaroslavets, la position du camp retranché de l'ennemi. Ainsi l'imprudence de notre long séjour à Moscou pouvait se réparer. La victoire allait nous ouvrir la route des provinces du sud, ou du moins nous permettre de nous retirer sur Mohilow, par Roslawl, ou sur Smolensk, par Médyn et Elnïa, en traversant des pays que la guerre avait épargnés.

Déjà le 4° corps occupait Fominskoé, sur la vieille route de Kaluga ; il faisait l'avant-garde et devait porter les premiers coups. Cependant, au moment de son départ, l'Empereur voulut laisser à Moscou des traces de sa vengeance, en achevant de détruire ce qui avait échappé au désespoir des Russes. Le maréchal Mortier fut chargé d'y rester quelques jours avec la jeune garde, pour protéger la marche des autres corps d'armée contre les détachements ennemis placés sur la route du nord. Il devait, en même temps, faire sauter le Kremlin et mettre le feu à tout ce qui existait encore. Ainsi acheva de s'anéantir cette malheureuse ville, incendiée par ses propres enfants, ravagée et détruite par ses vainqueurs. La manière avec laquelle le maréchal adoucit cet ordre rigoureux, les soins qu'il prit des blessés et des malades, au milieu de ces affreux ravages, honorent son cœur autant que son caractère.

Dans la nuit du 18 octobre, les équipages du 3° corps se rendirent au couvent de Seminof, lieu de rassemblement. Jamais nous n'avions traîné autant de voitures à notre suite. Chaque compagnie avait au moins une charrette ou un traîneau pour porter ses vivres ; la nuit fut à peine suffisante pour les charger et les mettre en ordre. Une heure avant le jour, toutes les compagnies se réunirent devant mon logement et nous partîmes. Cette marche avait quelque chose de lugubre. Les ténèbres de la nuit, le silence de la marche, les ruines encore fumantes que nous foulions sous nos pieds, tout semblait se réunir pour frapper l'imagination de tristesse. Aussi chacun de nous voyait avec inquiétude commencer cette mémorable retraite ; les soldats eux-mêmes sentaient vivement l'embarras de notre situation ; ils étaient doués de cette intelligence et de cet admirable instinct qui distinguent les soldats français, et qui, en faisant mesurer toute l'étendue du danger, semblent aussi redoubler le courage nécessaire pour le braver.

Le couvent de Seminof, situé près de la barrière de Kaluga, était en flammes quand nous y arrivâmes. On brûlait les vivres que l'on ne pouvait emporter ; et, par une négligence bien digne de ce temps-là, les colonels n'avaient point été prévenus. Il restait de la place dans plusieurs fourgons, et nous vîmes brûler sous nos yeux des provisions qui nous auraient peut-être sauvé la vie.

Le 3ᵉ corps, étant réuni, se mit en marche par la nouvelle route de Kaluga, ainsi que le 1ᵉʳ corps et la garde impériale. Mon régiment était, à cette époque, de 1,100 hommes, et le 3ᵉ corps ne s'élevait pas à plus de 11,000. Je pense que l'on peut évaluer en tout à 100,000 hommes la force de l'armée sortie de Moscou.

Rien n'était plus curieux que la marche de cette armée, et les longues plaines que l'on trouve en quittant Moscou permettaient de l'observer dans tous ses détails. Nous traînions à notre suite tout ce qui avait échappé à l'incendie de la ville. Les voitures les plus élégantes et les plus magnifiques étaient pêle-mêle avec les fourgons, les drouskis et les charrettes qui portaient les vivres. Ces voitures, marchant sur plusieurs rangs dans les larges routes de la Russie, présentaient l'aspect d'une immense caravane. Parvenu au haut d'une colline, je contemplai longtemps ce spectacle qui rappelait les guerres des conquérants de l'Asie; la plaine était couverte de ces immenses bagages, et les clochers de Moscou, à l'horizon, terminaient le tableau. On nous fit faire halte en ce lieu, comme pour nous laisser contempler une dernière fois les ruines de cette antique ville, qui bientôt acheva de disparaître à nos regards.

Le 3ᵉ corps arriva en deux jours de marche à Tschirkovo, et y prit position en gardant l'embranchement des routes de Podol et de Fominskoé, tandis que le 1ᵉʳ corps et la garde se portaient successivement, par une marche de flanc, sur la vieille route de Kaluga, pour soutenir le 4ᵉ. Le 3ᵉ corps, destiné à suivre ce mouvement le dernier, resta trois jours en position à Tschirkovo, et en partit le 23 à minuit. Cette marche de nuit fut affreuse; la pluie tombait par torrents, les chemins de traverse que nous suivions étaient entièrement défoncés. Nous n'arrivâmes à Bowrosk que le 26 au soir. Dans cette marche, nous fûmes sans cesse harcelés par les Cosaques, qui n'osaient cependant rien entreprendre de sérieux contre nous. Je mettais tous mes soins à maintenir dans mon régiment l'ordre, la discipline et l'exactitude du service; je n'eus que des éloges à donner aux officiers comme aux soldats. Un seul sergent, bon sujet d'ailleurs, ayant mis de la négligence dans le commandement d'un poste avancé qui lui était confié, j'ordonnai qu'il fût cassé, malgré les prières de son capitaine. Les généraux Girardin et Beurmann flanquaient notre marche avec la cavalerie légère. Ils avaient reçu l'ordre de mettre le feu à tous les villages.

CHAPITRE II.

Nous rejoignîmes le grand quartier général à Bowrosk; ce fut là que nous apprîmes les derniers événements. Le général Kutusow, instruit de la marche de l'armée française par la vieille route de Kaluga, avait quitté son camp de Taroutino; une marche de flanc parallèle à la nôtre le conduisit à Malojaroslavets, où il rencontra et attaqua le 4º corps. Dans ce brillant combat, l'avantage demeura aux Français, malgré l'infériorité du nombre; mais Kutusow avait pris à six lieues en arrière une position défendue par des redoutes; déjà une de ses divisions cherchait à déborder notre droite par la route de Médyn. Il fallait donc livrer bataille ou se retirer. La situation était grave, l'instant décisif. Le maréchal Bessières et d'autres généraux furent d'avis de la retraite; ce n'est pas qu'ils doutassent de la victoire, mais ils redoutaient les pertes que causerait le combat, la désorganisation qui en serait la suite. Les chevaux de la cavalerie et de l'artillerie étaient affaiblis par la fatigue et la mauvaise nourriture. Comment remplacer ceux que nous allions perdre? comment transporter l'artillerie, les munitions, les blessés? Dans cette situation, une marche sur Kaluga était bien téméraire, et la prudence conseillait de se retirer sur Smolensk. Le comte de Lobau déclara même, à plusieurs reprises, qu'il n'y avait pas un instant à perdre pour regagner le Niémen. Napoléon hésita longtemps; il passa toute la journée du 25 à étudier le champ de bataille et à discuter avec les généraux. Enfin, il se décida pour la retraite, et l'on doit ajouter, à son éloge, qu'un des motifs qui le déterminèrent fut la nécessité où l'on aurait été d'abandonner les blessés après la bataille. Toute l'armée reprit la route de Smolensk par Mojaisk, et le mouvement était commencé quand le 3ᵉ corps arriva à Bowrosk. Le 1ᵉʳ corps faisait l'arrière-garde. Les Cosaques continuaient à nous harceler avec leur activité ordinaire ; ils attaquèrent les équipages du 4ᵉ corps, puis ceux du grand quartier général, et enfin l'Empereur lui-même, dont l'escorte les mit en fuite. Les chemins étaient encombrés de voitures de toute espèce qui nous arrêtaient à chaque pas ; nous trouvions des ruisseaux débordés qu'il fallait passer tantôt sur une mauvaise planche, tantôt au milieu de l'eau. Le 28 au matin, le 3ᵉ corps occupait Véréya, le soir du même jour, Ghorodock-Borisow ; le 29 enfin, laissant à droite les ruines de Mojaisk, nous atteignîmes la grande route au-dessous de cette ville.

On peut aisément se figurer quelles souffrances attendaient notre armée dans des lieux que les Russes et les Français avaient ravagés à l'envi. Si quelques maisons subsistaient encore, elles étaient sans habitants. Nos premières ressources devaient être à Smolensk, distant de nous de quatre-vingts lieues. Jusque-là il fallait s'attendre à ne trouver dans aucun lieu ni farine, ni viande, ni fourrages. Nous étions réduits aux provisions que nous avions emportées de Moscou ; mais ces provisions, peu considérables en elles-mêmes, avaient encore l'inconvénient d'être inégalement réparties, comme tous les produits du pillage. Un régiment avait conservé quelques bœufs et manquait de pain ; un autre avait de la farine et manquait de viande. Jusque dans le même régiment, cette inégalité se faisait remarquer. Quelques compagnies mouraient de faim, tandis que d'autres étaient dans l'abondance. Les chefs ordonnaient le partage, mais l'égoïsme employait tous les moyens pour tromper leur surveillance et se soustraire à leur autorité. D'ailleurs, pour conserver nos vivres, il fallait conserver les chevaux qui les traînaient, et le manque de nourriture en faisait mourir tous les jours un grand nombre. Les soldats qui s'écartaient de la route pour trouver à manger tombaient entre les mains des Cosaques et des paysans armés. Le chemin était couvert de caissons que l'on faisait sauter, de canons et de voitures abandonnés quand les chevaux n'avaient plus la force de les traîner. Dès les premiers jours enfin cette retraite ressemblait à une déroute. L'Empereur continuait à exercer sa vengeance sur les maisons. Le prince d'Eckmühl, commandant l'arrière-garde, était chargé de mettre partout le feu, et jamais ordre ne fut exécuté avec plus d'exactitude et même de scrupule. Des détachements envoyés à droite et à gauche de la route incendiaient les châteaux et les villages, à d'aussi grandes distances que le permettait la poursuite de l'ennemi. Le spectacle de cette destruction n'était pas le plus horrible de ceux que nous avions sous les yeux; une colonne de prisonniers russes marchait en avant de nous, conduite par les troupes de la Confédération du Rhin. On leur distribuait à peine un peu de chair de cheval, et les soldats chargés de les conduire massacraient ceux qui ne pouvaient plus marcher. Nous rencontrions sur la route leurs cadavres, qui tous avaient la tête fracassée. Je dois aux soldats de mon régiment la justice de dire qu'ils en furent indignés; ils sentaient d'ailleurs à quelles cruelles représailles le spectacle de cette barbarie exposerait ceux d'entre eux qui tomberaient entre les mains de l'ennemi.

En traversant le village de Borodino, plusieurs officiers allèrent visiter le champ de bataille de la Moskowa. On trouvait encore tous les débris épars sur le terrain, les morts des deux armées étendus sur la place où ils avaient été frappés. On a dit qu'on y avait vu des blessés vivant encore; je ne puis le croire, et l'on n'en a jamais donné la preuve. Nous étions, le 29 au soir, à l'abbaye de Kolotskoé, transformée d'abord en un hôpital, et qui n'était plus alors qu'un grand cimetière. Un seul bâtiment, conservé sur les ruines de la ville de Gyat, servait aussi d'hôpital à nos malades. Les colonels reçurent l'ordre d'aller y reconnaître les hommes de leur régiment. On avait laissé les malades sans médicaments, sans vivres, sans aucun secours. Je pus à peine y pénétrer, au milieu des ordures de toute espèce qui encombraient les escaliers, les corridors et le milieu des salles. J'y trouvai trois hommes de mon régiment que je me fis un vrai plaisir de sauver.

Le 1er novembre, nous arrivâmes à Viasma. Quelques cabanes, situées dans le faubourg de Moscou (1), nous servirent de logement; cet abri, tout misérable

---

(1) C'est-à-dire dans le faubourg de Viasma situé sur la route de Moscou. J'indique une fois pour toutes cette manière de m'exprimer; ainsi, à Smolensk, les faubourgs de Moscou, de Pétersbourg, de Wilna, désigneront les routes sur lesquelles les trois faubourgs de Smolensk sont placés, et ainsi des autres villes.

qu'il était, nous parut bien doux après quinze jours de bivouac.

Cependant, aussitôt que le général Kutusow s'était aperçu du mouvement rétrograde de l'armée française, il avait détaché à sa poursuite le général Miloradowitsch avec un nombreux corps de troupes et tous les Cosaques de Platow, tandis que lui-même conduisait la grande armée russe par la route d'Elnïa pour arriver avant nous sur le Dniéper. Le général Miloradowitsch, dont l'avant-garde serrait de près le 1er corps, marchait parallèlement à la grande route, et faisait vivre ses troupes dans des pays moins ravagés que ceux que nous parcourions; les chemins de traverse que prenait ce corps d'armée avaient encore l'avantage d'être plus courts que la grande route et de donner à l'ennemi la possibilité de déborder notre arrière-garde et de nous prévenir à Viasma. Dans cette situation, l'on a reproché à l'Empereur de n'avoir point marché assez vite, et pourtant les hommes et surtout les chevaux étaient épuisés de fatigue. Pour hâter notre marche, il eût fallu sacrifier tous les bagages. Sans doute, ce parti eût évité de grands malheurs; mais l'on ne pouvait encore se résoudre à une telle extrémité. Enfin le 3 novembre le général Miloradowitsch déboucha sur la grande route, à une lieue de Viasma, et attaqua vivement le 4e corps, qui marchait sur la ville. Par cette manœuvre, le 4e corps et le 1er, qui le suivait, se trouvaient coupés et obligés de se faire jour à travers un ennemi supérieur en cavalerie et en artillerie. Une autre division russe cherchait en même temps à s'emparer de Viasma par la route de Médyn. Heureusement, le maréchal Ney, qui occupait encore la ville, avait pris ses mesures pour faire échouer cette tentative. Les petites rivières de Vlitza et de Viasma forment comme un demi-cercle autour de la ville, du côté de la route de Médyn, et en rendent la défense facile. La division Ledru prit position sur le plateau qui domine ces deux rivières, et rendit inutiles les efforts de l'ennemi pour en forcer le passage. La division Razout se porta en avant sur la route de Moscou pour secourir les 1er et 4e corps. Après un combat acharné et qui dura cinq heures, ces deux corps d'armée percèrent la ligne ennemie et rouvrirent leurs communications avec nous.

Nous rentrâmes dans le faubourg, et j'appris que le 3e corps devait relever le 1er à l'arrière-garde. Cette mission si importante et si difficile ne pouvait pas être confiée à un général plus capable de la remplir que le maréchal Ney, et je ne crains pas de dire qu'il était secondé de tout notre zèle. Les bonnes dispositions que mon régiment venait de montrer dans cette journée me remplissaient de confiance. Je fis connaître aux officiers la tâche pénible et glorieuse qui nous était imposée; et, tandis que les 1er et 4e corps traversaient Viasma et nous laissaient en présence de l'ennemi, nous nous préparâmes à les remplacer dignement, puisqu'il s'agissait de notre honneur, de la réputation de nos troupes et du salut de toute l'armée.

CHAPITRE III.

RETRAITE DE VIASMA A SMOLENSK.

LE 3ᵉ CORPS CHARGÉ DE L'ARRIÈRE-GARDE. — DÉPART DE VIASMA. — MARCHE JUSQU'A DOROGOBUJE. — AFFAIRE DE DOROGOBUJE. — AFFAIRE DE SLOBNÉVO. — RIGUEUR DU FROID. ARRIVÉE A SMOLENSK. — OPÉRATIONS DES AUTRES CORPS.

Jusqu'à ce moment, le 3ᵉ corps, éloigné de l'arrière-garde, et à peine harcelé par les troupes légères de l'ennemi, n'avait eu à combattre que la fatigue et la faim ; maintenant on va le voir soutenir seul les efforts de l'armée russe, en luttant à la fois contre tous les genres de mort, et l'on pourra juger si jamais la patience et le courage avaient été mis à de pareilles épreuves.

Dans la journée du 4 novembre, le 3ᵉ corps sortit de Viasma pour prendre position le long d'une forêt qui borde la rivière de ce nom et que traverse la route de Smolensk. L'heureux choix de cette position et la bonne contenance des troupes empêchèrent l'ennemi de passer la Viasma ; il dirigea ses attaques toute la journée sur notre droite, par la route de Médyn ; le général Beurmann, détaché de ce côté, s'y maintint jusqu'au soir : deux compagnies de mon régiment participèrent à l'honneur de cette belle défense. Cependant les 4ᵉ et 1ᵉʳ corps traversaient nos rangs dans le plus grand désordre ; j'étais loin de croire qu'ils eussent autant souffert, et que leur désorganisation fût aussi avancée. La garde royale italienne presque seule marchait encore en bon ordre ; le reste paraissait découragé et accablé de fatigue. Une immense quantité d'hommes isolés marchaient à la débandade, et la plupart sans armes ; beaucoup d'entre eux passèrent la nuit au milieu de nous, dans la forêt de Viasma. Je m'efforçai de leur persuader de partir sans attendre l'arrière-garde. Il était important pour eux de gagner quelques heures de marche ; et d'ailleurs nous ne pouvions pas souffrir qu'ils se mêlassent dans nos rangs pour gêner nos mouvements. Ainsi leur propre intérêt se trouvait d'accord avec le bien du service ; mais la fatigue ou la paresse les rendaient sourds à nos conseils. Le jour paraissait à peine, quand le 3ᵉ corps prit les armes et se mit en marche. En ce moment, tous les soldats isolés quittèrent leurs bivouacs, et vinrent se joindre à nous. Ceux d'entre eux qui étaient malades ou blessés restaient auprès du feu en nous conjurant de ne les point abandonner à l'ennemi. Nous n'avions aucun moyen de transport, et il fallait faire semblant de ne pas entendre les plaintes que nous ne pouvions soulager. Quant à cette troupe de misérables qui avaient abandonné leurs drapeaux, quoiqu'ils fussent encore en état de combattre, j'ordonnai qu'on les repoussât à coups de crosse et je les prévins que, si l'ennemi nous attaquait, je ferais tirer sur eux au moindre embarras qu'ils causeraient.

La 1re division marcha en tête, la 2e à l'arrière-garde, chaque division formée la gauche en tête. Ainsi mon régiment faisait l'extrême arrière-garde. Des pelotons de cavalerie et d'infanterie couvraient nos flancs; au sortir de la forêt une vaste plaine leur permit de s'étendre et de marcher à notre hauteur; les officiers et les généraux, tous présents à leur poste, dirigeaient les mouvements. L'ennemi, qui nous avait suivis toute la journée sans rien entreprendre, essaya le soir d'attaquer l'arrière-garde au défilé de Semlévo; mon régiment contint seul l'avant-garde russe, soutenue de deux pièces de canon, et donna ainsi le temps aux autres corps de passer le défilé; nous le passâmes à notre tour en laissant en présence de l'ennemi deux compagnies de voltigeurs, qui ne rentrèrent qu'au milieu de la nuit, et le 3e corps bivouaqua sur les hauteurs opposées. A peine commencions-nous à prendre quelque repos, que les Russes lancèrent des obus sur nos bivouacs; l'un d'eux atteignit un arbre au pied duquel je dormais. Personne ne fut blessé, et il y eut à peine un instant de désordre dans quelques compagnies du 18e. J'ai toujours remarqué que les coups tirés la nuit font peu de mal; mais ils frappent l'imagination en donnant aux soldats l'idée d'une prodigieuse activité de la part de l'ennemi.

La marche du lendemain fut à peine interrompue par la tentative inutile que firent les Cosaques contre nos équipages; au bout de trois lieues, le 3e corps prit position près de Postnïa-Dwor. L'Empereur voulait marcher lentement pour conserver les bagages; en vain le maréchal Ney lui écrivait-il qu'il n'y avait pas de temps à perdre, que l'ennemi serrait de près l'arrière-garde, que l'armée russe marchait sur nos flancs à grandes journées, et qu'on devait craindre qu'elle ne nous prévînt à Smolensk ou à Orcha. Au reste, cette journée nous reposa des fatigues de la veille; nous campâmes sur la lisière d'un bois qui fournissait abondamment nos bivouacs. Le temps était beau et assez doux pour la saison, et nous espérions arriver heureusement à Smolensk, qui devait être le terme de nos fatigues. Pendant la marche du lendemain, le temps changea tout à coup et devint très-froid (1). Il était tard quaud nous arrivâmes à Dorogobuje. La 1re division fut placée sur les hauteurs de la ville; la 2e s'arrêta à un quart de lieue pour en défendre les approches. La nuit fut la plus froide que nous eussions encore éprouvée; la neige tombait en abondance, et la violence du vent empêchait d'allumer du feu; d'ailleurs, les bruyères sur lesquelles nous étions campés nous offraient peu de ressources pour nos bivouacs.

Cependant le maréchal Ney forma le projet d'arrêter l'ennemi devant Dorogobuje pendant toute la journée suivante. Nous étions encore à vingt et une lieues de Smolensk, et à moitié chemin de cette ville il fallait passer le Dniéper; il importait donc d'éviter l'encombrement sur ce point, et de donner à l'armée que nous protégions le temps d'emmener son artillerie et ses bagages.

Le 8, à la pointe du jour, le 4e et le 18e régiment,

---

(1) C'était le 7 novembre. Le général Berthezène se trompe en disant dans ses Mémoires que le froid a commencé le 4.

sous les ordres du général Joubert, quittèrent leurs bivouacs pour venir prendre position à Dorogobuje; les Cosaques, à la faveur d'un épais brouillard, nous harcelèrent jusqu'à notre entrée dans la ville.

Dorogobuje, placé sur une hauteur, est appuyé au Dniéper. La 2ᵉ division, chargée de le défendre, fut établie ainsi qu'il suit : deux pièces de canon en batterie à l'entrée de la rue basse, soutenues par un poste du 4ᵉ régiment ; à gauche, une compagnie du 18ᵉ sur le pont du Dniéper ; à droite sur la hauteur, en avant d'une église, 100 hommes du 4ᵉ, commandés par un chef de bataillon ; le reste de la division dans la cour du château, sur la même hauteur ; la 1ʳᵉ division, en réserve derrière la ville. Bientôt l'infanterie ennemie arriva et commença l'attaque ; le pont du Dniéper fut pris, le poste de l'église repoussé. Le général Razout, renfermé dans la cour du château avec le reste de la division et livré à son indécision ordinaire, allait être cerné quand il nous donna enfin l'ordre de marcher. Il n'y avait pas un moment à perdre ; j'enlevai mon régiment au pas de charge, et nous nous précipitâmes sur les ennemis qui occupaient les hauteurs de la ville. L'affaire fut très-vive ; la nature du terrain, la neige, dans laquelle nous enfoncions jusqu'aux genoux, forçaient tout le régiment de se disperser en tirailleurs et de combattre corps à corps. Les progrès des Russes furent arrêtés ; mais bientôt l'ennemi pénétra de nouveau dans la ville basse, et le général Razout, craignant d'être coupé, ordonna la retraite. Je me repliai lentement, en reformant les pelotons et en tenant toujours tête à l'ennemi ; le 18ᵉ, qui avait secondé nos efforts, suivit ce mouvement. Les deux régiments, laissant l'ennemi maître de la ville, vinrent se reformer derrière la 1re division.

Le maréchal Ney, mécontent du mauvais succès de son plan, s'en prit au général Razout, au général Joubert, à tout le monde ; il prétendit que l'ennemi n'était pas en forces suffisantes pour nous avoir ainsi chassés de Dorogobuje, et me demanda combien j'en avais vus ; je me permis de répondre que nous étions trop près d'eux pour pouvoir les compter. Avant de se décider à partir, il ordonna encore au général d'Hénin de rentrer avec le 93e dans la ville basse pour reprendre quelques caissons. A peine ce régiment se fut-il mis en mouvement, que l'artillerie russe porta le désordre dans ses rangs et le fit rétrograder. Le maréchal Ney, forcé de renoncer à toute autre tentative, reprit la route de Smolensk.

Cependant les privations auxquelles nous étions condamnés depuis le commencement de la retraite devenaient plus rigoureuses ; le peu de vivres que nous avions achevait de s'épuiser ; les chevaux qui les traînaient mouraient de faim et de fatigue, et étaient eux-mêmes dévorés par les soldats. Depuis que nous étions à l'arrière-garde, tous les hommes qui s'écartaient de la route pour chercher des vivres tombaient entre les mains de l'ennemi, dont la poursuite devenait de plus en plus active. La rigueur du froid vint augmenter nos embarras et nos souffrances ; beaucoup de soldats, épuisés de fatigue, jetaient leurs armes et quittaient leurs rangs pour marcher isolément. Ils s'arrêtaient partout où ils trouvaient un morceau de bois à brûler pour faire cuire un quartier de cheval ou un peu de farine, si toutefois leurs camarades ne venaient pas leur enlever cette dernière ressource ; car nos soldats, mourants de faim, s'emparaient de force des vivres de tous les hommes isolés qu'ils rencontraient, heureux encore s'ils ne leur arrachaient pas leurs vêtements. Après avoir ravagé tout le pays, nous étions réduits à nous entre-détruire, et cette extrémité était devenue nécessaire. Il fallait à tout prix conserver les soldats fidèles à leur drapeau et qui soutenaient seuls à l'arrière-garde l'effort de l'ennemi ; les soldats isolés, n'appartenant plus à aucun régiment et ne pouvant plus rendre aucun service, n'avaient droit à aucune pitié. Aussi la route que nous parcourions ressemblait-elle à un champ de bataille. Ceux qui avaient résisté au froid et à la fatigue succombaient au tourment de la faim ; ceux qui avaient conservé quelques provisions se trouvaient trop faibles pour suivre la marche et restaient au pouvoir de l'ennemi. Les uns avaient eu les membres gelés et mouraient étendus sur la neige, d'autres s'endormaient dans les villages et étaient consumés par les flammes que leurs compagnons avaient allumées. Je vis à Dorogobuje un soldat de mon régiment en qui le besoin avait produit les effets de l'ivresse ; il était auprès de nous sans nous reconnaître, il nous demandait son régiment, il nommait les soldats de sa compagnie, et leur parlait comme à des étrangers ; sa démarche était chancelante, son regard égaré. Il disparut au commencement de l'affaire, et je ne le revis plus. Quelques cantinières ou femmes de soldats appartenant aux régiments qui nous précédaient se trouvaient au milieu de nous.

Plusieurs de ces malheureuses traînaient avec elles des enfants ; et, malgré l'égoïsme, si commun alors, chacun s'empressait de les secourir. Le tambour-major porta longtemps un enfant sur les bras. Les officiers qui avaient conservé un cheval le partageaient avec ces pauvres gens. Je fis conduire aussi pendant quelques jours une femme et son enfant sur une charrette que j'avais encore; mais qu'était-ce que de si faibles secours contre tant de souffrances, et comment pouvions-nous adoucir des maux que nous partagions nous-mêmes ?

De Dorogobuje nous arrivâmes en deux jours à Slobpnévo, sur les bords du Dniéper. Le chemin était tellement glissant, que les chevaux mal ferrés pouvaient à peine se soutenir. La nuit nous bivouaquions dans les bois au milieu de la neige. Chaque régiment faisait à son tour l'extrême arrière-garde, que l'ennemi suivait et harcelait sans cesse. L'armée continuait à marcher si lentement, que nous allions atteindre le 1er corps, qui nous précédait immédiatement. L'encombrement sur le pont du Dniéper à Slobpnévo avait été extrême; la route à un quart de lieue en avant était encore couverte de voitures et de caissons abandonnés. Le 10 au matin, avant de passer le fleuve, on s'occupa de débarrasser le pont et de brûler toutes ces voitures. On y trouva quelques bouteilles de rhum qui furent d'un grand secours. J'étais d'arrière-garde, et mon régiment défendit toute la journée la route qui mène au pont. Le bois que traverse cette route était rempli de blessés qu'il fallait abandonner, et que les Cosaques massacraient presque au milieu de nous. M. Rouchat, sous-lieutenant,

CHAPITRE III.

s'étant approché imprudemment d'un caisson que l'on faisait sauter, fut mis en pièces par l'explosion. Vers le soir les troupes passèrent le Dniéper; on détruisit le pont.

Il devenait important d'arrêter l'ennemi au passage du fleuve, nous n'étions plus qu'à onze lieues de Smolensk. Il fallait laisser aux troupes qui nous précédaient le temps d'arriver dans cette ville et de se remettre en état de défense. L'Empereur n'attendait même le 3ᵉ corps à Smolensk que dans quatre ou cinq jours, tant il avait peu l'idée de la situation de l'armée et principalement de l'arrière-garde.

Le maréchal Ney fit ses dispositions pour défendre le passage. Le 4ᵉ régiment fut placé sur le bord de la rivière, le 18ᵉ en seconde ligne. Le maréchal établit son quartier général à la gauche du 4ᵉ, dans un blockhaus construit pour protéger le pont et fort bien palissadé. Il plaça le général d'Hénin avec le 93ᵉ au village de Pnévo, à un quart de lieue sur la gauche, et la 1ʳᵉ division le long du Dniéper, à l'extrême droite. Le soir il se promena longtemps devant le front de mon régiment avec le général Joubert et moi. Il nous fit observer les malheureuses suites de la journée de Dorogobuje. L'ennemi gagnait un jour de marche, il précipitait notre retraite, il nous forçait d'abandonner nos caissons, nos bagages, nos blessés; tous ces malheurs pouvaient s'éviter si l'on eût défendu Dorogobuje pendant vingt-quatre heures. Le général Joubert parla de la faiblesse des troupes, de leur découragement. Le maréchal reprit vivement qu'il ne s'agissait que de se faire tuer, et qu'une mort glorieuse était trop belle pour qu'on en dût fuir l'occasion. Quant à moi je me contentai de répondre que je n'avais quitté les hauteurs de Dorogobuje qu'après en avoir reçu deux fois l'ordre.

Le 11 au matin, l'infanterie ennemie s'approcha de la rive opposée et engagea le combat avec le 4º régiment. L'attaque fut si vive et si imprévue, que les balles tombaient au milieu de nos bivouacs avant que les soldats eussent eu le temps de prendre les armes. Les voltigeurs se portèrent sur le bord de la rivière pour répondre au feu de l'ennemi; mais la nature du terrain, couvert de broussailles du côté opposé et entièrement découvert du nôtre, rendait le combat trop inégal. Le second bataillon entra dans le blockhaus, le premier s'appuya à un bouquet de bois qui le mettait à l'abri; la fusillade continua entre l'infanterie russe et le bataillon placé dans le blockhaus. Le maréchal y passa toute la journée; il dirigea le feu des soldats et tira lui-même quelques coups de fusil; je m'y établis aussi, croyant de mon devoir de commander directement la portion de mon régiment la plus exposée. Vers le soir, les Russes passèrent le Dniéper auprès du village qu'occupait le 93º, et manœuvrèrent pour l'envelopper. Le général d'Hénin quitta sa position et revint auprès du blockhaus, ce qui lui valut une forte réprimande du maréchal Ney. C'était bien de la sévérité. A la guerre un officier détaché doit savoir prendre un parti sans attendre des ordres qui souvent ne lui parviennent pas. On l'accuse de faiblesse s'il se retire; on l'accuserait de témérité s'il compromettait les troupes qui lui sont confiées. Supporter l'injustice est un des devoirs de l'état militaire, et assurément un des plus pénibles.

Au reste, le souvenir que le général d'Hénin conserva de cette réprimande faillit un jour nous être bien funeste, ainsi que je le dirai plus tard.

Le lendemain 12, à cinq heures du matin, le 3ᵉ corps se remit en marche. Je continuai de défendre le blockhaus jusqu'à sept heures, et je rejoignis ensuite la colonne après y avoir mis le feu, selon l'ordre exprès que j'en reçus. La rage de tout brûler s'étendit jusqu'à cette palissade et nous porta malheur ; car l'ennemi, à qui l'incendie fit connaître notre départ, lança des obus qui atteignirent quelques hommes.

Il restait encore deux jours de marche pour arriver à Smolensk ; ces deux jours furent pour le moins aussi pénibles que les précédents. Les Cosaques ne cessèrent de nous harceler, et tentèrent même inutilement une attaque sérieuse contre le 18ᵉ régiment. Le 13, il fallut faire sept lieues sur le verglas et par le froid le plus rigoureux ; la violence du vent était telle, que dans les haltes on ne pouvait rester en place ; le repos n'était qu'une fatigue de plus. Nous arrivâmes enfin le soir à une demi-lieue de Smolensk, en nous prîmes position derrière les ravins qui en défendent les approches. La nuit mit le comble à nos souffrances, et termina dignement cette cruelle retraite. Plusieurs soldats moururent de froid au bivouac, d'autres eurent les membres gelés. Au point du jour, nous découvrîmes avec joie les tours de Smolensk, que nous regardions depuis longtemps comme le terme de nos misères, puisque l'armée devait s'y reposer et y trouver en abondance des vivres dont elle était privée depuis si longtemps.

Il s'en fallait bien pourtant que ces espérances dussent être réalisées ; de tous côtés la fortune semblait favoriser les Russes. Sur la Dwina, le général Wittgenstein, après avoir enlevé Polotzk le 18 octobre, cherchait à rejeter les 2⁰ et 6⁰ corps sur la grande route de Smolensk. Le 9⁰ partait de cette dernière ville pour leur porter secours. A l'autre extrémité du théâtre de la guerre, la paix conclue avec la Turquie avait permis à l'amiral Tchitchagoff, commandant l'armée de Moldavie, de se réunir au corps de Tormasow. Les Autrichiens s'étaient retirés derrière le Bug, et l'amiral s'avançait à grandes journées pour s'emparer de Minsk, où nous avions d'immenses magasins, et pour nous prévenir au passage de la Bérézina.

Pendant ce temps la grande armée russe manœuvrait toujours sur nos flancs, interceptait les communications, enlevait les corps détachés, et ne nous permettait plus de nous écarter de la route. Sur la gauche, la brigade du général Augereau, cernée aux environs d'Elnia, avait mis bas les armes. Sur la droite, le 4⁰ corps, qui de Dorogobuje marchait sur Witepsk, venait d'éprouver les plus grands désastres par le froid, la difficulté des chemins et la poursuite de l'ennemi. Son artillerie presque entière avait été détruite au passage du Wop, et ce corps d'armée revenait en toute hâte à Smolensk, où il arriva le même jour que le 3⁰. Il devenait impossible de s'arrêter à Smolensk ; il fallait se hâter de prévenir l'ennemi sur la Bérézina, en se réunissant aux 2⁰ et 3⁰ corps. L'ordre fut donné de continuer la marche, malgré la rigueur de la saison, malgré la déplorable situation des troupes. Le 3ᵉ corps, fidèle à remplir sa noble tâche, resta chargé de l'arrière-garde, et nous nous préparâmes à opposer de nouvelles forces à de nouvelles fatigues, et un nouveau courage à de nouveaux dangers (1).

---

(1) Déjà l'armée avait fait des pertes énormes en arrivant à Smolensk, et cette partie seule de la campagne passerait dans tout autre temps pour une retraite bien pénible.

Le 4ᵉ corps fut un des plus maltraités ; les gardes d'honneur, composées de jeunes gens des meilleures familles du royaume d'Italie, furent réduits de 350 à 5. Au reste, le général Kutusow assure, dans un de ses rapports, que beaucoup d'officiers de la garde royale italienne prisonniers ont demandé à servir, disant qu'ils ne connaissaient rien de plus honorable que de porter l'uniforme russe. Il est permis de douter de l'exactitude de ce fait.

CHAPITRE IV.

SÉJOUR A SMOLENSK ET RETRAITE JUSQU'A KRASNOI.

DÉPART DE L'ARMÉE. — CONDUITE DU MARÉCHAL NEY A SMO-
LENSK. — AFFAIRE DU 4ᵉ RÉGIMENT DANS LE FAUBOURG DE LA
RIVE DROITE. — DÉVASTATION DE LA VILLE. — DÉPART DU
3ᵉ CORPS. — AFFAIRES DE KRASNOI AVEC LES 1ᵉʳ ET 4ᵉ CORPS
ET LA GARDE IMPÉRIALE. — LE 3ᵉ CORPS SÉPARÉ DU RESTE DE
L'ARMÉE. — ARRIVÉE DE CE CORPS A KRASNOI DEVANT L'EN-
NEMI.

Smolensk était, ainsi que Minsk, un des grands dépôts de l'armée ; on comptait, pour pourvoir aux premiers besoins, sur les magasins qu'on y avait rassemblés, et en effet ils auraient bien dû suffire ; mais lorsque la désorganisation s'est mise dans une armée aussi nombreuse, il devient impossible d'en arrêter les progrès. Les administrations, les employés de toute espèce qui sont chargés de maintenir la régularité du service, ne sont plus alors que des éléments de désordre, et le mal s'augmente de tous les efforts que l'on fait pour l'arrêter. Le passage de l'armée à Smolensk en offrit un triste exemple. Depuis la prise de cette ville, le général Charpentier, gouverneur, et M. de Villeblanche, intendant de la province, n'avaient rien négligé pour rendre quelque confiance aux habitants. Grâce à leurs soins, secondés par la bonne discipline du 9° corps, on commençait à rétablir les maisons et l'on faisait venir de tous côtés des vivres que l'on mettait en magasin, quand nos soldats arrivant en foule se précipitèrent aux portes, croyant trouver à Smolensk le repos et l'abondance. Napoléon, qui craignait le tumulte qu'allaient occasionner tous ces soldats isolés et les régiments presque aussi indisciplinés qu'eux, s'était hâté d'arriver avec la garde impériale. Il défendit de laisser entrer personne, et ordonna aux régiments de se reformer dans les faubourgs. La garde reçut abondamment des distributions de toute espèce, et quand on voulut songer aux autres troupes, le désordre de l'administration, qui était égal à celui de l'armée, empêcha de rien faire d'utile. Les abus de tous genres s'exercèrent impunément, les magasins furent forcés et livrés au pillage, et comme il arrive toujours, on détruisit en vingt-quatre heures les ressources de plusieurs mois; on pilla et l'on mourut de faim.

Le 3° corps, arrivant le dernier sous les murs de Smolensk et tout occupé encore à en défendre les approches, fut oublié par ceux qu'il avait protégés. Pendant que nous tenions tête à l'ennemi, les autres corps d'armée achevaient de piller les magasins. Lorsque j'entrai à mon tour dans la ville, je n'y pus rien trouver ni pour mon régiment ni pour moi. Il fallut donc se résoudre à continuer notre retraite sans avoir reçu aucun secours. On ajouta seulement au 3° corps le 129° régiment et un régiment d'Illyriens, qui furent partagés entre les deux divisions. Ce renfort était bien nécessaire; car, depuis Moscou, les 11,000 hommes du 3ᵉ corps étaient réduits à moins de 3,000. La division wurtembergeoise ainsi que la cavalerie n'existaient plus; l'artillerie conservait à peine quelques canons; et c'était avec d'aussi faibles moyens qu'il fallait tenir tête à l'avant-garde russe. Déjà l'armée prenait la route d'Orcha, et le maréchal Ney, resté seul, se disposait à défendre la ville le plus longtemps possible pour retarder la poursuite de l'ennemi.

J'ai parlé de Smolensk au commencement de ce récit; j'ai dit que cette ville était située sur la rive gauche du Dniéper, et qu'un faubourg seul s'élevait en amphithéâtre sur la rive droite. Les routes de Pétersbourg et de Moscou traversent ce faubourg. Il était, à l'époque où nous sommes, presque entièrement brûlé. Un pont jeté sur le Dniéper conduisait dans la ville, et une forte tête de pont construite sur la rive droite en défendait le passage.

Le 14 au matin, le 3ᵉ corps quitta les approches de Smolensk, et fût placé de la manière suivante : la 2ᵉ division dans le faubourg de la rive droite; la 1ʳᵉ, en réserve, dans la tête de pont; le 4ᵉ régiment gardait la barrière de Moscou, et le régiment d'Illyrie celle de Pétersbourg; on occupa le petit nombre de maisons que l'incendie avait épargnées. Le froid était si violent que, la nuit suivante, les soldats placés aux postes avancés menacèrent de les quitter et de rentrer dans les maisons. J'envoyai de bons officiers pour les rappeler à leurs devoirs, bien décidé moi-même à les suivre si ma présence était nécessaire, et à m'établir au bivouac avec tous les officiers de mon régiment. Il y allait de notre honneur, puisque la défense de l'entrée du faubourg était confiée à mon régiment, et qu'une surprise aurait compromis la division tout entière. L'ordre fut bientôt rétabli. Les soldats ne pouvaient être insensibles à la voix de l'honneur, et ceux à qui la souffrance arracha quelques murmures indignes de leur courage les expièrent bientôt par une mort glorieuse.

Le lendemain 15 fut le jour d'une affaire où mon régiment se trouva seul engagé. La 2e division reçut dans la matinée l'ordre d'abandonner le faubourg de la rive droite, de traverser la ville et de s'établir sur la route de Wilna, laissant ainsi la 1re division en première ligne pour défendre la tête de pont. Le 4e régiment, qui occupait l'entrée du faubourg, se trouvait le plus éloigné du lieu de rassemblement; le rappel des postes demanda du temps, et le général Razout, pressé d'exécuter l'ordre qu'il avait reçu, se mit en marche sans vouloir m'attendre. Je partis le plus tôt possible pour rejoindre la division, lorsque l'ennemi, trouvant les postes extérieurs évacués, pénétra dans le faubourg; les soldats isolés qu'il poursuivait vinrent se réfugier dans nos rangs. Je pressai la marche, et quand nous eûmes gagné la tête de pont, j'en trouvai le passage tellement obstrué par les voitures qui s'y précipitaient, qu'il était impossible d'y faire passer un seul homme. Il fallut donc attendre; mais l'embarras croissait à chaque instant. Les Russes établirent deux pièces de canon sur les hauteurs et commencèrent à tirer sur les voitures et sur mon régiment. Alors le désordre fut porté au comble; les conducteurs abandonnèrent les voitures fracassées par les boulets; l'infanterie russe et les

Cosaques s'avançaient. Cette situation devenait très-critique ; il fallait à tout prix repousser une attaque qui pouvait rendre l'ennemi maître de la tête de pont; mais, me trouvant seul dans le faubourg, je n'osais engager une affaire quand j'avais l'ordre de me retirer. Heureusement le maréchal Ney, que le bruit du canon attirait toujours, parut sur le parapet et m'ordonna de marcher à l'ennemi pour le chasser entièrement du faubourg et donner le temps de débarrasser le passage. J'enlevai mon régiment au pas de charge, au milieu de la neige et des décombres des maisons. Les soldats, fiers de combattre sous les yeux du maréchal et des régiments de la 1re division, qui les contemplaient du haut du rempart, s'élancèrent sur l'ennemi avec la plus grande ardeur ; les Russes se retirèrent précipitamment en emmenant l'artillerie ; leurs tirailleurs furent chassés des maisons; en peu d'instants nous étions maîtres du faubourg entier. Le maréchal Ney me fit dire alors de ne point trop m'avancer, recommandation bien rare de sa part. Je formai mon régiment derrière la barrière de Pétersbourg, et un combat très-vif s'engagea sur ce point avec les Russes qui étaient placés dans le cimetière d'une église voisine, dont ils n'osèrent plus sortir. Ce combat se soutint longtemps, quoique les Russes eussent sur nous l'avantage de la position, du nombre et de l'artillerie. Ce ne fut qu'après avoir reçu l'ordre de rentrer que je commençai ma retraite. Elle se fit en bon ordre, et je ramenai mon régiment dans la tête de pont. Tous les officiers avaient rivalisé de zèle en cette occasion; aucun d'eux ne fut blessé, et je perdis peu de soldats. Le sergent que j'avais cassé en commençant la retraite, et à qui je venais de rendre son grade le matin même, fut frappé à côté de moi d'une balle qui m'était peut-être destinée ; il tomba mort à mes pieds (1).

Pendant que la 1re division défendait la ville à son tour, la 2e employa la journée du 16 à nettoyer les armes et à prendre quelque repos. Un détachement de 200 hommes venant de France nous attendait à Smolensk ; je le passai en revue et l'incorporai dans mon régiment, qui, par ce renfort, se trouva porté à plus de cinq cents hommes. Je vis avec peine combien les jeunes gens qui composaient ce détachement avaient déjà souffert de la fatigue de la route et de la rigueur de la saison. Les équipages, qui avaient pris depuis longtemps les devants, nous attendaient à Smolensk ; je leur ordonnai de nous suivre ; d'autres colonels envoyèrent les leurs en avant, et l'on en sauva quelques-uns.

Ce même soir, je reçus les témoignages les plus flatteurs de la satisfaction du maréchal Ney pour notre affaire de la veille. J'en fis part aux officiers de mon régiment ; je les exhortai à s'en rendre toujours dignes. Je pensais avec plaisir que leur tâche allait être bientôt remplie ; car l'Empereur saisirait certainement la première occasion de nous relever à l'arrière-garde par des troupes fraîches. Aucun officier

---

(1) Le capitaine de ce militaire, en me priant de lui rendre son grade, m'avait dit *qu'il désirerait bien mourir sergent*. Je ne m'attendais pas à voir ce souhait si promptement exaucé. Aussi, au moment où il fut frappé, le capitaine, à qui je demandai son nom, se contenta de me répondre : *Il est mort sergent.*

n'avait été dangereusement blessé; 500 soldats restaient encore, et combien ce petit nombre d'hommes était éprouvé! Quel intérêt, quelle confiance ne devaient pas inspirer ces braves soldats, qui, au milieu de si rudes épreuves, étaient restés fidèles à leurs drapeaux, et dont le courage semblait s'accroître avec les dangers et les privations! J'étais fier de la gloire qu'ils avaient acquise; je jouissais d'avance du repos dont j'espérais les voir bientôt jouir. Cette illusion fut promptement détruite; mais j'aime encore à en conserver le souvenir, et c'est le dernier sentiment doux que j'ai éprouvé dans le cours de cette campagne.

Beaucoup d'officiers blessés et malades étaient renfermés dans l'hôpital de Smolensk. J'appris qu'il y avait parmi eux un officier de mon régiment qui avait eu une cuisse emportée; je l'envoyai chercher sur-le-champ pour l'emmener avec nous. Ses compagnons d'infortune restèrent exposés aux dangers de l'incendie, de la chute des remparts et de la vengeance des Russes, car c'était le lendemain que le 3e corps devait quitter cet affreux séjour, après avoir fait sauter les remparts, ainsi qu'un grand nombre de caissons que l'armée ne pouvait emmener. Déjà cette ville n'offrait plus qu'un amas de décombres. Les portes et fenêtres des maisons qui restaient étaient brisées, les chambres remplies de cadavres; on voyait au milieu des rues les carcasses des chevaux dont toutes les chairs avaient été dévorées par les soldats et par quelques habitants confondus avec eux dans la même misère. Je n'oublierai jamais surtout l'impression de tristesse que j'éprouvai la nuit dans les rues désertes, à la lueur de l'incendie qui se réfléchissait sur la neige et contrastait singulièrement avec la douce clarté de la lune. J'avais vu quelques années auparavant cette ville dans tout l'éclat de la richesse, et ce souvenir me rendait plus pénible encore le spectacle de sa destruction. Le lendemain, au moment de notre départ, plusieurs fortes détonations nous apprirent que Smolensk avait cessé d'exister.

Nous marchâmes tranquillement sur la route d'Orcha. Le canon se fit seulement entendre dans le lointain, et l'on pensa que c'était le 9° corps qui se rapprochait de la grande route; car comment supposer que l'ennemi fût sur notre chemin, sans que les corps d'armée qui nous précédaient songeassent à nous en prévenir? Il n'était cependant que trop certain que l'armée russe, à la faveur de sa marche de flanc, avait atteint Krasnoi, tandis que les Français occupaient encore Smolensk, et qu'elle se préparait à les arrêter au passage. L'Empereur, avec la garde, le 4° et enfin le 1er corps furent attaqués successivement les 15, 16 et 17 à Krasnoi. Outre la supériorité du nombre, on peut juger quel avantage avaient les Russes sur des troupes épuisées et presque entièrement dépourvues de cavalerie et d'artillerie. Cependant la valeur triompha de tous les obstacles; la garde impériale, ayant forcé le passage, resta près de Krasnoi pour secourir les 4° et 1er corps. Le vice-roi, ainsi que le maréchal Davout, rejetèrent avec indignation les propositions de capitulation qu'on osa leur faire. Ils percèrent à leur tour la ligne ennemie, mais en perdant presque toute leur artillerie, leurs bagages et un grand nombre de prisonniers.

CHAPITRE IV.

L'Empereur, n'ayant plus un moment à perdre pour arriver sur la Bérézina, se vit forcé d'abandonner le 3ᵉ corps, et précipita sa marche sur Orcha. Pendant trois jours que dura cette affaire, aucun avis ne fut donné au maréchal Ney du danger qui allait le menacer à son tour.

L'Empereur a beaucoup reproché au maréchal Davout de ne s'être pas arrêté un jour à Krasnoi pour attendre le 3ᵉ corps. Le maréchal assura qu'il ne l'avait pas pu; au moins eût-il dû prévenir le maréchal Ney. Peut-être aussi la communication était-elle interceptée. Quoi qu'il en soit, le général Miloradowitsch se contenta d'envoyer quelques troupes légères à la poursuite de l'Empereur, et réunit toutes ses forces contre le 3ᵉ corps, qu'il comptait prendre en totalité.

Le 18 au matin, nous partîmes de Koritnya et marchâmes sur Krasnoi ; quelques escadrons de Cosaques harcelèrent, en approchant de cette ville, la 2ᵉ division qui marchait en tête. Cette apparition des Cosaques n'avait aucune importance; nous y étions accoutumés, et quelques coups de fusil suffisaient pour les écarter. Mais bientôt l'avant-garde rencontra la division du général Ricard, appartenant au 1ᵉʳ corps, qui était restée en arrière et qui venait d'être repoussée après un combat inégal qu'elle avait soutenu avec la plus grande bravoure. Le maréchal rallia les restes de cette division, et, à la faveur d'un brouillard qui favorisait notre marche en cachant notre petit nombre, il approcha de l'ennemi jusqu'à ce que le canon le forçât de s'arrêter. L'armée russe, rangée en bataille, fermait le passage de la route; nous apprîmes seulement alors que nous étions séparés du reste de l'armée, et que nous n'avions de salut que dans notre désespoir.

CHAPITRE V.

RETRAITE DE KRASNOI A ORCHA.

DÉROUTE DU 3ᵉ CORPS A KRASNOI. — HARDI PROJET DU MARÉCHAL NEY. — PASSAGE DU DNIÉPER. — MARCHE SUR LA RIVE DROITE DE CE FLEUVE. — SITUATION CRITIQUE DU 4ᵉ RÉGIMENT. — ARRIVÉE A ORCHA.

L'affaire du 3ᵉ corps à Krasnoi est une des plus belles qui aient illustré cette campagne; jamais on ne vit de lutte plus inégale; jamais le talent du général et le dévouement des troupes ne parurent avec plus d'éclat. A peine le maréchal Ney avait-il mis son avant-garde à l'abri du feu de l'artillerie, qu'un parlementaire envoyé par le général Miloradowitsch vint le sommer de mettre bas les armes. Ceux qui l'ont connu comprendront avec quel dédain cette proposition dut être accueillie; mais le parlementaire l'assura que la haute estime dont le général russe faisait profession pour ses talents et pour son courage l'empêcherait de lui rien proposer qui fût indigne de lui; que cette capitulation était nécessaire; que les autres corps d'armée l'avaient abandonné; qu'il était en présence d'une armée de 80,000 hommes, et qu'il pouvait, s'il le désirait, envoyer un officier pour s'en convaincre. Le 3⁰ corps, avec les renforts reçus à Smolensk, ne s'élevait pas à 6,000 combattants; l'artillerie était réduite à six pièces de canon, la cavalerie à un seul peloton d'escorte. Cependant le maréchal, pour toute réponse, fit le parlementaire prisonnier; quelques coups de canon tirés pendant cette espèce de négociation servirent de prétexte, et, sans considérer les masses des ennemis et le petit nombre des siens, il ordonna l'attaque. La 2ᵉ division, formée en colonnes par régiments, marcha droit à l'ennemi. Qu'il me soit permis de rendre hommage au dévouement de ces braves soldats et de me féliciter de l'honneur d'avoir marché à leur tête. Les Russes les virent avec admiration s'avancer vers eux dans le meilleur ordre et d'un pas tranquille. Chaque coup de canon enlevait des files entières; chaque pas rendait la mort plus inévitable, et la marche ne fut pas ralentie un seul instant. Enfin nous approchâmes tellement de la ligne ennemie, que la 1ʳᵉ division de mon régiment, écrasée tout entière par la mitraille, fut renversée sur celle qui la suivait et y porta le désordre. Alors l'infanterie russe nous chargea à son tour, et la cavalerie, tombant sur nos flancs, nous mit dans une déroute complète. Quelques tirailleurs avantageusement placés arrêtèrent un instant la poursuite de l'ennemi; la division Ledru fut mise en bataille, et six pièces de canon répondirent au feu de la nombreuse artillerie des Russes. Pendant ce temps, je ralliai ce qui restait de mon régiment sur la grande route, où les boulets nous atteignaient encore. Notre attaque n'avait pas duré un quart d'heure, et la

CHAPITRE V.

deuxième division n'existait plus; mon régiment perdit plusieurs officiers et fut réduit à 200 hommes ; le régiment d'Illyrie et le 18°, qui perdit son aigle, furent encore plus maltraités ; le général Razout blessé, le général Lenchantin fait prisonnier (1).

Aussitôt le maréchal fit rétrograder sur Smolensk la 2° division. Au bout d'une demi-lieue, il la dirigea à gauche à travers champs, perpendiculairement à la route. La 1re division, ayant longtemps épuisé ses forces à soutenir le choc de toute l'armée ennemie, suivit ce mouvement, avec les canons et quelques bagages ; tous les blessés qui pouvaient encore marcher se traînèrent à leur suite. Les Russes se cantonnèrent dans les villages, en envoyant une colonne de cavalerie pour nous observer.

---

(1) Dans ce moment critique, je marchais à pied, tenant mon cheval par la bride pour éviter de servir de point de mire ; je le lâchai plus tard, craignant qu'il ne m'embarrassât. Quand nous fûmes remis en ordre, ce cheval me fut rendu par le capitaine Tierce, qui voulut s'en charger pour me le conserver. Comme je le remerciais de ce soin, en me félicitant qu'il se fût trouvé là par hasard, il me répondit : *Ce n'est jamais par hasard que je suis auprès de vous.*

Rien n'était plus vrai, car le capitaine Tierce, un des officiers les plus distingués du régiment, était aussi celui qui m'a toujours témoigné le plus d'attachement. Il me reprochait même quelquefois de trop m'exposer, oubliant qu'en cela je ne faisais que suivre son exemple.

Cet officier est mort d'une manière bien digne de lui. Capitaine de grenadiers à la bataille de Leipzig, il fut blessé au bras droit et refusa de s'en aller, disant qu'il tenait aussi bien son sabre de la main gauche ; bientôt après, une nouvelle balle le tua. Un adjudant du régiment ramassa ce sabre et m'en a fait présent.

Le jour baissait ; le 3ᵉ corps marchait en silence ; aucun de nous ne pouvait comprendre ce que nous allions devenir. Mais la présence du maréchal Ney suffisait pour nous rassurer. Sans savoir ce qu'il voulait ni ce qu'il pourrait faire, nous savions qu'il ferait quelque chose. Sa confiance en lui-même égalait son courage. Plus le danger était grand, plus sa détermination était prompte ; et quand il avait pris son parti, jamais il ne doutait du succès. Aussi, dans un pareil moment, sa figure n'exprimait ni indécision ni inquiétude ; tous les regards se portaient sur lui, personne n'osait l'interroger. Enfin, voyant près de lui un officier de son état-major, il lui dit à demi-voix : *Nous ne sommes pas bien.* — *Qu'allez-vous faire?* répondit l'officier. — *Passer le Dniéper.* — *Où est le chemin?* — *Nous le trouverons.* — *Et s'il n'est pas gelé?* — *Il le sera.* — *A la bonne heure*, dit l'officier. Ce singulier dialogue, que je rapporte textuellement, révéla le projet du maréchal de gagner Orcha par la rive droite du fleuve, et assez rapidement pour y trouver encore l'armée qui faisait son mouvement par la rive gauche. Le plan était hardi et habilement conçu ; on va voir avec quelle vigueur il fut exécuté.

Nous marchions à travers champs sans guide, et l'inexactitude des cartes contribuait à nous égarer. Le maréchal Ney, doué de ce talent d'homme de guerre qui apprend à tirer parti des moindres circonstances, remarqua de la glace dans la direction que nous suivions, et la fit casser, pensant que c'était un ruisseau qui nous conduirait au Dniéper. C'était réellement un ruisseau ; nous le suivîmes et nous arrivâmes à un village (1) où le maréchal fit mine de vouloir s'établir. On alluma de grands feux; on plaça des avant-postes. L'ennemi nous laissa tranquilles, comptant avoir bon marché de nous le lendemain. A la faveur de ce stratagème, le maréchal s'occupa de suivre son plan. Il fallait un guide, et le village était désert; les soldats finirent par trouver un paysan boiteux; on lui demanda où était le Dniéper et s'il était gelé. Il répondit qu'à une lieue de là se trouvait le village de Sirokowietz, et que le Dniéper devait être gelé en cet endroit. Nous partîmes conduits par ce paysan; bientôt nous arrivâmes au village. Le Dniéper, très-encaissé, était en effet assez gelé pour que l'on pût le traverser à pied. Pendant qu'on cherchait un passage, les maisons se remplissaient d'officiers et de soldats blessés le matin, qui s'étaient traînés jusque-là et auxquels les chirurgiens pouvaient à peine donner les premiers soins ; ceux qui n'étaient point blessés s'occupaient de chercher des vivres. Le maréchal Ney seul, oubliant à la fois les dangers du jour et ceux du lendemain, dormait d'un profond sommeil.

Vers le milieu de la nuit, on prit les armes pour passer le Dniéper en abandonnant à l'ennemi l'artillerie, les bagages, les voitures de toute espèce et les blessés qui ne pouvaient marcher. M. de Briqueville (2), dangereusement blessé la veille, passa le Dniéper en se traînant sur les genoux; je le confiai à deux sapeurs, qui vinrent à bout de le sauver. La

---

(1) Danikowa.
(1) Aide de camp du duc de Plaisance.

glace était si peu épaisse, qu'un très-petit nombre de chevaux purent passer ; les troupes se reformèrent de l'autre côté du fleuve.

Déjà le succès venait de couronner le premier plan du maréchal ; le Dniéper était passé, mais nous étions à plus de 15 lieues d'Orcha. Il fallait y arriver avant que l'armée française en fût partie ; il fallait traverser des pays inconnus et résister aux attaques de l'ennemi avec une poignée de fantassins épuisés de fatigue, sans cavalerie ni artillerie. La marche commença sous d'heureux auspices. Nous trouvâmes des Cosaques endormis dans un village (1) ; ils furent faits prisonniers. Le 19, aux premiers rayons du jour, nous suivîmes la route de Liubavitschi. A peine fûmes-nous arrêtés quelques instants par le passage d'un torrent, et par quelques postes de Cosaques qui se replièrent à notre approche ; à midi, nous avions atteint deux villages situés sur une hauteur, et dont les habitants eurent à peine le temps de se sauver en nous abandonnant leurs provisions. Les soldats se livraient à la joie que cause un moment d'abondance, lorsque l'on entendit crier : *Aux armes!* L'ennemi s'avançait et venait de replier nos avant-postes. Les troupes sortirent des villages, se formèrent en colonne, et se remirent en marche en présence de l'ennemi. Mais ce n'étaient plus quelques Cosaques comme ceux que nous avions rencontrés jusqu'à ce moment ; c'étaient des escadrons entiers manœuvrant en ordre, et commandés par le général Platow lui-même. Nos tirailleurs les continrent ; les colonnes

---

(1) Gusinoé.

pressèrent le pas en faisant leurs dispositions contre la cavalerie. Quelque nombreuse que fût cette cavalerie, nous ne la craignions guère, car jamais les Cosaques n'ont osé charger à fond un carré d'infanterie ; mais bientôt plusieurs pièces de canon en batterie ouvrirent leur feu sur nos colonnes. Cette artillerie suivait le mouvement de la cavalerie, et se transportait, sur des traîneaux, partout où elle pouvait agir utilement. Jusqu'à la chute du jour, le maréchal Ney ne cessa de lutter contre tant d'obstacles, en profitant des moindres accidents du terrain. Au milieu des boulets qui tombaient dans nos rangs, et malgré les cris et les démonstrations d'attaque des Cosaques, nous marchions du même pas. La nuit approchait, l'ennemi redoubla d'efforts. Il fallut quitter la route et se jeter à gauche le long des bois qui bordent le Dniéper. Déjà les Cosaques s'étaient emparés de ces bois ; le 4° et le 18°, sous la conduite du général d'Hénin, furent chargés de les en chasser. Pendant ce temps, l'artillerie ennemie prit position sur le bord opposé d'un ravin que nous devions passer. C'était là que le général Platow comptait nous exterminer tous.

Je suivis mon régiment dans le bois. Les Cosaques s'éloignèrent ; mais le bois était profond et assez épais, il fallait faire face dans toutes les directions pour se garantir des surprises. La nuit vint, nous n'entendions plus rien autour de nous ; il était plus que probable que le maréchal Ney continuait de se porter en avant. Je conseillai au général d'Hénin de suivre son mouvement ; il s'y refusa pour éviter les reproches du maréchal, s'il quittait sans son ordre le poste où il l'avait placé. Dans ce moment, de grands cris qui annonçaient une charge se firent entendre en avant de nous et déjà à quelque distance ; il devenait donc certain que notre colonne continuait sa marche, et que nous allions en être coupés. Je redoublai mes instances, en assurant au général d'Hénin que le maréchal, dont je connaissais bien la manière de servir, ne lui enverrait point d'ordre, parce qu'il s'en rapportait à chaque commandant de troupes pour agir selon les circonstances ; que d'ailleurs il était trop éloigné pour pouvoir maintenant communiquer avec nous, et que le 18ᵉ était déjà sûrement parti depuis longtemps. Le général persista dans son refus ; tout ce que je pus obtenir fut qu'il nous conduisît au point où devait être le 18ᵉ pour réunir les deux régiments. Le 18ᵉ était parti, et nous trouvâmes à sa place un escadron de Cosaques. Le général d'Hénin, convaincu trop tard de la justesse de mes observations, voulut enfin rejoindre la colonne. Mais nous avions parcouru le bois dans des directions si diverses, que nous ne pouvions plus reconnaître notre chemin ; les feux que l'on voyait allumés de différents côtés servaient encore à nous égarer. Les officiers de mon régiment furent consultés, et l'on suivit la direction que le plus grand nombre d'entre eux indiqua. Je n'entreprendrai point de peindre tout ce que nous eûmes à souffrir pendant cette nuit cruelle. Je n'avais pas plus de 100 hommes, et nous nous trouvions à plus d'une lieue en arrière de notre colonne. Il fallait la rejoindre au milieu des ennemis qui nous entouraient. Il fallait marcher assez rapidement pour réparer le temps perdu, et assez en ordre pour résister aux attaques des Cosaques. L'obscurité de la nuit, l'incertitude de la direction que nous suivions, la difficulté de marcher à travers bois, tout augmentait notre embarras. Les Cosaques nous criaient de nous rendre, et tiraient à bout portant au milieu de nous ; ceux qui étaient frappés restaient abandonnés. Un sergent eut la jambe fracassée d'un coup de carabine. Il tomba à côté de moi, en disant froidement à ses camarades : *Voilà un homme perdu ; prenez mon sac, vous en profiterez.* On prit son sac, et nous l'abandonnâmes en silence. Deux officiers blessés eurent le même sort. J'observais cependant avec inquiétude l'impression que cette situation causait aux soldats, et même aux officiers de mon régiment. Tel qui avait été un héros sur le champ de bataille, paraissait alors inquiet et troublé ; tant il est vrai que les circonstances du danger effrayent souvent plus que le danger lui-même. Un très-petit nombre conservaient la présence d'esprit qui nous était si nécessaire. J'eus besoin de toute mon autorité pour maintenir l'ordre dans la marche, et pour empêcher chacun de quitter son rang. Un officier osa même faire entendre que nous serions peut-être forcés de nous rendre. Je le réprimandai à haute voix, et d'autant plus sévèrement que c'était un officier de mérite, ce qui rendait la leçon plus frappante. Enfin après plus d'une heure nous sortîmes du bois, et nous trouvâmes le Dniéper à notre gauche. La direction était donc assurée, et cette découverte donna aux soldats un moment de joie dont je profitai pour les encourager et leur recommander le sang-froid, qui seul pouvait nous sauver. Le général d'Hénin nous remit en marche le long du fleuve pour empêcher l'ennemi de nous tourner. Nous étions loin d'être hors d'affaire; nous n'avions plus de doutes sur notre direction, mais la plaine dans laquelle nous marchions permettait à l'ennemi de nous attaquer en masse et de se servir de son artillerie. Heureusement il faisait nuit, l'artillerie tirait un peu au hasard. De temps en temps, les Cosaques s'approchaient avec de grands cris; nous nous arrêtions alors pour les repousser à coups de fusil, et nous repartions aussitôt. Cette marche dura deux lieues dans des terrains difficiles, en franchissant des ravins si escarpés, qu'il fallait les plus grands efforts pour remonter le bord opposé, et en passant des ruisseaux à demi gelés où l'on avait de l'eau jusqu'aux genoux. Rien ne put ébranler la constance des soldats; le plus grand ordre fut toujours observé, aucun homme ne quitta son rang. Le général d'Hénin, blessé d'un éclat de mitraille, n'en voulut rien dire pour ne pas décourager les soldats, et continua de s'occuper du commandement avec le même zèle. Sans doute on peut lui reprocher de s'être obstiné trop longtemps à défendre le bois de Dniéper; mais dans des moments si difficiles l'erreur est pardonnable. Ce qu'on ne contestera pas du moins, c'est la bravoure et l'intelligence avec lesquelles il nous a guidés tant qu'a duré cette marche périlleuse. La poursuite de l'ennemi se ralentit; enfin, on découvrit quelques feux sur une hauteur en avant de nous. C'était l'arrière-garde du maréchal Ney, qui avait fait halte en cet endroit, et qui se remettait en marche; nous nous réunîmes à elle, et nous apprîmes que le maréchal avait marché la veille sur l'artille-

CHAPITRE V.

rie ennemie et l'avait forcée de lui céder le passage.

Ce fut ainsi que le 4e régiment se tira d'une position presque désespérée. La marche continua encore une heure. Les soldats, épuisés, avaient besoin de repos; on fit halte dans un village, où l'on trouva quelques provisions.

Nous étions encore à huit lieues d'Orcha, et le général Platow allait sans doute redoubler d'efforts pour nous enlever. Les moments étaient précieux ; à une heure du matin on battit la générale et l'on partit. Le village était en flammes; l'obscurité de la nuit, éclairée seulement par la lueur de l'incendie, répandait autour de nous une teinte lugubre. Je regardai tristement ce spectacle. La fatigue de la journée précédente et l'eau qui remplissait mes bottes m'avaient rendu toutes les souffrances que j'avais éprouvées précédemment. Pouvant à peine marcher, je m'appuyais sur le bras de M. Lalande, jeune officier de voltigeurs. Sa conduite avait mérité quelques reproches au commencement de la campagne, et on lui avait même refusé le grade de capitaine, auquel son ancienneté de lieutenant lui donnait des droits. Je l'observais avec attention, et, comme j'étais fort content de lui, je crus le moment venu de lui promettre un dédommagement. Je lui témoignai donc ma satisfaction et mes regrets sur le retard qu'avait éprouvé son avancement, en lui donnant ma parole qu'il serait le premier capitaine nommé dans mon régiment. Il me remercia avec la plus grande sensibilité, et continua de redoubler de zèle tant que ses forces répondirent à son courage. Ce malheureux jeune homme a fini par succomber; mais j'aime à penser que l'espérance que je lui avais donnée aura soutenu quelque temps son courage et peut-être adouci l'horreur de ses derniers moments.

Nous marchâmes jusqu'au jour sans être inquiétés. Aux premiers rayons du soleil, les Cosaques reparurent, et bientôt le chemin que nous suivions nous conduisit dans une plaine. Le général Platow, voulant profiter de cet avantage, fit avancer sur des traîneaux cette artillerie que nous ne pouvions ni éviter ni atteindre; et, quand il crut avoir mis le désordre dans nos rangs, il ordonna une charge à fond. Le maréchal Ney forma rapidement en carré chacune de ses deux divisions; la 2ᵉ, commandée par le général d'Hénin, se trouvant d'arrière-garde, était la première exposée. Nous fîmes prendre rang de force à tous les hommes isolés qui avaient encore un fusil; il fallut employer les menaces les plus fortes pour en tirer parti. Les Cosaques, faiblement contenus par nos tirailleurs, et chassant devant eux une foule de traînards sans armes, s'efforçaient d'atteindre le carré. Les soldats précipitaient leur marche à l'approche de l'ennemi et sous le feu de son artillerie. Vingt fois je les vis sur le point de se débander et de fuir chacun de leur côté, en se livrant avec nous à la merci des Cosaques; mais la présence du maréchal Ney, la confiance qu'il inspirait, son attitude calme au moment d'un tel danger, les retinrent dans le devoir. Nous atteignîmes une hauteur. Le maréchal ordonna au général d'Hénin de s'y maintenir, en ajoutant qu'il fallait savoir mourir là pour l'honneur de la France. Pendant ce temps, le général Ledru marchait sur Jokubow (1), village adossé à un bois. Quand il y fut établi, nous allâmes l'y joindre : les deux divisions prirent position en se flanquant mutuellement. Il n'était pas encore midi, et le maréchal Ney déclara qu'il défendrait ce village jusqu'à neuf heures du soir. Le général Platow tenta vingt fois de nous enlever; ses attaques furent constamment repoussées, et, fatigué de tant de résistance, il prit position lui-même vis-à-vis de nous.

Le maréchal avait envoyé dès le matin un officier polonais, qui parvint à Orcha et y donna de nos nouvelles. L'Empereur en était parti la veille, le vice-roi et le maréchal Davout occupaient encore la ville.

A neuf heures du soir, nous prîmes les armes et nous nous mîmes en marche dans le plus grand silence. Les postes de Cosaques placés sur la route se replièrent à notre approche. La marche continua avec beaucoup d'ordre. A une lieue d'Orcha, l'avant-garde rencontra un poste avancé. On lui répondit en français. C'était une division du 4e corps qui venait à notre secours avec le vice-roi. Il faudrait avoir passé trois jours entre la vie et la mort pour juger de la joie que nous causa cette rencontre. Le vice-roi nous reçut avec une vive émotion. Il témoigna hautement au maréchal Ney l'admiration que lui causait sa conduite. Il félicita les généraux et les deux colonels qui restaient (2). Ses aides de camp nous entourèrent en nous accablant de questions sur les détails de ce grand

---

(1) Ainsi nommé dans le rapport de Platow. Ce doit être Teolino.

(1) Le colonel Pelleport, du 18e, et moi.

drame et sur la part que chacun y avait prise. Mais le temps pressait; au bout de peu d'instants il fallut repartir pour Orcha. Le vice-roi voulut faire notre arrière-garde; à trois heures du matin, nous entrâmes dans la ville. Quelques maisons assez misérables du faubourg nous servirent d'asile. On promit des distributions pour le lendemain, et il nous fut enfin permis de prendre un peu de repos.

Ainsi se termina cette marche hardie, l'un des plus curieux épisodes de la campagne. Elle couvrit de gloire le maréchal Ney, et le 3ᵉ corps lui dut son salut, si l'on peut donner le nom de corps d'armée à 8 ou 900 hommes qui arrivèrent à Orcha, reste des 6,000 qui avaient combattu à Krasnoï.

CHAPITRE VI.

RETRAITE D'ORCHA A LA BÉRÉSINA.

MOUVEMENTS DES AUTRES CORPS. — PROGRÈS DE LA DÉSORGANISATION DANS L'ARMÉE. — MARCHE D'ORCHA A VÉZÉLOVO. — MOUVEMENTS DES TROIS ARMÉES RUSSES. — RÉUNION DES 2e, 6e ET 9e CORPS A LA GRANDE ARMÉE. — PASSAGE DE LA BÉRÉSINA. — AFFAIRE DU 28 NOVEMBRE.

Pendant que le 3e corps soutenait la terrible lutte que je viens de raconter, l'Empereur avait marché rapidement sur Orcha, toujours poursuivi par les troupes légères des Russes. Le détail de ce mouvement n'offre d'intéressant que la mort funeste de 300 hommes du 1er corps, brûlés à Lyady dans une grange où ils avaient passé la nuit. Ces malheureux, en voulant se sauver, s'accrochèrent tellement les uns aux autres, qu'aucun d'eux ne put sortir. Tous périrent; un seul respirait encore, et l'on fut obligé, pour l'achever, de lui tirer deux coups de fusil.

J'ai dit, à la fin du troisième chapitre, dans quelle situation se trouvait l'armée, et combien il était nécessaire de prévenir les Russes au passage de la Bérézina; aussi Napoléon, sans s'arrêter à Orcha, suivit la route de Borisow. Cette ville est située sur la Bérézina, à trente lieues d'Orcha; la division de Dombrowski y était établie pour garder le pont.

Ici commence pour le 3ᵉ corps une époque nouvelle. On vient de voir ce corps d'armée chargé seul de l'arrière-garde depuis Viasma, c'est-à-dire pendant un intervalle de dix-huit jours et une distance de soixante lieues. Réuni maintenant à la Grande Armée et marchant dans ses rangs, le 3ᵉ corps n'aura plus à partager que les fatigues et les privations communes.

A peine avions-nous pris trois heures de repos à Orcha, qu'on voulut songer aux distributions; mais nous devions encore être privés de cette faible ressource. Les Russes, parvenus sur l'autre bord du Dniéper, commencèrent à incendier la ville avec des obus; les bâtiments où étaient les magasins se trouvaient fort en vue et servaient de points de mire. Il devint impossible de faire aucune distribution régulière; quelques soldats rapportèrent de l'eau-de-vie et de la farine au péril de leur vie; et le maréchal Davout, maintenant chargé de l'arrière-garde, pressa notre départ. A huit heures du matin, nous étions sur la route de Borisow.

Cette route est une des plus belles que l'on puisse voir, et sa largeur permettait de faire marcher de front plusieurs colonnes. Pour la première fois, n'ayant point à songer à l'ennemi, j'observai la situation de mon régiment; à peine me restait-il 80 hommes, et comment espérer de conserver ce petit nombre de soldats, auxquels on ne pouvait donner un instant de repos? Je remarquais avec douleur le mauvais état de leur habillement et de leur chaussure, leur maigreur et l'air d'abattement répandu sur leur visage. Les autres régiments du 3ᵉ corps étaient peut-être encore en plus mauvais état que le mien. Le manque de vivres seul aurait suffi pour détruire l'armée, quand toutes les autres calamités ne s'y seraient pas jointes. Depuis longtemps les provisions de Moscou étaient consommées, les charrettes qui les portaient abandonnées, les chevaux morts sur la route. On a vu jusqu'à présent quelle part nous avions eue aux distributions, qui d'ailleurs n'eurent lieu qu'à Smolensk et à Orcha. Quant aux ressources du pays, on peut juger de ce qui restait dans les lieux que les troupes qui nous précédaient venaient de traverser. Aussi vivions-nous d'une manière miraculeuse, tantôt avec de la farine détrempée dans l'eau sans sel, tantôt avec un peu de miel ou quelques morceaux de chair de cheval, et sans autre boisson que la neige fondue. En approchant de Wilna, nous trouvâmes une espèce de boisson faite avec des betteraves. La rigueur du froid était fort diminuée ; on se rappelle que nous avions trouvé le Dniéper à peine gelé, et pourtant ce changement de température ne nous fut d'aucun avantage, car le demi-dégel ne faisait que rendre le terrain glissant, ce qui usait la chaussure et augmentait la fatigue. Je rencontrai, à quelque distance d'Orcha, M. Lanusse, capitaine de mon régiment, qui avait perdu la vue par un coup de feu à la prise de Smolensk ; une cantinière de sa compagnie le conduisait et en prenait le plus grand soin. Il me raconta qu'après avoir été pris et pillés par les Cosaques à Krasnoi, ils avaient trouvé moyen de s'échapper et qu'ils allaient s'efforcer de nous suivre.

Peu de temps après, on les trouva sur la route morts et dépouillés.

Les autres corps d'armée avec lesquels nous marchions avaient perdu moins d'hommes que nous ; mais leur misère était aussi grande et leur désorganisation aussi complète. A cet égard, la jeune garde ne se distinguait pas du reste de l'armée. Depuis longtemps la cavalerie n'existait plus. Napoléon réunit les officiers qui avaient encore un cheval pour en former autour de lui des espèces de gardes du corps, dont les colonels étaient sous-officiers et les généraux officiers. Ce corps, auquel il a donné le nom d'*escadron sacré*, était lui-même sous les ordres immédiats du roi de Naples ; mais les malheurs de la retraite empêchèrent d'en tirer parti ; il fut dispersé aussitôt que réuni.

En cinq jours de marche, l'armée atteignit les bords de la Bérézina. Nous retrouvâmes à Tolotschin le grand quartier général. L'Empereur félicita le maréchal Ney sur son expédition du Dniéper ; il lui parla ensuite avec beaucoup de calme des dangers qui attendaient l'armée au passage de la Bérézina et dont il ne se dissimulait pas l'étendue. Nous passâmes deux nuits à couvert dans les petites villes de Bobr et de Natcha. Je n'en dirai pas autant de Némonitsa, village à une lieue en arrière de Borisow ; le voisinage de la Bérézina y causait un grand encombrement, et les soldats de tous les corps d'armée s'entassaient pêle-mêle avec les blessés. Un général, dont j'ignore le nom, logeait dans une assez bonne maison. Le major de mon régiment imagina de lui demander l'hospitalité pour nous ; il la refusa, ce qui était immanquable, et le major, très-mécontent de son refus, s'emporta au point de menacer de mettre le feu à la maison, tant l'indiscipline était poussée loin à cette époque. Je réprimandai fortement mon major, et après avoir fait en son nom des excuses au général, je passai la nuit avec les officiers de mon régiment entre les quatre murs d'une chaumière, dont la toiture avait été enlevée.

Avant de raconter le passage de la Bérézina, il est nécessaire de dire un mot de la situation générale de l'armée et de celle de l'ennemi.

On a vu, à la fin du troisième chapitre, que le général Wittgenstein avait pris Polotzk le 18 octobre, et que le 2º corps, chassé de sa position sur le Dniéper, se rapprochait de la route que nous suivions. Aussitôt que le duc de Bellune fut arrivé avec le 9º et eut relevé le 2º, le duc de Reggio vint prendre position à Bobr. Le duc de Bellune, après une affaire indécise à Tchasniki, le 14 novembre, contint le général Wittgenstein jusqu'au 22, et commença ensuite son mouvement rétrograde pour se rapprocher de la Grande Armée.

D'un autre côté, l'amiral Tchitchagoff, venant de la Moldavie, surprit la ville de Minsk le 16 novembre, et s'empara de tous les magasins qu'on y avait réunis. Son avant-garde enleva le pont de Borisow le 21, malgré la vive résistance du général Dombrowski, passa la Bérézina, et se porta au-devant de l'Empereur sur la route d'Orcha. Le duc de Reggio marcha à la rencontre des Russes, les repoussa jusqu'à Borisow, et les rejeta de l'autre côté de la Bérézina, dont ils brûlèrent le pont. Enfin le général en chef

Kutusow, qui nous suivait depuis Moscou avec la grande armée, continuait son mouvement sur notre flanc gauche, et combinait ses opérations avec celles des autres corps. Ainsi trois armées russes se préparaient à cerner l'armée française sur les bords de la Bérézina : l'armée de Moldavie, placée sur la rive opposée, en empêchant le passage ; le corps du général Wittgenstein, en pressant l'arrière-garde par la droite et la repoussant sur le centre ; la grande armée, en appuyant le même mouvement par la gauche. A des attaques aussi formidables se joignaient l'impossibilité de faire vivre les troupes françaises réunies dans un très-petit espace, la nécessité de construire un pont sur la Bérézina en présence de l'ennemi, enfin la fatigue et l'épuisement de notre armée. Cependant la réunion des 2ᵉ et 9ᵉ corps, celui-ci presque intact, celui-là beaucoup mieux conservé que les nôtres, devai nous être d'un grand secours ; il nous restait encore 50,000 combattants, 5,000 cavaliers, une artillerie nombreuse, le génie de l'Empereur et le courage que donne le désespoir. D'ailleurs la lenteur de la poursuite de la grande armée russe la mettait hors de ligne, puisque le général Kutusow passait seulement le Dniéper à Kopis le 26 novembre, tandis que dès le 25 toute l'armée française se trouvait réunie sur les bords de la Bérézina, à trois jours de marche en avant de lui. Il s'agissait donc de forcer le passage de la rivière assez rapidement pour ne point être atteint par le général Kutusow, et n'avoir, par conséquent, à combattre que deux armées au lieu de trois. Le 2ᵉ corps, placé à Borisow, devait tenter le passage ; le 9ᵉ, retarder la marche du général Wittgenstein sur

CHAPITRE VI.

la rive gauche; les autres corps, trop épuisés pour pouvoir rien entreprendre, reçurent l'ordre de marcher entre le 2ᵉ et le 9ᵉ; la garde impériale était la dernière ressource.

Dès le 24, l'Empereur s'occupait de chercher un passage. On ne pouvait le tenter à Borisow même, car il eût fallu construire et traverser un pont sous le feu des batteries ennemies qui bordaient la rive opposée. Au-dessous de Borisow, à Ucholoda, nous nous serions rapprochés du général Kutusow, qu'il était si important d'éviter. A trois lieues au-dessus de Borisow, au contraire, au village de Vésélovo, le terrain nous favorisait; les hauteurs de notre côté dominaient la rive opposée, et le passage pouvait être tenté sur ce point, d'autant mieux qu'on trouvait de l'autre côté la route de Zembin, par laquelle on ramènerait l'armée à Wilna. Napoléon prit ce dernier parti. La journée du 25 fut employée à faire des démonstrations de passage à Ucholoda et surtout à Borisow. L'amiral Tchitchagoff, n'ayant en tout que 20,000 hommes d'infanterie, ne pouvait occuper en force tous les points du passage; il porta sa principale attention sur Borisow et sur les points au-dessous de cette ville, par où le général Kutusow l'assurait que l'armée française devait se diriger. Cependant, dans la nuit du 25 au 26, le 2ᵉ corps se porta à Vésélovo; l'Empereur y arriva le 26 à la pointe du jour. Quelques cavaliers avec des voltigeurs en croupe passèrent à la nage et attaquèrent les avant-postes russes. Aussitôt 30 pièces de canon furent établies sur les hauteurs qui dominaient la rive opposée pour empêcher l'ennemi de s'y établir. Sous la protection de cette artillerie, les pontonniers, enfoncés dans l'eau glacée, travaillèrent à la construction de deux ponts qu'ils terminèrent avant la nuit. Le 2ᵉ corps passa et repoussa les Russes sur la route de Borisow ; les autres corps d'armée le suivirent. Le 3ᵉ corps arriva le soir à Vésélovo, et passa là Bérézina un peu avant le jour. Beaucoup d'hommes restèrent sur la rive gauche, croyant passer plus facilement le lendemain matin ; les autres se dispersèrent sur les marais à demi gelés qui bordaient la rive droite, cherchant vainement un abri contre la rigueur du froid.

Au point du jour, le 3ᵉ corps se reforma et prit position derrière le 2ᵉ, dans un bois que traverse la route. La journée se passa tranquillement. Tchitchagoff, instruit du passage de notre armée, réunissait ses troupes pour nous attaquer, pendant que les 1ᵉʳ, 4ᵉ et 5ᵉ corps, l'Empereur et la garde impériale, les parcs d'artillerie et les bagages, passaient sans discontinuer sur les ponts qui se rompaient à chaque instant. Le passage s'effectua d'abord avec assez d'ordre ; mais la foule grossissait sans cesse, et la confusion devint bientôt telle, que les troupes se virent obligées d'employer la force pour se faire jour.

Le froid avait repris de nouveau ; la neige tombait avec violence, et les feux que nous allumions pouvaient à peine nous réchauffer. Je n'en résolus pas moins d'employer utilement cette journée. Depuis Smolensk, je n'avais eu ni le temps ni le courage d'observer de près la destruction de mon régiment. Ce jour-là, je me décidai à entrer dans ces tristes détails. J'appelai près de moi les officiers, et j'en fis l'appel avec la liste que j'avais apportée de Moscou ; mais que de changements depuis cette époque ! De 70 officiers à peine en restait-il 40, et la plupart étaient malades ou épuisés de fatigue. Je m'entretins longtemps avec eux de notre situation présente ; je donnai à plusieurs les éloges que méritait leur conduite vraiment héroïque ; j'en réprimandai d'autres qui montraient plus de faiblesse, et je leur promis surtout de chercher toujours à les encourager par mon exemple. Presque tous les cadres de compagnies avaient été détruits à Krasnoï, ce qui rendait la discipline beaucoup plus difficile. Je formai deux pelotons des soldats qui restaient, le premier composé de grenadiers et voltigeurs, le second des compagnies du centre. Je désignai les officiers qui devaient les commander, et j'ordonnai aux autres de prendre chacun un fusil et de marcher toujours avec moi à la tête du régiment. J'étais moi-même au bout de mes dernières ressources : je n'avais plus qu'un cheval ; mon dernier porte-manteau fut perdu au passage de la Bérézina, il ne me resta que ce que j'avais sur le corps, et nous étions encore à 50 lieues de Wilna, à 80 du Niémen : mais je comptais pour peu mes souffrances et mes privations personnelles au milieu de tant de malheurs. Le maréchal Ney avait tout perdu comme nous, ses aides de camp mouraient de faim, et je me souviens avec reconnaissance qu'ils eurent plus d'une fois la bonté de partager avec moi le peu de vivres qu'ils pouvaient se procurer (1).

---

(1) Vers le soir on aperçut des rayons de miel attachés à un

Ce même soir, le 9ᵉ corps éprouva sur la rive droite un événement bien funeste. Le duc de Bellune était arrivé le 26 à Borisow, toujours suivi par le général Wittgenstein. Il vint prendre position le 27 sur les hauteurs de Vésélovo pour protéger le passage et l'effectuer lui-même. La division Partouneaux, qui faisait son arrière-garde, fut laissée à Borisow, avec ordre de venir le joindre la nuit. Ce général, n'ayant point de guide et trompé, à ce qu'il paraît, par les feux de l'ennemi, prit une fausse route, tomba au milieu des troupes du général Wittgenstein, et fut pris avec toute sa division forte de 4,000 hommes. Wittgenstein, n'ayant plus rien qui l'arrêtât, marcha rapidement sur Vésélovo.

Le lendemain 28, le combat s'engagea vivement des deux côtés de la rivière. L'amiral Tchitchagoff sur la rive gauche, le général Wittgenstein sur la rive droite, réunirent leurs efforts pour repousser nos troupes et les précipiter dans la Bérézina. On ne pouvait opposer aux attaques de l'amiral que le 2ᵉ corps et une partie du 5ᵉ; trois faibles bataillons placés sur la grande route servaient de réserve; c'était ce qui restait des 1ᵉʳ, 3ᵉ et 8ᵉ corps. Le combat se soutint quelque temps; mais le 2ᵉ corps, pressé par des forces supérieures, commençait à plier. Nos ré-

---

arbre et fort élevés. Il était difficile et dangereux d'y atteindre. Cependant quelques soldats pensant qu'il valait autant mourir d'une chute que de mourir de faim, vinrent à bout, à l'aide d'une perche, de grimper jusque-là. Ils jetèrent par morceaux ce miel sur lequel leurs camarades se précipitaient comme des chiens affamés.

serves, atteintes de plus près par les boulets, se portèrent en arrière. Ce mouvement fit fuir tous les isolés qui remplissaient le bois, et qui, dans leur frayeur, coururent jusqu'au pont. La jeune garde elle-même fut ébranlée. Bientôt il n'y avait plus de salut que dans la vieille garde; nous étions prêts à vaincre ou à mourir avec elle. En un instant tout changea de face, et les lieux qui devaient être le tombeau de la Grande Armée furent les témoins de son dernier triomphe. Le duc de Reggio, après une héroïque résistance, venait d'être blessé; le maréchal Ney le remplaça aussitôt. L'illustre guerrier, qui avait sauvé le 3ᵉ corps à Krasnoi, sauva sur les bords de la Bérézina l'armée tout entière et l'Empereur lui-même. Il rallia le 2ᵉ corps et reprit hardiment l'offensive. Son expérience guidait les généraux, comme son courage animait les soldats. Les cuirassiers de Doumerc enfoncèrent les carrés, enlevèrent des pièces de canon. L'infanterie française et polonaise seconda leurs efforts; 4,000 prisonniers et 5 pièces de canon furent le prix de la victoire. Nous accueillîmes avec transports les braves soldats qui conduisaient ces brillants trophées. Leur valeur décida de la journée. Tchitchagoff, qui ne s'attendait plus à trouver des ennemis si redoutables, ne renouvela pas ses attaques. La nuit vint; le 2ᵉ corps garda sa position, les autres corps rentrèrent dans le bois et reprirent leurs bivouacs. Cette nuit fut aussi pénible que les précédentes; mais ce n'étaient plus nous qu'il fallait plaindre, c'étaient les malheureux restés sur l'autre rive.

Le désordre avait été toujours en croissant pendant la journée et la nuit du 27. Le 28 au matin, le pont destiné aux voitures se rompit tout à fait ; l'artillerie et les bagages se portèrent sur le pont destiné à l'infanterie et s'y ouvrirent de force un passage. Il ne restait de troupes sur cette rive que les deux divisions du 9° corps ; mais une multitude innombrable de fourgons, de voitures de toute espèce, de soldats isolés et d'individus non combattants, parmi lesquels se trouvaient beaucoup de femmes et d'enfants. On avait ordonné expressément que le passage fût d'abord réservé aux troupes ; les voitures ainsi que les blessés, les malades et autres individus que l'armée traînait après elle, devaient passer ensuite, protégés par le 9° corps, qui fermait la marche. Mais le général Wittgenstein, ayant, comme on l'a dit, enlevé la division Partouneaux tout entière, attaqua le duc de Bellune, le 28 au matin, près de Vésélovo, et renouvela de ce côté les efforts que faisait l'amiral sur l'autre rive. Le duc de Bellune déploya dans sa résistance tout ce que peuvent inspirer le talent et la valeur ; mais, pressé par des forces supérieures, il ne pouvait empêcher les progrès de l'ennemi. Vers le soir, l'artillerie russe, prenant une position avantageuse, fit feu sur cette masse confuse qui couvrait la plaine. Le désordre fut alors à son comble ; les chevaux et les voitures passaient sur le corps des hommes qu'ils renversaient. Chacun, ne pensant qu'à son propre salut, cherchait, pour se frayer un passage, à abattre son voisin à ses pieds ou à le jeter dans la rivière. Au milieu de cette confusion, les boulets de canon frappaient ceux qui se soutenaient encore et brisaient les voitures ; un grand nombre d'hommes périrent sur le pont ; d'autres essayant de passer à la nage se noyèrent au milieu des glaçons. Il était nuit ; le 9ᵉ corps se défendait encore. Bientôt, repliant successivement ses troupes, le duc de Bellune se fit jour jusque sur le pont, le passa précipitamment et y mit le feu. Les morts et mourants qui le couvraient furent engloutis dans les flots, et tous ceux qui étaient sur l'autre bord tombèrent au pouvoir de l'ennemi, ainsi que les bagages, beaucoup d'artillerie, les voitures des particuliers, les trophées de Moscou, enfin tout ce qui avait échappé aux désastres précédents. Plus de 15,000 hommes périrent ou furent pris dans cette affreuse journée.

CHAPITRE VII.

RETRAITE DE LA BÉRÉZINA A WILNA.

PREMIERS JOURS DE MARCHE. — IMPOSSIBILITÉ DE FORMER UNE ARRIÈRE-GARDE. — LES RESTES DU 3ᵉ CORPS REJOIGNENT LE QUARTIER GÉNÉRAL. — DÉPART DE L'EMPEREUR. — NOUVELLE RIGUEUR DU FROID. — L'ARMÉE ARRIVE A WILNA.

La Bérézina était passée et le projet des Russes avait échoué ; mais la déplorable situation de l'armée rendait de plus en plus difficile de résister à de nouvelles attaques. Les 2ᵉ et 9ᵉ corps, qui s'étaient sacrifiés pour nous ouvrir le passage de la Bérézina, se trouvaient presque en aussi mauvais état que nous, et le salut de l'armée ne dépendait que de la rapidité de sa fuite. Aussi cette partie de la retraite, la plus désastreuse de toutes, n'offre-t-elle qu'une marche précipitée ou plutôt une longue déroute sans aucune opération militaire. On espérait rallier l'armée à Wilna, sous la protection de quelques troupes qui s'y trouvaient. Nous en étions encore à cinquante-quatre lieues par le chemin de traverse de Zembin, qui rejoint la grande route à Molodestchno ; l'on suivit cette direction.

Dès le 28, lorsque l'attaque de Tchitchagoff eut été

repoussée, Napoléon quitta les bords de la Bérézina, et se porta à Zembin avec la garde et les 1er, 4e et 5e corps. Le 29 au matin les 2e et 9e commencèrent leur retraite, suivis par le 3e. La route de Zembin est une chaussée élevée sur des marais et construite en bois, comme plusieurs autres de ce pays ; quelques ponts très-longs traversent des courants d'eau qui se jettent dans la Bérézina. Cette disposition de terrain rendait la marche pénible et lente ; car les marais n'étant qu'à demi gelés, il fallait que la colonne entière défilât sur cette chaussée souvent très-étroite ; mais on se consolait de cet inconvénient en pensant que si l'ennemi, moins occupé de défendre la route de Minsk, eût porté plus d'attention sur celle de Wilna, il lui aurait suffi de brûler un des ponts pour nous engloutir tous dans les marais. Après avoir passé un de ces défilés, le 3e corps s'arrêta quelque temps pour se rallier. Là je vis passer pêle-mêle des officiers de tous grades, des soldats, des domestiques, quelques cavaliers traînant avec peine leurs chevaux, des blessés et écloppés se soutenant mutuellement. Chacun racontait la manière miraculeuse dont il avait échappé au désastre de la Bérézina, et se félicitait d'avoir pu sauver sa vie en abandonnant tout ce qu'il possédait. Je remarquai un officier italien respirant à peine et porté par deux soldats que sa femme accompagnait. Vivement touché de la douleur de cette femme et des soins qu'elle rendait à son mari, je lui donnai ma place auprès d'un feu qu'on avait allumé. Il fallait toute l'illusion de sa tendresse pour ne pas s'apercevoir de l'inutilité de ses soins. Son mari avait cessé de vivre, et elle l'appelait encore jusqu'au moment où, ne pouvant plus douter de son malheur, elle tomba évanouie sur son corps. Tels étaient les tristes spectacles que nous avions journellement sous les yeux, quand nous nous arrêtions un instant, sans compter les querelles des soldats qui se battaient pour un morceau de cheval ou un peu de farine ; car depuis longtemps le seul moyen de conserver sa vie était d'arracher de force les provisions à ceux qui les portaient ou de profiter d'un moment de sommeil pour les leur enlever. Ce même jour, j'appris la mort de M. Alfred de Noailles, aide de camp du prince de Neufchâtel, qui avait été tué la veille auprès du duc de Reggio. Jusqu'à ce moment je n'avais perdu aucun de mes amis, et j'en éprouvai une douleur bien vive. Le maréchal Ney, à qui j'en parlai, me dit pour toute consolation *que c'était apparemment son tour, et qu'enfin il valait mieux que nous le regrettions que s'il nous regrettait.* Dans de pareilles occasions il témoignait toujours la même insensibilité ; une autre fois je lui entendis répondre à un malheureux blessé qui lui demandait de le faire emporter : *Que veux-tu que j'y fasse ? tu es une victime de la guerre ;* et il passa son chemin. Ce n'est pas assurément qu'il fût méchant ni cruel ; mais l'habitude des malheurs de la guerre avait endurci son cœur. Pénétré de l'idée que tous les militaires devaient mourir sur le champ de bataille, il trouvait tout simple qu'ils remplissent leur destinée, et l'on a vu d'ailleurs dans ce récit qu'il ne faisait pas plus de cas de sa vie que de celle des autres.

Le 3ᵉ corps arriva le 29 à Zembin, et le 30 à Kamen. A peine la marche était-elle commencée, que le duc de Bellune déclarait ne pouvoir plus faire l'arrière-garde. Il essaya même de passer en avant, et de laisser le 3ᵉ corps exposé aux attaques de l'avant-garde russe, ce qui causa une discussion assez vive entre lui et le maréchal Ney. On eut recours à l'autorité de Napoléon, qui ordonna au duc de Bellune (1) de rester à l'arrière-garde et de protéger la retraite. Mais ce qui venait de se passer donnait peu de confiance en l'appui du 9ᵉ corps ; aussi le maréchal Ney voulut-il éloigner du danger les restes du 3ᵉ, c'est-à-dire quelques officiers et les aigles des régiments. On réunit, sous le commandement d'un capitaine (2), les soldats en état de combattre ; à peine s'en trouva-t-il cent. Cette troupe fut destinée à servir d'escorte au maréchal. Tout le reste partit de Kamen à minuit, sous les ordres du général Ledru, pour s'efforcer de rejoindre l'Empereur, afin de marcher avec la garde impériale et sous sa protection. Il fallait d'autant plus se hâter, que le quartier général avait un jour d'avance sur nous, et marchait à grandes journées. Aussi, pendant deux jours et trois nuits, nous marchâmes presque sans nous arrêter ; et quand l'excès de la fatigue nous forçait de prendre un peu de repos, nous nous réunissions tous dans une grange avec les aigles des régiments et quelques soldats encore armés qui veillaient à leur défense. Bientôt on donna l'ordre de briser les aigles et de les enterrer. Je ne pus y consentir. Je fis brûler le bâton et mettre l'aigle

---

(1) Le 2 décembre.
(2) M. Delachau, capitaine au 4ᵉ régiment, depuis colonel du 29ᵉ.

dans le sac d'un des porte-aigles, à côté duquel je marchais constamment. On avait en même temps renouvelé l'ordre déjà donné aux officiers de s'armer de fusils. Cet ordre était inexécutable ; les officiers, malades et exténués, n'avaient plus la force de se servir d'une arme. Plusieurs succombèrent pendant ce trajet ; l'un d'eux, qui venait de se marier en France, fut trouvé mort auprès d'un feu, tenant le portrait de sa femme fortement serré contre son cœur. Peu s'en fallut même que nous ne fussions tous enlevés par les Cosaques dans la petite ville d'Ilïa. Un bataillon de la vieille garde, qui heureusement était resté avec le comte de Lobau pour garder la position, nous aida à nous en débarrasser. Le 3, nous rejoignîmes le quartier général entre Ilïa et Molodetschno ; mais ce quartier général, si brillant au commencement de la guerre, était devenu méconnaissable. La garde marchait en désordre ; on lisait sur la figure des soldats le mécontentement et la tristesse. L'Empereur était en voiture avec le prince de Neufchâtel ; un petit nombre d'équipages, de chevaux de main et de mulets échappés à tant de désastres suivaient la voiture. Les aides de camp de l'Empereur, ainsi que ceux du prince de Neufchâtel, menaient par la bride leurs chevaux, qui se soutenaient à peine. Quelquefois, pour prendre un peu de repos, ils s'asseyaient derrière la voiture. Au milieu de ce triste cortége, une foule d'éclopés de tous les régiments marchaient sans aucun ordre, et la forêt de sapins que nous traversions, en répandant une couleur sombre sur tout ce tableau, semblait encore en augmenter l'horreur. Au sortir de la forêt, nous arrivâmes à Molodetschno, lieu de l'embranchement de la grande route de Minsk à Wilna.

Il était de la plus grande importance pour nous d'atteindre ce point avant que les Russes eussent pu s'en emparer et nous fermer le passage. La rapidité de notre marche prévint ce malheur; mais l'ennemi ne cessait de nous harceler dans toutes les directions. Depuis la Bérézina, leurs trois armées avaient continué de marcher sur trois routes différentes. Tchitchagoff, avec l'armée de Moldavie, faisait l'avant-garde et suivait la même route que nous; Kutusow marchait sur notre flanc gauche; Wittgenstein sur notre flanc droit.

Le 6° corps, commandé par le général de Wrède, s'était, après l'affaire de Polotzk, retiré successivement jusqu'à Doksistzy; il continua son mouvement par Vileika et Nemenczin sur Wilna. Cette marche couvrait le flanc droit de l'armée; mais le 6° corps était tellement détruit que l'on n'en pouvait attendre qu'un faible secours. Les Cosaques, tombant à l'improviste au milieu de notre colonne, massacraient presque sans défense tout ce qui se trouvait sous leur main. A Plechtchnitsy, le duc de Reggio, blessé, fut attaqué dans une maison de bois où il était logé; un boulet de canon brisa le lit sur lequel il reposait et dont un des éclats lui fit une seconde blessure. Il ne dut son salut qu'à quelques officiers, également blessés, qui soutinrent un siége dans la maison jusqu'à l'arrivée des premières troupes françaises. A Chotaviski, à Molodetschno, le 9° corps, qui faisait l'arrière-garde, fut vivement attaqué et mis dans une déroute complète. Le duc de Bellune déclara même que ce serait là son dernier effort, et que, dans l'état où étaient les troupes, il allait hâter sa marche, en évitant toute espèce d'engagement (1). Napoléon, ne pouvant plus rien entreprendre avec une armée tellement détruite, et craignant d'ailleurs l'effet qu'allait produire en Allemagne la nouvelle de ce désastre, se décida à quitter l'armée et à retourner en France, afin de demander de nouveaux secours pour continuer la guerre. Le moment était favorable, car l'occupation de Molodetschno venait de rouvrir la communication avec Wilna. Le 5 décembre, il écrivit à Smorghoni le fameux 29ᵉ bulletin et partit le soir même en traîneau avec le grand maréchal, le grand écuyer et le comte de Lobau, son aide de camp, laissant au roi de Naples le commandement de l'armée. Ce départ fut jugé diversement. Les uns crièrent à l'abandon; d'autres se consolèrent en pensant que l'Empereur reviendrait bientôt, à la tête d'une nouvelle armée, pour nous venger. Plusieurs se contentèrent de dire qu'ils voudraient bien pouvoir s'en aller comme lui.

Dans la situation de l'armée, cet événement était pour elle une nouvelle calamité. L'opinion que l'on avait du génie de l'Empereur donnait de la confiance; la crainte qu'il inspirait retenait dans le devoir. Après son départ chacun fit à sa tête, et les ordres que

---

(1) On a peine à comprendre l'illusion de l'Empereur. Les 3 et 4 décembre, il indiquait dans ses ordres l'intention de faire reposer l'armée à Molodetschno ou à Smorghoni. Il parlait de distributions de vivres. Le 5, au moment de son départ, il ordonnait encore au roi de Naples de garder Wilna, ou du moins Kowno, comme tête de pont.

donna le roi de Naples ne servirent qu'à compromettre son autorité. J'ai raconté que les cadres du 3e corps avaient rejoint la garde impériale et marchaient sous sa protection. Dès le lendemain du départ de Napoléon, le roi de Naples voulut les envoyer à l'arrière-garde. Le général Ledru, qui nous commandait, n'en continua pas moins sa marche. La division Loison, forte de 10,000 hommes, ainsi que deux régiments napolitains, étaient venus de Wilna prendre position à Oszmiana pour protéger la retraite de l'armée. En deux jours de bivouac, sans un seul combat, le froid les réduisit presque au même point que nous ; le mauvais exemple des autres régiments acheva de les désorganiser ; ils furent entraînés dans la déroute générale, et tous les débris de l'armée vinrent se jeter pêle-mêle dans Wilna.

Il est inutile, à cette époque, de raconter en détail chaque journée de marche ; ce ne serait que répéter le récit des mêmes malheurs. Le froid, qui semblait ne s'être adouci que pour rendre plus difficile le passage du Dniéper et de la Bérézina, avait repris avec plus de force que jamais. Le thermomètre baissa d'abord à 15° et 18°, ensuite à 20° et 25°, et la rigueur de la saison acheva d'accabler des hommes déjà à demi morts de faim et de fatigue. Je n'entreprendrai point de peindre les spectacles que nous avions sous les yeux. Qu'on se représente des plaines à perte de vue couvertes de neige, de longues forêts de pins, des villages à demi brûlés et déserts, et à travers ces tristes contrées une immense colonne de malheureux, presque tous sans armes, marchant pêle-mêle et tombant à chaque pas sur la glace auprès des carcasses

des chevaux et des cadavres de leurs compagnons. Leurs figures portaient l'empreinte de l'accablement ou du désespoir, leurs yeux étaient éteints, leurs traits décomposés et entièrement noirs de crasse et de fumée. Des peaux de mouton, des morceaux de drap leur tenaient lieu de souliers; ils avaient la tête enveloppée de chiffons, les épaules revêtues de couvertures de chevaux, de jupons de femme, de peaux à demi brûlées. Aussi, dès que l'un deux tombait de fatigue, ses camarades le dépouillaient avant sa mort pour se revêtir de ses haillons. Chaque bivouac ressemblait le lendemain à un champ de bataille, et l'on trouvait morts à côté de soi ceux auprès desquels on s'était couché la veille. Un officier de l'avant-garde russe, témoin de ces scènes d'horreur que la rapidité de notre fuite nous empêchait de bien observer, en a fait un tableau après lequel il n'y a rien à ajouter : « La route que nous parcourions, dit-il,
« était couverte de prisonniers que nous ne sur-
« veillions plus, et qui étaient livrés à des souffrances
« inconnues jusqu'alors; plusieurs se traînaient en-
« core machinalement le long de la route avec leurs
« pieds nus et à demi gelés; les uns avaient perdu la
« parole; d'autres étaient tombés dans une sorte de
« stupidité sauvage et voulaient, malgré nous, faire
« rôtir des cadavres pour les dévorer. Ceux qui étaient
« trop faibles pour aller chercher du bois, s'arrê-
« taient auprès du premier feu qu'ils trouvaient; là,
« s'asseyant les uns sur les autres, ils se tenaient
« serrés autour de ce feu, dont la faible chaleur les
« soutenait encore, et le peu de vie qui leur restait
« s'éteignait en même temps que lui. Les maisons

« et les granges auxquelles ces malheureux avaient
« mis le feu, étaient entourées de cadavres ; car ceux
« qui s'en approchaient n'avaient pas la force de fuir
« les flammes qui arrivaient jusqu'à eux ; et bientôt
« on en voyait d'autres avec un rire convulsif se
« précipiter volontairement au milieu de l'incendie
« qui les consumait à leur tour (1). »

Au milieu de si horribles calamités, la destruction de mon régiment me causait une douleur bien vive. C'était là ma véritable souffrance, ou pour mieux

---

(1) On ne finirait pas, si l'on voulait raconter toutes les anecdotes horribles, touchantes, et souvent incroyables, qui signalèrent cette funeste époque.

Un général, épuisé de fatigue, était tombé sur la route. Un soldat, en passant, commença à lui ôter ses bottes ; celui-ci, se soulevant avec peine, le pria d'attendre au moins qu'il fût mort pour le dépouiller : *Mon général*, répondit le soldat, *je ne demanderais pas mieux ; mais un autre va les prendre ; il vaut autant que ce soit moi* ; et il continua.

Un soldat était dépouillé par un autre ; il lui demanda de le laisser mourir en paix. *Excusez, camarade*, répondit l'autre, *j'ai cru que vous étiez mort* ; et il passa son chemin.

Quelquefois même une affreuse ironie se joignait à l'égoïsme ou à la cruauté. Deux soldats entendirent un officier, malade et étendu par terre, qui les appelait à son secours, et qui se disait officier du génie. *Comment ! c'est un officier du génie ?* dirent-ils en s'arrêtant. *Oui, mes amis*, dit l'officier. *Eh bien ! tire ton plan*, reprit l'un des soldats ; et ils le laissèrent.

Cependant, pour la consolation de l'humanité, quelques traits sublimes de dévouement venaient contraster avec tant d'égoïsme et d'insensibilité. On a cité surtout celui d'un tambour du 7ᵉ régiment d'infanterie légère ; sa femme, cantinière au régiment, tomba malade au commencement de la retraite ; le tambour la conduisit tant qu'ils eurent une charrette et un cheval. A Smolensk, le cheval mourut : alors il s'attela lui-même

CHAPITRE VII.

sire, la seule; car je n'appelle pas de ce nom la faim, le froid et la fatigue. Quand la santé résiste aux souffrances physiques, le courage apprend bientôt à les mépriser, surtout quand il est soutenu par l'idée de Dieu, par l'espérance d'une autre vie; mais j'avoue que le courage m'abandonnait en voyant succomber sous mes yeux des amis, des compagnons d'armes, qu'on appelle à si juste titre la famille du colonel, et qu'il semble n'avoir été appelé à commander que pour présider à leur destruction. Rien n'attache autant que la communauté de malheurs; aussi ai-je toujours retrouvé en eux le même attachement et le même intérêt qu'ils m'inspiraient. Jamais un officier ou un soldat n'eut un morceau de pain sans le venir partager avec moi. Cette réciprocité de soins n'était point particulière à mon régiment; on la retrouvait dans l'armée entière, dans cette armée où l'autorité

à la charrette, et traîna sa femme jusqu'à Wilna. En arrivant dans cette ville, elle était trop malade pour aller plus loin, et son mari resta prisonnier avec elle.

Une cantinière du 33e régiment était accouchée en Prusse, avant le commencement de la campagne; elle suivit jusqu'à Moscou son régiment, avec sa petite fille, qui avait six mois au moment du départ de Moscou. Cette enfant vécut pendant la retraite d'une manière miraculeuse; sa mère ne la nourrissait qu'avec du boudin de sang de cheval; elle était enveloppée d'une fourrure prise à Moscou, et souvent nu-tête. Deux fois elle fut perdue; et on la retrouva, d'abord dans un champ, puis dans un village brûlé, couchée sur des matelas. Sa mère passa la Bérézina à cheval, ayant de l'eau jusqu'au cou, tenant d'une main la bride, et de l'autre son enfant sur sa tête. Ainsi, par une suite de prodiges, cette petite fille acheva la retraite sans accident, et ne fut pas même enrhumée.

était si paternelle, et où la subordination se fondait presque toujours sur l'attachement et la confiance: On a dit qu'à cette époque les supérieurs étaient méconnus et maltraités; cela ne doit s'entendre tout au plus que des étrangers : car dans l'intérieur d'un régiment, jamais un colonel n'a cessé d'être respecté autant qu'il avait droit de l'être. Le seul moyen d'adoucir tant de maux était de marcher réunis, de s'aider et de se secourir mutuellement. C'est ainsi que nous avancions vers Wilna, comptant chaque pas qui nous en rapprochait, logeant tous entassés dans de misérables cabanes près du quartier général, arrivant la nuit, partant avant le jour. Un tambour du 24ᵉ régiment marchait à notre tête; c'était tout ce qui restait des tambours et des musiciens des régiments du 3ᵉ corps. Le 8 décembre, cinq jours après le départ de Napoléon, nous arrivâmes sous les murs de Wilna (1). J'avais pris, ce jour-là, les devants avec la permission du général Ledru, pour tâcher d'apprendre ce qu'on voulait faire de nous dans cette ville et quelles ressources elle offrirait. En arrivant à la porte, j'y trouvai un encombrement et une confusion comparables au passage de la Bérézina. Aucune précaution n'avait été prise pour mettre de l'ordre; et, pendant que l'on s'étouffait à la porte, il y avait à côté des passages ouverts que l'on ne connaissait point et que personne n'indiqua. Je vins à bout d'entrer en me débattant dans la foule. Parvenu au milieu de la ville, il me fut impossible d'apprendre où l'on allait établir le 3ᵉ corps. Tout était en

---

(1) Par Biénitza et Smorghoni.

CHAPITRE VII.

confusion chez le gouverneur et à la municipalité. La nuit vint; j'ignorais ou était mon régiment. Excédé de fatigue, j'entrai dans le logement du prince de Neufchâtel, dont tous les domestiques étaient dispersés; et après avoir soupé avec un pot de confitures sans pain, je m'endormis sur une planche en remettant au lendemain mes recherches.

CHAPITRE VIII.

RETRAITE DE WILNA A KOWNO.

SITUATION DE L'ARMÉE DANS WILNA. — INCERTITUDE DU ROI DE NAPLES. — ATTAQUE DES RUSSES. — DÉPART PRÉCIPITÉ. — LE MARÉCHAL NEY CHARGÉ DE L'ARRIÈRE-GARDE. — MARCHE JUSQU'A KOWNO.

A la pointe du jour, je parcourus de nouveau la ville pour apprendre des nouvelles de mon régiment. Le coup d'œil qu'offrait alors Wilna ne ressemblait à rien de ce que nous avions vu jusqu'alors. Tous les pays que nous venions de parcourir portaient l'empreinte de la destruction dont nous étions les auteurs et les victimes. Les villes étaient brûlées, les habitants en fuite ; le peu qu'il en restait partageait notre misère, et la malédiction divine semblait avoir frappé de mort autour de nous la nature entière. Mais à Wilna, les maisons étaient conservées ; les habitants se livraient à leurs occupations ordinaires ; tout offrait l'image d'une ville riche et peuplée ; et au milieu de cette ville, on voyait errer nos soldats déguenillés et mourants de faim. Les uns payaient au poids de l'or la plus chétive nourriture, d'autres imploraient un morceau de pain de la pitié des habitants. Ces derniers considéraient avec terreur les restes de cette armée jadis si formidable, et qui cinq mois auparavant excitait leur admiration. Les Polonais s'attendrissaient sur des malheurs qui ruinaient leurs espérances; les partisans de la Russie triomphaient; les Juifs ne voyaient que l'occasion de nous faire payer largement tout ce dont nous avions besoin. Les boutiques, les auberges et les cafés, ne pouvant suffire à la quantité d'acheteurs, furent fermés dès le premier jour, et les habitants, craignant que notre avidité n'amenât bientôt la famine, cachèrent leurs provisions. L'armée avait à Wilna des magasins de toute espèce; on fit quelques distributions à la garde; le reste de l'armée était trop en désordre pour y prendre part. Quant aux dispositions militaires, il n'y en eut point. Que faire en effet? chercher à défendre Wilna, c'était tenter l'impossible; se retirer, c'était agir contre l'intention de l'Empereur. Dans cette extrémité, le roi de Naples ne fit aucuns préparatifs, soit pour la défense, soit pour l'évacuation de la ville, dont le général Loison occupait encore les approches.

A force de recherches, je trouvai le logement du maréchal Ney, et j'appris de lui que l'on avait établi les 2e et 3e corps dans un couvent au faubourg de Smolensk; je m'y rendis aussitôt, c'est-à-dire aussi vite que l'encombrement toujours croissant des rues pouvait le permettre. L'ennemi, faiblement contenu par le général Loison, s'approchait de la ville; le bruit du canon se faisait entendre, et la porte de Smolensk était encombrée de fuyards, plusieurs déjà percés de coups de lance, et qui s'étouffaient pour trouver un passage. Il me fallut les plus grands efforts pour pénétrer dans le faubourg. Le 3ᵉ corps avait en effet occupé la veille le couvent que l'on m'avait indiqué; mais tous les officiers, ainsi que les généraux, s'étaient dispersés; il ne restait qu'un sergent et dix hommes de mon régiment, qui ne connaissaient le logement d'aucun officier. Croirait-on qu'en ce moment deux aides de camp du général Hogendorp, gouverneur de Wilna, vinrent transmettre l'ordre aux 2ᵉ et 3ᵉ corps de prendre les armes, et de se porter sur la ligne pour soutenir le général Loison? ils trouvèrent quelques hommes désarmés, gelés et malades, sans officiers, sans généraux. Bien loin d'obéir à un ordre si étrange, je prescrivis au sergent de rentrer dans la ville, si l'ennemi arrivait jusqu'au faubourg. J'y rentrai moi-même aussitôt en risquant pour la troisième fois de me faire étouffer. Le bruit du canon qui s'approchait mettait tout en alarmes; on battait la générale; le maréchal Lefebvre et plusieurs généraux parcouraient les rues en criant : *Aux armes!* Quelques pelotons réunis marchaient vers la porte de Smolensk; mais le plus grand nombre des soldats, couchés dans les rues et dans les maisons où on voulait les souffrir, déclaraient qu'ils ne pouvaient plus combattre et qu'ils resteraient là. Les habitants, craignant le pillage, se hâtaient de fermer leurs maisons et d'en barricader les portes. La vieille garde, seule encore en assez bon ordre, se réunissait sur la place d'armes, et je me joignis à elle. A l'entrée de la nuit, le calme se rétablit, le canon cessa de se faire entendre, et la division Loison resta en position sur les hauteurs qui entourent la ville. Le roi de Naples, ne voulant pas courir une seconde fois le risque d'être enlevé de vive force, s'établit le soir même au faubourg de Kowno, pour en partir avant le jour. Je retournai alors chez le maréchal Ney, où je reçus l'ordre de départ. Le 3ᵉ corps partait le lendemain à six heures du matin, commandé par le général Marchand; le maréchal Ney, destiné jusqu'au dernier moment à sauver les restes de l'armée, reprenait le commandement de l'arrière-garde, composée des Bavarois (6ᵉ corps) et de la division Loison.

Un officier de mon régiment vint ensuite me chercher et me conduisit au logement du major, et je retrouvai mon régiment, dont j'étais séparé d'une manière si bizarre depuis deux jours, tant il est vrai qu'on se repent toujours à la guerre d'avoir quitté son poste, même avec l'autorisation de ses chefs, même avec l'intention de bien faire! Les officiers du 4ᵉ, semblables au reste de l'armée, avaient passé la journée assez tranquillement dans les maisons, en s'inquiétant peu de la générale et de l'approche de l'ennemi. Un capitaine venait d'arriver de Nancy (dépôt du régiment) avec des effets d'habillement et de chaussure. On en distribua aux officiers et aux soldats présents; le reste allait être abandonné faute de moyens de transport. Je voulus les vendre à un Juif, et j'ordonnai à l'officier qui les avait conduits de rester jusqu'au départ de l'arrière-garde pour tâcher de conclure ce marché. Celui-ci, très-effrayé de la situation de Wilna, ne se souciait pas d'y prolonger son séjour; et, après plusieurs objections que je trouvai très-mauvaises, il ne craignit pas de me désobéir, et partit même avant nous. Cet officier s'était perdu pour toujours dans mon esprit; je dois à sa mémoire d'ajouter qu'il est mort depuis sur le champ de bataille.

Le roi de Naples partit à quatre heures du matin avec la vieille garde; les débris des corps d'armée les suivirent successivement. On assure que le maréchal Mortier apprit par hasard le départ, et se mit en marche avec la jeune garde sans avoir reçu d'ordre. Nous partîmes à six heures avec le général Marchand; quelques heures après, le maréchal Ney évacua la ville, qui fut sur-le-champ occupée par l'avant-garde russe. On y abandonna les magasins de vivres, d'armement et d'habillement. Plusieurs généraux, beaucoup d'officiers, plus de 20,000 hommes, presque tous malades, tombèrent au pouvoir de l'ennemi; ces malheureux avaient rassemblé toutes leurs forces pour arriver à Wilna, croyant y trouver le repos. Au moment du départ de l'arrière-garde, les Juifs massacrèrent et dépouillèrent tous ceux qui tombèrent sous leurs mains; le reste mourut de misère dans les hôpitaux ou fut traîné dans l'intérieur de la Russie. Ainsi fut perdue cette ville conquise si brillamment au commencement de la campagne.

Il restait vingt-six lieues à faire pour repasser le Niémen à Kowno, et il n'y avait pas un moment à perdre; car un jour passé à Wilna donnait aux Russes une grande avance. Cette journée n'avait été employée qu'à frapper aux portes des maisons pour demander un morceau de pain, et le peu de vivres qu'on avait trouvés ayant été consommés, nous n'avions rien à emporter, quand même les moyens de transport n'auraient pas manqué; aussi les mêmes calamités dont j'ai fait précédemment le récit continuèrent-elles à nous poursuivre, et nos forces épuisées ne permettaient pas d'espérer de les supporter longtemps.

A une lieue de Wilna se trouve une haute montagne dont la pente rapide était couverte de verglas ; cette montagne fut aussi fatale à nos équipages que l'avait été le passage de la Bérézina. Les chevaux firent d'inutiles efforts pour la gravir, et l'on ne put sauver ni une voiture ni une pièce de canon. Nous trouvâmes au pied de la côte toute l'artillerie de la garde, le reste des équipages de l'Empereur et le trésor de l'armée. Les soldats, en passant, enfonçaient les voitures et se chargeaient de riches habits, de fourrures, de pièces d'or et d'argent. C'était un singulier spectacle que de voir des hommes couverts d'or et mourant de faim, et de trouver étendus sur les neiges de la Russie tous les objets que le luxe a fait inventer à Paris. Ce pillage continua jusqu'au moment où les Cosaques tombèrent sur les pillards et s'emparèrent de toutes ces richesses.

Mes compagnons s'étaient dispersés au milieu des voitures et des chevaux abandonnés pour gravir cette montagne ; quand je fus au sommet, je n'en trouvai pas un seul autour de moi ; plusieurs me rejoignirent pendant la marche. Un de mes chefs de bataillon, malade et porté sur un traîneau, disparut pour toujours. La première journée fut de neuf lieues ; la deuxième de sept jusqu'à Zismory. J'avais perdu le général Marchand, et je conduisais seul mon régiment. Les officiers me demandèrent d'arrêter à une lieue en arrière ; mais il y avait dix lieues de Zismory à Kowno, et le canon de l'arrière-garde, en se rapprochant, m'avertissait

CHAPITRE VIII.

qu'il fallait atteindre Kowno dans la journée suivante. J'exigeai donc qu'on allât jusqu'à Zismory, où quelques huttes remplies de blessés nous servirent d'asile.

Le lendemain 12, il était à peine cinq heures du matin quand je me remis en marche; l'obscurité de la nuit, le verglas qui couvrait la route, rendaient cette marche bien pénible. Au point du jour, un officier vint me dire que le maréchal Ney avec l'arrière-garde avait traversé Zismory la nuit, qu'il était en avant de nous, et que rien ne nous séparait plus des ennemis. Ce moment fut peut-être pour moi le plus cruel de toute la campagne. Je jetai les yeux autour de moi : vingt officiers malades, un pareil nombre de soldats, dont la moitié sans armes, voilà tout ce qui composait mon régiment, tout ce qui pouvait encore défendre notre liberté et notre vie. Nous touchions au Niémen, et nous allions peut-être perdre en un instant le fruit de deux mois de souffrances, de tant de dévouement, de si grands sacrifices. Cette idée faillit m'ôter tout mon courage. Je pressai la marche, sans consulter ni ma fatigue ni celle de mes compagnons, sans songer au terrain glissant sur lequel nous tombions à chaque pas. J'avais fait plusieurs fois cette même route au mois de juin, après le passage du Niémen. Alors, dans la plus belle saison de l'année, elle était couverte de troupes nombreuses et plus admirables encore par leur ardeur et leur enthousiasme que par leur magnifique tenue. Et maintenant dans les mêmes lieux, par une saison rigoureuse, une foule de fuyards déguenillés, sans force comme sans courage, succombaient à chaque pas à la fatigue, en cherchant à fuir un ennemi qu'ils ne pouvaient plus combattre. Cet affreux contraste me frappa vivement ; et, quoique mes forces fussent bien épuisées, j'en retrouvai encore pour sentir tant de malheurs.

Nous étions à moitié chemin de Kowno, quand j'appris d'une manière positive que le maréchal Ney était encore derrière nous avec l'arrière-garde. Cette nouvelle, en calmant mes inquiétudes, me permit de donner à mon régiment quelques instants de repos sur les ruines du village de Rikonti, et nous nous efforçâmes ensuite d'atteindre Kowno, qui semblait fuir devant nous. Deux officiers, conduits sur un traîneau, voulurent m'emmener avec eux ; je les refusai pour encourager jusqu'à la fin mes compagnons par mon exemple. Mais j'avoue que j'eus quelque mérite à ne pas profiter de cette occasion ; jamais je n'avais été si fatigué, et peu s'en fallut plus d'une fois que je restasse en chemin. Enfin, nous revîmes le Niémen et nous entrâmes dans Kowno. Pendant que les soldats allaient chercher du rhum et du biscuit, je tombai de lassitude au coin d'une borne. On ne pouvait trouver un logement ; il fallut m'établir de force avec mes officiers dans une maison occupée par le 4° corps, où l'on refusait de nous recevoir, et où nous couchâmes tous sur le carreau.

Le maréchal Ney venait d'arriver après avoir laissé une partie de l'arrière-garde en avant de la ville ; le général Marchand nous rejoignit aussi le soir même avec les autres régiments ; il donna l'ordre de départ pour le lendemain à cinq heures. Nous allions passer le Niémen et quitter pour toujours cette terre de mal-

CHAPITRE VIII.

heur. Mais, au moment du départ, le maréchal décida que nous resterions avec lui à l'arrière-garde : dernière épreuve de courage et de dévouement que nous étions appelés à subir, et qui ne fut pas la moins pénible. Depuis longtemps il était permis aux restes du 3e corps de croire leur tâche remplie ; ils avaient atteint le Niémen, et, quoiqu'ils ne fussent plus en état de combattre, on exigeait d'eux de rester dans Kowno pour tenter encore de le défendre ou plutôt pour s'ensevelir honorablement sous ses ruines. Il faut le dire pourtant à la louange des officiers et des soldats, tous obéirent sans murmures, aucun ne quitta son poste dans une situation si critique. Pour moi, qui voyais avec admiration la constance héroïque du maréchal Ney, je me félicitai d'être appelé à l'honneur de seconder ses derniers efforts ; nous rentrâmes dans nos logements, attendant de nouveaux ordres et prêts à tout événement.

CHAPITRE IX.

RETRAITE DE KOWNO SUR LES BORDS DE LA VISTULE.

SITUATION DE KOWNO. — DÉFENSE DE LA VILLE. — PASSAGE DU NIÉMEN. — DERNIÈRE ATTAQUE DES RUSSES DE L'AUTRE COTÉ DU FLEUVE. — PRÉSENCE D'ESPRIT DU MARÉCHAL NEY. — MARCHE JUSQU'A KOENIGSBERG. — RÉPARTITION DE L'ARMÉE EN CANTONNEMENTS SUR LA VISTULE. — ARRIVÉE DU 3ᵉ CORPS A MARIENBOURG.

Kowno, de même que Wilna, était rempli de magasins, et l'on pense bien que les distributions n'y furent pas plus régulières. Mais les soldats n'eurent pas la patience de mourir de faim au milieu de l'abondance. Les magasins, que l'on avait respectés à Wilna, furent enfoncés à Kowno, et ce nouveau genre de désordre amena de nouveaux malheurs; beaucoup d'hommes ayant bu du rhum sans modération furent engourdis de froid et moururent. Cette liqueur était pour eux d'autant plus dangereuse, qu'ils en ignoraient les effets, et que, n'étant accoutumés qu'à la mauvaise eau-de-vie du pays, ils croyaient boire impunément du rhum en aussi grande quantité. On brisa les tonneaux, le rhum coulait dans les magasins et presque au milieu des rues ; d'autres soldats enlevaient les biscuits ou partageaient entre eux les sacs de farine. Les portes des magasins d'habillement étaient ouvertes, les habits jetés pêle-mêle ; chaque soldat prenait ceux qu'il trouvait sous la main et s'en revêtait au milieu de la rue ; mais la plupart, traversant Kowno sans arrêter, ne songeaient qu'à fuir. Accoutumés à suivre machinalement ceux qui marchaient devant eux, on les voyait risquer de s'étouffer en se pressant sur le pont, sans songer qu'ils pouvaient facilement passer le Niémen sur la glace.

Cependant le maréchal Ney cherchait encore à défendre Kowno pour donner à tous ces malheureux le temps d'échapper à la poursuite de l'ennemi et pour protéger la retraite du roi de Naples, qui avait pris la veille la route de Kœnigsberg par Gumbinnen. Un ouvrage en terre construit à la hâte, en avant de la porte de Wilna, lui parut une défense suffisante pour arrêter l'ennemi toute la journée. Dans la matinée, l'arrière-garde rentra dans la ville ; deux pièces de canon soutenues par quelques pelotons d'infanterie bavaroise furent placées sur le rempart, et ce petit nombre de troupes se disposait à soutenir l'attaque qui déjà se préparait. Le maréchal Ney, ayant pris ces dispositions, avait été se reposer dans son logement ; à peine était-il parti, que l'affaire s'engagea. Les premiers coups de canon des Russes démontèrent une de nos pièces ; l'infanterie prit la fuite, les canonniers allaient la suivre. Bientôt les Cosaques pouvaient pénétrer sans obstacle dans la ville, quand le maréchal parut sur le rempart. Son absence avait pensé nous perdre ; sa présence suffit pour tout réparer. Il prit lui-même un fusil, les troupes revinrent

CHAPITRE IX.

à leur poste, le combat se rétablit et se soutint jusqu'à l'entrée de la nuit, que commença la retraite. Ainsi ce dernier succès fut dû à la bravoure personnelle du maréchal, qui défendit lui-même en soldat la position qu'il mettait tant de prix à conserver.

Je n'appris qu'ensuite le danger que nous venions de courir, et j'aurais regretté de n'avoir point combattu auprès du maréchal, si mon premier devoir n'eût été de rester avec mon régiment ; nous passâmes la journée, ainsi que le 18°, chez un juif où nous trouvâmes quelques vivres et beaucoup d'eau-de-vie. Cette espèce d'abondance avait aussi son danger, car après une aussi longue disette, le moindre excès pouvait être mortel. Malgré les recommandations du colonel Pelleport et les miennes, plusieurs hommes s'enivrèrent et furent hors d'état de nous suivre. Les officiers trouvèrent à Kowno leurs porte-manteaux ; 1 n'y avait aucun moyen de les emporter ; chacun prit dans le sien ce qui pouvait lui servir et abandonna le reste, trop heureux de sauver sa vie pour songer à rien regretter.

Vers le soir l'ordre du départ arriva ; le 3ᵉ corps devait ouvrir la marche, suivi des Bavarois et des restes de la division Loison. Nous traversâmes Kowno au milieu des morts et des mourants. On distinguait, à la lueur des feux des bivouacs encore allumés dans les rues, quelques soldats qui nous regardaient passer avec indifférence ; et quand on leur disait qu'ils allaient tomber au pouvoir de l'ennemi, ils baissaient la tête et se serraient auprès du feu sans répondre. Les habitants, rangés sur notre passage, nous regardaient d'un air insolent. L'un d'eux s'était déjà armé d'un fusil, je le lui arrachai. Plusieurs soldats, qui s'étaient traînés jusqu'au Niémen, tombèrent morts sur le pont, au moment où ils touchaient au terme de leur misère. Nous passâmes le fleuve à notre tour; et, tournant nos regards vers l'affreux pays que nous quittions, nous nous félicitâmes du bonheur d'en être sortis, et surtout de l'honneur d'en être sortis les derniers.

De l'autre côté du Niémen, la route de Gumbinnen traverse une haute montagne. A peine étions-nous au pied, que les soldats isolés qui nous précédaient revinrent précipitamment sur leurs pas et nous annoncèrent qu'ils avaient rencontré les Cosaques. A l'instant même un boulet de canon tomba dans nos rangs, et nous acquîmes la certitude que les Cosaques, ayant passé le Niémen sur la glace, s'étaient emparés du sommet de la hauteur avec leur artillerie et nous fermaient le chemin. Cette dernière attaque, la plus imprévue de toutes, fut aussi celle qui frappa le plus vivement l'esprit des soldats. Pendant la retraite, l'opinion que les Russes ne passeraient point le Niémen s'était fortement établie dans l'armée. Tous, de l'autre côté du pont, se croyaient en parfaite sécurité, comme si le Niémen eût été pour eux ce fleuve des anciens qui séparait l'enfer de la terre. On peut juger de quelle terreur ils durent être saisis, en se voyant poursuivis sur l'autre bord et surtout en trouvant la route occupée par l'artillerie ennemie. Les généraux Marchand et Ledru parvinrent à former une espèce de bataillon en réunissant au 3ᵉ corps tous les isolés qui se trouvaient là. On voulut en vain essayer de forcer le passage; les fusils des soldats ne portaient pas, et eux-mêmes n'osaient avancer. Il fallut renoncer à toute tentative et rester sous le feu de l'artillerie, sans oser faire un pas en arrière; car c'eût été nous exposer à une charge, et notre perte alors était certaine. Cette situation acheva de désespérer deux officiers qui avaient été l'exemple de mon régiment pendant toute la retraite, mais dont les forces épuisées depuis longtemps avaient fini par ébranler le courage. Ils vinrent me dire que, ne pouvant plus ni marcher ni combattre, il allaient tomber entre les mains de Cosaques qui les massacreraient, et qu'ils étaient forcés de rentrer dans Kowno pour se rendre prisonniers. Je fis d'inutiles efforts pour les retenir; je leur rappelai les sentiments d'honneur dont ils étaient pénétrés, le courage dont ils avaient donné tant de preuves, leur attachement pour le régiment qu'ils voulaient abandonner; et, si leur mort était inévitable, je les conjurai du moins de mourir avec nous. Pour toute réponse ils m'embrassèrent en pleurant et rentrèrent dans Kowno. Deux autres officiers subirent le même sort : l'un s'était enivré avec du rhum et ne put nous suivre; l'autre, que j'aimais particulièrement, disparut peu après. Mon cœur était déchiré, j'attendais que la mort vînt me rejoindre à mes malheureux compagnons, et je l'aurais peut-être désirée sans tous les liens qui, à cette époque, m'attachaient encore à la vie.

Le maréchal Ney parut alors et ne témoigna pas la moindre inquiétude d'une situation si désespérée. Sa détermination prompte nous sauva encore et pour la dernière fois. Il se décida à descendre le Niémen et à prendre la route de Tilsitt, espérant regagner Kœnigsberg par des chemins de traverse. Il ne se dissimulait pas l'inconvénient de quittter la route de Gumbinnen, et de laisser ainsi le reste de l'armée sans arrière-garde, inconvénient d'autant plus grave qu'il était impossible d'en prévenir le roi de Naples ; mais il ne restait plus d'autre ressource, et la nécessité en faisait un devoir. L'obscurité de la nuit favorisa ce mouvement. A deux lieues de Kowno, nous quittâmes les bords du Niémen pour prendre à gauche dans les bois un chemin qui devait nous mener dans la direction de Kœnigsberg. On perdit beaucoup de soldats qui, n'étant pas prévenus et marchant isolément, suivirent le Niémen jusqu'à Tilsitt. Pendant la nuit et toute la journée suivante, on prit à peine quelques instants de repos. Un cheval blanc que nous montions à poil les uns après les autres nous fut d'un grand secours. Le 14 au soir, un assez bon village nous servit d'abri. Là je perdis encore deux officiers : l'un mourut la nuit dans la chambre que j'habitais, l'autre disparut le lendemain. Ce furent nos derniers malheurs, car à dater de cette journée notre situation changea de face. La rapidité de notre marche nous avait donné une grande avance ; d'ailleurs les Cosaques s'occupaient à poursuivre les autres corps sur la grande route ; depuis la montagne de Kowno nous cessâmes de les rencontrer. Les pays que nous traversions n'avaient point été ravagés ; on y trouvait des vivres et des traîneaux. Le maréchal Ney se rendit alors directement à Kœnigsberg (1), où nous le rejoignîmes le 20, toujours conduits par le général Marchand.

---

(1) En passant par Neustadt, Pillkahlen et Saliau.

CHAPITRE IX.

Il faut se rappeler ce que nous avions souffert pour juger combien ces premiers jours d'abondance nous rendirent heureux ; car, en nous voyant, on nous eût trouvés plus dignes de pitié que d'envie. Le 3ᵉ corps se composait d'environ 100 soldats à pied, conduits par quelques officiers, et d'un pareil nombre d'éclopés de tous les grades, portés sur des traîneaux. Le froid était excessif, et tout nous semblait bon pour nous en garantir. Aussi les habitants, et surtout les Juifs, nous vendaient au poids de l'or les vêtements les plus communs ; ils nous croyaient chargés des trésors de Moscou. En traversant la vieille Prusse, il ne fut pas difficile de juger des dispositions des habitants à notre égard. C'était une curiosité maligne dans leurs questions, c'étaient des plaintes ironiques sur ce que nous avions souffert ou de fausses nouvelles sur la poursuite des Cosaques, que nous ne voyions jamais et que l'on nous annonçait toujours. Si un soldat s'écartait de la route, il était désarmé par les paysans et renvoyé avec des menaces et des mauvais traitements. Un ministre protestant alla même jusqu'à me dire que nos malheurs étaient une juste punition de Dieu pour avoir pillé et ravagé à notre passage la Prusse, dont nous étions les alliés. Je dois avouer que nous étions peu sensibles à ce mauvais accueil ; le bonheur de trouver des vivres et de passer les nuits dans des chambres bien chaudes nous consolait de tout.

Le roi de Naples, croyant le maréchal Ney à son arrière-garde, s'était dirigé de Kowno sur Kœnigsberg par la grande route de Gumbinnen. Un officier, qu'il avait envoyé en mission auprès du maréchal, tomba entre les mains des Cosaques, et, s'en étant échappé par miracle, vint annoncer que l'arrière-garde était détruite, et que rien ne s'opposait à la marche de l'ennemi. Le roi de Naples hâta sa marche et arriva à Kœnigsberg avant nous. Cette ville était déjà remplie de généraux, d'officiers, d'employés, de soldats isolés qui y arrivaient pêle-mêle, empressés de mettre à profit les ressources qu'elle leur offrait. Les aubergistes et les cafés ne pouvaient suffire à la quantité des consommateurs ; on vit des officiers passer les nuits à table, et succomber à l'intempérance après avoir résisté à la disette ; les boutiques étaient assiégées par les acheteurs. On s'empressa de vendre les pierreries et autres objets précieux que l'on avait rapportés de Moscou, et la valeur en était si considérable, que tout l'or de la ville fut bientôt enlevé, quoique les habitants, dont l'insolence envers nous était extrême, profitassent de tous les moyens pour abuser de notre situation. Le premier soin du roi de Naples, en arrivant à Kœnigsberg, fut de chercher à remettre un peu d'ordre dans une armée livrée à une telle confusion. La circonstance semblait favorable, car le maréchal Macdonald, avec le 10ᵉ corps, ayant évacué la Courlande, avait pris position à Tilsitt sur le Niémen, et couvrait ainsi le reste de l'armée ; il avait encore 30,000 hommes, en comptant les Prussiens. Le roi de Naples dirigea donc les débris des corps d'armée sur la Vistule, avec ordre de se reformer dans les cantonnements suivants : le 1ᵉʳ corps à *Thorn*, les 2ᵉ et 3ᵉ à *Marienbourg*, le 4ᵉ à *Marienwerder*, le 5ᵉ à *Varsovie*, le 6ᵉ à *Plotzck*, le 7ᵉ à *Wengrod*, le 9ᵉ à *Dantzig*, et les Autrichiens à *Ostrolenka*, la cavalerie à *Elbing*, la garde et le quartier général à *Kœnigsberg*. Dès que ces cantonnements furent désignés, un ordre très-sévère fit partir de Kœnigsberg, en vingt-quatre heures, les généraux et les officiers qui s'y trouvaient sans autorisation, et dont plusieurs, par leur air découragé et leurs mauvais propos, contribuaient à attirer sur nous le mépris des habitants. Un second ordre fit considérer comme déserteur à l'ennemi tout militaire qui passerait la Vistule.

J'ai dit que le 3ᵉ corps arriva le 20 à Kœnigsberg; il continua sa marche le lendemain. Le maréchal Ney demeura au quartier général; le général Marchand, auquel on destinait un autre commandement, ne nous suivit pas; et comme le peu de généraux et de colonels qui restaient encore avaient pris les devants, je conduisis seul le 3ᵉ corps en cinq jours à Marienbourg(1). A peine trente hommes de mon régiment et cent vingt du 3ᵉ corps arrivèrent-ils réunis à cette destination. Nous rejoignîmes à Marienbourg les généraux Ledru, Joubert et d'Hénin, ainsi que des officiers et soldats venus isolément. Plusieurs avaient encore l'air effrayés des dangers auxquels ils venaient d'échapper, quoiqu'ils nous eussent quittés depuis longtemps pour s'y soustraire plus vite. On assigna des cantonnements dans les villages de l'île de la Nogat. Les régiments s'y rendirent dès le lendemain 26, et nous nous préparâmes à mettre à profit ce temps de repos pour rassembler les débris de ce grand naufrage et réparer autant que possible les maux qu'il avait causés.

---

(1) Par Heiligenbeil et Elbing.

CHAPITRE X.

SÉJOUR DANS LES CANTONNEMENTS DE LA VISTULE. — DÉFECTION DES PRUSSIENS DU 10ᵉ CORPS. — RETRAITE SUR L'ODER. — DISSOLUTION DE L'ARMÉE, DONT LES CADRES RENTRENT EN FRANCE. — RÉSULTATS DE LA CAMPAGNE. — CONCLUSION.

L'île de la Nogat est une espèce de delta formé par les deux bras de la Vistule et par la mer ; ce pays est rempli de bons villages, et nous y étions très convenablement placés pour travailler à la réorganisation des régiments. Les premiers jours de repos nous parurent bien doux après deux mois et demi de privations et de fatigues, et rien ne fut négligé pour mettre à profit des moments aussi précieux. On s'occupa sur-le-champ des réparations qu'exigeaient l'habillement et la chaussure. Chaque jour, on voyait arriver des soldats isolés qu'on avait crus perdus ; mon chirurgien-major, que j'avais eu le bonheur de conserver, désigna ceux qui étaient incapables de continuer à servir ; ils furent renvoyés sur les derrières. Quant aux autres, quelques jours de repos rétablirent leurs forces. En même temps, je repris la correspondance, si longtemps interrompue, avec le major à Nancy. Le froid était toujours aussi violent, mais nous ne le craignions plus ; renfermés dans de bonnes chambres de paysans et partageant avec eux une nourriture grossière, nous croyions jouir de toutes les douceurs et de tous les agréments de la vie. Les longues soirées d'hiver se passaient à raconter les anecdotes de la campagne et à écrire à nos familles, dont nous étions encore séparés de plus de 500 lieues, et à qui la lecture du 29ᵉ bulletin avait dû causer de si justes alarmes.

Pendant la durée de ces cantonnements, j'allai à Dantzick, distant seulement de douze lieues ; on y trouva abondamment tout ce que nous n'avions pas eu le temps de nous procurer à Kœnigsberg. Le général Rapp préparait sa défense dans le cas où l'armée continuerait sa retraite. En peu de temps, la place fut approvisionnée et les remparts armés.

Quinze jours s'étaient passés dans les cantonnements, et les régiments commençaient à se reformer ; le 4ᵉ avait réuni 200 hommes, lorsqu'un événement inattendu changea de nouveau la face des affaires. Le général Yorck, qui faisait avec un corps prussien l'arrière-garde du maréchal Macdonald devant Tilsitt, capitula, le 30 décembre, avec les Russes et garda la neutralité. Le maréchal Macdonald, perdant par cette défection plus de la moitié du 10ᵉ corps, fut obligé de se replier sur Kœnigsberg, où les Russes le poursuivirent. Il n'était plus possible de conserver la ligne de la Vistule, que nous n'étions pas en état de défendre ; déjà plusieurs partis de Cosaques avaient donné l'alarme à Marienbourg et à Marienwerder ; quelques-uns passèrent même la Vistule sur la glace et cherchèrent à inquiéter nos cantonnements. Le roi de Naples quitta Kœnigsberg le 4 janvier et se réunit à Elbing. La retraite sur la ligne de l'Oder et de la Wartha fut

CHAPITRE X.

décidée ; le 10ᵉ corps fit partie de la garnison de Dantzick, qui se trouva ainsi portée à 30,000 hommes, et les corps d'armée commencèrent leur retraite en se dirigeant le 1ᵉʳ sur Stettin, les 2ᵉ et 3ᵉ sur Custrin, les 4ᵉ et 6ᵉ sur Posen. Dans la nuit du 10 janvier, le 3ᵉ corps se réunit à Dirschau et passa le bras occidental de la Vistule. Sur les 200 hommes qui composaient mon régiment, à peine 40 étaient-ils armés, et l'officier qui avait été chercher des fusils à Dantzick ne devait arriver que le lendemain dans nos cantonnements. Heureusement il apprit notre mouvement, et vint nous rejoindre le 11 sur la route, après avoir habilement évité la rencontre des Cosaques.

Le premier jour de marche, le 3ᵉ corps réuni se montait à près de 1,000 hommes armés et dont l'habillement avait été remis en assez bon état. Le maréchal Ney reparut alors à notre tête, et témoigna sa satisfaction des soins que nous nous étions donnés ; il nous quitta peu après pour rentrer en France. Le 3ᵉ corps arriva le 20 janvier à Custrin (1); en longeant les frontières du grand-duché de Varsovie. Le général Ledru dirigeait la marche et commandait en chef ; le général d'Hénin commandait la 2ᵉ division ; il ne restait pas d'autres généraux. Les dispositions des habitants nous étaient partout défavorables ; mais ils les témoignaient moins ouvertement, depuis que nous étions devenus un peu plus redoutables. Quelques-uns, pour nous faire leur cour, affectaient de blâmer hautement la défection du général York ; d'autres cherchaient à nous effrayer

---

(1) Par Stargard, Driessen et Landsberg.

par les fausses nouvelles qu'ils nous débitaient sur la poursuite des Russes. Cet artifice réussit peu ; nous savions que l'infanterie ennemie n'était pas en mesure de nous atteindre, et quant aux Cosaques, nous avions cessé de les craindre en reprenant nos armes. Une seule fois cependant un général, étant averti que les Cosaques se trouvaient en force près de lui, crut par prudence devoir quitter le village qu'il occupait avec un régiment. On assure que c'était un faux avis donné par le maître du château où il logeait, et qui voulait se débarrasser de lui. Je me rappelle aussi qu'en approchant de Custrin, mon régiment logea dans un village avec un régiment illyrien et un régiment espagnol ; singulier hasard qui réunissait dans le même lieu quelques hommes de trois nations si diverses et pour une cause si étrangère aux intérêts de leur patrie.

La retraite des autres corps s'effectua aussi tranquillement que la nôtre. En arrivant à Posen, le vice-roi prit le commandement de toute l'armée, devenu vacant par le départ du roi de Naples. L'aile droite, composée des Autrichiens et du 7ᵉ corps, défendait encore la Vistule près de Varsovie ; mais déjà le prince de Schwartzemberg faisait ses dispositions pour rentrer en Gallicie, en gardant la neutralité, et le roi de Prusse n'attendait que l'entrée des Russes à Berlin pour se joindre à eux. Le vice-roi allait être bientôt forcé de se retirer derrière l'Oder et même derrière l'Elbe, jusqu'à l'arrivée des renforts qui venaient de France et d'Italie.

Cependant l'Empereur s'occupait à Paris de la réorganisation des régiments ; mais les ordres qu'il donna prouvaient qu'il ignorait combien ces régiments étaient détruits. Il voulut d'abord renvoyer en France les cadres des 4ᵉ bataillons et garder à l'armée ceux des trois autres, ensuite renvoyer les 3ᵉˢ et 4ᵉˢ en gardant les deux premiers. Les colonels observèrent que rien de tout cela n'était exécutable ; et, sur leurs représentations, on se décida à envoyer tous les cadres dans les dépôts et à ne laisser à l'armée que les hommes encore en état de combattre. Chaque régiment forma des compagnies de cent hommes valides, commandées par trois officiers ; ces compagnies devaient être réunies en bataillons provisoires pour défendre les forteresses de l'Oder, telles que Custrin, Stettin, Spandau. Le 3ᵉ corps fournit de cette manière un bataillon de 600 hommes, destiné à faire la garnison de Spandau. Il m'en coûta beaucoup de me séparer des 100 hommes de mon régiment qui en firent partie. Je leur promis en les quittant que si la paix ne les ramenait pas en France, ils nous verraient bientôt revenir les délivrer ; prédiction que l'événement ne justifia guère. Le lendemain de cette opération, tout ce qui restait des régiments se remit en marche pour la France. 100 hommes du 4ᵉ, en y comprenant les officiers, sous-officiers et soldats malades, partirent de Custrin pour se rendre au dépôt du régiment à Nancy. Cette époque, qui est celle de la réorganisation des régiments, termine tout ce qui est relatif à la campagne de 1812. Je ne pensai plus alors qu'à me rapprocher de ma famille ; et laissant au major en second le soin de conduire le régiment, je me rendis en poste à Mayence, en passant par Berlin et Magdebourg. Le maréchal Kellermann, qui commandait à Mayence, me donna la permission d'aller à Nancy visiter le dépôt de mon régiment.

Je n'essayerai pas de peindre mon bonheur en me retrouvant en France, en entendant autour de moi parler français ; il faut pour le comprendre être revenu d'aussi loin.

Je reçus à Nancy l'accueil le plus touchant. Les officiers du bataillon de dépôt me témoignèrent leur reconnaissance des soins que j'avais pris du régiment pendant cette fatale retraite; tous m'exprimèrent le regret qu'ils avaient éprouvé d'être séparés de leurs camarades, et de ne pouvoir partager leur gloire et leurs honorables revers. Je trouvai le bataillon fort instruit et dans la meilleure tenue; l'administration, confiée aux soins d'un excellent quartier-maître(1), ne laissait rien à désirer ; je n'eus en tout que des éloges à donner au major (2), officier très-distingué et à l'avancement duquel je me félicite d'avoir pu contribuer par la suite. Trois jours s'étaient passés dans ces occupations, lorsque je reçus l'autorisation de me rendre à Paris. On peut croire que je ne perdis pas de temps ; mais pour qu'il ne manquât rien à la fatalité qui poursuivait nos équipages, ma calèche cassa à quelques lieues de Paris, et j'arrivai seul, la nuit, sur une charrette de paille et couvert d'une peau de loup, dans la maison d'où j'étais parti neuf mois auparavant, au milieu de si immenses préparatifs et de tant d'espérances de succès et de gloire.

---

(1) M. Goudonville.
(2) M. Boni.

Tous ceux qui en eurent comme moi la possibilité vinrent se reposer quelque temps auprès de leurs familles ; mais ils n'y trouvèrent pas le bonheur. D'horribles souvenirs troublaient leur mémoire ; l'image des victimes de cette campagne ne cessait de les poursuivre, et leur cœur était rempli d'une tristesse sombre que les soins de l'amitié furent longtemps à dissiper.

Ainsi finit cette entreprise gigantesque, qui avait commencé sous de si heureux auspices. Ses résultats furent la destruction totale d'une armée de 500,000 hommes, de toutes ses administrations et de son immense matériel. A peine 70,000 hommes repassèrent la Vistule ; le nombre des prisonniers ne s'éleva qu'à 100,000, d'où il résulte que 300,000 périrent (1). Cet affreux calcul s'accorde avec les rapports des autorités russes, qui, étant chargées de faire brûler les cadavres de notre armée, en ont compté près de 300,000. L'artillerie entière, composée de 1,200 bouches à feu et de leurs caissons, fut prise ou abandonnée, ainsi que 3,000 fourgons, les équipages

---

(1) J'ai dit que 500,000 hommes ont fait la campagne en tout ou en partie. En déduisant 80,000 hommes pour les trois corps qui formaient les deux ailes (7e et Autrichiens à l'aile droite ; 10e à l'aile gauche), il reste 420,000 pour la Grande Armée. De ces 420,000 hommes, il y en eut tout au plus 10,000, presque tous malades ou éclopés, qui repassèrent la Vistule. On en perdit donc 410,000. Quant aux trois corps détachés, qui eurent moins à souffrir, leurs pertes ne peuvent pas s'élever à moins de 20,000 hommes, ce qui fait une perte totale de 430,000 hommes. (Voir le détail des pertes du 4e régiment, note B.)

des officiers, les magasins de toute espèce. L'histoire n'offre pas d'exemple d'un semblable désastre, et ce journal n'en peut donner qu'une bien faible idée ; mais j'en ai dit assez pour conserver au moins le souvenir des événements dont j'ai été le témoin et dont plusieurs sont encore peu connus. Je ne demande à ceux qui me liront que de partager les sentiments que j'éprouve en terminant ce récit : je leur demande de s'unir à moi pour admirer tant de courage et plaindre tant de malheurs.

Nota. On me permettra de copier ici l'extrait d'une lettre du maréchal Ney au duc de Feltre, dont je conserve l'original ; et l'on comprend le prix que j'attache à un pareil suffrage.

Berlin, le 23 janvier 1813.

Monsieur le duc, je profite du moment où la campagne est, sinon terminée, au moins suspendue, pour vous témoigner toute la satisfaction que m'a fait éprouver la manière de servir de M. de Fezensac. Ce jeune homme s'est trouvé dans des circonstances fort critiques, et s'y est toujours montré supérieur. Je vous le donne pour un véritable chevalier français, et vous pouvez désormais le regarder comme un vieux colonel.

Signé :

Maréchal duc d'Elchingen.

NOTES DU LIVRE II.

NOTE A.

TABLEAU

DU PARTAGE ET DÉNOMBREMENT DES FORCES CONDUITES PAR NAPOLÉON DANS L'EMPIRE DE RUSSIE EN 1812.

NAPOLÉON, EMPEREUR DES FRANÇAIS.
MARÉCHAL BERTHIER, CHEF DE L'ÉTAT-MAJOR.

	INFANTERIE.	CAVALERIE.
PREMIER CORPS.		
MARÉCHAL PRINCE D'ECKMUHL.		
Divisions françaises : MORAND, FRIAND, GUDIN, DESAIX et COMPANS.	65,000	
Brigades légères : BORDESOULLE et PAJOL.	»	2,400
DEUXIÈME CORPS.		
MARÉCHAL DUC DE REGGIO.		
Divisions françaises : LEGRAND, VERDIER et MERLE.	32,000	
Brigades légères : CASTEX et CORBINEAU.	»	2,400
TROISIÈME CORPS.		
MARÉCHAL DUC D'ELCHINGEN.		
Divisions françaises : LEDRU et RAZOUT ; division wurtembergeoise : MARCHAND.	35,000	
Brigades légères : MOURIEZ et BEURMANN.	»	2,400
A reporter.	132,000	7,200

	INFANTE-RIE.	CAVALE-RIE.
Report............	132,000	7,200
QUATRIÈME CORPS.		
VICE-ROI D'ITALIE.		
Divisions françaises : DELZONS et BROUSSIER ; garde royale italienne ; division italienne PINO............	38,000	
Cavalerie de la garde italienne ; brigade légère italienne VILLATA........	»	2,400
CINQUIÈME CORPS.		
PRINCE PONIATOWSKI.		
Divisions polonaises : DOMBROWSKI, ZAYONSCHEK et FICHER.........	36,000	
Cavalerie légère..............	»	2,400
SIXIÈME CORPS.		
GÉNÉRAL, PUIS MARÉCHAL GOUVION-SAINT-CYR.		
Divisions bavaroises : DEROY et DE WRÈDE.................	25,000	
Brigades légères bavaroises : SEIDEWITZ et PRESSING..............	»	2,400
SEPTIÈME CORPS.		
GÉNÉRAL COMTE REYNIER.		
Divisions saxonnes : LECOCQ et ZESCHAU.	24,000	
Cavalerie légère : FUNCK et GABLENTZ..	»	2,400
HUITIÈME CORPS.		
GÉNÉRAL DUC D'ABRANTÈS.		
Divisions westphaliennes : OCHS et DE DAREAU................	18,000	
Cavalerie légère.............	»	1,200
A reporter........	273,000	18,000

NOTES.

	INFANTE-RIE.	CAVALE-RIE.
Report............	273,000	18,000
NEUVIÈME CORPS.		
MARÉCHAL DUC DE BELLUNE.		
Divisions PARTOUNEAUX, DAENDELS et GIRARD................	30,000	2,500
DIXIÈME CORPS.		
MARÉCHAL DUC DE TARENTE.		
Division française : GRANDJEAN ; corps prussien : YORCK, composé des divisions KLEIST et GRAWERT, de 20 bataillons d'infanterie...........	26,000	
Cavalerie légère prussienne : MASSENBACH.................	»	3,000
GARDE IMPÉRIALE.		
Vieille garde, commandée par le MARÉCHAL DUC DE DANTZICK ; jeune garde, commandée par le MARÉCHAL DUC DE TRÉVISE..............	32,000	
Cavalerie de la garde, commandée par le MARÉCHAL DUC D'ISTRIE.........	»	3,800
RÉSERVE DE CAVALERIE.		
PREMIER CORPS.		
GÉNÉRAL NANSOUTY.		
Divisions BRUYÈRES, SAINT-GERMAIN et VALENCE...............	»	7,200
DEUXIÈME CORPS.		
GÉNÉRAL MONTBRUN.		
Divisions WATIER, SÉBASTIANI et DEFRANCE..................	»	7,200
A reporter.........	361,000	41,700

	INFANTE-RIE.	CAVALE-RIE.
Report	361,000	41,700

TROISIÈME CORPS.

GÉNÉRAL GROUCHY.

QUATRIÈME CORPS.

GÉNÉRAL LATOUR-MAUBOURG.

Ces deux corps éprouvèrent quelques changements dans leur organisation pendant la campagne, ce qui fait qu'on les porte en bloc; ils étaient composés des divisions KELLERMANN, LAHOUSSAYE, CHASTEL, ROSNICTZKY (polonaise), et THIELMANN (saxonne); en tout	»	12,000
La division DOUMERC (5ᵉ de cuirassiers) fut détachée avec le 2ᵉ corps.	»	2,300

CORPS AUTRICHIEN

(que l'on peut compter comme 11ᵉ corps).

GÉNÉRAL, PUIS
MARÉCHAL PRINCE DE SCHWARTZEMBERG.

Divisions autrichiennes : SICGENTHAL, TRANTENBURG et BIANCHI	24,000	»
Division de cavalerie : FRIMONT	»	6,000
Total	385,000	62,000
TOTAL GÉNÉRAL	447,000	

NOTE B.

Détail exact des pertes du 4ᵉ régiment.

SOLDATS.

2,150 hommes ont passé le Rhin; un détachement de 400 hommes rejoignit à Moscou; un autre de pareille force à Smolensk; enfin, un de 50 à Wilna; total, 3,000 hommes qui ont fait la compagne. Or, de ces 3,000 hommes, 200 seulement sont revenus avec moi sur la Vistule, et environ 100 sont rentrés de prison; il y a donc eu une perte de 2,700 hommes sur 3,000, c'est-à-dire des neuf dixièmes.

OFFICIERS.

109 officiers de tous grades ont fait la campagne en tout ou en partie.

40 ont été tués, ou sont morts dans la retraite, ou dans les prisons de l'ennemi.

20 sont restés prisonniers, la plupart blessés.

35 ont été blessés, plusieurs à deux reprises.

14 n'ont pas été blessés.

Ainsi, 49 officiers sont rentrés, dont 35 blessés ou l'ayant été dans le cours de la campagne.

NOTE C.

Itinéraire du 3ᵉ corps pendant la retraite.

Octobre, 19. Départ de Moscou. — Bivouac sur la route de Tschirkovo.
— 20. Tschirkovo.
— 23. Départ à minuit.
— 24. Bivouac sur la route de Bowrosk.
— 25. Suite de la marche.
— 26. Bowrosk.
— 27. Départ le soir.
— 28. Le matin à Véreya. — Le soir à Ghorodosk, Borisow.
— 29. Abbaye de Kolotskoi. — Route de Moscou à Smolensk.
— 30. Gyat.
Novembre, 1. Viasma.
— 5. Semlévo.
— 6. Postnia. — Dwor.
— 7. Dorogobuge.
— 8. Combat de Dorogobuge. — Bivouac à deux lieues en arrière.
— 9. Bivouac.
— 10-11. Slopnévo. (Combat le 11.)
— 12. Bivouac sur la route de Smolensk.
— 13. Bivouac aux approches de Smolensk.
— 14. Faubourg de Smolensk.
— 15-16. Smolensk. (Combat le 15.)
— 17. Koritnya.
— 18. Arrivée devant Krasnoi. (Combat.) — Passage du Dniéper.
— 19-20. Marche sur la rive droite du Dniéper.

Novembre 21. Le matin à Orcha, le soir à Kochanow.
— 22. Tolostchin.
— 23. Bobr.
— 24. Natcha.
— 25. Némonitsa.
— 26. Vésélovo. (Passage de la Bérézina dans la nuit.)
— 27-28. Bivouac sur la rive droite du fleuve. (Combat de la Bérézina le 28.)
— 29. Zembin.
— 30. Kamen.
Décembre, 1. Bivouac dans la direction de Molodetschno.
— 2. Ilïa. (Départ la nuit.)
— 3. Molodetschno
— 4. Biénitza.
— 5. Smorghoni.
— 6. Oszmiana.
— 7. Miédnicki.
— 8-9. Wilna.
— 10. Bivouac sur la route de Kowno.
— 11. Zismory.
— 12. Kowno.
— 13. Départ le soir.—Marche de nuit.
— 14. Village dans la direction de Neustadt.
— 15. Neustadt.
— 16. Pillkahlen.
— 17. Rohr.
— 18. Saliau.
— 19. Tapiau.
— 20. Kœnigsberg.
— 21. Braunsberg.
— 22. Heiligenbeil.
— 23. Neuenkirschen.
— 24. Aux environs d'Elbing.
— 25. Marienbourg.
— 26. Cantonnement dans l'île de la Nogat.

LIVRE III.

CAMPAGNE DE SAXE EN 1813.

PREMIÈRE PARTIE.

CHAPITRE PREMIER.

RÉORGANISATION DE L'ARMÉE. — MA NOMINATION DE GÉNÉRAL DE BRIGADE ET MA DESTINATION POUR L'ARMÉE DE HAMBOURG.

Le peu de temps que j'ai passé à Paris pendant l'hiver de 1813 m'a laissé de tristes et profonds souvenirs. Je trouvai ma famille, mes amis et la société tout entière frappés de terreur. Le fameux 29ᵉ bulletin avait appris brusquement à la France la destruction de la Grande Armée. L'Empereur n'était plus invincible. Pendant que nous succombions en

---

Nota. On peut, comme pour la campagne de 1812, consulter l'atlas de M. Thiers ou celui du général G. de Vaudoncourt.

Russie, une autre armée périssait lentement en Espagne, et, à Paris même, un obscur conspirateur avait pensé s'emparer du pouvoir. La campagne de 1813 allait s'ouvrir, et dans quelles circonstances ! La défection de la Prusse n'était plus douteuse, l'alliance de l'Autriche au moins bien incertaine, et l'épuisement de la France s'accroissait avec le nombre de ses ennemis. Les récits des officiers, échappés aux désastres de la retraite, contribuaient à augmenter l'effroi. Paris, accoutumé depuis quinze ans à des chants de victoire, apprenait chaque jour avec une douloureuse surprise le détail de quelque nouvelle calamité publique ou particulière. Les divertissements du carnaval cessèrent; chacun se renferma dans son intérieur, occupé des malheurs présents et des inquiétudes futures. Au milieu de cette consternation générale, on fut choqué de voir l'Empereur donner des fêtes aux Tuileries. C'était insulter à la douleur publique, et témoigner une insensibilité cruelle pour tant de victimes. Je me souviendrai toujours de l'un de ces bals lugubres, où je crus voir danser sur des tombeaux.

Au reste l'Empereur employa son séjour à Paris d'une manière admirable et digne de son génie. L'histoire dira quelle nouvelle armée parut à sa voix, et quels brillants succès suivirent tant de revers. Dès le mois de février, un sénatus-consulte mit à la disposition du ministre de la guerre trois cent cinquante mille hommes, tant sur les conscriptions de plusieurs années que sur le premier ban de la garde nationale, qui avait été formée en cohortes au commencement de 1812, et avec lesquels on créa trente-quatre nouveaux régiments d'infanterie. A cette immense levée se joignirent des dons volontaires en hommes et en chevaux. Les grandes villes et les provinces rivalisèrent de zèle, car on ne doit pas mettre toutes ces offres sur le compte de la peur ou de la flatterie. Nos revers avaient réveillé l'orgueil national; la France voulut faire un dernier effort pour obtenir une paix honorable. Dix mille jeunes gens, équipés à leurs frais, composèrent la réserve de la cavalerie, sous le nom de gardes d'honneur; quatre corps d'observation furent formés sur l'Elbe, en Illyrie et sur le Rhin. On y dirigea les bataillons de dépôt, soit en totalité, soit isolément par compagnies; des cadres de bataillons ou d'escadrons furent rappelés d'Espagne, ainsi que quelques régiments de la jeune garde; trois mille officiers et sous-officiers de gendarmerie passèrent dans la ligne; les régiments d'artillerie de marine devinrent des régiments d'infanterie; on fit venir des arsenaux et des places de guerre le matériel dont on put disposer; on ordonna des remontes en France et en Allemagne.

Au milieu de ce grand mouvement militaire, mon régiment occupait toutes mes pensées. Mes journées étaient employées à solliciter des récompenses pour mes officiers, qui tant de fois les avaient méritées sous mes yeux, des retraites avantageuses à ceux qui ne pouvaient plus servir. Je faisais remplir les nombreuses vacances par des officiers qui m'étaient connus et sur lesquels je comptais, et je me préparais à retourner à mon dépôt à Nancy, pour présider à cette réorganisation.

Un jour, M. le comte de Narbonne, aide de camp

de l'Empereur, dit au duc de Feltre qu'il fallait profiter de l'occasion pour me faire nommer général de brigade. Mon beau-père lui répondit qu'il n'y avait pas six mois que j'étais colonel et qu'il ne se permettrait jamais une demande aussi indiscrète. M. de Narbonne ne se tint pas pour battu; il alla droit à l'Empereur, et lui dit que, puisqu'il avait paru content de moi, il fallait m'essayer dans un poste plus élevé, en ajoutant gaiement : « qu'on ne risquait pas grand'chose, et qu'un mauvais général de brigade de plus ne perdrait pas l'armée. » Le maréchal Ney, qu'on appela en témoignage, voulut bien assurer qu'on ne courait pas même ce risque-là. Peu de jours après, mon beau-père m'apprit ma nomination, dont il était aussi surpris que moi-même. Ceux qui ont connu le désintéressement du duc de Feltre ne seront pas surpris de sa conduite. Il est rare de voir un ministre de la guerre laisser à d'autres le soin de l'avancement de son gendre. Je fus flatté de la noble récompense accordée à mon zèle, mais ce ne fut pas sans un vif regret que je renonçai sitôt à mon régiment et que je quittai un uniforme qui m'était bien cher.

Je fus employé au 5e corps, que le général Lauriston commandait à Magdebourg, et je partis aussitôt pour l'aller joindre.

Je m'arrêtai à Nancy, au dépôt du 4e régiment. Les cadres que j'avais laissés à Custrin venaient d'y arriver; les officiers me donnèrent un dîner pour célébrer ma nomination et pour me faire leurs adieux. Je quittai avec attendrissement ces nobles compagnons de gloire et d'infortune, car je ne prévoyais que trop que, pour beaucoup d'entre eux, cet adieu serait éternel.

Je laissai au 4ᵉ régiment 45,000 fr. d'économies. A cette époque, le grand nombre d'hommes qui passaient dans les régiments, la quantité d'achats et de confections dont les conseils d'administration étaient chargés, permettaient de faire des économies considérables sans nuire aux intérêts du soldat. Ces masses secrètes ont toujours été défendues, et jamais on n'a pu les détruire. Lorsqu'elles étaient administrées avec loyauté et intelligence, c'était une ressource immense. Je n'en ai disposé, pendant ma courte administration, que pour faire donner 100 fr. à chaque officier qui revenait de Russie, et 200 fr. à chaque officier supérieur.

Ces économies si précieuses ont été dilapidées en totalité par un de mes successeurs; je lui en garde en silence une rancune éternelle, pour me consoler de ne pas le nommer ici.

Je continuai ma route par Mayence, Cassel et Brunswick, et je rejoignis le général Lauriston à Magdebourg.

Il n'est point de mon sujet de raconter en détail les mouvements de l'armée pendant mon absence. Après le départ du roi de Naples, au mois de janvier, le vice-roi prit à Posen le commandement de ces tristes débris, rendus plus faibles encore par les garnisons qu'il fallut laisser dans les places et par l'abandon des Autrichiens, qui rentrèrent en Gallicie.

Le vice-roi fit preuve de courage et d'habileté en continuant sa retraite sans se laisser entamer et en contenant jusqu'au bout les dispositions hostiles de la Prusse, à qui sa faible armée en imposait à peine. Il abandonna successivement la ligne de la Wartha, celle de l'Oder, Berlin et toute la Prusse, pour prendre position derrière l'Elbe. Là, 50,000 hommes se trouvaient réunis. Les Russes, que le typhus dévorait depuis plusieurs mois, en avaient au plus 60,000; mais les Prussiens venaient de se joindre à eux. Leurs renforts et les nôtres arrivaient à marches forcées; l'Empereur était attendu, nous touchions au moment des plus grands événements. C'était sur les bords de l'Elbe ou de la Saale qu'allait se décider le sort de l'Europe.

Le général Lauriston me plaça dans la division du général Maison, première de son corps d'armée.

Cette division n'était composée que de trois régiments, les 151°, 152° et 153° de nouvelle formation; encore le 152° avait-il été détaché à Brême.

J'allais donc me trouver sans emploi, si je n'avais pas obtenu du vice-roi d'aller moi-même à Brême pour prendre le commandement du 152°, et le ramener dès qu'on n'en aurait plus besoin de ce côté.

Cette mission, en m'éloignant momentanément de la Grande Armée, me fit faire la campagne de Hambourg, que je vais raconter.

CHAPITRE II.

INSURRECTION DE LA 32ᵉ DIVISION MILITAIRE; ÉVACUATION DE HAMBOURG. — LE GÉNÉRAL VANDAMME ET LE PRINCE D'ECHMUHL ARRIVENT A BRÊME. — AFFAIRES D'AVANT-POSTES. — PRISE DE HAMBOURG. — NÉGOCIATIONS AVEC LE DANZMARCK.

Dès l'année 1810, Napoléon avait réuni à l'Empire le territoire des villes anséatiques, sous le nom de 32ᵉ division militaire. Cette mesure était nécessaire pour compléter le blocus continental; mais elle indigna tous les habitants. Leur fierté en fut blessée. Le blocus continental et la confiscation des marchandises anglaises ruinaient le commerce. Nulle part le joug de Napoléon n'était plus odieux, et sa puissance colossale ôtait l'espoir de jamais s'y soustraire.

Les désastres de 1812, si rapides et si imprévus, parurent un miracle de la Providence en leur faveur. La renommée les exagéra; les nouvelles les plus absurdes furent accueillies par ceux dont elles comblaient les espérances; l'armée était détruite; l'Empereur s'était sauvé seul, déguisé en paysan; la Prusse et l'Autriche se joignaient à la Russie; l'Allemagne entière se soulevait.

Ces récits causèrent une fermentation générale. Ce

n'était rien encore tant que l'ennemi ne paraissait pas, et la position de l'armée sur l'Elbe devait mettre Hambourg à l'abri de ce danger; mais, au lieu de protéger ce point si important, le vice-roi dégarnit entièrement le Bas-Elbe et plaça ses troupes entre Dresde et Magdebourg. Quels qu'aient pu être ses motifs, le résultat en devint bien funeste. Le général Tettenborn marcha sur Hambourg par la rive droite de l'Elbe, en chassant devant lui le général Morand, qui occupait la Poméranie suédoise. Le corps de Tettenborn se recruta bientôt de paysans insurgés, de Mecklembourgeois et de quelques Prussiens, qui n'attendirent pas la déclaration de guerre de leur roi. En même temps, les Anglais débarquèrent à l'embouchure de l'Elbe et du Veser, s'emparèrent des forts et des batteries de Bremerlehe et de Blexen, et firent soulever le pays. L'insurrection devint générale et éclata jusqu'au milieu de Hambourg, où commandait le général Carra-Saint-Cyr; elle fut réprimée, et les chefs la payèrent de leurs têtes. L'irritation s'en accrut, et le général Carra-Saint-Cyr, entouré de dangers, ne crut pas pouvoir conserver Hambourg. On le lui a reproché; mais il n'avait que 1,000 hommes, presque point d'artillerie, rien de préparé pour la défense. Tout avait été envoyé à la Grande Armée. Et qui aurait pu prévoir, au mois d'octobre, quand l'Empereur était maître de Moscou, qu'il faudrait, au mois de février suivant, combattre sur l'Elbe et le Veser! Carra-Saint-Cyr abandonna donc Hambourg, le 12 mars 1813; Morand passa l'Elbe à Zollenspicker et le joignit à Altenbourg. Il s'arrêta à Lunebourg, et Carra-Saint-Cyr à

CHAPITRE II.

Brême. A peine tous les deux avaient-ils pu réunir 2,000 hommes.

Tottenborn entra à Hambourg, et l'on peut juger de sa réception. On vit des femmes embrasser les chevaux des Cosaques et les Cosaques eux-mêmes, ce qui était bien aussi extraordinaire. On se disputait l'honneur de loger les officiers et jusqu'aux soldats. L'ancien gouvernement fut rétabli, le port ouvert aux marchandises anglaises; les habitants donnèrent tout ce qu'ils possédaient pour subvenir aux frais de la guerre : une légion anséatique fut formée, et les jeunes gens s'y enrôlèrent tous.

Le général Carra-Saint-Cyr, retiré à Brême, essaya de prendre sa revanche. Une colonne, qu'il envoya entre l'Elbe et le Veser, chassa les Anglais de Blexen; plus de deux cents paysans armés y perdirent la vie; mais, en même temps, le général Morand fut enveloppé à Lunebourg par les généraux Dornberg et Berkendorf, et fait prisonnier avec toutes ses troupes.

Il est facile à 4,000 hommes d'en détruire 1,000; mais, pour nous, la perte était considérable, et l'effet moral plus fâcheux encore. Nos troupes furent intimidées, la confiance des ennemis et des insurgés s'en augmenta. Déjà cette guerre prenait de la part des alliés le caractère d'une guerre de principes.

Les habitants de Hanovre avaient pris les armes; on préparait contre eux des mesures sévères. Le général Dornberg écrivit aux généraux français que les Hanovriens n'avaient fait qu'obéir aux ordres de l'empereur de Russie, en s'armant pour leur légitime souverain le roi d'Angleterre, et que les prisonniers français répondraient de la manière dont nous les traiterions. La Russie avait oublié un peu vite le traité d'Erfurth, par lequel elle avait reconnu le roi de Westphalie comme souverain du Hanovre.

Cet échec rendait notre position à Brême aussi critique qu'elle l'avait été à Hambourg, et peu s'en fallut qu'on ne fût obligé de l'abandonner. Ce parti eût été plus déplorable encore ; l'insurrection aurait gagné le Hanovre, la Westphalie tout entière ; la ligne de communication de la Grande Armée avec le Rhin allait être coupée. Les conséquences de cet acte de faiblesse étaient incalculables. Un autre général vint à propos en empêcher l'exécution.

Dès les premiers moments du danger, l'Empereur avait dirigé sur Brême tout ce qui se trouvait dans les départements du Nord. Le corps d'armée qui se formait à Wesel reçut la même destination, et le général Vandamme en prit le commandement.

Personne ne convenait mieux à une guerre de cette nature. Dès les premières campagnes de la Révolution, il s'était fait remarquer par une bravoure brillante, une activité infatigable, des connaissances militaires, de l'esprit et beaucoup d'ambition. A ces qualités se joignait malheureusement un caractère violent et insubordonné. On lui reprocha même des actes bien rigoureux dans les premières guerres de la Révolution. Je crois pourtant qu'il était plus colère que méchant ; je lui ai même connu des qualités attachantes : il était bon mari, bon père, ami fidèle. Son avancement n'avait répondu ni à ses talents ni à ses services. Son caractère indomptable lui nuisait auprès de l'Empereur.

Vraiment, disait-il, *je ne pourrais pas avoir deux Vandamme; ils se battraient jusqu'à ce que l'un eût tué l'autre.* Vandamme n'attribuait qu'à l'injustice et aux intrigues les avantages accordés à ses camarades, ce dont il se montrait fort irrité. En 1812, il commandait les Westphaliens sous les ordres du roi Jérôme, dont il partagea la disgrâce. A son retour à Paris, l'Empereur le rappela, le traita à merveille et lui donna le commandement des troupes destinées pour la 32ᵉ division militaire. Cet emploi si important lui rendit son ancienne ardeur; il crut le moment arrivé de conquérir le bâton de maréchal et le titre de duc qu'il ambitionnait depuis si longtemps.

Ce fut dans ces heureuses dispositions que je le trouvai à Brême, où nous arrivâmes en même temps.

Je passai une soirée à causer avec lui ou plutôt à l'entendre, car c'est à quoi se réduisait toujours la conversation : conserver Brême à tout prix, en imposer par notre contenance, tenir hardiment la campagne, suppléer par notre activité et notre audace au petit nombre, jusqu'à ce que l'arrivée de nos renforts nous permît d'attaquer Hambourg ; tel était son plan. On va voir avec quelle vigueur il l'exécuta. Je dois d'abord dire un mot de ma situation personnelle et de la composition des troupes.

Le corps d'armée du général Vandamme devait être composé des divisions Carra-Saint-Cyr, Dufour et Dumonceau, au nombre de plus de 20,000 hommes. En ce moment, à peine 4,000 hommes se trouvaient réunis à Brême; en voici la composition :

Le 152ᵉ régiment, réduit à trois bataillons, le quatrième ayant été pris avec le général Morand. Ce régiment, formé de cohortes, se composait de soldats dans la force de l'âge, généralement grands et bien constitués; mais, pour organiser à la fois tant de nouveaux corps, il avait fallu prendre des officiers de tous grades, à la retraite ou en réforme. On peut juger de la composition d'un pareil corps d'officiers au physique et au moral. Les sous-lieutenants, sortant de Fontainebleau, étaient novices, et, sauf quelques exceptions honorables, les autres officiers ignorants, usés ou abrutis.

Deux bataillons de douaniers, excellents soldats, un bataillon de marins remarquables par leur discipline autant que par leur bravoure.

Enfin, deux bataillons de marche, formés de compagnies prises dans les dépôts de divers régiments : mauvaise organisation, qui manque d'ensemble et à laquelle la nécessité avait forcé de recourir.

Le général Carra-Saint-Cyr commandait cette petite division, ayant pour généraux de brigade le prince de Reuss et moi. Le prince de Reuss, de la maison souveraine de ce nom, jeune colonel au service de France, à qui son mérite militaire très-remarquable avait fait donner cet emploi supérieur à son grade, avait servi dans l'armée autrichienne comme aide de camp de l'archiduc Charles, et l'on retrouvait bien un peu d'habitudes allemandes dans la lenteur de ses dispositions. Mais, le moment de l'exécution arrivé, rien n'égalait son activité, son intelligence et la justesse de son coup d'œil. Ses manières étaient agréables, son caractère aimable et facile; cette rencontre fut pour moi une bonne fortune. Dès le pre-

CHAPITRE II.

mier jour, il me témoigna de la bienveillance et de l'intérêt. Je mettais du prix à cultiver cette amitié naissante, formée aux avant-postes, et dont sa mort glorieuse interrompit trop tôt le cours.

Ma nomination de général avait été si imprévue, et mon départ pour l'armée si rapide, que je n'eus pas le temps de chercher un aide de camp. Madame d'Houdetot, ma cousine, me demanda avant mon départ de Paris de prendre son fils, M. France d'Houdetot (1), jeune officier déjà fort distingué, qui avait fait la campagne de Russie comme capitaine à l'état-major du 1er corps, et qui était resté à l'armée auprès du prince d'Eckmühl. Je partis avec sa commission, et je le trouvai à Brême. Malheureusement le prince d'Eckmühl l'avait demandé en même temps; je le lui cédai à regret, et les circonstances ont fait que d'Houdetot a perdu lui-même à cet arrangement, car je l'aurais incontestablement fait nommer chef d'escadron à la revue de l'Empereur, au mois de juillet, pendant l'armistice, et il aurait fait la campagne suivante dans son nouveau grade, tandis qu'ayant été renfermé dans Hambourg avec le prince d'Eckmühl, son avancement s'est trouvé fort retardé.

Je pris provisoirement pour aide de camp un sous-lieutenant du 152e, nommé Chabrand, d'une excellente famille de Pignerol, et qui sortait de l'école. Je n'ai jamais rien vu de si novice au monde, et rien de si plaisant que le contraste de son ignorance de toute chose avec sa vivacité piémontaise. Il me fut d'abord

---

(1) Il est devenu général de division, aide de camp du roi Louis-Philippe.

peu utile, et ne servit qu'à m'impatienter ; mais son bon cœur et sa bonne volonté m'attachèrent à lui, et je finis par le garder auprès de moi.

Notre petite armée sortit de Brême le 2 avril, et passa quinze jours en marches et contre-marches. Le 7, Carra-Saint-Cyr était à Rothembourg, et moi aux avant-postes, à Schessel, à dix lieues de Hambourg ; nous y passâmes trois jours sans que l'ennemi parût. Ce calme trompeur présageait une attaque sérieuse. Le général Carra-Saint-Cyr en eut l'avis et se décida à la retraite, dont je fis toujours l'arrière-garde. Aussitôt après son départ, trente gendarmes qu'il avait laissés imprudemment à Rothembourg, furent enlevés par les Cosaques, qui ne cessèrent de me harceler les jours suivants. On sait que les Cosaques n'attaquent jamais une troupe qui est sur ses gardes. Mais ils savent profiter de la moindre négligence, et devant eux une faute n'est pas longtemps impunie. Je connaissais cette petite guerre, et je ne les craignais pas. Ils en furent quittes pour m'accompagner jusqu'aux portes de Brême.

La division prit position le 15, la droite à Achim, appuyant au Weser, la gauche à Tonover, sur la route de Hambourg, ayant devant son front les marais que traverse cette route.

Le général Vandamme s'emporta contre le général Carra-Saint-Cyr et lui fit des reproches sévères. Je n'ai rien vu de plus incompatible que ces deux généraux ; la valeur bouillante du premier ne pouvait s'accommoder de la prudence un peu craintive du second. Il faut dire pourtant en cette circonstance que le mouvement de retraite était convenable. Le général Benkendorf partait de Hambourg avec la légion anséantique, un corps nombreux de Cosaques et quelques pièces de canon ; en même temps, le général Dornberg rentrait à Lunebourg, occupait Celle et poussait son avant-garde jusqu'à Werden. Le général Carra-Saint-Cyr se trouvait seul lancé sur la route de Hambourg avec 3,000 hommes, à douze lieues de Brême. Une retraite valait mieux qu'un échec, surtout dans la situation du pays.

Le 16, le prince de Reuss chassa les Cosaques de Werden, après une affaire assez vive. Bientôt le général Sébastiani, qui faisait la gauche de la Grande Armée, rentra à Celle et repoussa Dornberg derrière l'Aller. A l'appui de ce mouvement, Vandamme ordonna une forte reconnaissance sur Rothembourg ; le général Saint-Cyr me fit marcher en avant avec quatre bataillons en me recommandant de ne pas trop m'avancer. Le 22, je rencontrai les Cosaques en avant d'Ottersberg ; je les rejetai sur leur infanterie établie en arrière de la ville, et qui elle-même se replia sur le Wyster. Là un feu de tirailleurs s'engagea, et l'ennemi se retira ensuite en bon ordre jusqu'à une forte lieue de Rothembourg. L'ennemi s'arrêta alors ; il montrait plus de 2,000 hommes d'infanterie, deux escadrons de cavalerie et quelques pièces de canon. J'en rendis compte au général Saint-Cyr, qui avait arrêté la brigade de Reuss à Sottrum, à deux lieues en arrière (cette brigade se composait de quelques bataillons de marins et de douaniers). Je l'assurai qu'une attaque faite par la division tout entière réussirait et nous rendrait maîtres de Rothembourg. C'était aussi l'avis du prince de Reuss, mais le général ne le voulut pas. Il pensait qu'avec le mauvais esprit des populations, le moindre échec nous serait funeste et qu'il fallait attendre des renforts pour combattre à coup sûr. Peu de temps après, il quitta l'armée; je n'ai eu qu'à me louer de mes rapports avec lui.

Cependant les renforts nous arrivaient de tous côtés; les mesures du gouvernement répondaient au déploiement des forces militaires. Le 10 avril, un sénatus-consulte suspendit le régime constitutionnel dans la 32ᵉ division militaire. Le général commandant en chef fut chargé de la haute police, avec les pouvoirs les plus étendus. Faire les règlements nécessaires, avec l'application des peines du Code pénal; suspendre et remplacer provisoirement les autorités civiles; imposer des contributions extraordinaires; prendre au besoin des otages et autres mesures autorisées par la guerre, tout était de son ressort. Le choix du prince d'Eckmühl mit le comble à tant de rigueurs. Personne plus que lui n'était propre à exécuter scrupuleusement des instructions aussi sévères et à interpréter largement ce qu'elles avaient d'arbitraire. Il se hâta d'arriver à Brême. Le général Vandamme resta chargé du commandement des troupes. On pense bien avec quel mécontentement Vandamme se vit sous les ordres d'un maréchal. Il en résulta des froissements continuels, qui auraient nui au bien du service sans la patience du prince d'Eckmühl. Un jour, Vandamme arriva chez lui rouge de colère et sans le saluer, en présence du prince de Reuss et de moi. Il commença une scène violente sur ce que le maréchal avait écrit directement à un des généraux sous ses ordres. Il lui dit que : « quand un maréchal avait l'honneur de commander un général comme lui, il lui devait des égards ; qu'il ne prétendait pas servir ainsi ; que dès ce moment il n'était plus sous ses ordres. »

Le prince d'Eckmühl put à peine ouvrir la bouche pour s'expliquer. Il envoya le général Laville, son chef d'état-major, pour tâcher d'apaiser Vandamme, et se contenta de nous dire avec embarras : « Messieurs, il faut savoir souffrir pour le service de l'Empereur. » Quelque temps auparavant, Napoléon lui avait écrit : « Ayez soin de ménager Vandamme ; les hommes de guerre deviennent rares. » La recommandation arrivait à point, et elle avait profité.

Le moment était venu de prendre sérieusement l'offensive, et la réunion des troupes qui avait lieu à Brême devait rendre le succès certain. Outre notre division, dont le commandement fut donné à un vieux général hollandais, la division Dufour occupait Brême, et la division Dumonceau entrait en ligne à notre droite. Toutes ces troupes s'élevaient à environ 18 ou 20,000 hommes.

Le 26, nous nous portâmes en avant. Le prince de Reuss prit l'avant-garde ; ma brigade marcha en seconde ligne, notre nouveau général nous suivit plutôt qu'il ne nous commanda. C'était un soldat hollandais, ignorant et grossier, hors d'état de rien faire. Je ne puis comprendre qu'on ait remplacé le général Carra-Saint-Cyr par un homme qui lui était si inférieur à tous égards.

Les tirailleurs ennemis défendirent faiblement Ottersberg et le ruisseau de la Wiste à Sottrum. En débouchant dans la plaine, nous trouvâmes l'infanterie rangée en bataille avec quelques pièces de canon. J'entrai en ligne et pris la gauche de la route ; à peine avions-nous 4,000 hommes sans cavalerie. Nous les formâmes en colonnes d'attaque, et dédaignant de répondre à l'artillerie ennemie, nous marchâmes sur elle au pas de charge. L'ennemi n'attendit pas ce choc, et nous le poursuivîmes jusqu'à Rothembourg, où nous entrâmes le soir en combattant. Nous perdîmes peu de monde, et ce premier succès combla de joie nos jeunes soldats. J'eus bien à me louer du prince de Reuss, qui, pendant toute cette journée, me temoigna autant de déférence que si j'avais commandé la division. De mon côté, je ne cherchais point à lui faire sentir la supériorité de mon grade ; nous agissions fraternellement, sans prétention ni amour-propre, et satisfaits de partager l'honneur de cette journée. J'ose dire qu'il est à regretter que cette conduite n'ait pas servi de modèle à d'autres généraux dans des occasions plus importantes.

Rothembourg fut un peu pillé. C'est un désordre difficile à empêcher dans une ville où l'on entre de vive force après une journée fatigante et dans l'ivresse d'un premier succès. Quoi qu'il en soit, le désordre durait encore le lendemain matin, lorsque le prince d'Eckmühl et le général Vandamme arrivèrent. Ce dernier n'y prit pas garde ; mais le prince d'Eckmühl, qui avait l'horreur du pillage, nous fit de sévères reproches, et, ayant pris sur le fait un conscrit et un douanier, il dit : « qu'il fallait faire des exemples, et qu'il était indispensable d'en faire fusiller un. » On tira au sort ; il tomba sur le douanier, qu'on fusilla à l'instant même. Il était père de famille et avait rejoint l'armée la veille. La nécessité du rétablissement de la discipline ne suffirait point pour justifier une exécution sans jugement, la volonté de l'homme mise à la place de celle de la loi. Quelquefois la révolte, la lâcheté, la cruauté envers les habitants, peuvent l'autoriser; mais les généraux ne doivent jamais oublier qu'une pareille action est un crime quand elle n'est pas un devoir.

Le 27, la division fut à Schessell, le 28 à Tostedt. Le prince de Reuss poursuivit l'ennemi jusque devant Harbourg, situé sur la rive gauche de l'Elbe. Une compagnie de voltigeurs du 152ᵉ arriva la première devant le rempart. M. Roulle, sous-lieutenant, passa le fossé à l'aide d'une vergue qu'il trouva sous la main, et abattit le pont-levis. Le fort fut enlevé. Notre division et la division Dufour se réunirent à Harbourg. La division Dumonceau arrivait en même temps sur notre droite, à Zollenspicker. Deux bâtiments anglais furent pris, et la rapidité de ces premiers succès nous garantissait la prise de Hambourg, qui ne fut en effet retardée que par les ménagements qu'exigeait notre situation politique avec le Danemark.

Le Danemark, lié à la France par un traité de garantie réciproque, était suspect aux alliés. A la prise de Hambourg, sa position devint embarrassante. Le roi la soumit à Napoléon, qui lui répondit loyalement que, ne pouvant en ce moment le protéger, il l'autorisait à céder à toutes les exigences nécessaires au salut de ses États. La Russie demanda d'abord que le Danemark défendît Hambourg contre la France, et une division danoise entra dans la ville; mais le but des alliés était d'obtenir la cession de la Norwége, et ils n'hésitèrent pas à la demander. La France, de son côté, ouvrit avec le Danemark des négociations pour une alliance offensive et défensive. Or, il était dans l'intérêt de ces négociations d'éviter d'agir contre la division danoise qui était à Hambourg. Ce temps de repos fut employé à faire venir l'artillerie, à mettre Harbourg en état de défense, et à préparer les moyens d'attaque contre les îles qui séparent Hambourg de Harbourg.

La division Dumonceau resta à la droite, le long de l'Elbe, jusqu'à Veinse; la division Dufour et la brigade de Reuss à Harbourg, avec le général en chef. Je fus placé en observation à Marbourg, à une lieue de Harbourg sur la gauche.

CHAPITRE III.

MA BRIGADE OCCUPE STADE ET CHASSE LES ANGLAIS DE CUXHAVEN. — PRISE DE L'ILE DE WILLEMSBOURG. — TRAITÉ AVEC LE DANEMARK. — CAPITULATION DE HAMBOURG. — AFFAIRE DE BERGSDORF. — AFFAIRE DE GESTACHE. — ARMISTICE. — LUBECK. — JE PASSE AU PREMIER CORPS DE LA GRANDE ARMÉE.

Malgré ces premiers succès, le pays situé entre le Weser et l'Elbe était loin d'être soumis. Les Anglais occupaient les forts de Cuxhaven, à l'embouchure de l'Elbe. Quelques bandes d'insurgés parcouraient les villages; la contrebande s'exerçait impunément; les contributions n'étaient point payées. Il fallait mettre un terme à tous ces désordres. Le général Vandamme m'en chargea. Il me donna 2,000 hommes et deux pièces de canon, avec lesquels je devais parcourir le pays et reprendre Cuxhaven.

Le premier point était d'occuper Stade, chef-lieu de l'insurrection. Je pris toutes les précautions possibles pour déguiser ma marche, et le troisième jour, au lever du soleil, j'entrai dans la ville, où cette arrivée si inattendue causa la plus grande terreur.

L'insurrection n'avait été nulle part aussi violente qu'à Stade, et les habitants craignaient une vengeance qu'ils avaient bien méritée.

En effet, mes instructions portaient de les traiter *sévèrement*. A cette époque, ce mot voulait tout dire. Je reçus les magistrats et les principaux notables, et je me montrai sévère en paroles, pour me dispenser de l'être en actions. Je fis saisir partout les marchandises anglaises et les denrées coloniales, mais avec tous les ménagements que permettaient les ordres de l'Empereur. Chaque famille conserva sa provision de sucre et de café pour trois mois. Je défendis expressément toute contrebande et même toute communication avec la rive droite de l'Elbe. Mes postes, placés le long du fleuve, arrêtaient les bateaux qui voulaient aborder, les visitaient scrupuleusement, confisquaient les marchandises et ouvraient les lettres. Ces vexations augmentaient l'animosité des habitants et la terreur que nous leur inspirions; aussi, dans notre marche depuis Harbourg, les populations fuyaient à mon approche. J'en éprouvai pendant toute la route une tristesse inexprimable. La beauté du pays, le coup d'œil enchanteur qu'offrent les bords de l'Elbe dans cette saison, me donnaient l'idée d'un voyage de plaisir. J'aurais voulu n'inspirer que des sentiments de bienveillance aux habitants des charmantes maisons que l'on trouve à chaque pas sur cette route, et cette impression me rendait plus pénible encore le ministère rigoureux qui m'était confié.

Je me souviens surtout qu'un dimanche, en passant à Neunfeld, on me remit une lettre qu'on avait saisie sur un bateau qui venait du Danemark. Elle était adressée au ministre du village, et ses expressions entortillées la rendaient suspecte. Le ministre était à l'église; mais je ne pouvais m'arrêter. Je le fis mander; il vint avec toute la population. Je le pris à part la lettre à la main, et je ne doute pas que tout le village ne s'attendît à le voir fusiller. Les explications qu'il me donna furent satisfaisantes. Il me promit de renoncer à ces correspondances. Je suis sûr qu'il aura tenu parole, et surtout qu'il aura achevé son office de bon cœur.

Un autre jour, en visitant les bords de l'Elbe, je vis un bateau qui levait précipitamment l'ancre. J'appelai les hommes qui le montaient; ils ne prirent le large qu'un peu plus vite. Après avoir crié inutilement d'abord et tiré plusieurs coups de fusil en l'air, je fis tirer tout de bon, et du premier coup un homme fut tué. C'étaient de pauvres habitants du pays, qui allaient tranquillement à la pêche. Ce malheur m'affligea, et, pour en prévenir de nouveaux, je recommandai aux magistrats de Stade de bien faire connaître aux habitants qu'ils devaient se soumettre aux consignes de l'armée française, et que cette soumission empêcherait toujours qu'on ne leur fît du mal. Je dois dire que personnellement, pendant le cours de cette mission sévère, je ne reçus que des marques de reconnaissance des principaux habitants; ils me savaient gré des soins que je prenais pour adoucir ce que leur position avait de pénible. Il est vrai que je pouvais leur faire beaucoup de mal sans crainte d'être désavoué; j'étais même en querelle à leur sujet avec le général Vandamme, qui, dans sa correspondance, me reprochait constamment de ménager ces gens-là et d'être leur dupe.

Au bout de trois jours, je reçus l'ordre de continuer mon mouvement jusqu'à l'embouchure de l'Elbe. Je transcris ici cet ordre :

Harbourg, le 5 mai 1813.

« Monsieur le général,

« L'Empereur met le plus grand prix à la position
« de Stade, comme poste militaire. Ordonnez de suite
« que cette ville soit mise à l'abri d'un coup de main.
« Je vais y envoyer un major de confiance pour y
« commander, et le chef de bataillon Vinache, di-
« recteur du génie, va s'y rendre. Ordonnez que
« mille ouvriers y soient requis et réunis pour de-
« main et après.

« Aussitôt que vous aurez donné vos premiers or-
« dres, partez pour faire une très-rapide excursion,
« afin de vous rendre maître du pays entre le Weser
« et l'Elbe ; mettez-vous en correspondance avec
« M. le préfet de l'Elbe (1), qui sera établi demain
« ou après à Bremerworde.

« Faites exécuter ses ordres et appuyez de vos forces
« toute son autorité. Suivez la route de l'Elbe par
« Assel, Freyburg, Neuhans et Ottendorf, pour aller
« reprendre Cuxhaven, que l'on assure évacué par
« les Anglais. Nous avons du monde à Carlsbourg,
« sur la rive droite du Weser ; il faut agir avec célé-
« rité, mais toujours avec prudence.

---

(1) M. de Breteuil, depuis pair de France.

CHAPITRE III.

« Poussez le capitaine Ducouëdick fort en avant,
« car tout semble nous annoncer qu'il n'y a plus de
« troupes ennemies dans le pays et qu'il ne s'y trouve
« que quelques restes de rebelles à faire passer par
« les armes. Quelques recruteurs et contrebandiers
« anglais sont tout ce qu'il y a à détruire, et ce ne
« saurait être ni long ni difficile.

« Chargez M. Pyonnier, directeur des douanes,
« de suivre de très-près le capitaine Ducouëdick,
« afin de faire de bonnes prises. Qu'il mette son
« monde sur des chariots ; il a sans doute aussi quel-
« ques employés à cheval.

« Mettez à toutes ces dispositions une grande célé-
« rité, afin d'être de suite de retour sur Stade, si
« cela devenait nécessaire au bien du service. Lais-
« sez dans cette place une pièce de 4, un bataillon
« de marche et un demi-bataillon du 152°. Ils se
« garderont militairement tout autour d'eux, et bien-
« tôt ils seront renforcés. Ne dites à personne où
« vous allez ; annoncez aux magistrats qu'une colonne
« française, qui occupe Bremerlée, marche sur
« Cuxhaven, et qu'elle remontera l'Elbe vers Neu-
« hans ; que vous êtes chargé de la reconnaître et de
« la rallier ; que vous ne serez absent que quarante-
« huit heures.

« Prenez avec vous un bataillon et demi du 152°
« avec le meilleur bataillon de marche, deux pièces
« de canon et tout ce que vous avez de cavalerie,
« ainsi que ce qui est à Zeven et à Bremerworde.

« Rendez-vous maître de tout le cours de l'Elbe,
« afin que les Anglais et les Hambourgeois soient
« de plus en plus gênés. Ils ne tarderont pas à être

« informés des succès de l'Empereur. Déjà la crainte
« et l'agitation règnent chez eux.

« Établissez pour notre correspondance des relais
« sous la responsabilité des magistrats et principaux
« notables. Faites prendre des otages au moindre
« retard ou à la première apparition de l'ennemi, si
« l'on ne vous prévenait pas.

« J'attends tout de votre âge et de votre zèle. On
« m'avait envoyé un autre général ici pour cette
« expédition ; j'ai voulu vous donner la préférence.
« Vous répondrez à ma confiance, et je suis tran-
« quille.

« *Signé :* Vandamme. »

Je suivis ces instructions. En arrivant à Ottendorf, les rapports du capitaine Ducouëdick m'apprirent que les Anglais étaient encore maîtres des forts de Cuxhaven ; les gens du pays assuraient même qu'ils paraissaient disposés à s'y défendre. Un lancier, que la peur troublait sans doute, prétendit qu'il avait vu les Anglais débarqués. Pour ne rien compromettre, je demandai au général Vandamme de m'envoyer un officier du génie dont les conseils pouvaient être utiles, et je marchai sur les forts. Rien n'annonçait la présence de l'ennemi ; la route suit les bords de la mer, et la garnison anglaise pouvait apercevoir la marche de notre colonne, que j'avais formée sur deux rangs pour la faire paraître plus nombreuse. Les Anglais n'attendirent pas l'attaque et s'embarquèrent précipitamment sur deux bâtiments de guerre, d'où ils firent un feu très-vif sur nos troupes. Au milieu de ce feu, les voltigeurs du 152e s'élancèrent dans les forts, et je plaçai l'infanterie à l'abri derrière la berge, en défendant que personne se montrât. Nous restâmes sous les armes une grande partie du jour, jusqu'à ce que les Anglais fussent éloignés. Cette conquête n'aurait pas coûté un seul homme, si un capitaine de voltigeurs, dans l'ardeur de son zèle, n'eût été arborer au haut du fort trois mouchoirs de couleur en guise de drapeau tricolore. Cette bravade fut aperçue des Anglais, et un coup de mitraille mit en pièces le capitaine.

Le lendemain, l'officier du génie arriva. Je le chargeai de rétablir les forts dans leur premier état, de fermer les gorges du côté de la terre, de rouvrir les anciennes qui donnaient sur la mer, enfin de les mettre en état complet de défense. La garnison de chacun d'eux fut formée de quelques douaniers et de 100 hommes d'infanterie. Les rapports de ma cavalerie et ceux des autorités du pays m'apprirent que tout était tranquille entre l'Elbe et le Weser, et il n'était pas vraisemblable que les Anglais cherchassent à reprendre des forts qu'ils avaient abandonnés si promptement. Cependant je crus convenable de rester sur les bords de l'Elbe au lieu d'aller à Bederkesa, comme mes instructions m'y autorisaient, et j'échelonnai mes troupes entre Ritzebuttel et Neuhans. Je fis fort bien, car, au bout de deux jours, je reçus l'ordre de revenir en toute hâte à Harbourg. J'avais trente lieues à faire. Pourtant l'impatience du général Vandamme était telle qu'il s'étonnait de ne pas me voir arriver en vingt-quatre heures. Impatienté moi-même de ses continuels messages, et un peu inquiet de ce qui se passait à Harbourg, je quittai mes troupes; j'y arrivai seul dans la soirée du 12, et je compris alors le motif de tant d'empressement.

Après quelques jours employés en reconnaissances dans les îles de Harbourg, le général Vandamme fit enlever Wilhemsbourg, la plus grande et la plus importante de toutes. La brigade Gengoult s'y établit à la hâte le 11, et y fut laissée seule un peu légèrement peut-être. La position était trop importante pour que l'ennemi y renonçât aussi vite. Le 12 au matin, Tettenborn débarqua 1,200 hommes au nord de l'Elbe, et culbuta la brigade Gengoult. Le reste de la division Dufour rétablit le combat, qui se soutenait avec avantage, lorsque l'ennemi opéra un autre débarquement plus considérable à la gauche de l'île, à Rehersteig, et la division Dufour se trouvait fort compromise, si le prince de Reuss, qui était entré le matin dans l'île, ne fût arrivé à son secours. L'affaire durait depuis longtemps et nous perdions du terrain, quand le général Vandamme, saisissant habilement ce moment de crise si fugitif et si important à la guerre, fit cesser la fusillade et battre la charge sur toute la ligne. L'ennemi fut renversé en un instant. On prit six pièces de canon et 400 hommes ; 400 autres, qui s'étaient jetés dans les barques, furent noyés ou tués. Cette journée nous assura la possession de Wilhemsbourg et la prompte reddition de Hambourg.

J'arrivai donc le soir même. Le succès avait ramené la gaieté; j'en fus quitte pour quelques plaisanteries sur ma paresse, comme s'il eût été possible de faire trente lieues en un jour.

CHAPITRE III.

Je continuai à rester chargé du commandement de l'aile gauche, et le lendemain je retournai à Marbourg. Cette position était défensive ; elle avait pour but d'occuper les îles d'Hohenscham, d'Altenwarder et de Finkenwarder, d'empêcher toute communication entre les deux rives et de surveiller l'Elbe jusqu'à l'embouchure de l'Este. Ce service était pénible à cause du peu de troupes que j'avais à ma disposition. J'occupais les îles en camp volant, tantôt avec des postes, tantôt avec de simples patrouilles, dont la retraite était protégée par des troupes placées en banquettes derrière les digues. Malgré cette surveillance et la menace de fusiller les habitants qui iraient à Hambourg, les communications entre les deux rives étaient fréquentes. Si je ne réussis pas toujours à l'empêcher, je réussis du moins à me défendre des surprises que tentaient journellement les Suédois et les Anglais, et je ne perdis pas un seul homme. Le temps était affreux et mes troupes harassées. Je ne faisais pas cependant la moitié de ce que me prescrivait le général Vandamme. C'est un grand bonheur que d'avoir affaire à des chefs qui ne vous commandent que ce qui est possible, et une des difficultés de la guerre consiste à savoir obéir jusqu'à un certain point, sans compromettre ses troupes ni engager sa propre responsabilité.

Le Danemark, mécontent des exigences des alliés, avait déjà retiré ses troupes de Hambourg. Bientôt on lui demanda formellement la cession de la Norwége et un corps de 25,000 hommes, en lui offrant un dédommagement éventuel à prendre sur la 32e division militaire. Depuis nos nouveaux succès, ce dédommagement était devenu bien problématique, et le Danemark répondit aux alliés par un traité d'alliance offensive et défensive avec la France. Un général danois, que nous reçûmes à Harbourg avec les plus grands honneurs, vint aussitôt mettre la division du général Schuttembourg à la disposition du prince d'Eckmühl. Son assistance ne fut point inutile. C'était beaucoup d'empêcher les Hambourgeois de rien tirer du Danemark. Un corps de Suédois venait d'entrer dans la ville au départ des Danois. Notre flottille mit le feu à un vaisseau sur lequel ils étaient embarqués. Un assez grand nombre périt, et le prince royal de Suède, toujours occupé de ménager ses troupes, se hâta de les rappeler. L'animosité des Hambourgeois contre nous avait seule prolongé cette lutte inégale; mais les efforts ont un terme, et ce terme était arrivé. Dans la nuit du 28 au 29 mai, notre armée, maîtresse des îles et du cours de l'Elbe, commença le bombardement, et Hambourg capitula. Le 29, Tettenborn se retira sur Bergsdorf et Lunebourg avec 3,000 hommes de la légion anséatique, 1,000 Prussiens, 1,200 Mecklembourgeois et environ 2,000 Russes.

Pendant le bombardement, je fus chargé, conjointement avec le prince de Reuss, d'attaquer l'île d'Ochsenvarder, à la droite de Hambourg. Ce mouvement était bien combiné; il empêchait les troupes ennemies, qui occupaient ce point, de porter secours à la place, et il nous conduisait sur la direction que devait suivre le général Tettenborn en quittant Hambourg. Je traversai Harbourg, passai l'Elbe à Bullenhauss, et, le matin du 29, je rejoignis le prince de Reuss, déjà maître d'une partie de l'île d'Elbe. Dans la journée, l'ennemi l'abandonna entièrement et se retira sur Altegam. Le lendemain, je reçus l'ordre de me diriger sur Kirchemberg et Zollenspicher, et de marcher ensuite sur Bergsdorf, pour seconder l'attaque du prince de Reuss sur la gauche de cette ville, et couper la retraite à la garnison de Hambourg. Malheureusement, je me trouvais alors séparé du prince de Reuss, et nous ne pûmes concerter ensemble cette opération. J'avais de mauvaises cartes, et les renseignements du pays ne servaient souvent qu'à nous égarer. Au lieu donc de prendre la route de Curslach, qui mène droit à Bergsdorf, je remontai l'Elbe par Altegam, d'où je chassai l'ennemi après une affaire de tirailleurs. Il se retira en combattant jusque derrière le bras oriental de l'Elbe, où s'établit une fusillade qui dura toute la soirée. Les postes de la division Dumonceau, placés le long de la rive gauche, pouvaient, à l'aide des sinuosités du fleuve, observer l'ennemi; ils m'en rendaient compte et répondaient à mes questions. Cette communication de vive voix d'une rive à l'autre donnait à cette journée un caractère particulier que je n'ai jamais oublié. C'est dommage que ce fût une fausse manœuvre et une affaire qui n'aboutît à rien. Je couchai à Altegam, et, le lendemain, je pris enfin la route de Curslach, dont il fallut réparer le pont, que l'ennemi avait rompu en se retirant.

Tous ces contre-temps me firent arriver à Bergsdorf vingt-quatre heures trop tard. Le prince de Reuss y était depuis la veille, et la ville n'avait été défendue que le temps nécessaire pour assurer la retraite de la garnison de Hambourg, qui prit la route de Lauenbourg. L'affaire aurait été plus complète et le succès plus brillant si j'eusse été en mesure d'y coopérer. Les routes étaient couvertes de jeunes gens que le général Tettenborn avait forcés de marcher, et qui se sauvaient en jetant leurs armes. On voyait parmi eux des enfants de douze à treize ans. Nos soldats en eurent pitié : il y eut peu de victimes. Nos nouveaux alliés, les Danois, étaient déjà à leurs postes, et, en traversant la plaine, mon avant-garde, trompée par leur uniforme rouge, les prit pour des Anglais et leur tira des coups de fusil. Pour des alliés un peu douteux, le début n'était pas encourageant.

Le même jour, je fis mon entrée dans Hambourg à la tête de mes troupes en grande tenue. La ville était calme ; la discipline bien observée. Nous mettions de l'amour-propre à montrer de si belles troupes aux habitants d'une ville qui avait cru la puissance de l'Empereur à jamais détruite. Aussi l'étonnement des habitants égalait-il leur tristesse. Le général Vandamme était rayonnant; à peine eut-il le courage de me reprocher ma fausse manœuvre de Bergsdorf. Le succès justifiait tout. Il donna le lendemain un déjeuner magnifique aux généraux et colonels de son corps d'armée chez Rinville, à Altona. La maison de ce restaurateur domine le cours de l'Elbe; c'est une des plus belles positions et une des vues les plus ravissantes qu'il y ait en Europe.

Le général Dumonceau s'établit à Bergsdorf; sa division était assez forte, et, comme il n'y avait pas de général de brigade, je fus envoyé près de lui. Cette mission me déplut, et j'aurais préféré passer à Hambourg ce temps de repos ; mais les convenances personnelles comptent peu à la guerre. J'arrivai donc à Bergsdorf le 2 juin. Les troupes du prince de Reuss quittèrent les avant-postes avant d'être relevées par les miennes ; il en résulta que les Cosaques donnèrent un peu la chasse aux vedettes danoises. Cette négligence, qui n'était pas de mon fait, me valut pourtant une réprimande du général Vandamme avec ce ton amical qu'il conservait toujours dans nos relations. S'il me grondait, c'était par intérêt pour moi ; mais il n'y avait pas de négligences légères dans notre métier. Un seul instant pouvait faire perdre le fruit de plusieurs années de bons services. La réflexion était juste, et, trois mois après, il en offrit lui-même un triste exemple.

La division Dumonceau était composée de régiments provisoires ; chacun de ces régiments, formé de deux bataillons, pris dans divers régiments et commandés par des majors. Cette formation, qui n'est pas régulière, est pourtant moins vicieuse que celle des bataillons de marche, car, au moins, toutes les compagnies d'un bataillon appartiennent au même régiment. Il y avait aussi des bataillons isolés et deux bataillons du 152e. Le total de la division pouvait s'élever à 8,000 hommes. Le général Dumonceau était un Hollandais au service de France depuis le commencement de la révolution. Le roi Louis l'avait nommé maréchal. L'Empereur, après la réunion de la Hollande, ne confirma pas ces nominations, et Dumonceau redevint général de division. Ce désagrément aurait irrité un caractère moins doux que le sien, mais on ne pouvait remarquer en lui un instant d'humeur ou de mécontentement. C'était un militaire instruit; du reste excellent homme, bon, obligeant et de la loyauté la plus scrupuleuse.

Nos avant-postes, placés le long du bras oriental de l'Elbe, s'étendaient jusqu'à Gestacht. Nous gardions aussi sur la gauche les bords de la Bille et les débouchés de la forêt de Sachsen. Je passais mes matinées à parcourir toute cette ligne pour apprendre le service à de jeunes soldats qui n'en avaient aucune idée. Cette ignorance n'était pas sans danger; un jour, en revenant à Bergsdorf avec le général Dumonceau, le poste avancé nous prit pour des généraux russes, et nous tira plusieurs coups de fusil sans même nous crier qui vive. Deux jours après je faisais une visite d'avant-postes avec une escorte assez nombreuse; les deux factionnaires de l'avancée me virent tranquillement passer devant eux, et se gardèrent bien de me dire qu'une vedette ennemie était à quelques pas de là, masquée par des broussailles. Cette vedette voyant une troupe à cheval s'avancer sur elle, tira un coup de carabine, et M. de Chabrand, mon aide de camp, reçut une blessure qui, heureusement, ne fut pas grave. Ce qui est impardonnable, c'est que l'officier de garde et le major qui m'accompagnait ne connaissaient ni l'un ni l'autre la position des avant-postes ennemis.

Après avoir mis Hambourg en état de défense, le prince d'Eckmühl se disposa à prendre l'offensive et à entrer dans le Mecklembourg pour menacer Berlin et appuyer le mouvement de la Grande Armée qui avait pénétré en Silésie. Le général Dumonceau fut chargé d'attaquer l'ennemi en avant de Gestacht. Nos troupes se placèrent de bonne heure sur le terrain ; les dispositions de l'ennemi annonçaient une forte résistance ; les tirailleurs commençaient à s'engager sur toute la ligne, et je me préparais à faire avancer les colonnes et à placer l'artillerie, lorsque je remarquai un mouvement extraordinaire parmi les tirailleurs : le feu cessait, les pelotons paraissaient se réunir. J'y courus aussitôt ; deux officiers, l'un français, l'autre russe, parcouraient au galop la ligne et se jetaient au milieu des combattants au péril de leur vie, en agitant des mouchoirs blancs et criant : « Armistice ! » Ces officiers venaient du grand quartier général et apportaient la nouvelle de la suspension des hostilités. Je n'essaierai pas de peindre ce que fait éprouver un changement de situation si rapide et si inattendu. Passer du danger pour soi et pour les siens à la sécurité la plus complète, de l'agitation au repos ; voir son but atteint, sa tâche remplie, le sort de la France fixé ; s'attendre à retrouver bientôt son pays, ses enfants, ses liens les plus chers, au moment où l'on pouvait en être séparé pour toujours, et tout cela en un clin d'œil : c'est une impression à laquelle le cœur peut à peine suffire et que les paroles doivent renoncer à exprimer ! Qu'on ne dise pas que ce n'était qu'un armistice ; un armistice pour nous, c'était la paix, la paix assurée. L'Empereur avait annoncé que la paix était nécessaire, et qu'il traiterait après la première victoire. Cette victoire avait été obtenue ; nous comptions sur une promesse que l'intérêt de l'Empereur lui-même devait garantir ; enfin, les alliés désiraient la paix, et nous étions en mesure d'en dicter presque les conditions.

Avant de quitter le champ de bataille, je voulus aller rendre visite à ceux qui n'étaient plus nos ennemis. Je dépassai la ligne des avant-postes et je m'avançai vers les Cosaques. M. Allouis, chef d'escadron d'état-major, m'accompagnait. Comme il n'avait pas fait les dernières campagnes, il était moins accoutumé que moi à leurs étranges figures ; il me conjura de ne pas aller plus loin, prétendant qu'il était impossible que ces gens-là sussent ce que c'était qu'une armistice et qu'ils allaient nous mettre en pièces. A peine se rassura-t-il en voyant nos soldats paisiblement à côté d'eux. Nous n'en fûmes pas moins très-bien reçus ; après mille politesses réciproques, nous bûmes l'eau-de-vie ensemble, et, comme avec les peuples à demi sauvages, il n'y a pas de bon accueil sans présents, j'y laissai ma dragonne et j'en rapportai un très-beau fouet.

Nous retournâmes à Bergsdorf, et quelques jours furent employés à la ligne de démarcation des deux armées conformément à l'armistice. La division Dumonceau se rendit ensuite à Lubeck. Cette ville n'était occupée que par des Danois, et il n'était pas prudent de les y laisser seuls. Nous fûmes reçus à Lubeck encore plus mal qu'à Hambourg. L'esprit était le même, il y avait de plus le souvenir du pillage de la ville, en 1806. L'animosité était telle que la femme chez qui je logeais s'en alla à la campagne pour ne pas me voir ; les précautions étaient prises en secret pour nous tenir en garde contre des conci-

CHAPITRE III.

toyens aussi peu affectionnés que les habitants de Lubeck. L'ordre ne fut pas troublé; ils se bornèrent à nous détester, et nous n'en demandions pas davantage.

Le prince d'Eckmühl profita du repos de l'armistice pour rétablir l'administration dans le pays. On retrouvait toujours en lui l'esprit d'ordre et la rigueur qui faisaient son caractère. Ainsi on défendit de rien exiger des hôtes; mais les soldats recevaient au compte du pays des rations de toute nature et les officiers des frais de table, savoir : pour les généraux de division, 1,500 fr. par mois; pour les généraux de brigade, 800 fr., et ainsi de suite. Ces indemnités étaient payables tous les cinq jours et d'avance. De plus, on imposa d'énormes contributions de guerre et l'on prit des otages qui furent enfermés dans la citadelle de Harbourg. Heureusement, ces mesures ne furent exécutées à Lubeck qu'après notre départ.

L'Empereur, établi à Dresde pendant l'armistice, termina l'organisation de la Grande Armée. Les régiments se complétèrent par la réunion de leurs bataillons détachés. Le prince d'Eckmühl resta à Hambourg. Son corps d'armée, qui prit le n° 13, se composa d'environ 20,000 hommes, sans compter la division danoise. On donna au général Vandamme le commandement du 1er corps de la Grande Armée. Je ne me souciais nullement de rester à Hambourg, parce que le 13e corps, placé hors ligne, devait jouer un rôle moins important que les autres. Ma place naturelle eût été au 5e corps, pour lequel j'avais été d'abord destiné; je préférai rester sous les ordres du général Vandamme. Je connaissais sa manière de servir, j'avais à m'en louer, son ambition me répondait que les occasions de se distinguer ne manqueraient pas avec lui. Je lui demandai donc de me garder au 1er corps; il voulut bien me dire qu'il y avait déjà pensé, et me remit ma commission. Je retournai à Hambourg, d'où je fus chargé de conduire à Magdebourg une colonne composée de huit bataillons de différents régiments qui devaient être répartis entre les corps de la Grande Armée. J'arrivai à Magdebourg le 8 juillet.

Ainsi se termina la première partie de la campagne qui eut pour but et pour résultat la reprise de Hambourg; elle fit grand honneur au général Vandamme. Il en fut récompensé par le bulletin dans lequel l'Empereur attribue à sa vigueur la prise de Hambourg. Je fus charmé d'avoir débuté dans ma carrière de général par une guerre de cette nature.

Rien de plus utile que d'être souvent détaché et obligé d'agir par soi-même. J'en ai plus appris pendant ces trois mois de campagne que pendant tout le reste de la guerre.

Le général Vandamme voulut bien écrire au duc de Feltre, mon beau-père, pour lui témoigner sa satisfaction de ma manière de servir.

DEUXIÈME PARTIE.

CHAPITRE PREMIER.

COMPOSITION DU PREMIER CORPS. — CANTONNEMENTS PENDANT L'ARMISTICE. — DÉCLARATION DE GUERRE.

J'étais arrivé à Magdebourg le 8 juillet 1813, et je n'y passai que quelques heures. Un ordre du général Vandamme me prescrivit de me rendre précipitamment à Dessau ; l'Empereur allait passer la revue du 1ᵉʳ corps qui s'y trouvait réuni.

Cette revue eut lieu le 11 juillet. Je ne connaissais pas ma nouvelle brigade, et j'en pris le commandement sur le terrain. Les régiments étaient nombreux et la tenue aussi belle que possible. L'Empereur nous traita fort bien et nous accorda tout ce que nous lui demandions. Sa bienveillance était telle que le général Vandamme me reprocha depuis de n'en avoir point profité pour faire donner la croix à mon aide de camp Chabrand. Je n'aurais jamais osé faire une pareille demande pour un officier qui sortait de Saint-Cyr, et qui n'avait d'autre titre à cette faveur qu'une campagne de quelques mois et une légère blessure.

Quant à moi, je n'étais encore que légionnaire. Le prince de Neufchâtel voulut bien le remarquer, et, dès le lendemain, il fit signer par l'Empereur, à Magdebourg, une nomination d'officier de la Légion. L'oubli d'une si petite affaire, au milieu de celles dont il était accablé, eût été pardonnable. J'aime à ajouter dans ma reconnaissance cette dernière marque d'intérêt à toutes celles que j'ai reçues de lui.

Je commandais la 2ᵉ brigade de la 1ʳᵉ division (1). Le général Philippon s'était acquis une belle réputation à l'armée d'Espagne par sa défense de Badajoz; je m'estimai heureux de servir sous ses ordres. Dès les premiers moments, je le trouvai inférieur à sa renommée, je crus me tromper; je me reprochais de le juger trop sévèrement, et je m'attendais du moins à le trouver sur le champ de bataille digne de la renommée qu'il avait rapportée d'Espagne. On verra qu'il n'en fut rien. La vérité est que le général Philippon avait près de lui à Badajoz un officier du génie fort distingué, qui dirigea la défense, et dont il eut au moins la sagesse de suivre les conseils; voilà comment se font les réputations!

Le colonel Préchamps, chef d'état-major, avait fait les guerres de la République, et, dix ans auparavant, il était premier aide de camp du maréchal Ney. Il avait de l'instruction, de la capacité, un caractère indépendant et frondeur, un esprit épigrammatique.

---

(1) Je donne par appendice (note n° A) la composition du 1ᵉʳ corps. On voit qu'il se composait de trois divisions d'infanterie : 1ʳᵉ, Philippon, 2ᵉ Dumonceau, 3ᵉ Teste; en tout 17,000 hommes et 1,000 chevaux.

CHAPITRE I⁰⁰.

Plus tard, il fut envoyé en Italie, où il resta jusqu'en 1813. Lorsque je m'engageai neuf ans auparavant dans un des régiments du corps d'armée du maréchal Ney, à Montreuil, le colonel Préchamps était son premier aide de camp. Je me retrouvais avec lui à Dessau, en 1813, dans des situations bien différentes. Le premier aide de camp du commandant en chef était toujours colonel; le jeune soldat était devenu général. Préchamps en riait le premier.

Ma brigade se composait des 17ᵉ et 36ᵉ de ligne; le premier de quatre bataillons, le second de deux seulement; le 17ᵉ, commandé par le colonel Susbielle, le 36ᵉ par le major Sicard. Locqueneux et Feisthamel, tous deux devenus généraux de brigade, étaient capitaines au 17ᵉ.

Parmi les généraux des autres divisions se trouvaient Dumonceau, dont j'ai parlé; O'Méara, beau-frère du duc de Feltre; Doucet, colonel attaché à la place de Paris, qui devait son avancement à sa belle conduite à l'époque du complot de Mallet; Chartran, une des victimes de nos discordes civiles.

Je passai deux jours à Dessau; je logeais au palais avec le général Philippon. Le duc régnant était fort âgé; le prince héréditaire avait épousé une princesse de Hesse-Hombourg, dont il vivait séparé. C'était une personne agréable et gracieuse; je l'ai vue plusieurs fois ainsi que ses deux filles; elles portaient le deuil du frère de la princesse, tué à la bataille de Lutzen.

Au bout de quelques jours, nous prîmes des cantonnements dans les environs de Dessau, sur la rive gauche de l'Elbe. Je logeai au château de Radis, à deux milles de Wittemberg. Le maître du château et sa femme étaient de braves gens assez maussades. Une jeune nièce leur tenait lieu d'enfant ; elle n'avait ni beauté, ni esprit, ni grâce. C'était jouer de malheur, car nous avions souvent rencontré des cantonnements bien différents. On a en Allemagne beaucoup de goût pour les Français ; ils plaisent aux femmes et ne déplaisent point aux hommes. La vivacité de leur esprit, leurs manières galantes sont d'autant mieux appréciées qu'elles sont inconnues dans le pays. Bientôt les officiers, les soldats eux-mêmes, semblaient faire partie de la famille de leurs hôtes. Aussi, quoique nous fussions nourris aux frais du pays et qu'il en résultât des abus de tout genre, souvent notre départ a causé des regrets ; mais il n'y avait rien de séduisant au château de Radis, et je n'ai pas eu le moindre mérite à consacrer tout mon temps aux deux régiments de ma brigade.

L'armée se composait de jeunes soldats auxquels il fallait tout apprendre, et de sous-officiers qui n'en savaient pas davantage. Les officiers valaient mieux ; c'étaient les anciens cadres, dont la destruction avait été beaucoup moins complète en Russie que celle des sous-officiers. Une pareille armée, au moment d'entrer en campagne, aurait eu besoin de la surveillance continuelle de ses chefs, et, pour ménager le pays, on avait tellement étendu les cantonnements que l'on pouvait à peine réunir même les régiments. Les généraux cherchaient à remédier à cet inconvénient en visitant souvent les troupes, en donnant aux officiers supérieurs l'exemple de l'activité, en exigeant des rapports détaillés sur toutes les parties du service. Quand les exercices de détail furent terminés, je réunis plusieurs fois ma brigade, et elle ne manœuvra pas mal. Il fallait de plus apprendre aux sous-officiers à se garder militairement, à commander une patrouille, à faire un rapport; en un mot, nous nous préparions à lutter contre l'Europe entière, et jamais l'armée n'avait été plus novice, plus inexpérimentée.

On sait à quelles vexations étaient exposés les pays que nous occupions. A cet égard, du moins, les anciens errements s'étaient conservés, et la jeune armée de 1813 en savait autant que toutes celles qui l'avaient précédée. Malgré les ordres des chefs, nous n'entendions parler que de réquisitions de vivres, de fourrages, d'objets de toute nature. Il ne s'agissait, disait-on, que du bien-être des soldats; mais plusieurs officiers se servaient de ce prétexte pour rançonner les villes et les campagnes. Après avoir imposé d'énormes réquisitions, ils y renonçaient à prix d'argent. Je fus même obligé de porter plainte contre le troisième corps de cavalerie, qui prétendait mettre à contribution les cantonnements que j'occupais. Le général Vandamme se montrait sévère à cet égard. Aujourd'hui comte de l'Empire, général en chef, presque maréchal, le maintien d'une exacte discipline convenait à sa haute position. Il y eut donc peu d'abus au premier corps. Deux officiers de ma brigade voulurent se faire donner de l'argent dans leurs logements; je les punis, je les réprimandai plus fortement encore, et pour couper court à de pareils désordres, je donnai à ma brigade l'ordre du jour suivant:

Radis, le 20 juillet 1813.

« Le général croit devoir rappeler à MM. les offi-
« ciers que les habitants ne doivent aux troupes que
« la nourriture et le logement. Il défend, sous quel-
« que prétexte que ce soit, que l'on fasse dans le pays
« la moindre réquisition.

« Le général rend trop de justice à la délicatesse
« de MM. les officiers pour les croire capables de
« prendre de pareilles mesures par aucun motif per-
« sonnel ; mais l'intérêt des régiments ne serait point
« une excuse qui pût les justifier, et elles seraient
« sévèrement punies. »

La dispersion des cantonnements ne nous permettait pas de nous voir souvent. Je l'ai toujours regretté.
Il est important à la guerre que les généraux, les
officiers d'état-major, les officiers supérieurs des
corps, se connaissent, qu'ils soient ensemble dans de
bons rapports, qu'ils puissent apprécier les qualités,
les défauts de chacun, juger le degré de confiance que
méritent leurs inférieurs, leurs camarades et même
leurs chefs. Nous eûmes cependant quelques réunions
pendant la durée de l'armistice. Chacun de nous
donna dans son cantonnement de grands déjeuners,
où nous invitions les autres généraux de la division,
les aides de camp, les principaux officiers supérieurs.
Nous passions ensuite le reste de la journée ensemble. Comme ces différents corps d'armée devaient
se mettre en marche, on célébra cette année la fête
de l'Empereur le 10 août au lieu du 15 ; et, à cette

occasion, le général Lapoype(1), gouverneur de Wittemberg, donna un fort beau bal, qui se prolongea jusqu'au jour. Toute l'armée, toute la société de la ville et des environs s'y trouvaient réunis. On s'amusa beaucoup, et néanmoins ce ne fut pas un plaisir sans mélange. Ce même jour, 10 août, expirait l'armistice. Les négociations n'avaient pas réussi ; la guerre allait recommencer ; nous partions dans deux jours. Bientôt, toute la jeunesse, qui se livrait avec l'insouciance de son âge à l'enivrement de cette fête, allait être exposée à la mort, à des blessures cruelles, à la captivité. Qu'allait devenir cette armée si animée, si ardente, mais si jeune, si peu endurcie aux fatigues ? Que deviendrait la France elle-même, affaiblie par ses derniers revers, et attaquée pour la première fois par l'Europe entière !

Ces graves réflexions troublèrent un peu la joie du bal.

Le 12 août, le 1ᵉʳ corps commença son mouvement pour se rapprocher de Dresde. Les cantonnements avaient à peine duré un mois.

Avant de commencer l'histoire de cette seconde campagne, je dois dire un mot de l'armistice, de la position des deux armées, des projets de l'Empereur. On verra ensuite quelle fatalité paralysa ses efforts, et causa une fois encore la destruction de notre armée.

---

(1) Le plus ancien lieutenant général de l'armée ; il l'était de 1799 et vivait encore en 1848.

CHAPITRE II.

POSITION PENDANT L'ARMISTICE. — COMPOSITION DES DEUX ARMÉES. — PREMIÈRES OPÉRATIONS EN SILÉSIE. — PLAN DE NAPOLÉON. — BATAILLE DE DRESDE.

Je n'ai point parlé de la campagne de la Grande Armée pendant la reprise de Hambourg. On sait que l'Empereur ayant battu les alliés le 2 mai à Lutzen, près de Leipzick, sur la rive gauche de l'Elbe, les força de repasser cette rivière, d'évacuer Dresde et de se retirer en Silésie. On sait encore que les coalisés furent vaincus de nouveau à Bautzen et à Wurschen les 20 et 21 mai, et qu'un armistice fut conclu le 4 juin. Il n'est pas non plus de mon sujet de raconter les négociations qui eurent lieu à Prague pour la conclusion de la paix, sous la médiation de l'Autriche. Je dirai seulement que l'on ne put parvenir à s'entendre. L'Autriche avait déclaré qu'elle ne resterait pas neutre et qu'elle ferait cause commune avec la Russie et la Prusse, si les conditions qu'elle offrait n'étaient pas acceptées. Le 10 août était le terme fatal, et Napoléon n'ayant pas répondu aux propositions qui lui étaient adressées, les trois puissances lui déclarèrent la guerre.

La ligne de démarcation entre les armées belligérantes avait été fixée ainsi qu'il suit :

En Silésie, la ligne de l'armée française partait de la frontière de Bohême, suivait le cours de la Katzbach jusqu'à l'Oder ; la ligne de l'armée coalisée atteignait ce fleuve au-dessus de Breslau. Un territoire neutre s'étendait entre les deux armées ; la ville de Breslau en faisait partie. La ligne de démarcation suivait ensuite le cours de l'Oder jusqu'à la frontière de Saxe, puis la frontière de la Prusse jusqu'à l'Elbe, et le cours de l'Elbe jusqu'à la mer. Par ce moyen, tout le territoire saxon était occupé par l'armée française, et tout le territoire prussien par l'armée alliée. Les garnisons des places situées sur l'Oder et la Vistule, telles que Dantzig, Stettin et Custrin, devaient être ravitaillées tous les cinq jours.

On avait employé de part et d'autre le temps de l'armistice à se préparer à la guerre, à compléter, organiser, instruire les troupes. La Grande Armée française se composait de quatorze corps d'infanterie et quatre de cavalerie, ayant pour réserve la garde impériale (1) : environ 300,000 combattants.

L'armée coalisée se divisait en armée du Nord, armée de Silésie et armée de Bohême (2). Avant l'accession de l'Autriche, elle réunissait environ 360,000 combattants.

Voici notre position à la fin de l'armistice : le 12e corps à Dahme, menaçant Berlin ; le 3e corps de

---

(1) Voir le détail, Appendice (note B).
(2) *Idem,* idem, (note C).

cavalerie à Leipzick; Napoléon à Dresde avec la garde; le 1ᵉʳ corps en route pour s'y rendre; le 14ᵉ à Pirna gardait la frontière de Bohême et la rive gauche de l'Elbe; enfin, le reste de la Grande Armée occupait la Silésie, et principalement les bords de la Katzbach, savoir : les 2ᵉ, 3ᵉ, 4ᵉ, 5ᵉ, 6ᵉ, 7ᵉ et 11ᵉ corps — 1ᵉʳ, 2ᵉ et 4ᵉ de cavalerie. L'armée coalisée nous faisait face dans ces différentes positions. Le prince royal de Suède, avec 90,000 hommes, défendait Berlin; la grande armée russe et prussienne se concentrait en Silésie; les souverains alliés résidaient à Reichenbach.

On voit que la ligne d'opérations de l'armée française s'étendait de Dresde à l'Oder par Liegnitz. Les forteresses de l'Elbe et de l'Oder couvraient les deux ailes de cette ligne, et la neutralité de l'Autriche empêchait de la tourner par la Bohême. Dresde était le centre des opérations; les ponts de Meissen, au nord de cette ville, et de Kœnigstein, à quelques lieues au sud, nous permettaient de manœuvrer sur les deux rives de l'Elbe. Ainsi l'armée alliée de Silésie était coupée de l'armée du Nord, qui défendait Berlin. Pour se réunir à celle-ci, elle aurait été obligée de battre l'armée française sur les rives de la Katzbach et du Bober, où bien de passer l'Oder et de faire un long détour par Kalitz et Posen. Napoléon n'avait rien négligé pour fortifier sa position, pour établir convenablement les magasins et les hôpitaux, et pour lier par des routes praticables les lignes ainsi que les ouvrages.

Tels étaient nos avantages au moment de la reprise des hostilités ; mais l'accession de l'Autriche à la coalition y apporta de grands changements. Les forces des deux armées auparavant étaient presque égales, et maintenant l'Autriche mettait dans la balance un poids de 130,000 hommes. Dresde pouvait être attaquée par la Bohême, et cependant Napoléon résolut de conserver sa position. Il était important de maintenir la guerre au centre de l'Allemagne. Plus les forces de l'ennemi étaient redoutables, plus il fallait les éloigner de nos frontières. D'ailleurs, notre présence en Saxe empêchait les princes de la confédération du Rhin de se joindre à la coalition, et l'on peut comprendre que leur fidélité envers nous était déjà fort ébranlée.

En présence d'un ennemi si formidable, Napoléon s'appliqua d'abord à la défensive. Si l'armée autrichienne de Bohême marchait sur Dresde, elle serait contenue momentanément par les 1er et 14e corps (Vandamme et Gouvion Saint-Cyr), et l'Empereur accourrait à leur secours. Si cette armée autrichienne se portait en Silésie, soit par Zittau, soit par Josephstadt, toute l'armée française se réunirait à Gœrlitz ou à Buntzlau. Dans tous les cas, Dresde était la base du système. Cette ville fut mise en état de se défendre pendant huit jours. Le 14e corps, ainsi que je l'ai dit, en couvrait les approches. Ces dispositions étant prises, l'Empereur ordonna le 13 août au duc de Reggio de marcher sur Berlin.

Le 12e corps qu'il commandait était réuni à Dehme; on espérait qu'il pourrait entrer à Berlin le 24. Le général Girard, sortant de Magdebourg, appuyait son mouvement, et se liait par la gauche avec le maréchal Davout, qui se portait à Schwerin. La prise de Berlin, au début de la campagne, eût été d'un effet moral immense. Par ce moyen, les landwehrs étaient dispersées, Stettin et Custrin débloquées, les Suédois rejetés dans la Poméranie. Ainsi la guerre pouvait être transportée sur la rive droite de l'Oder, et s'approcher de la Vistule. Déjà les Polonais se préparaient à se joindre à nous. Pendant l'attaque de Berlin, Napoléon se chargeait de contenir l'armée autrichienne et russe.

Cependant Blücher avait pris l'offensive en Silésie. On lui a reproché d'avoir occupé le territoire neutre et commencé ses opérations avant les délais fixés par l'armistice. Les maréchaux Ney et Marmont, ainsi que le général Lauriston, se retirèrent le 19 derrière le Bober; mais à l'approche de Napoléon, qui s'était déjà porté en Silésie, Blücher, à son tour, se retira dans le camp retranché de Schweidnitz. Napoléon retourna le 23 à Gœlitz, d'où il surveillait également Dresde et la Silésie. Avant d'aller plus loin, je dois dire la part que le 1ᵉʳ corps a prise à ces différents mouvements.

Nous partîmes de nos cantonnements de Wittemberg le 13 août, et nous arrivâmes à Dresde le 16, en passant par Düben et Meissen. J'appris dans cette ville la déclaration de guerre de l'Autriche. Le 18, nous entrâmes en Silésie par Stolpen. Le 20, la 1ʳᵉ division occupa Georgenthal, et la 2ᵉ Zittau, pour observer les débouchés de la Bohême et être prêts, soit à soutenir l'armée de Silésie, soit à entrer en Bohême, soit enfin à marcher sur Dresde. Les officiers étaient pleins de zèle; les soldats soumis, disciplinés, et ne demandant qu'à se battre.

Cependant les mouvements de l'armée ennemie indiquaient l'intention de marcher sur Dresde par la rive gauche de l'Elbe. Les corps de Wittgenstein et de Kleist avaient joint l'armée autrichienne en Bohême ; les souverains étaient à Prague, et, dès le 20 août, le prince de Schwartzemberg, qui commandait en chef, marcha sur quatre colonnes par Pirna, Altenberg, Dippodiswalde et Freyberg. Cette opération était importante. Par la prise de Dresde, l'armée française se trouvait coupée de ses communications ; mais il fallait se hâter, car Napoléon allait sans doute se porter au secours de cette place. Cependant le prince de Schwartzemberg marchait avec lenteur. Voulait-il vraiment attaquer Dresde, ou bien se mettre en communication par la gauche avec le prince royal de Suède, qui défendait Berlin ? On l'ignorait encore. Enfin, le 25, l'armée ennemie arriva devant Dresde, et l'on dut s'attendre à être attaqué le lendemain. Napoléon voulait laisser l'initiative aux ennemis, et se porter sur eux en un seul point et en force au moment où ils prendraient l'offensive. Il donna au maréchal Macdonald le commandement de toute l'armée de Silésie ; elle se composait de 100,000 hommes (les 3e, 5e, 8e et 11e corps). Macdonald devait tenir en échec le général Blücher et l'empêcher de se porter, soit sur Berlin, contre le maréchal Oudinot, soit sur Zittau, pour se lier à l'armée de Bohême. Il suffisait, pour contenir Blücher, que Macdonald occupât la ligne du Bober et la fît retrancher.

Napoléon vint de sa personne, le 24, à Bautzen, et le 25, à Stolpen. Le mouvement de l'ennemi sur Dresde était alors bien décidé, et offrait l'occasion de

CHAPITRE II.

livrer une grande bataille. Napoléon, persuadé que Dresde pouvait se défendre, avait le projet de passer l'Elbe à Kœnigstein, sous les derrières de l'armée ennemie; mais le 25, à onze heures du soir, on apprit que Dresde serait enlevée dans la journée du lendemain, si elle n'était pas secourue. Il ne suffit pas en effet de donner des ordres et de prendre toutes les mesures nécessaires, il faut que les ordres puissent être exécutés, et le maréchal Gouvion Saint-Cyr, qui, avec le 14ᵉ corps, défendait la place, écrivait : « qu'il ne pouvait résister plus longtemps avec une armée composée d'enfants, et qu'il allait être obligé de se retirer sur la rive droite de l'Elbe. » Il n'y avait pas un instant à perdre, et Napoléon prit sur-le-champ son parti. Il accourut à la défense de Dresde avec toute la garde; les 2ᵉ et 6ᵉ corps, et livra cette bataille que je vais raconter en peu de mots, bataille glorieuse et dont pourtant les suites ont été si funestes.

Il était sept heures du matin quand Napoléon, descendant des hauteurs de Weisse-Kirsch par la rive droite de l'Elbe, aperçut la position. Le 14ᵉ corps ne défendait plus les ouvrages que faiblement sur la droite. La redoute de Dippodiswalde avait été enlevée; celle de Freyberg allait avoir le même sort. L'ennemi se préparait à attaquer l'enceinte des faubourgs, et s'approchait déjà des palissades ; sa ligne resserrait la place de tous côtés. La droite de l'Elbe, près du moulin de Striessen, se prolongeait sur la pente des hauteurs de Strehlen à Wolfuitz; la gauche devait s'étendre jusqu'à l'Elbe, à Priestnitz, poste confié au général Klenau, qui heureusement n'arriva pas. Les réserves occupaient les hauteurs de Lochwitz à Nœtnitz, entre l'Elbe et la Weisseritz, à moins d'un mille de la ville.

Napoléon entra seul à Dresde, et sa présence produisit un effet magique. Il alla visiter à pied toute la ligne des palissades. Le 14e corps le reçut avec acclamation. Sans perdre un moment, l'Empereur fit entrer la garde impériale. Le roi de Naples prit le commandement de l'aile droite, le maréchal Ney (1) celui de l'aile gauche. A deux heures, l'attaque commença sur toute la ligne. A gauche, la jeune garde enleva le mamelon des moulins de Striessen; au centre, la redoute de Dippodiswalde fut reprise; à droite, l'infanterie de Teste et la cavalerie de Latour-Maubourg obtinrent le même avantage. Le combat ne dura que quelques heures, et le succès fut complet. Dans la nuit, Schwartzemberg reprit la position qu'il occupait avant l'attaque des faubourgs. Il n'avait tiré aucun parti de ses forces, et un corps considérable fut laissé sans motifs en avant de Dippodiswalde. Dans cette même nuit, les maréchaux Victor et Marmont entrèrent à Dresde. Le 27 au matin, l'Empereur ordonna un grand mouvement sur la route de Freyberg, à notre droite; son but était d'empêcher l'ennemi de s'étendre à gauche pour se lier avec le prince royal de Suède, qui, s'il obtenait l'avantage sur le maréchal Oudinot, pouvait passer l'Elbe à Torgau. Il voulait en même temps enlever à l'ennemi

---

(1) Napoléon avait mandé près de lui le maréchal Ney, qui avait laissé en Silésie le 3e corps qu'il commandait.

la retraite sur Freyberg, pendant qu'à l'extrémité opposée le 1ᵉʳ corps s'avançait par la route de Pirna. Ainsi l'armée alliée aurait été rejetée dans les affreux chemins des montagnes qui conduisent à Tœplitz par Dippodiswalde et Altenberg.

La pluie, qui avait tombé par torrents pendant la nuit, dura toute la journée. Le combat commença au point du jour. A la gauche, la jeune garde enleva Grüne et disputa à l'ennemi le village de Reich pendant le reste du jour. Au centre, l'ennemi maintint sa position sur les hauteurs. On entretint une forte canonnade, afin de l'inquiéter et de l'empêcher de dégarnir son centre pour porter à sa gauche, qui, d'ailleurs, en était séparée par une vallée d'un difficile accès. Le véritable combat, comme je l'ai indiqué, eut lieu sur ce point. Le roi de Naples dirigea cette attaque avec son ardeur ordinaire. Lobda fut enlevé par le général Teste ; les batteries des villages de Wolfuitz et Nustitz emportées par le 2ᵉ corps ; l'infanterie enfoncée par les généraux Bordesoulle et d'Audenarde ; la cavalerie dispersée par le général Doumerc. L'ennemi se retira précipitamment en nous abandonnant la route de Freyberg.

Ces deux journées sont au nombre de celles qui honorent le plus l'armée française. Jamais elle ne montra plus d'ardeur et de dévouement. La jeune garde avait engagé le combat le 26 ; elle fut admirable, et son exemple électrisa le reste de l'armée. Le roi de Naples disait dans son rapport : « La cavalerie se couvre de gloire ; les masses sont rompues à coups de sabre malgré la résistance la plus opiniâtre. L'infanterie aborde l'ennemi à la baïonnette ; les généraux dirigent dans ces attaques difficiles la bravoure encore inexpérimentée des jeunes soldats. » Il n'oubliait que lui-même dans un éloge si bien mérité car on le vit charger en personne les carrés à la tête de nos premiers escadrons.

L'ennemi eut 20,000 hommes tués ou blessés, 10,000 prisonniers ; on lui prit aussi 26 pièces de canon, des caissons, des drapeaux ; quatre généraux furent tués ou blessés, deux faits prisonniers.

De notre côté, nous eûmes sept généraux blessés.

Pendant la bataille, un boulet de canon emporta les deux jambes du général Moreau, qui venait d'arriver et se trouvait en ce moment près de l'empereur Alexandre. Il mourut peu de jours après, à Laun, en Bohême. Nous admirions, comme tout le monde, l'ancienne gloire de Moreau ; mais il était dans les rangs de nos ennemis, et c'est ce que les militaires ne pardonnent jamais.

Napoléon rentra le soir à Dresde, et sans penser à la fatigue de ces deux journées, sans prendre à peine le temps de sécher ses vêtements trempés de pluie, il fit ses préparatifs pour livrer une troisième bataille. Malgré les pertes des deux journées précédentes, l'armée alliée était nombreuse, et l'Empereur ne pouvait croire qu'elle songeât à la retraite. Ce fut cependant ce qui arriva. Dans la nuit du 27, Schwartzemberg prit la route de Bohême. La victoire était remportée, et, pour la compléter, Napoléon dirigea les différents corps d'armée à la poursuite de l'ennemi dans toutes les directions.

Je dois maintenant reprendre l'histoire du 1er corps jusqu'au 28 août, lendemain de la bataille de Dresde.

CHAPITRE III.

OPÉRATIONS DU 1ᵉʳ CORPS. — PASSAGE DE L'ELBE A KOENIGSTEIN. — MARCHE SUR TOEPLITZ. — BATAILLE DE KULM. — DÉROUTE DU 1ᵉʳ CORPS. — RÉFLEXIONS SUR CETTE BATAILLE.

J'ai dit plus haut que Napoléon, en quittant la Silésie, avait eu d'abord le projet de passer l'Elbe à Kœnigstein, pour déboucher sur les derrières de l'armée alliée, mais que de nouveaux rapports lui ayant donné lieu de craindre que Dresde ne fût enlevée avant son arrivée, il s'était décidé à marcher lui-même au secours de cette place, et à charger le général Vandamme seul de passer l'Elbe à Kœnigstein et de s'emparer du camp de Pirna.

L'opération était importante. Si la bataille de Dresde durait encore, nous prenions l'ennemi à dos et sa défaite était certaine. Si, comme il arriva, l'armée ennemie était battue et déjà en retraite, nous coupions les communications, nous lui interceptions la route de Peterswalde, et nous pouvions même le prévenir à Tœplitz.

J'ai mis en note la composition du 1ᵉʳ corps. L'Empereur y ajouta plusieurs brigades d'infanterie et de cavalerie, et voici l'état général des troupes que l'on donna au général Vandamme pour cette expédition:

CAMPAGNE DE SAXE.

			BAT.	ESC.

1° LA 42ᵉ DIVISION (MOUTON-DUVERNET).

			BAT.	ESC.
1ʳᵉ brigade.	10ᵉ et 21ᵉ légers.....	2 bataillons.	6	»
	96ᵉ de ligne..	2 —		
	40ᵉ et 43ᵉ de ligne.....	2 —		
2ᵉ brigade. Général KREUTZER.	4ᵉ et 12ᵉ légers.	2 bataillons.	6	»
	9ᵉ et 28ᵉ légers.	2 —		
	27ᵉ de ligne..	2 —		

Cavalerie légère.

Colonel ROUSSEAU.	3ᵉ de hussards.	2 escadrons.	»	4
	27ᵉ chasseurs.	2 —		

2° LA BRIGADE DU GÉNÉRAL QUIOT (23ᵉ DIVISION).

55ᵉ de ligne....	2 bataillons....		6	»
85ᵉ de ligne....	4 —			

3° LE 1ᵉʳ CORPS, COMMANDÉ PAR LE GÉNÉRAL VANDAMME, savoir :

1ʳᵉ division. Général PHILIPPON.

1ʳᵉ brigade. Général POUCHELON	7ᵉ léger....	4 bataillons.	8	»
	12ᵉ de ligne..	4 —		
2ᵉ brigade. Général FEZENSAC.	17ᵉ de ligne..	4 bataillons.	6	»
	36ᵉ de ligne..	2 —		

2ᵉ division. Général DUMONCEAU.

1ʳᵉ brigade. Général DUNESME.	13ᵉ léger...	4 bataillons.	8	»
	25ᵉ de ligne..	4 —		
2ᵉ brigade. Général DOUCET.	51ᵉ de ligne..	2 bataillons.	6	»
	57ᵉ de ligne..	4 —		

Cavalerie légère.

21ᵉ brigade. Général GOBRECHT.	9ᵉ de lanciers français....	4 escadrons.	»	8
	Chassʳˢ d'Anhalt......	4 —		

A reporter............			46	12

CHAPITRE III.

	BAT.	ESC.
Report.	46	12
4° LA BRIGADE DU PRINCE DE REUSS. (3ᵉ division.—2ᵉ corps.)		
Général VIAL . . . { 46ᵉ de ligne. . 3 bataillons. / 72ᵉ de ligne. . 3 —	6	»
5° DIVISION DE CAVALERIE LÉGÈRE (CORBINEAU).		
Général MONTMARIE. { 1ᵉʳ de lanciers français.. . . 4 escadrons. / 3ᵉ de lanciers français. . . . 4 —	»	8
Général HEIMRODT. { 16ᵉ chasseurs. 4 escadrons. / Chasseurs italiens. . . . . 5 —	»	9
Total.	52	29

ARTILLERIE.

12 pièces de 6 et obusiers, à la division MOUTON-DUVERNET.
12 pièces de 6 et obusiers, à la division PHILIPPON.
12 pièces de 6 et obusiers, à la division DUMONCEAU.
12 pièces de réserve de 12 et obusiers.
12 pièces de 6 et obusiers, servis par 2 compagnies de canonniers à cheval.

Total. . 60 pièces, plus 60 caissons du parc de réserve.

GÉNIE.

La 5ᵉ compagnie du 3ᵉ bataillon de sapeurs.
La 7ᵉ compagnie du 3ᵉ bataillon de sapeurs.
Une compagnie de mineurs.

Je crois que le nombre des présents était de 5 à 600 hommes par bataillon; environ 30,000 hommes d'infanterie.

En comptant 5,000 hommes de cavalerie (c'est beaucoup pour 29 escadrons); en y joignant l'artillerie et le génie, le total n'allait pas à 40,000 hommes.

Dans ma brigade, les quatre bataillons du 17ᵉ s'élevaient à 2,500 hommes; les deux bataillons du 36ᵉ à 1,000; moins de 600 hommes par bataillon.

Le 1ᵉʳ corps gardait en Silésie les débouchés de la Bohême, par Raumburg et Georgenthal; il importait de cacher à l'ennemi l'expédition que nous allions faire, et nous ne partîmes, le 24, qu'après avoir été relevés par le 8ᵉ corps et par la cavalerie de Kellermann. La 1ʳᵉ division fit l'arrière-garde; elle arriva à Hainsbach le soir; elle en repartit la nuit pour Neustadt, où elle passa toute la journée du 25. La 42ᵉ division était en tête, puisque auparavant elle occupait le camp de Lilienstein, et gardait le pont de l'Elbe à Kœnigstein. Pendant la nuit du 25 au 26 elle passa sur la rive gauche, et le 26 à la pointe du jour elle repoussa les Russes sur la route de Pirna, et s'établit dans le bois près de la forteresse de Kœnigstein. Vers quatre heures après-midi, la division Dumonceau et la division de cavalerie Corbineau passèrent l'Elbe, et vinrent se placer en avant de Leopoldshyn; la brigade Quiot suivit ce mouvement. Les Russes se retirèrent et prirent position, sous la protection d'une forte batterie, la droite à Kritzwitz, sur la route de Pirna, la gauche à l'Elbe, près de Naundorff. La 1ʳᵉ division et toute l'artillerie du 1ᵉʳ corps étaient encore en arrière. Cependant le général Vandamme se décida à attaquer cette position.

Ce fut une imprudence, car l'infanterie et la cavalerie souffrirent également du feu de l'artillerie auquel on ne pouvait répondre. Dans la soirée, les Russes se replièrent sur Pirna. Ce même jour 26, le général Philippon partit de Neustadt, passa l'Elbe, et vint bivouaquer au pied de la forteresse de Kœnigstein. Je fermai la marche après l'artillerie des deux divisions. Cette marche fut bien pénible, parce que les chemins étaient gâtés et que la pluie tombait par torrents. Il fallait donc s'arrêter à chaque pas pour retirer de la boue les canons et les caissons. Nous marchâmes toute la journée et toute la nuit du 26 en prenant à peine quelques instants de repos. Je ne voulais rien laisser en arrière, et je sentais la nécessité de conduire le plus tôt possible sur le terrain l'artillerie dont le général Vandamme avait manqué la veille. Nous passâmes l'Elbe avant le jour, et je me réunis d'assez bonne heure à la division, à Langenhennersdorf, entre Kœnigstein et Gieshübel. Le général Philippon, qui ne m'attendait pas encore, loua fort ma diligence. La 1re division resta ce jour-là à Langenhennersdorf avec la division Corbineau. Ma brigade avait besoin de repos.

Seulement le 7e léger, de la brigade Pouchelon, fut assez maladroitement engagé dans les bois qui conduisent à Gieshübel; le mauvais temps et les grandes eaux d'un torrent arrêtèrent la marche de ce régiment, qui vint reprendre sa place dans nos bivouacs. Il n'y a rien de pire que de fatiguer ainsi les troupes par des attaques partielles et décousues.

Pendant ce temps, la 42ᵉ division était à Pirna, et la brigade da cavalerie Gobrecht tiraillait en avant sur la route de Dresde. La division Dumonceau, un peu en arrière, occupait le Kohlberg ; c'était le jour de la bataille de Dresde.

Voici donc la situation le 28 au matin, lendemain de la bataille : la grande armée ennemie se retirait précipitamment en Bohême ; la route de Freyberg, à notre droite, était occupée par le roi de Naples, celle de Peterswalde, à gauche, menacée par le général Vandamme. Toutes les colonnes ennemies suivaient les routes de Marienberg, Dippodiswalde, Altenberg, Furstenwald et Peterswalde. Ces différentes directions conduisaient à Tœplitz, à travers les montagnes. Les chemins étaient affreux ; déjà cette retraite ressemblait à une fuite. La présence des souverains augmentait l'inquiétude et la confusion. Tout dépendait de la marche des différents corps de notre armée, qui allaient poursuivre l'ennemi. Le 28, le roi de Naples occupa Freyberg à l'extrême droite, et prit plusieurs convois. Le 2ᵉ corps l'appuya. Le 6ᵉ suivit la route de Dippodiswalde, s'empara de Keisslich, un peu en arrière de cette ville, et fit 3,000 prisonniers. La jeune garde devait occuper Pirna. Le 14ᵉ (et ceci est bien important) marchait sur Dohna et devait se réunir au général Vandamme. « Aussitôt « la réunion faite, écrivait l'Empereur, les 1ᵉʳ et 14ᵉ « corps se porteront à Gieshübel et se formeront « sur les hauteurs de Gieshübel et de Hellendorf. » Ce premier jour pourtant, le maréchal Gouvion Saint-Cyr s'arrêta à Maxen, à la hauteur de Dohna.

Dans cette même matinée du 28, le général Van-

CHAPITRE III.

damme prit position sur le plateau de Pirna, la droite à cette ville, couvrant le pont sur l'Elbe, et la gauche dans la direction de Cotta. Les généraux Corbineau et Philippon occupaient toujours Langenhennersdorf. Le général Vandamme écrivait au major général « que l'ennemi était en force à Hellendorf et à Gies- « hübel; qu'il avait 25,000 hommes devant lui, et « que ce nombre s'augmentait à chaque instant. » Il se plaignait: « de manquer de pièces de 12; son « parc de réserve était à Dresde avec le général Bal- « tus, commandant l'artillerie. Il n'avait donc point « toutes les forces qui lui avaient été désignées. » Peu de temps après, il reçut du major général une lettre qui lui annonçait la bataille de Dresde, la retraite de l'ennemi, les pertes qu'il avait faites, l'ordre donné de le poursuivre dans toutes les directions. La lettre ajoutait que le duc de Trévise allait occuper Pirna, et que le maréchal Gouvion Saint-Cyr, suivant la direction de Dohna, viendrait se joindre au 1er corps pour occuper Gieshübel et poursuivre l'ennemi sur la route de Peterswalde. Il n'en fallait pas tant pour enflammer un caractère aussi ardent que celui de Vandamme. Toute l'armée venait de se couvrir de gloire, et lui n'avait rien fait encore! Il venait même d'écrire une lettre, où il se plaignait du peu de moyens mis à sa disposition et du nombre d'ennemis qu'il avait devant lui! Il recevait l'ordre d'agir de concert avec le maréchal Gouvion Saint-Cyr; mais, s'il attendait le maréchal, ce dernier aurait tout l'honneur de la victoire. Il résolut donc de le prévenir et de s'emparer de Gieshübel.

Le général Philippon fut chargé de l'attaque, pendant que le général Corbineau partait également de Langenhennersdorf, en se dirigeant sur Barah. Ce général, qui commandait momentanément la division Philippon et la sienne, voulut faire attaquer Gottleube par ma brigade. Je ne m'en souciai point; les chemins étaient impraticables, et je n'avais nulle envie de recommencer la fausse manœuvre du général Pouchelon de la veille. Sur mes observations, le général Corbineau me réunit à la 1re brigade, pour concourir à l'attaque de Gieshübel. Vers trois heures, nous arrivions à l'entrée du bois de sapins qui conduit à ce village. Le général Vandamme accourut au galop; il était d'une grande animation; il reprocha au général Philippon de perdre son temps. « L'Em-« pereur allait arriver, disait-il; toute l'armée pour-« suivait l'ennemi; c'était à nous de compléter sa « défaite. » A l'instant, il lança la 1re division dans le bois, en dirigeant lui-même l'attaque. Gieshübel fut enlevé par le 7e léger, après une vive résistance. J'envoyai de là le 36e occuper Gottleube. Le général Vandamme alla jusqu'à Hellendorf; on fit plusieurs prisonniers. Les jeunes gens se conduisirent à merveille.

Voici la position des troupes dans la nuit du 28 au 29 :

La brigade de Reuss en avant de Hellendorf; les Russes occupant Peterswalde.

La division Corbineau et la brigade Gobrecht près de Hellendorf.

La première brigade de la 42e division entre Hellendorf et Gottleube, à la droite et hors de la grande route.

CHAPITRE III.

La division Philippon à Gieshübel, le 36° occupant Gottleube.

La division Dumonceau à Gieshübel, ayant sa 2° brigade dans la direction de Langenhennersdorf.

La brigade Kreutzer, de la 42° division, avec sa cavalerie vers Gabel, à la droite de Gieshübel.

La brigade Quiot, en arrière, près de Langenhennersdorf.

La batterie de pièces de 12, avec le parc de réserve, partie le matin de Dresde, marcha toute la nuit et rejoignit les troupes à Peterswalde. Le parc de réserve suivait à distance.

Le général Vandamme mandait le soir du 28 au major général qu'il marcherait le lendemain sur Tœplitz, à moins d'ordres contraires. Ce même soir, le major général lui écrivait de se diriger sur Peterswalde avec toutes ses troupes, et de pénétrer en Bohême. « L'ennemi, disait-il, paraît se retirer sur Annaberg (dans la direction d'Egra, ce qui l'éloignait beaucoup de Tœplitz et de Prague). L'Empereur pense que vous pourriez arriver avant l'ennemi sur la communication de Teschen, et prendre ses équipages, ses ambulances et ses bagages. » C'est là le dernier ordre que Vandamme ait reçu.

Dans cette même journée du 28, il était arrivé un événement bien funeste, et qui fut la première cause de tous nos malheurs. L'Empereur s'était porté à Pirna pour y établir son quartier général. Il avait déjeuné comme à l'ordinaire, et il regardait défiler les troupes, lorsqu'il fut saisi de violentes douleurs d'entrailles. On le crut empoisonné. Il retourna à Dresde, soit par suite de son indisposition, soit à cause des mauvaises nouvelles qu'il avait reçues de la Silésie et des environs de Berlin ; ce dernier motif ne me semble pas suffisant. Quelque fâcheux que fussent nos revers, quelque avantage qu'offrît la prise de Berlin, le point important était l'armée de Bohême, où se trouvaient les souverains alliés. C'est là que le sort de la guerre devait se décider. Sans doute, Napoléon avait prescrit les mesures nécessaires pour poursuivre l'ennemi dans toutes les directions, et compléter ainsi le succès de la bataille de Dresde; mais il savait par expérience combien en son absence les commandants des différents corps d'armée étaient peu disposés à s'entendre ; s'il fût resté à Pirna, il eût pu recevoir plus tôt les rapports, donner les ordres nécessaires, diriger ses lieutenants et les faire obéir. On va voir les déplorables conséquences de son éloignement de l'armée.

Le 29 au matin, Vandamme continua son mouvement avec toutes ses troupes. La brigade de Reuss marchait en tête. On enleva Peterswalde, où l'on prit 800 hommes. La résistance fut plus vive à Hellendorf; l'arrière-garde russe était en position, protégée par son artillerie. Le prince de Reuss fut tué d'un coup de canon. Vandamme, qui ne quittait pas l'avant-garde, reçut son dernier soupir et lui donna des larmes. J'aimais aussi et j'appréciais le prince de Reuss ; mais je dois avouer qu'il est mort à propos, car la coalition victorieuse ne lui aurait jamais pardonné sa fidélité à notre cause.

Les Russes continuèrent leur retraite ; ils se placèrent en arrière de Priesten, occupant Kulm et Straden. Le général Revest, chef d'état-major, qui remplaçait le général de Reuss, les chassa de deux villages et se porta sur leur position ; mais alors la défense devint sérieuse. Il n'y avait plus à reculer ; nous étions à deux lieues de Tœplitz. C'est sur ce point qu'aboutissaient tous les chemins venant de Dresde, et par lesquels se dirigeaient les différents corps de l'armée combinée. Déjà l'alarme était répandue dans la ville; les équipages, les non-combattants et toute la suite de l'armée se sauvaient par divers chemins. Il était midi. Ostermann, qui commandait l'arrière-garde ennemie, déclara qu'il s'arrêterait là, et que le moment était venu de vaincre ou de périr. Pour la première fois, la brigade de Reuss fut repoussée. Vandamme, accoutumé à chasser devant lui l'arrière-garde, crut vaincre facilement cette résistance. Il engagea successivement les brigades de la 42e division, à mesure qu'elles arrivaient. Ces attaques décousues n'eurent aucun succès. Le 12e régiment, détaché de notre division pour soutenir la 42e, ne réussit pas davantage. La ténacité du général Ostermann avait donné au prince Constantin le temps de lui amener 40 escadrons. La tête de ma brigade arrivait sur le terrain. Le général Philippon m'ordonna d'attaquer avec le 1er bataillon du 17e. Je le conjurai d'attendre au moins le reste de ma brigade. Engager un seul bataillon composé de soldats qui n'avaient point vu le feu, attaquer ainsi un ennemi bien posté et encouragé par le succès de sa résistance, c'était se faire battre de gaieté de cœur. Il ne m'écouta pas; le général en chef l'avait dit, et Philippon n'osait lui faire aucune observation. Ce que j'avais prévu arriva; le 17e ne soutint pas le feu de l'ennemi. Ses quatre bataillons, engagés successivement, se retirèrent en désordre. Le 36° eut le même sort. Je ralliai ma brigade le plus promptement possible, et encore très-près de l'ennemi, qui reprenait l'offensive. Déjà la cavalerie russe, faiblement contenue par la nôtre, se déployait dans la plaine. Vandamme tenta un dernier effort avec le 7° léger, seul régiment de la 1re division qui fût encore intact. Je l'appuyai à droite avec toute ma brigade; mais ce régiment put à peine se déployer; parvenu au bord d'un ravin, il plia sous le feu de la mitraille et de l'infanterie. La cavalerie le chargea. Heureusement il se retira sous l'appui de ma brigade, que je parvins à maintenir. La cavalerie du général Gobrecht favorisa notre retraite, et 24 pièces de canon, établies sur la hauteur entre Kulm et Straden, arrêtèrent l'ennemi.

Le major Duportal du 7° léger fut tué près de moi. Il était capitaine des grenadiers au 59° en 1804, lorsque je m'engageai dans ce régiment. Personne ne m'avait témoigné autant de bienveillance et n'avait plus encouragé mon début dans la carrière.

Le 17° perdit 600 hommes et le 36° 200. La brigade Pouchelon fut au moins aussi maltraitée.

Vandamme, voyant que l'ennemi recevait de nouveaux renforts, ne songea plus qu'à conserver sa position en attendant le reste de ses troupes. Il avait 30 bataillons en face de l'ennemi et 22 en arrière. Dans la soirée et dans la nuit arrivèrent successivement la division Dumonceau, la brigade Quiot, le reste de l'artillerie et le parc de réserve. On bivouaqua sur le terrain.

CHAPITRE III.

Les ordres de Napoléon pour cette même journée prescrivaient au roi de Naples de marcher sur Frauenstein; au maréchal Marmont de suivre la direction de Dippodiswalde; au maréchal Gouvion Saint-Cyr, celle de Maxen. Le maréchal Marmont eut une fort belle affaire en avant de Dippodiswalde; mais le général Gouvion Saint-Cyr s'arrêta à Reinhardsgrimma entre Dippodiswalde et Dohna. Il avait laissé passer le maréchal Marmont, disait-il, parce que deux corps d'armée ne pouvaient pas traverser ensemble le même défilé. Il était donc en arrière de Marmont, et bien plus encore en arrière de Vandamme, avec lequel il aurait dû se lier.

Vandamme ignorait ces détails; mais il savait que les hauteurs du Geyersberg à sa droite et de Mollendorf sur ses derrières n'étaient point occupées. Cependant il s'obstinait à compter sur l'arrivée du maréchal Mortier ou du maréchal Gouvion Saint-Cyr, et il résolut de combattre encore le 30 en avant de Kulm. Personne ne partageait ses illusions. Les généraux, les officiers et les soldats manquaient également de confiance. C'est une disposition fâcheuse au commencement d'une bataille. Chacun de nous ne répondait que de sa bravoure personnelle, et quand les mesures sont mal prises, ce n'est pas assez pour réussir.

Le 30 au matin nous formâmes notre ligne de bataille sans être inquiétés. La 42ᵉ division, à la droite de Straden, appuyant au bois qui domine le Geyersberg; la 1ʳᵉ division à sa gauche; la brigade Quiot à cheval sur la grande route de Kulm; la brigade de Reuss derrière celle-ci; la brigade Doucet en arrière de Kulm; la brigade Dunesme à la gauche de la grande route; la cavalerie à l'extrême gauche vers Neudorf. Elle aurait dû appuyer à l'Elbe, à Aussig, mais notre armée n'était pas assez nombreuse pour occuper une ligne aussi étendue. On s'était contenté d'envoyer à Aussig le général Kreutzer de la 42ᵉ division avec deux bataillons et 400 chevaux; il avait l'ordre de communiquer par sa cavalerie avec le général Dumonceau, et d'empêcher que la gauche de ce général ne fût tournée; ce qui était difficile, à cause de la distance qui sépare Aussig de Kulm, et de notre infériorité numérique.

L'armée russe, commandée par le général Barclay de Tolly, prit position en face de nous. Sa droite débordait notre gauche, que le projet du général était de tourner et de rejeter sur le centre. L'action s'engagea de ce côté. L'attaque fut soutenue avec vigueur par le général Dunesme. Les brigades Gobrecht et Heimrodt exécutèrent de belles charges; mais l'ennemi gagnait du terrain et se prolongeait dans la direction d'Arbesau. Le général Vandamme détacha la brigade Quiot pour soutenir la gauche. Pendant ce temps, le centre et la droite étaient fortement canonnés par l'ennemi. On avait formé la 1ʳᵉ division en échelons, par bataillon, à d'assez grandes distances. Les troupes étaient bien disposées malgré l'échec de la veille; mais un événement funeste rendit toute résistance impossible. Le corps prussien de Kleist, qui se retirait en désordre par Glasshüte et Schonenwald, était arrivé sur les hauteurs de Nollendorf. Ce général, apercevant la position de notre armée, reprit courage, descendit de Nollendorf et se forma au pied de la colline. Ainsi, notre armée, menacée de front par des forces supérieures et débordée sur son flanc gauche, trouvait le défilé par lequel seul elle pouvait opérer sa retraite occupé par l'ennemi. Une retraite régulière devenait impossible; il fallait passer sur le corps des Prussiens et regagner les hauteurs de Nollendorf en abandonnant l'artillerie. Les brigades Quiot et Reuss firent volte-face pour attaquer Kleist. J'eus l'ordre de les appuyer. Je me trouvais alors avec le 36e, que je ne voulais pas quitter. Il formait la gauche de la division, et cette gauche était fort en l'air depuis le départ du général Quiot. L'attaque devenait plus vive; déjà la droite de la division commençait à plier. J'envoyai chercher le 17e; il ne vint pas. Pressé par le général Vandamme, je lui amenai le 36e, qu'il dirigea lui-même contre les Prussiens. Le 36e était si affaibli que j'avais réuni les deux bataillons en un seul. A cette époque il n'y avait que six compagnies par bataillon. En traversant le village de Kulm, trois compagnies furent détachées à l'artillerie; il me resta donc trois compagnies. Je ne pus que les envoyer en tirailleurs, et marcher moi-même à leur tête avec le major Sicart. La première ligne des Prussiens fut rompue et leurs canons enlevés; mais la seconde ligne nous arrêta et nous ramena bientôt en désordre. Si les généraux Philippon et Mouton-Duvernet avaient pu nous seconder, cette seconde ligne eût été enfoncée comme la première. Ces deux généraux commencèrent en effet leur retraite entre Kulm et le Geyersberg, et les colonnes russes les serraient de près. Notre cavalerie de l'aile gauche, entièrement débordée, vint se jeter dans leurs rangs; le désordre se mit parmi les équipages; on dételades chevaux. Une masse de fuyards se précipita dans le bois de Geyersberg, et y entraîna les deux divisions. Toute la cavalerie ennemie se répandit alors dans la plaine; les brigades Quiot, Reuss et Dunesme furent rompues à leur tour et se sauvèrent dans les bois. J'errais dans la plaine au milieu de cette inexprimable confusion; je n'avais plus un seul homme de ma brigade; mon aide de camp, blessé la veille, n'avait pu m'accompagner. Les ennemis m'entouraient, et j'aurais été pris cent fois, si je n'avais pas eu la volonté bien arrêtée de ne pas me rendre, « à moins, comme disait le maréchal Ney, qu'on ne me tînt par la cravate. » C'est ce qui pensa m'arriver; je me trouvai face à face avec des tirailleurs prussiens, qui me parlèrent comme à un des leurs, et ne s'aperçurent de leur méprise que quand je fus éloigné. Ils me tirèrent des coups de fusil, et ne réussirent pas plus à me tuer qu'à me prendre. Quelques pelotons d'infanterie marchaient encore en ordre, je me mis à leur tête; ils furent écrasés en un instant. Je me réunis enfin au 16° de chasseurs, qui, par un effort désespéré, cherchait à se faire jour sur la grande route. Bientôt le feu de l'artillerie prussienne renversa les hommes et les chevaux, et le régiment se dispersa. Je ne songeai plus alors qu'à ma retraite personnelle, en emportant du moins la consolation d'avoir quitté le dernier ce funeste champ de bataille. Je gagnai les bois du Geyersberg; un escadron de Cosaques me poursuivait; je leur abandonnai mon cheval, et j'entrai dans un fourré où ils ne pouvaient me suivre. Je trouvai le bois encombré de fuyards de tous les corps et de toutes les armes. Un soldat conduisait un cheval en main ; je le lui pris. Après une heure de marche, j'arrivai sur un plateau à l'autre extrémité du bois ; un officier de la 2ᵉ division, égaré comme moi, m'accompagnait. On voyait de loin des troupes sur la hauteur ; cela nous causa quelque inquiétude. Nous entendîmes des commandements en français ; c'étaient les généraux Philippon et Mouton-Duvernet, qui se ralliaient à la sortie du bois pour continuer leur retraite. Je me trouvais ainsi réuni à ce qui restait de ma brigade. Je fus reçu avec de grands transports de surprise et de joie ; on me croyait perdu. Je n'ai jamais en effet couru tant de dangers, et je ne comprends pas que je n'aie pas même été blessé. Nous nous arrêtâmes le soir à Liebenau, où le maréchal Gouvion Saint-Cyr venait d'arriver de son côté.

Le général Montmarie, avec une partie de sa brigade de cavalerie légère, parvint à se faire jour sur la grande route et rejoignit le maréchal Mortier à Pirna.

Le général Kreutzer, détaché à Aussig, ainsi que je l'ai déjà dit, ne fut que faiblement attaqué. Il se retira le soir en bon ordre par Biéta, et ramena le lendemain à Kœnigstein ses deux bataillons et le 3ᵉ de hussards, en conduisant même quelques prisonniers.

Les pertes du 1ᵉʳ corps furent immenses. Dans ma brigade, le 17ᵉ perdit pendant les deux journées 1500 hommes sur 2,600 ; le 36ᵉ, 750 sur 1,000. Ainsi, au 31 août, la situation du 17ᵉ était de 1,100 hommes, et celle du 36ᵉ de 250. Le 36ᵉ avait 40 officiers présents ; 6 furent tués ou blessés, 14 prisonniers, en y comprenant le major Sicart. Un assez grand nombre d'hommes blessés ou égarés rentrèrent plus tard, mais je pense que le personnel du 1ᵉʳ corps fut réduit de moitié, ce qui fait une perte de 20,000 hommes. Le général Vandamme fut pris dans la plaine au moment où je venais de le quitter (1). Les généraux Haxo et Quiot blessés et pris, le général Pouchelon blesssé légèrement, le général Heimrodt tué. Les rapports des Prussiens me portent aussi au nombre des morts; 60 pièces de canon, 18 obusiers, tous les caissons, y compris ceux du parc de réserve, tous les bagages enfin tombèrent entre les mains de l'ennemi. Nous arrivâmes à Liebeneau en ne possédant que ce que nous avions sur le corps.

L'effet moral de cette défaite fut bien plus fâcheux encore. Il en résulta un découragement qui dura jusqu'à la fin de la campagne. Les jeunes soldats ont besoin de succès, les anciens seuls savent supporter les revers. Nous ne reconnaissions plus les hommes qui, la veille encore, abordaient l'ennemi avec tant d'audace. Le 29 au matin, le 1ᵉʳ corps se composait de 40,000 braves; le 30 au soir, il ne comptait plus que 20,000 soldats découragés.

Quant aux conséquences politiques de l'affaire de Kulm, elles furent désastreuses. Notre victoire de Dresde avait frappé de terreur les souverains alliés; tout leur désir était de rouvrir des négociations qui, cette fois, auraient été suivies de la paix. Le succès

---

(1) Je ne pense pas qu'il ait été blessé.

releva leur courage. L'effet en fut si prompt, que le colonel Galbois, envoyé le 31 pour traiter d'un échange de prisonniers, ne fut pas même reçu. Deux jours plus tôt, il eût été accueilli avec empressement.

Mais, qui doit-on accuser de ce désastre? Vandamme avait-il ou non l'ordre de marcher sur Tœplitz? Les autres corps étaient-ils en mesure de le seconder? Les ordres ont-ils été mal donnés ou mal exécutés? A cet égard, il y a plus d'un coupable. D'abord, et qu'on me permette de le dire, il est à regretter que Napoléon lui-même n'ait pas surveillé davantage l'exécution de ses ordres. Le 28, il écrivait à Gouvion Saint-Cyr de se joindre à Vandamme et de placer les deux corps à Gieshübel. Cependant la réunion n'eut pas lieu. Gouvion Saint-Cyr resta le 29 à Reinhardsgrimma, à la hauteur de Dohna. Vandamme attaqua seul, et le 29 il écrivait de Hellendorf qu'il marcherait le lendemain sur Tœplitz, à moins d'ordre contraire. L'ordre n'arriva pas, et Napoléon le savait, car le 30 il écrivait au major général que Vandamme marchait sur Tœplitz. Or, comme ce jour même Gouvion Saint-Cyr partait seulement de Reinhardsgrimma, Vandamme se trouvait isolé.

Quant au maréchal Gouvion Saint-Cyr, sa conduite mérite de grands reproches. Le 28, il recevait l'ordre de se joindre au général Vandamme pour marcher sur Gieshübel; cependant il n'alla que jusqu'à Maxen, et le lendemain 29, il s'arrêta à Reinhardsgrimma, après avoir fait une lieue et demie, tandis qu'il pouvait prendre à gauche la route de Glasshute à Fürstenwald, qui ne fut point occupée pendant la journée du 30. Cette route conduisait également à Tœplitz. En la suivant, Gouvion Saint-Cyr se mettait en communication par sa droite avec Marmont, qui arrivait le 30 à Zinwald, et par sa gauche avec Vandamme. Assurément, avec un peu d'activité, il eût été en mesure de prendre part à l'affaire du 30, ou au moins de protéger notre retraite.

Enfin le maréchal Mortier fut informé à Pirna que le général prussien Kleist se dirigeait de Liebstadt sur Nollendorf, et se trouvait par conséquent entre lui et nous. Il le poursuivit, mais fort lentement. Ainsi, par le concours de toutes ces circonstances, le 1er corps se trouva seul en présence de toute l'armée ennemie.

Mais la faute la plus impardonnable fut celle du général Vandamme. On comprend qu'il ait été tenté de faire une pointe sur Tœplitz; il en avait prévenu l'Empereur, qui l'avait autorisé par son silence. Il avait même reçu l'avis que les principales forces de l'ennemi se retiraient sur Annaberg, dans une direction tout opposée; cependant la résistance que son avant-garde éprouva le 29, dans la plaine de Kulm, et les forces toujours croissantes de l'ennemi durent lui apprendre qu'il avait été mal informé et qu'il allait avoir affaire à l'armée coalisée tout entière. Dans cette situation, au lieu de réunir ses troupes pour faire une attaque sérieuse, il passa la journée à user la 42 et la 1re division dans des attaques partielles où nous eûmes toujours le désavantage. Le soir il ne reçut aucun avis de la marche des autres corps; il n'envoya point d'officier pour lui en rapporter des nouvelles. Bien plus, dans la nuit il apprit par l'arrivée de la brigade Doucet, que le maréchal Mortier se trouvait toujours dans les environs de Pirna, et que les hauteurs de Nollendorf n'étaient point occupées. Le général Haxo, que l'Empereur avait envoyé près de lui, le conjura alors de se retirer pour prendre la position de Nollendorf. S'il eût suivi ce conseil, nous faisions prisonnière la division du général Kleist, qui nous a été si fatale. Ainsi, non-seulement la retraite eût été prudente, mais encore il en serait résulté un beau fait d'armes. Nous rentrions en communication avec les maréchaux Marmont et Gouvion Saint-Cyr ; les opérations mieux combinées de tous les corps d'armée auraient complété la victoire de Dresde et sans doute amené la paix. Vandamme ne voulut rien entendre ; son obstination causa sa perte et la nôtre. Il était l'auteur de ce désastre ; il en fut aussi la première victime, et l'on dirait qu'il ait voulu justifier par son exemple la maxime qu'il répétait souvent: « Il n'y a point de « petite faute à la guerre ; un seul instant suffit pour « faire perdre le fruit de plusieurs années d'utiles et « glorieux services. »

CHAPITRE IV.

RÉORGANISATION DU 1ᵉʳ CORPS. — OPÉRATIONS EN SAXE ET EN SILÉSIE. — DÉFAITE DU MARÉCHAL MACDONALD A LA KATZ-BACH, EN SILÉSIE. — DÉFAITE DU MARÉCHAL OUDINOT A GROSBEEREN, DEVANT BERLIN. — DÉFAITE DU MARÉCHAL NEY A JUTERBOCH, SUR LA ROUTE DE BERLIN. — RÉFLEXIONS SUR LES ÉVÉNEMENTS DU MOIS D'AOUT. — POSITION DES ARMÉES AU 15 SEPTEMBRE.

Le 1ᵉʳ corps, arrivé au camp de Liebenau le 30 août au soir, y passa toute la journée du 31 réuni au 14ᵉ. Les généraux Mouton-Duvernet et Philippon allèrent voir le maréchal Gouvion Saint-Cyr, qui accueillit avec sa froideur accoutumée le récit du désastre de Kulm, auquel la lenteur de sa marche n'avait que trop contribué. Je ne crus pas devoir me présenter chez lui; je n'étais que général de brigade; je ne l'avais jamais vu, et le moment était mal choisi pour faire connaissance. Nous passâmes la journée du 31 à prendre quelque repos, et à nous raconter mutuellement ce qui nous était arrivé dans la triste journée de la veille. Plusieurs hommes isolés nous rejoignirent. Le général Pouchelon, blessé le 29, s'était rendu directement à Dresde et ne reparut plus. Je reprochai au colonel Susbielle du 17ᵉ de n'être point venu se joindre au 36ᵉ, ainsi que je lui en avais envoyé l'ordre au moment où ma brigade fit volte-face pour marcher contre les Prussiens. Il recevait en ce moment, dit-il, des ordres contraires du général Philippon, qui resserrait ses échelons vers la droite. Il suivit donc la 1re brigade et fut entraîné avec elle dans la déroute générale. J'admis l'excuse, et pourtant j'ai toujours regretté d'avoir eu ma brigade morcelée dans une aussi grave circonstance. Sans garder rancune au 17e, je ne puis oublier que le 36e seul m'a suivi, et que le petit nombre d'hommes de ce régiment qui m'entouraient ont tous été tués, blessés ou faits prisonniers à mes côtés. Aussi, après le 59e, où j'ai fait mes premières armes, et le 4e, que j'ai eu l'honneur de commander, le 36e est de tous les régiments de l'ancienne armée celui dont le souvenir m'a toujours été le plus cher.

Le 1er corps fut envoyé à Dresde le 1er septembre pour s'occuper de sa réorganisation. Nous campâmes en avant de la ville, sur la route de Pirna. J'ai dit que ce 1er corps avait perdu la moitié de son personnel : aussi les régiments de quatre bataillons furent réorganisés à deux, et les régiments de deux bataillons réduits à un seul. On plaça à la suite les officiers qui excédaient le nombre nécessaire à la composition de ces nouveaux bataillons. Quant aux sous-officiers et caporaux, il y en eut peu d'excédants ; la moitié des cadres comme la moitié des soldats avait disparu dans la tempête. Ma brigade se trouva donc réduite à trois bataillons et la 1re à quatre. Le 17e avait 1450 hommes présents et 73 officiers, dont 26 à la suite ; cela faisait 700 hommes par bataillon. Le 36e, qui avait été le plus maltraité, ne comptait que 530 hommes et 23 officiers. Le bataillon du 36° était sous les ordres du commandant Froidure, officier plein de zèle et de dévouement. La 23° division (général Teste) fut réunie tout entière au 1ᵉʳ corps.

Le comte de Lobau remplaça le général Vandamme comme commandant en chef, et conserva le général Revest pour chef d'état-major.

L'Empereur nous passa en revue le 7 septembre, à Dresde ; il accorda quelques grâces et pourvut aux emplois vacants. Il nomma général le colonel Chartran, du 25° de ligne (2° division Dumonceau), et lui confia le commandement de la brigade dont ce régiment faisait partie. Le major Fantin des Odoarts, excellent officier, le remplaça comme colonel du 25°. M. Locqueneux, capitaine au 17°, passa chef de bataillon dans son régiment.

Chacun de nous mit à profit le séjour de Dresde pour réparer un peu les pertes qu'il avait faites. Il ne nous restait plus rien, et la plupart des officiers manquaient d'argent. Cependant, à l'aide de l'activité et de l'intelligence si naturelles aux Français, nous vînmes à bout, en peu de jours, de nous procurer du moins le nécessaire. J'éprouvai un grand plaisir à revoir mes anciens amis du quartier impérial et à causer avec eux de notre situation. Je ne trouvai partout que découragement et tristesse. M. de Narbonne m'assura que sans l'affaire de Kulm la paix allait se conclure, mais qu'à présent personne ne pouvait prévoir le terme et le résultat de la lutte où nous étions si imprudemment engagés. Le maréchal Ney venait de quitter Dresde, et j'appris par ses aides de camp qu'il partageait l'inquiétude générale.

Le 1ᵉʳ corps, étant entièrement réorganisé, partit ensuite de Dresde pour prendre part aux opérations de la Grande Armée. Avant d'en faire le récit, je dois revenir sur mes pas et raconter sommairement l'historique des autres corps d'armée pendant la fin d'août et le commencement de septembre.

La défaite du 1ᵉʳ corps à Kulm n'est pas le seul revers qu'aient éprouvé nos armes dans cette première période de la campagne. Aux deux extrémités du théâtre de la guerre, en Silésie et devant Berlin, la fortune nous trahit encore.

J'ai dit que Napoléon avait laissé en Silésie le maréchal Macdonald à la tête de 80,000 hommes, avec la mission de contenir Blücher. Ce dernier avait concentré son armée à Jauer, derrière la Wüthende-Neisse, qui se jette dans la Katzbach au-dessous de Liegnitz. Macdonald voulut l'attaquer dans cette position; mais Blücher, de son côté, avait pris l'offensive. Macdonald fut obligé de changer ses dispositions. Le 26 août, il fit passer sur la rive droite de la Katzbach, à Somochowitz et Niedergrayn, les 11ᵉ, 3ᵉ corps et 2ᵉ de cavalerie, pendant que le 5ᵉ corps restait sur la rive gauche de la Wüthende-Neisse. Le 11ᵉ corps arriva seul; le 3ᵉ corps et la cavalerie, égarés par de fausses directions, se rencontrèrent au défilé de Niedergrayn, qu'ils traversèrent pêle-mêle. Les bataillons et les escadrons, entrant en ligne successivement et à peine ralliés, ne purent porter qu'un faible secours au 11ᵉ corps, qui soutenait une lutte inégale. A l'entrée de la nuit, nos troupes furent acculées à la Katzbach et la repassèrent en désordre. Sur l'autre rive, le 5ᵉ corps fit sa retraite par Golberg en abandonnant son artillerie. La division Puthod de ce corps d'armée fut prise après s'être vaillamment défendue. Macdonald se retira à Gorlitz, derrière la Neisse. Nous perdîmes 10,000 hommes tués ou blessés, 1,500 prisonniers, l'artillerie des 5ᵉ et 11ᵉ corps et presque tous les bagages. La pluie tombait sans discontinuer; les torrents étaient grossis, les gués impraticables. Cet accident fut une des principales causes du désastre de l'armée de Silésie.

Pendant ce temps, le maréchal Oudinot devait marcher sur Berlin à la tête des 4ᵉ, 7ᵉ et 12ᵉ corps, et 3ᵉ de cavalerie. Il avait environ 65,000 hommes, et le prince royal de Suède 90,000. Le 18 août, l'armée française était réunie à Dahne, route de Torgau à Berlin. Oudinot marcha par Baruth et manœuvra ensuite entre la route de Torgau et celle de Wittemberg. Il manquait de renseignements précis sur la situation de l'ennemi. Après plusieurs combats d'avant-garde, il arriva le 22 en arrière des défilés de Blankenfeld, Groosbeeren et Arensdorf. Le 4ᵉ corps formait la droite, le 7ᵉ le centre, le 12ᵉ la gauche. Le 23 août, le 7ᵉ corps rencontra à Groosbeeren le gros de l'armée ennemie, et malheureusement ce corps était en grande partie composé de Saxons qui se battirent mollement et finirent par perdre la position de Groosbeeren, en abandonnant à l'ennemi 13 pièces de canon et 1,500 prisonniers. Le 24, le maréchal Oudinot commença sa retraite, que protégea le 7ᵉ corps. Elle se fit en bon ordre jusque sous les murs de Wittemberg. L'ennemi nous poursuivit lentement.

Le prince d'Eckmühl était sorti de Hambourg pour appuyer le mouvement du maréchal Oudinot. Il poussa devant lui le général Walmoden, et entra, le 24 août, à Schwerin ; il y resta jusqu'au 2 septembre, et se retira ensuite derrière la Stecknitz, vers Ratzebourg. En même temps, le général Girard, venant de Magdebourg, s'avançait sur Belzic avec 5,000 hommes, pour lier le maréchal Oudinot au prince d'Eckmühl. Il resta en position à Liebnitz, en attendant des nouvelles du maréchal Oudinot. Le 27, quatre jours après le combat de Groosbeeren dont il ignorait le résultat, il fut attaqué, et rentra avec peine à Magdebourg, en perdant 1,000 prisonniers et 6 pièces de canon.

Malgré ces trois échecs successifs, Napoléon n'en poursuivit pas moins l'exécution de ses plans. Macdonald et Poniatowski, derrière la Neisse, à Gorlitz et à Zittau, pouvaient encore contenir Blücher. Les 1er, 2e et 14e corps gardaient les défilés des montagnes de la Bohême contre Schwartzemberg. L'Empereur, à Dresde, avait l'œil sur la Bohême et sur la Silésie. Pendant ce temps, il songeait à réunir sous un chef habile les corps d'armée qui venaient d'échouer devant Berlin et qui avaient fort peu souffert, et il espérait tenter avec plus de succès une nouvelle expédition contre la capitale.

Mais déjà Macdonald abandonnait la ligne de la Neisse et se retirait derrière la Sprée ; son armée était affaiblie, découragée, et l'ennemi venait de s'emparer d'un convoi considérable qui devait réparer ses pertes.

Napoléon y courut et reprit l'offensive. Le 4 septembre, Blücher, dont le but n'était que de gagner du temps, se retira derrière la Queisse. L'Empereur ne voulut point le poursuivre, afin de ne pas trop s'éloigner de Dresde, centre de ses opérations. Déjà le maréchal Saint-Cyr écrivait, les 3 et 6 septembre, qu'il allait être attaqué. Napoléon, dont la présence était partout nécessaire, reparut, le 6, à Dresde, et nous passa en revue le 7, ainsi que je l'ai dit. L'armée ennemie s'avançait par les routes de Fürstenwald et de Pirna. Déjà Dohna était occupé par l'avant-garde.

Le 8, Napoléon marcha en avant avec les 1er, 2e et 14e corps, soutenus par la garde impériale. L'ennemi, fidèle à son système, se retirait devant lui. Le 9, nous étions à Dohna, le 10 à Liebstadt, Barenstein et Ebersdorf, au pied du Geyersberg, qui nous séparait seul de la plaine de Kulm, où l'on apercevait l'armée ennemie rangée en bataille; mais le passage des montagnes était impraticable pour l'artillerie, et la 43e division (général Bonnet), qui avait occupé le Geyersberg, fut obligée, après un long combat, de regagner Ebersdorf (1).

---

(1) Le maréchal Saint-Cyr reproche à Napoléon de n'avoir pas tenté le passage de Geyersberg. Il observe que les Autrichiens ayant passé sur la rive droite de l'Elbe après la bataille de Dresde, nous n'avions à combattre que l'armée russe et prussienne; qu'il fallait se hâter de battre les ennemis avant la réunion de toutes leurs forces, qu'allait encore augmenter la

Napoléon se borna alors à garder les débouchés des montagnes, pour tenir l'ennemi éloigné de Dresde. Le duc de Bellune (2ᵉ corps) se porta à Altemberg, pour observer les routes de Dippodiswalde et Freyberg. Le maréchal Saint-Cyr, investi du commandement des 1ᵉʳ et 14ᵉ corps, surveillait les débouchés de Borna et de Nollendorf; en conséquence, le 12 septembre, le 1ᵉʳ corps s'échelonna sur la route de Kulm, la 2ᵉ division en tête de Nollendorf, la 1ʳᵉ à Peterswalde, la 23ᵉ en arrière, à Hellendorf, et le maréchal à Liebstadt, sur la route de Furstenwalde.

Mais, pendant que Napoléon s'occupait ainsi de contenir les armées de Bohême et de Silésie, nous recevions sur la route de Berlin un nouvel échec plus grave que le précédent.

Le 1ᵉʳ septembre, l'Empereur avait remis au maréchal Ney le commandement de l'armée du Nord, composée, comme précédemment, des 4ᵉ corps (gé-

---

prochaine arrivée de l'armée russe de Pologne. Il ajoute que l'occasion de livrer bataille était favorable, puisque l'ennemi se trouvait échelonné sur la grande route de Tœplitz par Pirna et Peterswalde, tandis que nous occupions l'autre route par Dohna, Fürstenwald et la montagne du Geyersberg ; que cette route, plus courte que l'autre, nous permettait d'arriver en Bohême avant l'ennemi et de l'attaquer à revers.

Quant à la difficulté de franchir le Geyersberg, le maréchal Saint-Cyr croit qu'on l'exagérait ; les sapeurs, en quelques heures, auraient rendu la route praticable.

C'est le 10 septembre que Napoléon arrêta le mouvement qu'il avait ordonné et prit le parti de la retraite. Le maréchal Saint-Cyr s'étonne de le voir reculer devant un obstacle qui lui paraissait peu sérieux, et perdre ainsi une occasion qu'il ne devait plus retrouver.

néral Bertrand), 7ᵉ (général Reynier) et 12ᵉ (maréchal Oudinot). J'ai déjà dit que le maréchal Oudinot avait replié l'armée en avant de Wittemberg. Napoléon s'en plaignit ouvertement, car ce mouvement avait permis à l'ennemi de se porter sur Luckau et d'inquiéter les communications de Macdonald. C'était le moment où l'Empereur, à Hoyerswerda, allait attaquer Blücher. Il prescrivait donc au maréchal Ney de partir le 4, pour être le 6 à Baruth (route de Torgau, à trois journées de marche de Berlin). Le même jour, un corps de troupes occuperait Luckau, pour faire la jonction entre l'Empereur et le maréchal. L'attaque de Berlin pouvait ainsi avoir lieu du 9 au 10.

Le maréchal Ney entreprit à regret une expédition qui ne lui inspirait point de confiance. Cette impression était de mauvais augure de la part d'un homme aussi entreprenant et que je n'avais jamais vu douter de sa fortune. Il arriva le 4 à Wittemberg ; le 5, après avoir chassé l'ennemi de Zalma et de Seyda, il prit position à gauche de cette dernière ville, à cheval sur la route de Jüterbogt. Le général Tauenzien occupait Jüterbogt. Le 5 seulement, Bülow arrivait à Kunz-Lippsdorf, à trois lieues, et le prince royal de Suède à Lobessen, à sept lieues sur la droite. Le maréchal Ney avait l'ordre de se porter à Baruth, et l'occupation de Seyda lui en donnait le moyen. Il fallait, le 6, avant le jour, prendre la route de Dahne par Maxdorf, avec les 7ᵉ et 12ᵉ corps, en tournant Jüterbogt, et laisser le 4ᵉ à Gohlsdorf, pour masquer le mouvement. L'ennemi n'était point réuni et ne pouvait connaître notre direction. Le maréchal, placé à Dahne, se trouvait en communication avec l'Empereur et en mesure de marcher sur Berlin.

Au lieu de cela, le 4⁰ corps fut dirigé, le 6 au matin, sur la route de Jüterbogt, et rencontra près de Dennewitz le général Tauenzien, qui lui opposa une vive résistance. Par une incroyable fatalité, les 7⁰ et 12⁰ corps ne parurent sur le terrain qu'à trois et quatre heures (1). Pendant ce temps, le général Bulow arrivait au secours de Tauenzien, et le 4⁰ corps soutenait seul les efforts de l'ennemi. Le plateau de Dennewitz, le village de Gohlsdorf, furent pris et repris. Le maréchal Ney donna comme toujours l'exemple de la plus brillante valeur.

Mais, au milieu de l'affaire, le 12⁰ corps fit un mouvement de flanc que l'on prit pour une retraite. L'ennemi redoubla d'efforts. Le 4⁰ corps, fatigué d'un combat inégal, perdit la position de Dennewitz. Le prince royal de Suède, arrivant de Lobessen sur notre gauche, menaçait de nous envelopper. Le maréchal Ney prit le parti de la retraite, que déjà peut-être il ne pouvait plus empêcher. Elle se fit d'abord en bon ordre. Bientôt, deux divisions saxonnes du 7⁰ corps ayant lâché pied, l'ennemi lança sa cavalerie et ses masses d'infanterie entre les 4⁰ et 12⁰ corps. La cavalerie du duc de Padoue essaya en vain de les arrêter : les deux corps d'infanterie furent séparés et se retirèrent précipitamment jusqu'à Torgau, le 4⁰ par Dahne, le 12⁰ ainsi que le 7⁰ par Schweidnitz. Le 8, le maréchal Ney réunit son armée sous les murs de Torgau.

---

(1) Voir la note de la page 479.

CHAPITRE IV.

Nous perdîmes 10,000 hommes et 26 pièces de canon. L'effet moral fut plus déplorable encore. Trois corps d'armée étaient vaincus pour la seconde fois par des Prussiens; il est vrai que ces trois corps se composaient en partie d'Allemands et d'Italiens, mais ils n'en portaient pas moins le nom d'armée française.

Arrêtons-nous ici un moment pour rechercher les causes de tant de désastres. Comment cette belle armée, dirigée par Napoléon, était-elle ainsi détruite? Comment tant de généraux expérimentés, tant d'illustres maréchaux ne paraissaient-ils plus devant l'ennemi que pour éprouver des revers? C'est que d'abord les alliés s'étaient fait un principe de ne jamais combattre Napoléon en personne. Se retirer devant lui, attaquer ses lieutenants en son absence, était leur seule tactique. On dit que Moreau et Jomini leur avaient donné ce conseil. Ainsi, en Silésie, à la reprise des hostilités, Blücher rejeta les Français de l'autre côté du Bober; à l'approche de Napoléon, il se retira lui-même dans le camp retranché de Schweidnitz. Napoléon partit pour Dresde; Blücher prit l'offensive et gagna la bataille de la Katzbach. Napoléon reparut; Blücher se retira encore derrière la Queisse. Il repoussa une troisième fois Macdonald jusqu'aux environs de Dresde, puis il revint à Bautzen, réglant toujours ses mouvements sur ceux de Napoléon.

Schwartzemberg se conduisit de même. Il marcha sur Dresde à la fin d'août, croyant Napoléon occupé en Silésie. Napoléon arriva, gagna la bataille, et cet événement confirma bien les alliés dans la pensée d'éviter de le combattre en personne. Trois fois Schwartzemberg fit une nouvelle tentative, et trois fois il se replia à la seule approche de l'Empereur. C'était un jeu joué entre Blücher et lui d'attirer tour à tour Napoléon en Bohême et en Silésie, de fuir le combat, et chercher ensuite à profiter de son absence.

Mais enfin comment suffisait-il aux alliés d'éviter Napoléon? N'avions-nous pas d'autres généraux distingués? Et ne pouvait-on plus espérer de vaincre avec des hommes tels que Macdonald, Ney, Oudinot, Vandamme? Je pense que leurs défaites successives doivent être attribuées à deux principales causes : la composition des généraux et celle des soldats.

Les généraux avaient vu avec inquiétude commencer cette campagne; tous blâmaient l'Empereur de n'avoir pas fait la paix à Prague. Plusieurs avaient acquis des richesses et de hautes positions qu'ils regrettaient de compromettre. Chacun voulait faire à sa tête, et l'on sait qu'au moment du péril, les plus illustres ne se pressaient pas de porter secours à leurs camarades. Dès le début de la campagne, Napoléon se plaignait du peu de confiance que les généraux avaient en eux-mêmes. « Les forces de l'ennemi, « disait-il, leur paraissent considérables partout où « je ne suis pas. » En effet, leur correspondance ne contenait que des plaintes et des accusations mutuelles.

Après la défaite de Katzbach, Macdonald écrivait au major général :

« Sa Majesté doit rapprocher d'Elle cette armée, à « l'effet de lui donner une plus forte constitution et « de retremper tous les esprits. Je suis indigné du

« peu de zèle et d'intérêt que l'on met à La servir.
« J'y mets toute l'énergie, toute la force de caractère
« dont je suis capable, et il en a fallu dans la très-
« pénible circonstance dans laquelle je me suis
« trouvé. Je ne suis ni secondé ni imité. »

On pense bien que plus les généraux étaient élevés en grade ou distingués par leur réputation, moins on les trouvait disposés à l'obéissance. Ainsi, comme je l'ai dit, les trois corps qui composaient l'armée du Nord étaient commandés par le général Bertrand (4ᵉ corps), le général Reynier (7ᵉ), le maréchal Oudinot (12ᵉ); le commandement en chef de cette armée fut confié d'abord au maréchal Oudinot, puis au maréchal Ney. Ni l'un ni l'autre n'eurent à se plaindre de Bertrand. Cet officier général était d'un caractère doux; ancien officier du génie, il débutait dans le commandement des troupes. Personnellement dévoué à l'Empereur, qui venait de le nommer grand maréchal du palais, il mettait toute sa gloire à le bien servir; mais Reynier, officier d'un rare mérite, se croyait bien l'égal de tous les maréchaux et n'aimait pas à servir sous leurs ordres. Quant à Oudinot, qui avait d'abord commandé en chef les trois corps, il dut être vivement blessé de voir donner ce commandement au maréchal Ney; c'était lui dire clairement que Napoléon était mécontent de lui et ne le croyait pas capable de réparer la faute qu'il avait commise à Groosbeeren. Il en résulta de l'inexécution dans les ordres, des froissements, des conflits d'autorité (1).

---

(1) Le maréchal Ney dit dans son rapport que la ligne de

Le maréchal Ney s'en plaignit avec son énergie et sa rudesse accoutumées. Il écrivait au major général, le 10 septembre, après l'affaire de Jüterbogt :

« Le moral des généraux, et en général des offi-
« ciers, est singulièrement ébranlé. Commander
« ainsi n'est commander qu'à demi, et j'aimerais
« mieux être grenadier. Je vous prie d'obtenir de
« l'Empereur, ou que je sois seul général en chef,
« ayant sous mes ordres des généraux de division
« d'aile, ou que Sa Majesté veuille bien me retirer de
« cet enfer. Je n'ai pas besoin, je pense, de parler
« de mon dévouement. Je suis prêt à verser tout mon
« sang, mais je désire que ce soit utilement. Dans
« l'état actuel, la présence de l'Empereur pourrait
« seule rétablir l'ensemble.. »—Et le 23 septembre :
« Je ne me lasse point de répéter qu'il est absolument
« impossible de faire obéir le général Reynier ; il
« n'exécute jamais les ordres qu'il reçoit. Je demande

---

bataille pouvait être formée à Jüterbogt *avant dix heures du matin* ; et le maréchal Oudinot assure qu'il a reçu de lui l'ordre de partir à dix heures de Seyda pour Jüterbogt, qui en est à plus de quatre lieues. Voici l'explication de cette contradiction ; elle m'a été donnée par un homme bien à portée de la connaître.

Le 5 septembre, le maréchal Oudinot avait reçu l'ordre à Seyda d'en partir le matin avec le 12ᵉ corps, pour se diriger sur OEhna, mais seulement après que le 7ᵉ corps (Reynier) aurait passé devant le 12ᵉ. Reynier ayant pris un autre chemin, Oudinot, qui attendait ce passage, ne partit de Seyda qu'entre 9 et 10 heures du matin, et, arrivé à environ une lieue du champ de bataille, vers OEhna, il fit une halte d'une grande heure avant d'avoir reçu du maréchal Ney une direction finale vers ce champ de bataille.

« que ce général ou moi reçoive une autre destina-
« tion... »

La seconde cause de nos revers venait de la composition de l'armée. Déjà à Wagram, Napoléon se plaignait de ne plus avoir les soldats d'Austerlitz. Assurément, à cette époque, nous n'avions pas les soldats de Wagram. Il y eut sans doute des moments d'élan, de beaux traits de bravoure. Quand les généraux marchaient au premier rang, les soldats se laissaient entraîner par leur exemple ; mais cet enthousiasme durait peu, et les héros de la veille ne témoignaient le lendemain que de l'abattement et de la faiblesse. Ce n'est point sur les champs de bataille que les soldats subissent leurs épreuves les plus rudes ; la jeunesse française a l'instinct de la bravoure. Mais un soldat doit savoir supporter la faim, la fatigue, l'inclémence des temps ; il doit marcher jour et nuit avec des souliers usés, braver le froid ou la pluie avec des vêtements en lambeaux, et tout cela sans murmurer et même en conservant sa bonne humeur. Nous avons connu de pareils hommes ; mais alors c'était trop demander à des jeunes gens dont la constitution était à peine formée et qui, à leur début, ne pouvaient pas avoir l'esprit militaire, la religion du drapeau et cette énergie morale qui double les forces en doublant le courage. Dès les premiers jours, le maréchal Gouvion Saint-Cyr craignait de ne pouvoir défendre Dresde avec de pareils régiments, et, le 3 septembre, il écrivait :

« La grande supériorité des forces de l'ennemi
« nous laisse à craindre des résultats fâcheux ; d'abord,
« par rapport à cette infériorité si disproportionnée

« dans toutes les armes, et plus encore par le décou-
« ragement occasionné surtout par le manque de
« subsistances. On ne peut tenir les soldats dans les
« camps ; la faim les chasse au loin. Il est à craindre
« sous peu de jours une désorganisation complète,
« si on ne peut leur fournir des subsistances. »

A la même époque (après l'affaire de la Katzbach) Macdonald répétait que : « son armée n'avait ni force,
« ni consistance, ni organisation, et que si dans ce
« moment on l'exposait à un échec, il y aurait disso-
« lution totale. »

Enfin, le maréchal Ney, qui avait reçu l'ordre de passer l'Elbe à Torgau, afin de concourir au mouvement offensif que l'Empereur préparait contre Berlin, répondait, le 12 septembre : « que, dans ce cas,
« il fallait s'attendre à une bataille, et que, si son
« armée devait y prendre part, on devait la rappro-
« cher des autres corps vers Meissen ; car, si nous
« voulions forcer l'Elster, l'abattement de ses troupes
« était tel que l'on devait craindre un nouvel échec. »

La mauvaise conduite, ou même la désertion de quelques troupes de la Confédération du Rhin, augmentait encore le mal. C'était à la fois un affaiblissement numérique et un motif de découragement pour nos soldats.

Par toutes ces causes, la désorganisation de la Grande Armée faisait de rapides progrès. J'ai dit que le 1er corps fut réduit de moitié après l'affaire de Kulm ; le 13 septembre, le maréchal Ney portait la force réelle des 4e, 7e et 12e corps à 28,000 hommes, et le 24, à 22,000 seulement.

Ces trois corps, au commencement de la campagne,

présentaient un total de 65,000 hommes ; le 3ᵉ corps de cavalerie, de 6,000 chevaux, était réduit à 4,000 : on peut juger par là des pertes des autres corps, et particulièrement à l'armée de Silésie.

Napoléon supportait tant de revers avec une patience, un courage, une grandeur d'âme vraiment dignes d'admiration. Les maréchaux Ney, Oudinot, Macdonald, qui n'avaient pas pu seconder ses projets, ne reçurent de lui aucun reproche ; il faisait la part de la mauvaise fortune, il excusait les erreurs, il pardonnait même les fautes. Si des querelles survenaient entre les généraux, son autorité intervenait paternellement, sans blesser leurs susceptibilités réciproques. Il calmait l'irritation de l'un, ranimait le courage de l'autre, rappelait à celui-ci les principes de la subordination, à celui-là les égards que nous devons à nos inférieurs. Les maréchaux Macdonald et Ney conservèrent leurs commandements, malgré l'abattement du premier et les plaintes continuelles du second. Le 12ᵉ corps fut dissous, et le maréchal Oudinot appelé au commandement de la jeune garde. Cet emploi convenait à sa téméraire valeur.

Ainsi, le 10 septembre, presque tous les corps qui composaient l'armée française avaient été vaincus en détail et dans toutes les directions. Le nombre des présents sous les armes était réduit à près de moitié. L'armée ennemie de Silésie sur la rive droite de l'Elbe; celle de Bohême sur la rive gauche, cherchaient à nous resserrer dans Dresde. L'armée du Nord allait passer l'Elbe entre Wittemberg et Magdebourg. Nos communications avec la France étaient inquiétées par de nombreux partisans. Chaque jour rendait plus douteuse la fidélité des princes de la Confédération du Rhin. Tout cela était le résultat d'un mois de campagne. Les coalisés avaient au moins 100,000 hommes de plus que nous; et pourtant la présence de Napoléon leur inspirait une telle crainte qu'avant de tenter un effort général, ils attendaient encore la réserve de 50,000 hommes qu'amenait Benningsen, et qui s'approchait de la Silésie.

CHAPITRE V.

PROJETS DE NAPOLÉON. — OPÉRATIONS DU 1ᵉʳ CORPS SUR LA FRONTIÈRE DE BOHÊME. — POSITIONS DES ARMÉES A LA FIN DE SEPTEMBRE. — MOUVEMENT GÉNÉRAL DES ARMÉES ALLIÉES. — NAPOLÉON QUITTE DRESDE POUR LES ATTAQUER. — BATAILLE DE LEIPSICK. — RETRAITE. — BATAILLE DE HANAU. — NAPOLÉON PASSE LE RHIN. — LES 1ᵉʳ ET 14ᵉ CORPS RESTENT ENFERMÉS DANS DRESDE.

Plus nos revers se multipliaient, plus il devenait difficile de conserver la ligne de l'Elbe, et surtout de continuer à faire de Dresde le centre des opérations. Nous avons déjà dit que la déclaration de guerre de l'Autriche compromettait cette ligne, en permettant à l'ennemi de la tourner par la Bohême, et depuis un mois, nos défaites successives, le nombre toujours croissant des ennemis, rendaient nécessaire l'adoption d'un nouveau système. Pourtant Napoléon ne pouvait consentir à abandonner l'Elbe. En se maintenant ainsi au centre de l'Allemagne, il rassurait les princes de la Confédération du Rhin ; il menaçait également Berlin, la Silésie et la Bohême. Une victoire pouvait le ramener sur l'Oder et dissoudre la coalition. Il forma seulement le projet de porter le centre de ses opérations à Torgau et de manœuvrer sur les deux rives de l'Elbe, depuis Berlin jusqu'à la

Bohême, depuis l'Oder jusqu'à la Westphalie. Le point de Torgau était en effet plus central ; sur la droite de Wittemberg et Magdebourg, sur la gauche Meissen et Dresde lui servaient de point d'appui. Pendant que Napoléon méditait ce plan et en préparait l'exécution, il restait de sa personne à Dresde, surveillant également les opérations de l'armée de Silésie et de l'armée de Bohême, et toujours prêt, soit à profiter des fautes de l'ennemi, soit à réparer celles de ses lieutenants.

Nous avons laissé les 1er et 14e corps gardant les débouchés des montagnes de la Bohême ; la 2e division du 1er corps d'avant-garde à Nollendorf, la 1re à Peterswalde, la 23e à Hellendorf. Le 14 au matin, l'avant-garde ennemie prit l'offensive. Collorédo attaqua le 14e corps par la route de Breitenau, et Wittgenstein le 1er corps par la route de Péterswalde. La division Dumonceau se retira précipitamment sur Peterswalde ; la 1re division, prévenue un peu tard, prit les armes à son tour. J'ai dit que cette division ne se composait plus que de sept bataillons au lieu de quatorze. Le général Philippon les plaça en bataille en avant de Peterswalde. Il ne forma point de réserve, n'envoya point de tirailleurs, et semblait remettre au hasard le résultat de cette journée. Ce résultat ne se fit pas longtemps attendre. A peine la 2e division eut-elle dépassé Peterswalde que les soldats de la 1re voyant l'ennemi s'approcher par la grande route, et d'autres colonnes manœuvrer sur leur flanc droit, furent saisis d'une terreur panique. Ils se précipitèrent pêle-mêle dans Peterswalde, dont les premières maisons étaient déjà occupées par les tirailleurs ennemis. Les officiers, les généraux eux-mêmes furent entraînés dans cette déroute. Heureusement l'ennemi, qui n'avait pas de cavalerie, ne nous poursuivit pas très-vivement. Nous nous ralliâmes à moitié chemin de Hellendorf, à la lisière des bois qui s'étendent le long de la route, et sous l'appui de la 23ᵉ division. On perdit peu de monde, et proportionnellement plus d'officiers que de soldats. Le 17ᵉ eut trois officiers tués, trois blessés; le 36ᵉ deux officiers de tués. Dans des circonstances aussi malheureuses, il appartient aux officiers de donner l'exemple, et ce sont toujours eux qui doivent se retirer les derniers. Je fis peu de reproches aux soldats, il fallait éviter de les dégrader à leurs propres yeux; c'était achever de les perdre que de leur enlever l'estime d'eux-mêmes. Le comte de Lobau, qui ne nous quitta pas un instant, paraissait calme; sa physionomie seule exprimait le mécontentement et l'irritation que lui causait cette débandade. Le général Philippon paya pour tout le monde, comme on va le voir.

A peine étions-nous ralliés et formés en bataille le long du bois de Hellendorf, que je vis sortir de ce bois un chirurgien-major traînant par le collet un conscrit qui se débattait en jetant de grands cris. Il me l'amena en m'assurant qu'il l'avait vu se mutiler; ce soldat en effet avait un doigt emporté et la main toute noire de poudre. Le chirurgien-major me conjura de le faire fusiller; heureusement, il n'était pas de ma brigade, et je me contentai de le chasser honteusement. D'autres peut-être auraient agi autrement, et après ce qui venait de se passer, un exemple leur eût paru nécessaire. J'avoue que si quelque chose peut excuser une exécution arbitraire, c'est une lâcheté pareille en présence de l'ennemi. Un soldat qui se mutile pour ne pas s'exposer à une mort glorieuse, mérite de mourir d'une mort infâme.

Le soir, tout le corps d'armée reprit position sur les hauteurs de Gieshübel. Le 14ᵉ corps se retira également à Liebstadt.

Le 15, Napoléon partit de Dresde avec la garde ; il se rendit à Gieshübel et reprit sur-le-champ l'offensive. Il ne voulait pas envahir la Bohême, mais rejeter l'ennemi au delà des montagnes, le forcer de déployer son armée tout entière, reconnaître sa force et sa position. Le 1ᵉʳ corps, formant l'avant-garde de la garde impériale, suivit la route de Peterswalde. La 42ᵉ division l'appuya à gauche par Bahra ; le reste du 14ᵉ corps à droite par Fürstenwald. L'ennemi se retira, et nous campâmes à Hellendorf. Le lendemain matin, au moment où nous allions partir, le général Philippon reçut une lettre du major général, qui lui annonçait sa mise à la retraite. Cette sévérité frappa beaucoup les officiers et même les soldats ; peut-être était-elle trop rigoureuse. Il n'y avait à lui reprocher que son peu d'intelligence, et ce n'était pas une raison pour briser ainsi sa carrière en lui enlevant son commandement au moment où l'on marchait à l'ennemi. Le général Cassagne arriva en même temps pour le remplacer. Le mouvement continua ; l'ennemi prit position dans la plaine de Kulm, et nous campâmes sur les hauteurs de Nollendorf. Le 17, la 23ᵉ division resta en position à Nollendorf ; les autres divisions du 1ᵉʳ corps descendirent dans la plaine,

CHAPITRE V.

précédées par la cavalerie du général Ornano, et toujours appuyées à gauche par la 42ᵉ division.

L'Empereur, placé sur les hauteurs de Nollendorf, observait et dirigeait ce mouvement. Au moment où ma brigade passa près de lui, il me fit appeler pour me donner un ordre insignifiant. Cela voulait dire seulement qu'il savait que j'étais là et qu'il pensait à moi. C'était assez son usage quand il voulait témoigner une distinction à l'un des officiers de son armée. Depuis ce moment, je n'ai jamais revu l'Empereur. Je conserve du moins avec intérêt et reconnaissance ce dernier souvenir.

La cavalerie et la 42ᵉ division engagèrent le combat dans la plaine, les 1ʳᵉ et 2ᵉ divisions en réserve. L'affaire fut brillante et sans résultats. La cavalerie prit une batterie autrichienne, qui fut bientôt reprise. La 42ᵉ division enleva le village d'Arbesau ; le général autrichien Collorédo l'en chassa, et fit prisonniers 1,000 hommes de la jeune garde avec le général Kreitzer, qui les commandait. La 42ᵉ division se retira à Tellnitz ; la 1ʳᵉ se rallia à elle, en traversant des bois fourrés et presque impraticables. Le maréchal Gouvion Saint-Cyr, arrivé un peu tard, se plaça à notre hauteur. Le général Teste, qui était descendu de Nollendorf dans la soirée, s'arrêta à Knienitz.

Le lendemain 18, l'ennemi attaqua le général Teste ; la 1ʳᵉ division se plaça à sa droite. L'attaque fut repoussée, et nous maintînmes notre position.

Ce fut le dernier mouvement offensif que l'Empereur opéra contre Schwartzemberg. Il n'avait point de forces assez nombreuses pour pénétrer en Bohême, ce qui d'ailleurs l'aurait entraîné trop loin du centre de ses opérations. Mais il voulait garder fortement les débouchés des montagnes, et ne plus permettre à l'ennemi de s'approcher si facilement de Dresde : « Mon intention, écrivait-il, est qu'on tienne ferme à « Borna et à Gieshübel, et que je n'aie aucune in- « quiétude pour ces deux positions. Il faut que l'en- « nemi ne puisse nous en débusquer que par un « mouvement général de son armée, qui justifierait « alors le mouvement que je ferais contre lui ; mais « il ne faut pas qu'il m'oblige à ce mouvement avec de « simples divisions légères, comme cela vient d'avoir « lieu. »

En conséquence, le 1er corps devait garder la route de Peterswald, le 14e celle de Fürstenwald. Le 19, le 1er corps prit position à Giesshübel, en laissant la 23e division en avant-garde à Hellendorf. L'Empereur donna lui-même les instructions les plus précises et les plus détaillées pour la retraite. Il recommandait avec raison de ne faire de jour aucun mouvement rétrograde.

Le 1er corps garda cette position jusqu'au 7 octobre. Notre petite campagne n'avait pas duré quinze jours ; c'était beaucoup dans l'état d'épuisement où se trouvaient les soldats. Le plus grand embarras venait du manque de vivres. Napoléon y donnait tout le soin possible. On avait réuni de grands magasins de farine à Torgau ; plusieurs convois furent envoyés à Dresde. Le 18 septembre, l'Empereur écrivait au maréchal Gouvion Saint-Cyr pour l'en informer ; il désirait porter la ration journalière à 4 onces de riz et 16 onces de pain ; cependant les distributions se faisaient rarement et d'une manière fort irrégulière. C'était une des grandes causes de l'affaiblissement physique et moral de nos soldats. Pendant l'expédition que je viens de raconter, le temps avait presque toujours été mauvais, les chemins impraticables. L'aspect des lieux où nous avions éprouvé tant de revers frappait l'imagination des soldats. Nous n'aurions dû revoir la route de Peterswalde et la plaine de Kulm que pour prendre une revanche éclatante. Au lieu de cela, tout s'était passé en marches et contre-marches, et, après une affaire douteuse, nous nous retirions pour reprendre nos positions. Les soldats, qui n'étaient point dans le secret des manœuvres de Napoléon, en concluaient que l'armée de Bohême était invincible et que nous étions réduits devant elle à nous tenir sur la défensive. La désorganisation faisait de si rapides progrès qu'un ordre du jour prescrivit de décimer les soldats qui quittaient leurs drapeaux. Ainsi les hommes isolés devaient être arrêtés, et lorsque l'on en aurait réuni dix, les généraux les feraient tirer au sort pour en fusiller un en présence de la division. La même peine fut ordonnée contre tous ceux qui seraient assez lâches pour se mutiler. Ces ordres rigoureux n'étaient sans doute que comminatoires, mais ils témoignaient de l'affaiblissement moral de nos troupes.

Nous cherchâmes du moins à utiliser le temps de repos qui nous fut accordé au camp de Gieshübel. On construisit d'assez bonnes baraques pour mettre les soldats à l'abri. Quelques distributions de vivres furent faites, et l'on mit à profit les faibles ressources qu'offraient encore les villages environnants. Rien ne pouvait empêcher les soldats de dévorer tout ce qui leur tombait sous la main, et plus de 80 hommes du

12ᵉ s'empoisonnèrent pour avoir mangé le fruit d'un arbuste nommé *rhamnus alaternus*.

Le général Cassagne, notre nouveau général de division, avait du zèle, des manières aimables, un caractère facile. Je n'ai pas pu le juger militairement, parce que depuis sa nomination nous n'avions eu presque rien à faire, mais j'ai été fort content de mes rapports avec lui. Il dirigeait particulièrement la 1ʳᵉ brigade, que le départ du général Pouchelon laissait un peu à l'abandon. Pour moi, je m'occupais constamment de la mienne. Le colonel Susbielle du 17ᵉ me secondait. J'étais assez content des chefs de bataillon, surtout de M. Locqueneux, nouvellement nommé. Les officiers inférieurs des deux régiments faisaient de leur mieux et donnaient aux soldats de bons exemples souvent bien mal suivis.

Le 29 septembre, la 1ʳᵉ division alla relever la 23ᵉ à Hollendorf, pour y faire l'avant-garde avec la cavalerie légère. Ce service fut pénible, car la surveillance de tous les instants était aussi nécessaire que difficile à obtenir. Cependant, à force de soin, le service des grand'gardes, des patrouilles et des reconnaissances se fit aussi bien que possible. La plus grande difficulté était toujours d'empêcher les soldats de quitter le camp pour chercher des vivres aux environs, même au risque d'être enlevés par les patrouilles ennemies.

Nous ne fûmes point attaqués et nous restâmes dans cette position jusqu'au 7 octobre, ainsi que je le dirai quand j'aurai parlé des opérations des autres corps de la Grande Armée.

Après avoir éloigné de Dresde l'armée de Bohême, Napoléon voulut aussi en éloigner l'armée de Silésie.

Le maréchal Macdonald était à Hartau et à Stolpen, presque entouré par Blücher, qui occupait Burka, Bischofwerda, Neustadt et Barkersdorf. Macdonald reçut l'ordre d'attaquer, le 22, et de pousser l'ennemi jusqu'à ce qu'il le trouvât en position, prêt à recevoir la bataille. L'Empereur devait rester en arrière ; mais il rejoignit Macdonald le 22, et dirigea lui-même le mouvement. Il savait par expérience que tout allait mal en son absence. L'attaque eut lieu ; Blücher se retira sur la position de Burka et y concentra son armée. Cette position était avantageuse, et, en cas de revers, la retraite assurée par les ponts de la Sprée.

Ainsi l'armée coalisée ne voulait rien entreprendre de sérieux avant l'arrivée du général Benningsen ; elle évitait seulement de se laisser entamer, et se bornait à nous harceler et à nous faire tout le mal possible dans des combats partiels. Voici quelle était à la fin de septembre la position des armées belligérantes :

Le 1er et le 14e corps gardaient les environs de Dresde, sur la rive gauche de l'Elbe, aux environs de Pirna ; le 2e corps, à Freyberg, surveillait la route de Chemnitz ; les 3e, 5e et 11e corps, avec les 2e et 4e de cavalerie, sur la rive droite de l'Elbe, étaient opposés à l'armée de Silésie dans les environs de Weisig ; le roi de Naples, avec le 6e corps et le 1er de cavalerie, à Meissen et Grossenhayn, maintenait la communication avec Torgau, et surveillait le cours de l'Elbe jusqu'à cette place ; le maréchal Ney, sur la rive gauche à Dessau, observait les mouvements de l'armée du Nord placée de l'autre côté du fleuve ; le prince Poniatowski avec le 8e corps et la cavalerie légère du général Lefebvre-Desnouettes, était à Altenbourg, se liant avec le 2ᵉ corps et le 3ᵉ de cavalerie qui occupaient Leipzick ; le duc de Castiglione, qui avait quitté Würtzbourg, avec son corps d'armée nouvellement organisé, s'approchait d'Iéna.

Du côté des coalisés, l'armée de Bohême occupait la plaine de Kulm, ayant sa gauche dans la direction de Chemnitz ; l'armée de Silésie, placée à Bautzen, se liait à l'armée de Bohême par Stolpen, et à l'armée du Nord par Elsterwerda ; l'armée du Nord occupait les bords de l'Elster depuis Herzeberg jusqu'au confluent de l'Elbe ; elle assiégeait Wittemberg et s'étendait ensuite le long de l'Elbe jusqu'au confluent de la Saale.

On était dans cette position, lorsque le général Benningsen arriva à Leutmeritz le 26 septembre, et fit sa jonction avec l'armée de Bohême. Alors, le mouvement offensif des alliés fut décidé ; l'armée de Bohême, marchant par son flanc gauche, devait se porter sur Leipzick ; l'armée du Nord et celle de Silésie suivraient la même direction, après avoir passé l'Elbe. Ainsi Napoléon allait être enveloppé par trois armées ennemies.

L'armée de Bohême marcha lentement ; le 5 octobre, elle occupait Zwickau et Chemnitz. En Silésie, le général Blücher masqua habilement son mouvement ; il laissa deux corps de troupes à Stolpen et Bischofwerda ; il fit des démonstrations de passage à Meissen pendant qu'il portait rapidement son armée à Wartenburg, au confluent de l'Elster et de l'Elbe, où il effectua son passage les 3 et 4 octobre, malgré l'opposition du 7ᵉ corps. Le 4, l'armée du Nord, commandée par le prince royal de Suède, passa également l'Elbe à Roslau. A cette nouvelle, l'Empereur partit de Dresde le 7 octobre pour se porter au-devant de Blücher, qui était le plus rapproché de lui. Il espérait, par une de ces manœuvres qui lui étaient si familières, surprendre les armées ennemies au milieu de leur marche et les vaincre ainsi séparément. Le maréchal Gouvion Saint-Cyr, avec les 1er et 14e corps, resta chargé de la défense de Dresde, et se trouva dès ce moment isolé du reste de l'armée. Je n'ai donc point à écrire en détail les opérations de la Grande Armée, puisqu'elles n'ont plus aucun rapport avec le 1er corps ; je vais seulement, en terminant ce chapitre, les raconter très-sommairement, pour reprendre ensuite l'histoire du 1er corps jusqu'à la fin de cette malheureuse campagne.

Le roi de Naples reçut le commandement des troupes qui étaient en présence de l'armée de Bohême, et qui se composaient des 2e, 5e et 8e corps et du 4e de cavalerie. De son côté, Napoléon arriva le 9 à Eilenburg sur la Mülde ; il avait avec lui la garde impériale et les 3e, 4e, 6e, 7e et 11e corps. La garde avait peu souffert, et, malgré toutes les pertes des différents corps d'armée, il est difficile d'évaluer la force totale à moins de 125,000 hommes. Blücher était à Düben et le prince de Suède à Dessau. L'Empereur marcha à leur rencontre, pour les rejeter sur la rive droite de l'Elbe ; mais, contre son attente, ils se retirèrent sur la rive gauche de la Mülde, et bientôt même derrière la Saale, à Bernburg, Rothenburg et Halle, découvrant ainsi Berlin et toute la Prusse. On assure que Napoléon forma alors le projet d'une contre-marche bien hardie. Nous avons vu avec quelle opiniatreté il avait défendu la ligne de l'Elbe, en ayant sa droite à Dresde et sa gauche à Magdebourg. Il se proposa alors de conserver la même ligne en faisant volte-face, la gauche à Dresde et la droite à Magdebourg, où l'on avait réuni d'immenses approvisionnements. Dans cette position, on aurait occupé Berlin et dégagé nos garnisons des places de l'Oder, en se liant avec le prince d'Eckmühl, resté à Hambourg; mais l'armée était trop affaiblie au physique et au moral pour risquer sans témérité une entreprise aussi hardie. L'armée alliée se serait trouvée placée entre nous et la frontière du Rhin. Dans de pareilles circonstances, l'interruption des communications avec la France était chose bien grave. L'habileté de l'Empereur pouvait lui procurer quelques avantages partiels sur des corps détachés de l'armée coalisée; mais, tôt ou tard, il eût été écrasé par leur supériorité numérique, et les conséquences d'une manœuvre aussi téméraire auraient peut-être été plus désastreuses encore que ne furent celles de la bataille de Leipzick.

Quoi qu'il en soit, la défection de la Bavière rendit impossible l'exécution de ce plan. Napoléon l'apprit, le 14, à Düben. Il n'était pas douteux que le royaume de Wurtemberg et le grand-duché de Bade ne suivissent cet exemple. Alors les frontières de la France se trouvaient découvertes depuis Huningue jusqu'à Mayence, et sans doute les armées autrichienne et bavaroise réunies allaient s'y porter pour nous couper la retraite. Dans cette extrémité, il fallait arriver au plus vite à Leipzick, rouvrir les communications avec la France et éviter d'être entièrement enveloppés. Napoléon concentra son armée à Leipzick le 15. Le même jour, les ennemis furent en présence. On rangea l'armée française autour de la ville, et deux sanglantes batailles eurent lieu les 16 et 18; 130,000 Français combattirent contre 250,000 ennemis. L'habileté et la bravoure finirent par céder à la supériorité du nombre ; les Saxons désertèrent sur le champ de bataille ; la retraite commença dans la nuit du 18 au 19; toute l'armée devait défiler sur le pont de l'Elster, et par une incroyable fatalité, un officier du génie fit sauter ce pont avant le passage de l'arrière-garde, qui fut prise dans Leipzick. Nous perdîmes 30,000 hommes tués ou blessés, 20,000 prisonniers et 150 pièces de canon. L'armée suivit la route de Weissenfels, Erfurt, Gotha, Fulde, jusqu'à Hanau, où l'armée autrichienne et bavaroise voulut lui barrer le chemin. L'armée française, si affaiblie, si épuisée, retrouva son énergie pour combattre d'anciens alliés devenus bien inopinément nos ennemis. On leur passa sur le corps; ils perdirent 6,000 hommes tués ou blessés, et 4,000 prisonniers. Notre perte totale fut d'environ 5,000. Ce dernier effort termina les opérations de la Grande Armée en Allemagne. L'Empereur passa le Rhin à Mayence le 2 novembre, et ne songea plus qu'à défendre la France.

Je reprends maintenant l'histoire du 1ᵉʳ corps, abandonné dans Dresde avec le 14ᵉ.

CHAPITRE VI.

COMPOSITION DU 14ᵉ CORPS. — PLAN DE LA DÉFENSE DE DRESDE. — SORTIE DU 17 OCTOBRE. — OPINIONS DU CONSEIL DE DÉFENSE. — SORTIE DU 6 NOVEMBRE.

Au commencement d'octobre, le 14ᵉ corps occupait encore Liebstadt, et le 1ᵉʳ corps le camp de Gieshübel, la 1ʳᵉ division d'avant-garde à Hellendorf, à environ 6 lieues de Dresde. Le 7 octobre, Napoléon, au moment de son départ, ordonna de replier les deux corps d'armée sur les positions de Pirna et de Dohna, en tenant la cavalerie et l'arrière-garde le plus loin possible. Si ce mouvement n'eût pas été prescrit, nous y aurions été forcés deux jours plus tard, et même il ne fut pas possible de conserver Pirna. Le général Benningsen avait relevé l'armée autrichienne devant Dresde; il commença ses opérations par une reconnaissance générale qu'il voulait pousser jusque sous les murs de la ville. Ma brigade, restée seule à Hellendorf, en partit la nuit pour se retirer à Pirna; la cavalerie légère suivit ce mouvement dans la matinée du 8, toujours harcelée par la cavalerie ennemie. Le 8 matin, soixante hommes de la 23ᵉ division furent pris dans une redoute en avant de Pirna. Les jours suivants, nous continuâmes notre retraite en tenant toujours tête à l'avant-garde ennemie. Le 10, le comte de Lobau eut un cheval tué sous lui, et ce fut bien sa faute ; il s'était placé sur une chaussée fort élevée près de Grünewiese ; les troupes étaient en bataille des deux côtés de la route ; la chaussée servait de point de mire à l'artillerie ennemie, et il était impossible que, dans le groupe de son état-major, personne ne fût atteint. Le 11, nous rentrâmes dans Dresde, ainsi que le 14° corps, qui avait suivi notre mouvement de retraite par la droite. Le 1er corps fut placé dans le faubourg de Pirna, la 1re division en tête au Grossgarten.

Le 14° corps, réuni ainsi au 1er pour la défense de Dresde, se composait de 4 divisions ; la 42° (Mouton-Duvernet), la 43° (Claparède), la 44° (Berthezène) et la 45° (Razout). On a vu plus haut que la 42° avait été souvent détachée avec nous. Mouton-Duvernet, ancien militaire, sage et expérimenté, devint plus tard une des victimes de nos dissensions politiques ; on l'a fusillé en 1815 pour avoir pris le parti de Napoléon pendant les Cent-jours. Clarapède, brave militaire, couvert de blessures, bon camarade et généralement aimé ; il fut nommé depuis pair de France, gouverneur du palais de Strasbourg et inspecteur général permanent des troupes de la 1re division. Berthezène a fait partie, depuis, de l'expédition d'Alger, en 1830. J'ai parlé de Razout dans la campagne de Russie ; il avait été bon colonel d'infanterie ; malheureusement, sa vue excessivement basse l'empêchait de rien juger sur le terrain, et il ne pouvait que s'en rapporter à tous ceux qui l'entouraient. On avait à l'armée impériale l'incroyable manie de ne jamais se servir de lorgnons ni de bésicles ; on ne voulait pas convenir qu'on eût la vue basse. Je n'ai connu que le maréchal Davout qui fit exception à cette règle. Parmi les généraux de brigade se trouvait Letellier, l'un des jeunes généraux de l'armée, ainsi que moi. On citait sa bravoure brillante, son caractère bizarre et susceptible, sa tenue originale comme sa conduite. Plusieurs chagrins domestiques ont depuis altéré son cerveau déjà trop disposé à l'exaltation, et sous la Restauration il a fini par un suicide. Les talents militaires du maréchal Saint-Cyr sont trop connus pour que j'aie besoin d'en faire l'éloge. Je me permettrai seulement d'ajouter qu'il avait deux inconvénients bien graves : le premier de ne point porter secours aux autres généraux dans l'occasion, ainsi qu'on l'a vu à la bataille de Kulm; le second de faire la guerre comme on joue aux échecs, en négligeant entièrement la partie morale si importante surtout pour commander à des Français. Pendant cette campagne, nous ne l'avons pas vu une fois. Il ne montait pas à cheval, ne se présentait point aux troupes, ne recevait personne. Il envoyait ses ordres, on les exécutait; c'était tout ce qu'il lui fallait, et nous ne connaissions de lui que sa signature. Le comte de Lobau ne lui ressemblait guère. Ce n'est pas qu'il fût d'un caractère aimable ; ses manières étaient brusques, son écorce rude. Mais du moins on le voyait toujours à cheval à la tête des troupes. Il était ardent, un peu irascible, d'un esprit juste, d'un caractère ferme et droit. Deux pareils généraux n'étaient pas faits pour s'entendre.

Les 1er et 14e corps réunis pouvaient se monter, à cette époque, à 25,000 hommes. Il y avait à Dresde

30 généraux, des administrateurs, des employés de toute nature, des magasins de toute espèce.

On a reproché au maréchal Gouvion Saint-Cyr de n'avoir pas quitté Dresde au moment où toutes les armées coalisées marchaient sur Leipzick. Il aurait pu faire en effet une diversion utile en manœuvrant derrière l'ennemi, ou bien en descendant l'Elbe dans la direction de Torgau. Pour décider cette question, il faut d'abord voir quels ordres il avait reçus de Napoléon. L'Empereur en quittant Dresde, le 7 octobre, avait bien prévu le cas de l'évacuation de cette place. Voici l'ordre qu'il avait laissé à ce sujet : « Le maré-
« chal Saint-Cyr fera filer sur Torgau, dans la nuit
« du 7 au 8 et dans la journée du 8, tous les bateaux
« qu'on aura chargés de blessés. Il sera prêt dans
« la nuit du 8 au 9, à évacuer, s'il y a lieu, la ville
« de Dresde, après avoir fait sauter les blockhaus,
« brûlé tous les affûts des pièces qui servent à la dé-
« fense de la place, et avoir encloué ces pièces, brûlé
« tous les caissons et toutes les voitures qui seraient
« restés et fait distribuer tous les effets d'habillement
« à ses troupes, ne laissant ici que 5 à 6,000 malades
« trop faibles pour pouvoir être transportés. Il sera
« nécessaire que les deux divisions qui passeront la
« journée du 7 à Dresde puissent occuper en force
« Meissen et Nossen. Le maréchal Saint-Cyr fera
« garder Sonnenstein jusqu'au dernier moment. Il
« est convenable de laisser subsister le pont de Meis-
« sen jusqu'à ce que l'arrière-garde ait passé Meis-
« sen, puisqu'à tout événement ce pont pourra deve-
« nir utile. »

Mais le 10 octobre, à Düben, au moment où Na-

CHAPITRE VI.

poléon espérait battre isolément l'armée de Silésie et l'armée de Berlin, le major général écrivait au maréchal Gouvion Saint-Cyr :

« L'Empereur compte qu'à tout événement vous
« garderez Dresde. Si cependant, par suite des évé-
« nements, vous ne pouviez pas conserver cette place
« (*et l'Empereur espère que cela n'aura pas lieu*),
« vous pourrez vous retirer sur Torgau par l'une ou
« l'autre rive. S'il y a ici une bataille et que l'ennemi
« soit vaincu, les Autrichiens rentreront dans leurs
« frontières, et l'Empereur se rapprochera de Torgau
« par la rive droite pour se mettre en communication
« avec vous. Si, au contraire, il n'y a pas de bataille,
« il est possible que l'Empereur manœuvre sur la
« rive droite de l'Elbe, pour tomber sur la ligne
« d'opération de l'ennemi. En somme, la suite des
« événements d'aujourd'hui et de demain peut être
« incalculable. L'Empereur compte sur votre fermeté
« et votre prudence. »

Enfin, le 14 octobre, près de Leipzick, Napoléon lui écrivait encore que tout allait être décidé le 15 et le 16, et qu'il pouvait calculer qu'il serait promptement dégagé.

Ainsi l'intention de l'Empereur était bien certainement que l'on défendît Dresde le plus possible. Il avait seulement indiqué la direction à suivre dans le cas où l'on serait forcé de l'abandonner. Il est vrai que le 23 octobre, après la bataille de Leipzick, l'Empereur envoya d'Erfurt au maréchal Saint-Cyr et au maréchal Davout, à Hambourg, des agents déguisés portant des instructions ainsi conçues :

« *Les maréchaux Saint-Cyr et Davout, les garni-*

« *sons des places se feront jour d'un côté ou de*
« *l'autre..... S'ils s'entendent, s'ils sortent de leurs*
« *murailles, ils sont sauvés;* 80,000 *Français passent*
« *partout....* » Mais aucune de ces lettres ne parvint.
Le devoir du maréchal Saint-Cyr était donc de rester
dans Dresde et de le défendre. Cependant il ne pouvait pas être question de se renfermer dans la place.
L'enceinte de Dresde n'est pas susceptible de défense ;
c'est un pentagone sans ouvrages extérieurs et qui, à
cette époque, était en mauvais état. Sur la rive droite
de l'Elbe, un simple ouvrage de campagne entourait
le faubourg de Neustadt ; d'ailleurs, pour défendre
le corps de place il eût fallu détruire les faubourgs, et
Napoléon n'avait pu se résoudre à traiter si cruellement la capitale d'un roi allié, du seul qui lui fût
resté fidèle. Si Dresde eût été dans les conditions
d'une place de guerre ordinaire, l'Empereur se fût
contenté d'y laisser une garnison, comme à Torgau
et à Wittemberg.

Le second système, le seul praticable, était de défendre le camp retranché en avant de Dresde. Il se
composait d'un ensemble de redoutes sur les deux
rives de l'Elbe, construites avec art et qui venaient
d'être complétement réparées. Nos 25,000 hommes
n'étaient pas trop pour remplir une semblable tâche.
Le 1er corps fut placé sur la rive gauche de l'Elbe, la
gauche appuyant au fleuve et la droite à la route de
Dippodiswalde. Les divisions du 14e corps défendaient
le reste de l'enceinte, et le faubourg de Neustadt sur
la rive droite. Les divisions du 1er corps occupaient à
tour de rôle le Grossgarten. C'est un parc en forme
de carré long, situé en avant de la porte de Pirna,

que l'on avait mis en état de défense et qui se liait avec le système des redoutes. Nous faisions également le service de ces redoutes, et le reste des divisions était logé dans le faubourg de Pirna.

Le général Benningsen avait laissé devant Dresde le général Tolstoy avec 2,000 hommes de ses moins bonnes troupes; lui-même avait continué sa marche sur Leipzick. Au bout de quelques jours, le maréchal Saint-Cyr trouva le moment favorable pour tenter une sortie; nos ennemis étaient peu nombreux et obligés de former un long cercle autour de la place. Le manque de vivres allait commencer à se faire sentir, et cette sortie avait pour but de nous en procurer. D'ailleurs, l'ennemi construisait des redoutes devant Racknitz, et il était important de les détruire. La sortie fut annoncée trois jours d'avance; on reconnaissait dans les dispositions l'ensemble et la précision qui distinguaient les ordres du maréchal Gouvion Saint-Cyr. J'en attendais le résultat avec une impatience qui n'était pas exempte d'inquiétude. Il ne s'agissait pas seulement d'éloigner l'ennemi et de nous procurer des vivres; nous avions à rétablir l'honneur de nos armes, à prendre notre revanche, à nous relever à nos propres yeux. Je réunis les officiers supérieurs de ma brigade, qui seuls étaient dans le secret. Je leur parlai de l'importance de profiter d'une occasion, peut-être la dernière, de terminer la campagne avec gloire : tous me promirent de joindre leurs efforts aux miens, et ils ont tenu parole.

Le 17 à midi précis la division Razout marcha sur Plaüen, la division Claparède sur Racknitz, les divisions Cassagne et Dumonceau (1re et 2e) sur Zchernitz.

L'attaque fut vive et couronnée de succès. Les tirailleurs ennemis voulurent défendre Zchernitz ; on incendia le village pour les en chasser. Les Russes ne purent résister à la vigueur et à l'ensemble de nos trois attaques. Ils furent renversés et se replièrent sur Dohna en nous abandonnant 1,200 prisonniers, 10 canons, des caissons et un équipage de ponts. M. Locqueneux, chef de bataillon au 17°, qui commandait les tirailleurs de la division, les enleva admirablement et leur communiqua sa brillante valeur. Il contribua beaucoup au succès de cette journée. Les officiers du 17° le secondèrent ; deux furent blessés, plusieurs méritèrent l'honneur d'être proposés pour la croix de la Légion. J'eus besoin de mon autorité pour empêcher le colonel Susbielle de se mêler aux tirailleurs, comme un caporal de voltigeurs, au lieu de rester à son régiment.

Le général Tolstoy se retira dans la direction de Gieshübel. La 2° division, qui faisait notre avant-garde, occupa Dohna, la 1re Sporwitz et Lochwitz, la division Duvernet à notre droite. Quatre jours passés dans cette position furent utilement employés. On réunit les bestiaux, les farines, les fourrages que le pays put procurer, dans un rayon de quatre lieues en tous sens, depuis l'Elbe jusqu'à Weisseritz ; on détruisit les ouvrages de l'ennemi ; on prit enfin tous les moyens possibles pour prolonger la défense de la place qui nous était confiée.

Bientôt le général Chasteler, resté à Tœplitz pour couvrir la Bohême, vint au secours du général Tolstoy ; tous deux reprirent l'offensive. Le 22, le général Dumonceau fut attaqué à Dohna et se retira sur

Lochwitz ; les deux divisions prirent position sur les hauteurs situées derrière ce village. Le 24, nous continuâmes notre retraite jusqu'à Racknitz, Zchernitz et Strehlen. Le 26, nous rentrâmes dans les faubourgs de Dresde, en laissant en avant quelques bataillons que l'ennemi fit replier le 28. La sortie du 7 octobre avait complétement réussi : c'était un fourrage général auquel l'ennemi n'avait pu s'opposer. Nous nous bornâmes alors à l'occupation des faubourgs et des redoutes qui en couvraient les approches.

Nous menions à Dresde une vie fort triste. La situation d'une ville assiégée, la misère générale qui en est la suite, ne sont pas favorables aux grandes réunions et aux plaisirs. Cependant on aurait pu entretenir des relations avec quelques personnes de la ville, et la moindre distraction nous eût été d'un grand secours. Je ne voulus m'en permettre aucune. La garde des faubourgs et des redoutes qui leur servaient d'avant-postes nous était confiée. Une attaque de vive force était peu vraisemblable ; cependant nous ne devions rien négliger. Je n'ai déjà eu que trop l'occasion de montrer combien nos troupes avaient besoin de surveillance. Il est permis à la guerre d'être vaincu ; il n'est jamais permis d'être surpris. Je mettais beaucoup de prix pour ma part à terminer avec honneur la tâche qui nous avait été imposée et dont le triste dénoûment ne pouvait pas se faire longtemps attendre.

Une grande question s'agitait en ce moment au conseil de défense, composé des généraux de division et de l'intendant général réunis chez le maréchal

Saint-Cyr. Le résultat de la bataille de Leipzick était connu ; la Grande Armée se retirait au delà du Rhin, et nous étions abandonnés. Le général autrichien Klenau venait d'arriver devant Dresde, pour prendre le commandement des troupes qui formaient le blocus. Il annonçait hautement l'intention de ne point nous attaquer. Il savait que les vivres allaient manquer, et il calculait d'avance le jour où nous serions forcés de nous rendre ; mais, avant d'en venir là, n'avions-nous rien à tenter? Les instructions de l'Empereur prescrivaient de garder Dresde le plus longtemps possible et d'attendre que l'on vînt nous dégager. Aujourd'hui, la Grande Armée avait quitté l'Allemagne, et nous n'attendions plus de secours. Le seul moyen de conserver à la France la garnison de Dresde était de sortir et de tâcher de gagner Torgau par une des rives de l'Elbe. On se rappelle que l'Empereur avait indiqué ce mouvement dans le cas où nous serions forcés d'abandonner la ville. Prolonger la défense était impossible ; il fallait choisir entre la sortie ou la capitulation. Les opinions furent partagées. Le comte de Lobau et le général Cassagne insistèrent beaucoup pour que l'on tentât une sortie. Ils avaient l'espoir de réussir. L'armée assiégeante était fort disséminée, car elle avait un grand cercle à former autour de la place. Nous comptions près de 25,000 hommes et beaucoup d'artillerie. En se portant en masse sur la route de Torgau, on pouvait se flatter de percer la ligne ennemie et d'arriver à Torgau, dont nous n'étions qu'à 18 lieues. D'ailleurs, ce parti était plus honorable, plus digne de l'armée française ; et telle eût été sans doute mon opinion personnelle, si mon grade m'eût permis d'être appelé au conseil.

Le maréchal Gouvion Saint-Cyr pensa tout autrement. Il ne voyait aucun espoir de réussir. Sans doute l'armée ennemie était disséminée autour de Dresde, mais le général Klenau savait très-bien que nous ne pourrions tenter une sortie qu'en descendant l'Elbe, et c'est précisément de ce côté qu'il avait réuni ses principales forces. Il s'en fallait bien que les deux corps réunis présentassent 25,000 combattants. L'affaiblissement de nos soldats, leur découragement, dont nous nous plaignions depuis si longtemps, ne permettaient pas de risquer une tentative aussi hardie. D'ailleurs, ainsi que je l'ai dit, la guerre, aux yeux du maréchal Saint-Cyr, n'était qu'un jeu d'échecs ; la partie avait été perdue à Leipzick, et il ne comprenait pas l'avantage de compromettre inutilement des soldats, de nombreux cadres d'officiers et 30 généraux, dont les services pouvaient un jour être encore si utiles. La discussion fut vive et plus d'une fois renouvelée, surtout entre le maréchal et le comte de Lobau. Les conseils de la prudence s'accordent peu avec ceux de la valeur téméraire ; les uns sont accusés de déraison, les autres de faiblesse, et, quand il s'agit d'honneur militaire, la susceptibilité est permise. Cependant le temps s'avançait. Nous étions aux premiers jours de novembre et nous allions manquer entièrement de vivres. Il fallait prendre un parti. Le maréchal Saint-Cyr s'arrêta à un singulier terme moyen entre les deux opinions qui avaient partagé le conseil ; ce fut de faire sortir les trois divisions du 1er corps, ainsi que les divisions Razout et Duvernet, commandées par le comte de Lobau, pendant que lui-même resterait à Dresde avec les divisions Berthezène et Claparède. Ce n'était point ainsi que nous l'entendions. Nous désirions sortir tous ensemble ; nous demandions au maréchal de se mettre à notre tête, de partager notre bonne ou mauvaise fortune. Quelques jours auparavant il nous trouvait trop faibles pour percer la ligne ennemie. Prétendait-il que l'on réussirait mieux aujourd'hui avec deux divisions de moins ? Je sais bien quelle était la pensée du maréchal Saint-Cyr : *Le comte de Lobau, aurait-il dit, a fortement exprimé le désir de sortir de Dresde, je n'ai point voulu m'y opposer ; je lui ai donné toutes les troupes dont j'ai pu disposer ; mais comme ce n'est point mon avis, je suis resté dans la place, et me trouvant réduit à deux divisions, j'ai bien été forcé de capituler.* Ainsi nous nous serions sacrifiés pour expliquer et justifier une capitulation que nous n'approuvions pas. Cela n'était ni juste ni raisonnable. Sortir tous ensemble ou capituler tous ensemble, il n'y avait pas d'autre parti à prendre. Aussi nous entreprenions cette expédition fort à contre-cœur, mais il n'en fallait pas moins obéir.

Le 6 novembre avant le jour, les cinq divisions sortirent du faubourg de Neustadt par le route de Grossenhayn ; la 1re division marchait en tête, le général Cassagne conduisant la 1re brigade et moi la seconde. L'avant-garde ennemie opposa de la résistance, et nos soldats montraient quelque hésitation. Nous les enlevâmes au pas de charge, au milieu d'une grêle de balles. L'ennemi fut renversé ; une vive fusillade s'établit dans le bois que traverse la route.

Nous arrivâmes au pied du Drachemberg, en avant du village de Boxdorf, et nous trouvâmes la division du prince Wied-Rünkel tout entière occupant cette hauteur.

Le comte de Lobau fit reconnaître la position ; elle ne pouvait être enlevée qu'avec une perte énorme. Ainsi, même en admettant le succès, nous aurions été trop affaiblis pour nous flatter de gagner Torgau. Le comte de Lobau voulut bien consulter les officiers généraux, et, d'après notre avis unanime, il se décida à attendre la nuit pour rentrer dans Dresde.

Nous perdîmes en tout près de 1,000 hommes tués ou blessés ; le 36°, deux officiers tués et un blessé. Ce fut là notre dernier effort, l'hommage suprême rendu à l'honneur de nos armes. Nous manquions entièrement de vivres ; prolonger plus longtemps la résistance eût été sacrifier des hommes inutilement, et exposer une ville alliée à la disette et aux dangers d'une attaque de vive force. Nous n'avions de ressource que dans la capitulation, et la nécessité en faisait un devoir.

CHAPITRE VII

CAPITULATION DE DRESDE. — DÉPART DE LA GARNISON POUR LA FRANCE. — LES SOUVERAINS ALLIÉS REFUSENT DE RATIFIER LA CAPITULATION ET DÉCLARENT LA GARNISON PRISONNIÈRE DE GUERRE. — DÉPART DES OFFICIERS POUR LA HONGRIE. — SÉJOUR A PRESBOURG. — CONQUÊTE DE LA FRANCE. — RESTAURATION. — TRAITÉ DE PAIX. — RETOUR A PARIS.

Notre dernière tentative de sortie avait eu lieu le 6 novembre, et dès le lendemain les négociations pour la capitulation commencèrent. J'ai appris plus tard que le maréchal Saint-Cyr avait eu l'idée de m'en charger. Le comte de Lobau lui représenta que c'était une triste commission à donner au plus jeune des généraux de la garnison, et j'en fus heureusement dispensé. Rien au monde ne m'eût été plus pénible que d'avoir à traiter d'une capitulation. Elle fut bientôt conclue; on était de part et d'autre pressé d'en finir. Trente-trois généraux, dont plusieurs blessés et malades, et 33,000 hommes figurent dans la capitulation de Dresde. Parmi les premiers, se trouvent, avec le maréchal Gouvion Saint-Cyr et le comte de Lobau, les généraux Borelli et Revest, chefs d'état-major, Mathieu Dumas, intendant général,

Durosnel, aide de camp de l'Empereur. Dans ma brigade, le 17e ne comptait que 43 officiers et 527 hommes ; le 36e, 16 officiers et 200 hommes. Cette brigade se composait de 6 bataillons au commencement de la campagne, et au bout de 3 mois, il ne restait que 120 hommes par bataillon. En calculant ainsi pour les autres brigades des 1re, 2e et 23e divisions qui composaient le 1er corps d'armée, on ne trouve pas plus de 3,500 hommes présents. La 14e avait été moins maltraitée. Je n'ai pas les états de situation, mais c'est beaucoup de porter à 300 hommes par bataillon le nombre d'hommes présents à cette époque dans les 53 bataillons qui composaient primitivement ce corps d'armée. Il n'y avait donc pas alors au 14e corps 12,000 hommes d'infanterie présents, ce qui fait moins de 15,000 pour les deux corps d'armée. Assurément les 2 brigades de cavalerie légère ne s'élevaient pas à 1,000 hommes. Et, en ajoutant également 1,000 hommes présents pour l'artillerie et le génie, on n'arriverait pas à 17,000 hommes. Il y a loin de ce chiffre à celui de 33,000. On peut donc porter à plus de 16,000 le nombre d'hommes isolés des différents corps, ainsi que des malades et blessés.

On convint que la garnison mettrait bas les armes et rentrerait en France en passant par la Suisse, sous la promesse de ne pas servir avant d'être échangée. Les officiers conservaient leurs armes, leurs chevaux et leurs propriétés particulières. Le départ devait avoir lieu en 6 colonnes ; chaque colonne ayant avec elle 50 hommes armés et une pièce de canon. Les colonels cachèrent les aigles dans les fourgons ; les Autrichiens les demandèrent ; on répondit que la garnison se composait de bataillons détachés de divers régiments et que les aigles n'y étaient pas. Je n'ai jamais approuvé ces escamotages. C'est fort bien de défendre sur le champ de bataille le drapeau de son régiment, mais il n'y a aucun déshonneur à le rendre par capitulation, et cela vaut mieux que de le sauver à l'aide d'un subterfuge.

La capitulation fut signée le 11, et la première colonne, composée des 1re et 2e divisions, commandées par le général Dumonceau, se mit en marche le 12. Quelle triste journée ! Pour la première fois nous mettions bas les armes. J'avais vu capituler Ulm en 1805, Magdebourg en 1806, Vienne en 1809 ; j'avais vu les garnisons ennemies défiler devant nous et déposer les armes. Qui m'aurait dit que nous serions un jour réduits au même sort, et que ma carrière d'activité, commencée par la capitulation d'Ulm, finirait par celle de Dresde? Au moins le temps était sombre, le soleil n'éclaira pas cette journée, et la tristesse du ciel semblait s'unir à la nôtre. Les généraux s'étaient donné le mot pour rester enveloppés dans leurs manteaux sans marques distinctives de leurs grades. Un général autrichien vint à notre rencontre avec quelques troupes. Je dois dire que nous fûmes comblés d'égards et qu'on ne négligea rien pour adoucir l'amertume de notre situation. Le général en chef ne parut point. Un général de brigade fut chargé de recevoir les armes et de surveiller le départ. Il n'y eut aucune pompe, point de tambours, point de musique, point de défilé. Les bataillons, formés en avant des redoutes sur la route de Freyberg, marchaient en colonne sans rendre d'honneurs, formaient les armes en faisceaux à un endroit convenu, et continuaient leur marche. Les voitures, les fourgons, les chevaux que l'on déclarait appartenir à un général ou à un colonel, passaient sans aucune difficulté. Plusieurs s'approprièrent par ce moyen des chevaux et des voitures d'artillerie.

La marche se fit avec ordre, escortée par quelques détachements d'infanterie autrichienne. Les 50 hommes armés que nous conservions dans chaque colonne servaient à la garde des généraux et fournissaient également un poste à la pièce de canon qui nous était accordée comme honneur. Le soir je visitais les logements et je ne négligeais rien de ce qui pouvait contribuer au bien-être de nos pauvres soldats désarmés.

Nous arrivâmes à Altembourg le 17 novembre, après 6 jours de marche. La dernière colonne avait quitté Dresde le matin. Ce même jour, le général russe qui commandait Altembourg parut fort surpris de notre arrivée, dont il n'avait, disait-il, reçu aucun avis. Il suspendit la marche des colonnes, en attendant des ordres. Bientôt une nouvelle étrange circula ; personne ne voulait y croire. Le prince de Schwartzenberg refusait de ratifier la capitulation et nous déclarait prisonniers de guerre. Le maréchal Saint-Cyr invoqua la foi des traités, la parole jurée, l'honneur militaire qui devait la garantir. On répondit que le général Klenau avait outre-passé ses pouvoirs, qu'il en serait puni, mais que les souverains alliés ne pouvaient pas être liés par l'engagement indiscret pris par un de leurs généraux. Au surplus, ajoutait Schwartzenberg, *comme le maréchal Gouvion Saint-Cyr a agi de bonne foi, on lui offre de rentrer dans*

Dresde, on lui rendra ses armes, ses moyens de défense, et le siége commencera. Le maréchal répondit que cette proposition était dérisoire. Pouvait-on sérieusement nous offrir de rentrer dans une place que l'ennemi occupait depuis plusieurs jours, dont il connaissait le fort et le faible, dont il avait sans doute commencé à détruire les ouvrages ? Nous manquions de vivres 15 jours auparavant ; en aurions-nous eu davantage alors ? Nos soldats étaient affaiblis, découragés. Etaient-ce la capitulation, le désarmement, la certitude d'être bientôt prisonniers à discrétion, qui leur rendraient beaucoup d'énergie ? Notre rentrée dans Dresde n'était avantageuse qu'aux alliés. Ils se seraient fait honneur d'avoir respecté la parole du général Klenau ; il valait mieux leur laisser l'odieux de la violer.

Pendant cette négociation nous restâmes en cantonnement dans les environs d'Altembourg et de Géra. Le 1er décembre on reçut l'avis officiel que, sur le refus du maréchal Saint-Cyr de rentrer dans Dresde, nous allions être conduits en Hongrie comme prisonniers de guerre.

Nous fûmes justement indignés d'un pareil manque foi. Rien ne devrait être aussi sacré qu'une capitulation militaire. On ne consent à rendre une place qu'avec des conditions qui paraissent acceptables ; autrement la défense continuerait. Comment donc qualifier la conduite de l'ennemi qui entre en possession d'une place à certaines conditions, et qui ensuite refuse d'exécuter ces mêmes conditions, sans lesquelles la place ne lui aurait pas été rendue ? Cependant il y avait pour nous un grand motif de consolation. Les militaires n'aiment point à' capituler ; ils craignent toujours le reproche de n'avoir pas tiré tout le parti possible de leur situation, de n'avoir pas défendu assez longtemps la place qui leur était confiée, ou d'avoir traité à des conditions plus désavantageuses que celles qu'ils auraient pu obtenir. L'Empereur était sévère à cet égard ; mais la violation de la capitulation prouvait assez qu'elle nous était favorable. L'injustice de l'ennemi justifiait la garnison de Dresde, et personne ne nous a blâmés d'avoir traité à des conditions que l'ennemi refusait d'accomplir. Au commencement de 1814, M. de Fontanes, dans un discours à l'Empereur, à l'occasion des négociations qui avaient lieu pour la paix, se plaignait de la mauvaise foi de alliés, qui prolongeaient les conférences pour gagner du temps. *S'ils étaient sincères*, disait-il, *s'ils voulaient sérieusement la paix, auraient-ils violé la capitulation de Dresde et fermé l'oreille aux nobles plaintes du guerrier qui commandait la garnison ?*

L'ordre du prince Schwartzenberg était d'envoyer les soldats en Bohême et les officiers en Hongrie. Cette séparation me fut très-sensible. J'ai dit qu'il ne restait que 700 hommes de ma brigade ; mais c'étaient les compagnons de nos dangers et de nos fatigues ; tous m'avaient suivi sur le champ de bataille, plusieurs avaient été blessés. Dans les guerres désastreuses, les plus courageux résistent toujours le plus longtemps. L'énergie morale donne ou du moins remplace la force physique ; et si à la fin d'une campagne un régiment se trouve réduit à 100 hommes, soyez sûr que ces 100 hommes sont de bons soldats. Leur départ m'affligea d'autant plus que je ne devais plus les revoir. Les soldats étaient usés malgré leur jeunesse, ou peut-être à cause de leur jeunesse. La rigueur de la saison, la fatigue des marches, la mauvaise nourriture, le manque de soins, en firent périr un grand nombre, et des 33,000 hommes qui figurent dans la capitulation de Dresde, bien peu rentrèrent en France à la paix.

Trois semaines s'étaient ainsi écoulées, et le 3 décembre, les officiers partirent en une seule colonne pour Presbourg. Je crois que le maréchal Saint-Cyr resta à Tœplitz. Le comte de Lobau et tous les généraux marchèrent avec les officiers du 1er corps. Le mois de décembre fut consacré à ce triste voyage. Nous arrivâmes à Presbourg le 6 janvier. Ce voyage n'eut rien de remarquable. On avait eu grand soin de nous faire éviter les grandes villes telles que Prague et Brün en Moravie. La guerre avait épargné les pays que nous parcourions, et nous fûmes assez bien accueillis. Malgré la rancune que nous gardions à la mémoire du général Moreau, je ne pus revoir à Laun sans quelque émotion la maison où il fut transporté, le lit où il rendit le dernier soupir. Je logeai dans une autre ville de Bohême chez la veuve du marquis de Favras, l'une des premières victimes de la Révolution. Sa fille avait épousé un homme de qualité du pays et fort riche. Toutes deux ne rêvaient déjà que Restauration. Elles donnèrent cependant à dîner à quelques officiers généraux présents, auxquels elles voulaient bien pardonner leur uniforme depuis qu'ils étaient vaincus.

Pendant cette marche, le comte de Lobau, qui ne nous quittait pas, observait attentivement la tenue des officiers et surtout des chefs de corps. Plusieurs ne s'occupaient que d'eux-mêmes, et mettaient à profit l'argent provenant de la vente des chevaux et des voitures qu'ils avaient pu se procurer à la sortie de Dresde. Ils voyageaient en voiture et faisaient bonne chère; d'autres partageaient avec les officiers de leur corps le peu dont ils pouvaient disposer.

On remarquait particulièrement le colonel Lafond, du 51° (division Teste), qui fit toute la route à pied, à la tête des officiers de son régiment. Le comte de Lobau notait tout cela pour en rendre compte à l'Empereur, qui, sans doute, en aurait tiré parti dans des moments plus heureux. Ce n'est point du temps perdu que celui qu'on passe avec des prisonniers de guerre. Les hommes qui ne sont plus retenus par leurs devoirs militaires se livrent davantage à leurs bons ou mauvais penchants. La distance entre les grades se rapproche; les qualités, les défauts se montrent plus à découvert; il y a des traits de courage, de faiblesse, de désintéressement, d'égoïsme; c'est une épreuve pour les autres et c'en est une pour soi-même. J'ai eu le malheur de faire deux fois partie d'une colonne de prisonniers de guerre, dans des âges divers, avec des grades bien différents, et en 1807 comme en 1813, j'ai fait de bien curieuses et quelquefois de bien tristes observations.

On assigna autour de Presbourg des cantonnements aux officiers du 1ᵉʳ corps. Le comte de Lobau et le général Cassagne allèrent à Œdembourg; plusieurs obtinrent la permission de rester à Presbourg, entre autres les généraux O'Méara, Chartran et moi. Mon premier soin fut de faire mon établissement dans

CHAPITRE VII.

ce lieu d'exil, car l'exil pouvait être long. J'avais pour officier d'ordonnance depuis quelque temps M. Petit, adjudant-major au 7° léger ; je ne voulus abandonner ni lui ni même le soldat qui lui servait de domestique. J'avais toujours mon aide de camp Chabrand, un cuisinier et un valet de chambre. Cela faisait six personnes à nourrir ; c'est beaucoup pour un prisonnier de guerre. Heureusement que tout était bon marché en Hongrie. Je trouvai un logement fort convenable pour nous tous dans une maison occupée par la haute bourgeoisie. Quant à la dépense, elle fut réglée avec la plus stricte économie, et j'espérais que mes ressources me permettraient de continuer ce genre de vie aussi longtemps que durerait notre captivité.

Mes compagnons m'offrant peu de ressource, je fis connaissance avec quelques personnes de la ville qui me plurent beaucoup, entre autres avec le baron de Braunecker, directeur de la poste, que je voyais presque tous les jours. Cette relation m'était d'autant plus précieuse que je savais exactement par lui des nouvelles de l'armée, qui chaque jour devenaient plus intéressantes et plus affligeantes. C'était un fort bon homme, aimable, obligeant. J'eus occasion de voir aussi un homme de la conduite la plus légère que j'aie jamais connu. Il avait à cette époque près de soixante ans. Séparé de sa femme depuis longtemps, il s'était fait un autre ménage à son choix, et il avait plusieurs enfants de la personne qui était établie chez lui comme femme légitime. Il avait eu de plus toutes les intrigues du monde avec beaucoup de femmes de Presbourg et des environs, et il en contait des détails incroyables. Il donna un jour une grande soirée dont sa maîtresse faisait les honneurs. Je ne fus pas peu surpris d'y voir le vicaire apostolique, la première autorité religieuse de la ville, ainsi que des personnes d'un rang élevé, des femmes d'une conduite respectable.

Le général autrichien Haddick, commandant à Presbourg, avait épousé une femme fort bien élevée. Je les voyais quelquefois ; mais les autorités de la ville étaient si mal disposées pour nous qu'ils n'osaient me faire aucune politesse ; on se serait compromis en donnant à dîner à un Français. Tous les huit jours, la municipalité de la ville, qu'on appelle le comitat, venait demander au général pourquoi je n'étais pas au village de Somerein, qui m'avait été assigné pour cantonnement. Il demandait si l'on avait à se plaindre de moi ; on répondait que non, et il les renvoyait en leur disant : « qu'il n'y avait donc pas d'inconvénient à ce que je restasse à Presbourg. » Le général lui-même, à la paix, m'a raconté ces détails.

Il ne faut pas demander à Presbourg la tenue, la distinction, la conversation des salons de Paris ; cependant on y trouve une société douce et agréable, des mœurs faciles, des hommes sans prétention, des femmes légères. On est reçu partout à toute heure sans toilette et sans cérémonie. La conversation m'amusait assez par le mélange du latin, du français, de l'allemand et quelquefois du hongrois, qui se croisaient et se répliquaient l'un à l'autre, selon que chacun de ces idiomes répondait mieux à la pensée de l'interlocuteur. J'aurais pu mieux passer mon temps.

CHAPITRE VII.

Nous étions à 12 lieues de Vienne ; il y avait dans cette ville des anciens amis de ma famille, qui m'auraient obtenu facilement la permission d'y venir. Je ne m'adressai à aucun d'eux, trouvant plus convenable à ma dignité de prisonnier de guerre de rester avec mes camarades, et surtout de ne solliciter en rien nos vainqueurs, ni les émigrés, que nous appellions encore nos ennemis.

Le moment approchait où ces tristes qualifications allaient disparaître, et où tous les Français se trouveraient réunis sous la même bannière ; mais auparavant il fallut passer par bien des angoisses. Nous apprenions successivement le passage du Rhin, l'invasion de la France, les progrès toujours croissants des armées alliées. Il faut être militaire pour comprendre notre irritation et notre douleur. Il y avait peu de mois que nous étions encore les maîtres de l'Europe, et déjà notre patrie était envahie. Elle allait être entièrement conquise ; l'Empereur perdait sa couronne, la France son indépendance, et nous ne pouvions plus défendre des intérêts aussi chers. Désarmés, retenus loin de la France, nous étions réduits à lire ces tristes récits dans des journaux allemands, dont les mensonges et la jactance augmentaient encore notre affliction. Les inquiétudes particulières se joignaient aux calamités publiques. Nous n'avions pas de nouvelles de nos familles, et dans de pareilles circonstances, tous les malheurs étaient à craindre. Les négociations de Châtillon ne nous donnaient qu'un faible espoir. Pour traiter avec Napoléon, les alliés voulaient détruire sa puissance, et nous savions qu'il n'y consentirait pas. Cependant son génie pouvait encore surmonter tant d'obstacles. Malgré tous les déguisements des journaux étrangers, nous admirions l'énergie de sa défense. Les jeunes officiers surtout, dans l'enthousiasme des victoires de Brienne et de Champeaubert, voyaient l'Empereur chasser les alliés de l'autre côté du Rhin. L'expérience de mes trente ans ne me permettait déjà plus de partager cette illusion. Les alliés voulaient en finir; les souverains avaient abandonné leurs capitales et le soin de leurs États pour marcher contre l'ennemi commun. La France, usée et affaiblie par ses victoires mêmes, ne pouvait résister longtemps à l'Europe entière; mais qu'arriverait-il quand l'Empereur aurait succombé? On parlait de la Régence, d'un autre général français, d'un prince étranger. Les deux derniers partis n'étaient pas possibles. Quel autre général aurait osé se mettre à la place de Napoléon et détrôner le fils de son souverain? Et comment un prince étranger aurait-il été assez téméraire pour braver l'irritation que son gouvernement eût causée à la France entière? On désirait donc et l'on espérait encore dans les chances les plus favorables l'établissement de la Régence. Au milieu de ces perplexités, un autre parti témoignait ouvertement ses espérances. Des princes, proscrits depuis vingt-cinq ans, reparaissaient sur le sol de la France. M. le comte d'Artois à Langres, M. le duc d'Angoulême à Bordeaux, ne venaient point, comme Henri IV, reconquérir leur royaume; ils n'étaient point rappelés par le vœu du pays; ils marchaient derrière les baïonnettes étrangères. Ils n'avaient d'espoir que dans la conquête de la France; ils triomphaient de nos revers, ils s'affligeaient de nos succès (1). Et c'étaient des princes français, des princes dont les ancêtres avaient si glorieusement régné sur les nôtres, des princes que nous étions habitués à respecter, et qui alors, par la fatalité de leur situation, ne nous inspiraient plus que de l'éloignement, de la tristesse et de l'amertume. Une petite coterie d'émigrés, à Presbourg, accueillait au contraire avec des transports de joie cette espérance encore éloignée et qui, pour eux, était déjà une certitude. A leurs yeux, le rétablissement du roi ramènerait le rétablissement de l'ancien régime; car l'ignorance et la folle confiance ont toujours caractérisé les émigrés. Un ancien président du parlement disait : « Le roi va revenir, j'aurai ma présidence. » On pense bien que nous ne recherchions pas une société pareille ; aussi je n'en parle que par ouï-dire.

Enfin arriva la nouvelle de la prise de Paris ; ce fut pour nous une horrible journée. Le baron de Braunecker me donna au moins des détails rassurants. Je me renfermai ensuite dans ma chambre, pour ne pas être témoin de l'odieux triomphe des habitants de la ville. Les nouvelles se succédaient avec rapidité; nous

---

(1) Ce n'est pas assurément que les alliés combattissent pour le rétablissement de la maison de Bourbon. Ils ne voulaient que la chute de Napoléon, en laissant la France libre de se choisir un gouvernement. Mais ils permettaient à nos anciens princes de s'établir en France dans les provinces occupées par eux, de chercher à leurs risques et périls à s'y faire des partisans. Ainsi les Bourbons ne pouvaient attendre leur retour que de la chute de Napoléon ; l'armée française, en combattant les alliés, combattait donc indirectement contre eux.

apprîmes successivement l'abdication de l'Empereur, l'exclusion de la Régence et le rétablissement des Bourbons. L'irritation des officiers fut portée au comble; ils ne connaissaient point les princes, dont ils n'avaient jamais entendu parler; ils n'avaient aucune idée de l'ancien régime, et leur ignorance était telle, qu'un jeune officier à qui l'on dit que le roi allait revenir, répondit avec surprise : « Cela est singulier, je croyais que le roi avait péri dans la Révolution. »

Pour moi, qui prévoyais depuis longtemps ce résultat, j'étais fort disposé à m'y soumettre. Je cherchais à oublier les fatals auspices sous lesquels nos princes revenaient parmi nous, leur funeste entourage, le lien qui les attachait à nos ennemis. Je m'efforçais de ne voir en eux que les descendants de nos anciens rois, que les représentants de cette race auguste qui a fait pendant tant de siècles la gloire et le bonheur de la France; je songeais à leurs bonnes intentions, à leurs vertus, à leurs malheurs; en un mot, je tâchais d'oublier le présent pour ne songer qu'au passé et à l'avenir. Mais je demandais qu'ils se conformassent franchement et complétement aux idées de notre siècle. Point de cocarde blanche, point de réminiscence de l'ancien régime. Enfin que le nouveau règne date de 1814, non 1795. Ce fut mon premier mot, ma première pensée; je sentais que le mal était là, et, sans m'en rendre compte, je devinais la crise des Cent-jours.

Les officiers, qui ne connaissaient que le temps présent, allaient plus loin encore, et les concessions que je demandais ne les auraient nullement satisfaits. Ils ne voulaient que la Régence et qualifiaient d'usurpation le gouvernement qui se mettrait à la place du fils de leur Empereur.

Je causai beaucoup avec eux; je cherchai à leur inspirer des sentiments plus raisonnables et plus patriotiques. Sans doute l'héritier de l'Empereur était son fils, mais les alliés déclaraient qu'ils ne traiteraient ni avec Napoléon, ni avec aucun membre de sa famille. Le roi de Rome partait avec sa mère; la France reconnaissait le nouveau gouvernement. Fallait-il donc sacrifier à une fidélité chimérique nos devoirs envers le pays? La révolution qui venait de s'accomplir avait eu lieu malgré nous; nous avions mille fois exposé notre vie pour éloigner de la patrie les armées étrangères, pour sauver la couronne de l'Empereur. La destinée ne l'avait pas voulu; aujourd'hui nous devions nous rappeler seulement que nous étions citoyens de la France. Les Bourbons ne méritaient pas tous les reproches de leurs ennemis. Pendant leur long exil, ils étaient restés Français au fond du cœur; ils gémissaient les premiers de ne pouvoir rentrer et remonter sur le trône qu'à la suite des armées étrangères. Leur premier devoir comme leur premier intérêt allait être sans doute de chercher à effacer cette tache originelle en se montrant jaloux de l'honneur du pays, en gouvernant selon ses intérêts. Il fallait avant tout obtenir une paix avantageuse; il fallait être délivré de la présence des armées étrangères. Le nouveau gouvernement n'aurait que trop d'embarras, et, pour les vaincre, il avait besoin de l'union de tous les Français.

Telles étaient mes raisons; elles frappèrent les officiers et j'en ramenai quelques-uns, mais l'impression fut de peu de durée. Les premiers actes du nouveau gouvernement n'ont pas été de nature à gagner l'affection de l'armée, et l'on sait que l'année suivante, à la première apparition de l'Empereur, elle passa à lui tout entière.

L'ordre pour la rentrée des troupes arriva. Je pris congé, non sans regret, de quelques amis dont les soins avaient un peu consolé notre tristesse.

Je passai deux jours à Vienne pour acheter une voiture et faire mes préparatifs de voyage; mon aide de camp et mes deux domestiques m'accompagnaient. Le comte de Palfy, que j'avais connu à Paris, me donna l'hospitalité. Au moment de mon départ, il me remit pour la route les trois derniers mois du *Journal des Débats*, et jamais je ne fis de lecture aussi attachante. Je ne connaissais plus les journaux français; j'ignorais le détail de tout ce qui s'était passé en France. Je trouvai dans ce recueil le récit des derniers efforts de l'Empereur, l'entrée des alliés à Paris, les actes du gouvernement provisoire, l'arrivée de Monsieur, les commencements de la Monarchie, tant et de si graves événements, tant de circonstances particulières qui intéressaient mes compagnons d'armes, mes amis, ma famille elle-même. A peine pouvais-je suffire à tant d'émotions, aux regrets du passé, aux inquiétudes mêlées de quelques espérances qu'offrait l'avenir. Je traversai sans presque m'arrêter Munich, Ulm, Strasbourg, la France aujourd'hui conquise et asservie. Soldat de l'Empire jusqu'au dernier jour, je ne voulus rendre visite à aucune des nouvelles autorités royales. Mes yeux se détournaient quand ils rencontraient un uniforme étranger. Je conservais ma cocarde tricolore, symbole des sentiments que je renfermais dans mon cœur. J'arrivai ainsi à Paris au mois de mai; je retrouvai ma famille. Alors, et seulement alors, je pris sérieusement mon parti. Sans avoir contribué à la Restauration, sans l'avoir même désirée tant qu'a duré l'Empire, j'étais maintenant décidé à la servir aussi sincèrement, aussi loyalement que j'avais servi l'Empire lui-même. On m'avait réservé le commandement d'une brigade de la garnison de Paris, et j'ôtai de mon chapeau cette cocarde qui déjà n'était plus la mienne, mais que j'ai toujours conservée depuis comme un précieux souvenir.

NOTES DU LIVRE III.

NOTE A.

PREMIER CORPS D'ARMÉE.

LE COMTE VANDAMME, PUIS LE COMTE DE LOBAU.

CHEF D'ÉTAT-MAJOR.—LE GÉNÉRAL DE BRIGADE REVEST.
ARTILLERIE.—LE GÉNÉRAL DE BRIGADE BALTUS.
GÉNIE.—MORAS, CHEF DE BATAILLON.

DIVISIONS.	BRIGADES.	RÉGIMENTS.	COLONELS.	BATAILLONS.	ESCADRONS.
1re. Philippon, puis Cassagne..	Pouchelon..	7e léger.....	»	4	»
		12e de ligne....	Baudinot..	4	»
	Fezensac...	17e —	Susbielle	4	»
		36e —	Sicart, maj.	2	»
2e Dumonceau..	Dunesme, puis Chartran...	13e léger.....	»	4	»
		25e de ligne....	Chartran, puis Fantin des Odoarts	4	»
	Doucet....	54e —	»	4	»
		57e —	»	2	»
23e. Teste...	O'Meara...	21e —	»	4	»
		33e —	»	4	»
	Quiot.....	55e —	»	4	»
		85e —	»	2	»
Brigade de cavalerie légère.	Gobrecht...	9e chev. légers	»	»	2
		Chass. d'Anhalt.	»	»	2
Réserve et parc d'artillerie.		2 compagnies d'artillerie à pied. 2 — — à cheval. 3 détachements de bat. du train. 2 compagnies de sapeurs. 2 — d'équipages milit..	Choisi, chef de bataillon.		

Infanterie.... 17,000 hommes. | Cavalerie..... 4,000 hommes.

NOTE B.

ARMÉE FRANÇAISE.

DIVISIONS.	NOMS DES GÉNÉRAUX.	INFANTERIE.	CAVALERIE.
1er CORPS. GÉNÉRAL VANDAMME.			
1re.	Philippon....		
2e.	Dumonceau...		
3e.	Teste.......	17,000	1,000
Brigade de cavalerie légère.	Gobrecht....		
2e CORPS. MARÉCHAL DE BELLUNE.			
4e.	Dubreton....		
5e.	Dufour......		
6e.	Vial........	22,400	»
Brigade de cavalerie légère.	Bruno.......		
3e CORPS. MARÉCHAL DE LA MOSKOWA.			
8e.	Souham.....		
9e.	Delmas......		
11e.	Ricard......	37,800	1,300
Brigade de cavalerie légère.	Beurmann....		

DIVISIONS.	NOMS DES GÉNÉRAUX.	INFANTERIE.	CAVALERIE.
4ᵉ CORPS. GÉNÉRAL BERTRAND.			
12ᵉ.	Morand.		
15ᵉ.	Fontanelli.		
38ᵉ.	Franqueman.	20,000	»
Division de cavalerie légère.	Beaumon.		
5ᵉ CORPS. GÉNÉRAL LAURISTON.			
10ᵉ.	Albert.		
16ᵉ.	Maison.		
17ᵉ.	Puthod.	23,800	»
19ᵉ.	Rochambeau.		
Brigade de cavalerie légère.	Dermoncourt.		
6ᵉ CORPS. MARÉCHAL DE RAGUSE.			
20ᵉ.	Compans.		
21ᵉ.	Lagrange.		
22ᵉ.	Friederichs.	18,200	»
Brigade de cavalerie légère.	Normann.		
7ᵉ CORPS. GÉNÉRAL REYNIER.			
37ᵉ.	Guilleminot.		
32ᵉ.	Durutte.		
24ᵉ (saxonne).	De Sahr.	24,000	»
Brigade de cavalerie légère.	De Gaeblens.		

DIVISIONS.	NOMS DES GÉNÉRAUX.	INFANTE-RIE.	CAVALERIE.
8ᵉ CORPS (POLONAIS).			
MARÉCHAL PONIATOWSKI.			
26ᵉ.	Kaminiecki...		
27ᵉ (détachée).	Dabrowski...	12,000	800
Brigade de cavalerie légère.	Uminski.....		
11ᵉ CORPS.			
MARÉCHAL DE TARENTE.			
31ᵉ.	Ledru......		
35ᵉ.	Gérard.....		
36ᵉ.	Charpentier..	18,200	1,000
39ᵉ.	Marchand....		
Brigade de cavalerie légère.	Montbrun....		
12ᵉ CORPS.			
MARÉCHAL DE REGGIO.			
13ᵉ.	Pacthod.....		
14ᵉ.	Guilléminot...	21,000	800
29ᵉ (bavarois).	Raglowick...		
14ᵉ CORPS.			
MARÉCHAL GOUVION SAINT-CYR.			
42ᵉ.	Mouton-Duvernet......		
43ᵉ.	Claparède...		
44ᵉ.	Berthezène...	17,500	»
45ᵉ.	Razout.....		
Brigade de cavalerie légère.	Jacquet.....		

DIVISIONS.	NOMS DES GÉNÉRAUX.	CAVALERIE.

2ᵉ CORPS DE CAVALERIE.
GÉNÉRAL SÉBASTIANI.

Cavalerie légère.	Roussel-Durbal.........	
Idem.	Excelmans............	8,300
Cuirassiers.	Saint-Germain.........	

3ᵉ CORPS.
GÉNÉRAL DUC DE PADOUE.

Cavalerie légère.	Lorge..............	
Idem.	Fournier............	7,000
Dragons.	De France...........	

4ᵉ CORPS (POLONAIS).
GÉNÉRAL VALMY.

Cavalerie légère.	Sokolnitzki..........	6,000
Idem.	Sultouwski...........	

DIVISIONS.	NOMS DES GÉNÉRAUX.	CORPS.	CAVALERIE.

RÉSERVE DE CAVALERIE.
LE ROI DE NAPLES, COMMANDANT EN CHEF.
GÉNÉRAL LATOUR-MAUBOURG.

Division de cavalerie légère.	Corbineau...		
Idem.	Chastel.....		
Division de cuirassiers.	Bordesoulle..	1ᵉʳ.	12,000
Idem.	Doumergue...		

DIVISIONS.	NOMS DES GÉNÉRAUX.	CAVALERIE.

GARDE IMPÉRIALE.
(VIEILLE GARDE).

»	Friant..............	
»	Curial..............	6,000

JEUNE GARDE (1er CORPS).
MARÉCHAL DE REGGIO
APRÈS LA DISSOLUTION DU 12e CORPS.

»	Pacthod.............	
»	Decoux..............	11,400

JEUNE GARDE (2e CORPS).
MARÉCHAL DE TRÉVISE.

»	Barrois.............	
»	Roguet..............	11,000

CAVALERIE.
GÉNÉRAL NANSOUTY.

»	Ornano..............	
»	Lefebvre-Desnouettes....	5,000
»	Walter..............	

Nota. Chaque corps d'armée avait une réserve et un parc, indépendamment de deux compagnies d'artillerie et du train attachées à chaque division. Les corps de cavalerie n'avaient que de l'artillerie à cheval, sans équipages ni sapeurs. Au 1er octobre, le total des bouches à feu s'élevait à 864, et avait été plus considérable au commencement de la campagne.

Le total, pour l'infanterie, est de..... 260,300 hommes.
Et pour la cavalerie............. 43,200
TOTAL GÉNÉRAL..... 303,500

Non compris le 13e corps, que le maréchal prince d'Eckmuhl commandait à Hambourg, et le corps d'observation de Bavière, que le maréchal duc de Castiglione organisait, et qui n'entra en ligne qu'à Leipzick, ainsi que le 5e corps de cavalerie.

NOTE C.

ARMÉE COALISÉE.

LE PRINCE DE SCHWARTZENBERG, GÉNÉRALISSIME.

	INFANTERIE.	CAVALERIE.
GRANDE ARMÉE DE BOHÈME.		
4 corps autrichiens. — Avant-garde et réserve...	110,000	21,800
GÉNÉRAL BARKLAY DE TOLLY.		
2 corps russes............	52,600	11,550
1 — prussien............		
RÉSERVES.		
LE GRAND-DUC CONSTANTIN.		
Gardes russe et prussienne........	26,400	10,800
Total de la grande armée...	189,000	44,150
ARMÉE DE SILÉSIE.		
GÉNÉRAL BLUCHER.		
6 corps russes............	72,000	14,700
1 — prussien............	36,000	6,600
Total............	108,000	21,300
ARMÉE DU NORD.		
LE PRINCE DE SUÈDE.		
2 corps prussiens............	78,000	14,700
Corps suédois............	19,800	4,800
— russe............	11,400	15,300
Total............	109,200	34,800

RÉCAPITULATION

DE LA FORCE DES 4 ARMÉES ENTRE LES PUISSANCES COALISÉES.

	INFANTE-RIE.	CAVALE-RIE.
Autrichiens.	110,000	21,800
Russes.	123,600	44,450
Prussiens.	152,800	29,100
Suédois.	19,800	4,800
Total.	406,200	100,250
	506,450	

Non compris le corps de l'Elbe inférieur et l'armée de Pologne, commandée par le général BENNINGSEN, qui s'élevait à plus de 50,000 hommes.

NOTE D.

Itinéraire du 1er corps de la Grande Armée.

17 août.	Réunion du corps d'armée à Dresde.
18 —	Marche en Silésie.—Stolpen.
19 —	1re division à Neustadt. — Quartier général à Lobendau.
20 et jours suiv.	1re division à Georgenthal. — 2e division à Zittau.—Quartier général à Rumburg.
4 —	Marche en Bohême. — La 1re division le soir à Hainsbac, marche la nuit. 2e division marche sur Kœnigstein.

NOTES. 539

25 août.	La 1re division arrive le matin à Neustadt et y reste.
26 —	La 1re division part le soir, marche la nuit. — La 2e division passe l'Elbe à Kœnigstein et bivouaque en avant.
27 —	La 1re division passe l'Elbe à Kœnigstein, reste à Langenhennersdorf. La 2e division à Kohlberg, en arrière de Pirna. — La 42e division à Pirna. La brigade de cavalerie Gobrecht en avant.
28 —	La 1re et la 2e division à Gieshübel, l'avant-garde à Hellendorf.
29 —	Au bivouac en avant de Kulm.
30 —	Bataille de Kulm.—Bivouac à Liebenau.
31 —	Bivouac à Liebenau.
1er sept. et suiv.	Dresde.
7 —	Revue de l'Empereur à Dresde.
8 —	Marche sur la Bohême. — Menscha, près Dohna.
9 —	Bernersdorf.
10 —	Furstenwald.
11 —	Séjour pour la 1re division. — La 2e division à Peterswald.
12 —	La 2e division à Nollendorf. — La 1re à Peterswald. — La 23e à Hellendorf.
14 —	Retraite. — Gieshübel.
15 —	Offensive. — Hellendorf.
16 —	Nollendorf.
17 —	Tellnitz.
19 et suivants.	Gieshübel.
30 et suivants.	1re division et cavalerie légère à Hellendorf. — 23e division à Gieshübel.
7 octobre.	Retraite. — Pirna. — La 2e brigade de la 1re division part le soir de Hellendorf pour Pirna.
8 —	Cavalerie légère à Pirna.
9 —	Échelonné de Pirna à Dresde. —1re division, Sportwitz.

10 octobre.	Seidnitz et Grünewiese.
11 et jours suiv.	Faubourg de Dresde. — 1re division, Grossgarten.
14 et suivants.	1re division, faubourg de Dresde. — 2e division, Grosgarten.
17 —	Sortie de Dresde. — 1re division à Goslitz. — Les autres aux environs.
19 et jours suiv.	1re division, Lockwitz. — 2e division, Dohna.
22 —	Retraite derrière Lockwitz. — Quartier général, Sobrigen.
24 —	1re division, Zschecnitz. — 2e division, Strehlen.
26 et jours suiv.	Faubourg de Dresde. — 2e division, Grossgarten.
30 et jours suiv.	23e division, Grossgarten.
6 novembre.	Sortie de Dresde jusqu'auprès de Boxtorf. — On rentre le soir.
11 —	Capitulation de Dresde.
12 —	1re colonne à Wilsdruf.
13 —	— à Nossen.
14 —	— à Etzdorf.
15 —	— à Woltheim.
16 —	— à Geringswald.
17 —	— à Gettayn.
18 —	— à Altembourg.
19 et jours suiv.	— Séjour.
29 et suivants.	Changement de cantonnements. — Géra.

La capitulation n'étant point exécutée, la garnison de Dresde est conduite en Hongrie comme prisonnière de guerre, et les officiers séparés des soldats.

TABLE.

LIVRE PREMIER.

CAMP DE MONTREUIL. — CAMPAGNES D'ALLEMAGNE ET D'ESPAGNE JUSQU'A LA PAIX DE TILSITT.

CHAPITRE Ier.

CAMP DE MONTREUIL.

Pages.

Projets de descente en Angleterre.—Mon arrivée au camp du 59e régiment. — Mon service dans les grades inférieurs. — Je suis nommé sous-lieutenant. — Levée des camps. — Départ pour l'Allemagne (1804-1805). . 7

CHAPITRE II.

CAMPAGNE DE 1805 (1re PARTIE).

Marche en Allemagne. — Combat de Guntzbourg. — Prise d'Ulm. 51

CHAPITRE III.

CAMPAGNE DE 1805 (2e PARTIE).

Conquête du Tyrol. — Marche sur Vienne. — Paix de

Presbourg. — Cantonnements sur les bords du lac de Constance en 1806. 73

CHAPITRE IV.

CAMPAGNE DE 1806-1807 (1ʳᵉ PARTIE).

Guerre avec la Prusse. — Je suis nommé officier d'ordonnance du maréchal Ney. — Son état-major. — Bataille d'Iéna. — Prise de Magdebourg. — Le 6ᵉ corps à Berlin. 99

CHAPITRE V.

CAMPAGNE DE 1806-1807 (2ᵉ PARTIE).

Marche sur la Vistule. — Bataille de Pultusk. — Bataille d'Eylau. 131

CHAPITRE VI.

CAMPAGNE DE 1807 (3ᵉ PARTIE).

Je suis fait prisonnier le 5 mars 1807. — Récit de ma captivité. — Paix de Tilsitt. — Observations sur les opérations du 6ᵉ corps pendant cette campagne. — Ma rentrée en France. 173

CHAPITRE VII.

1° Campagne d'Espagne en 1809. 197
2° Campagne d'Allemagne en 1809. 208
3° Mission à l'armée de Catalogne en 1811. 209

LIVRE II.

CAMPAGNE DE RUSSIE EN 1812.

PREMIÈRE PARTIE.

CHAPITRE Iᵉʳ.

Composition de l'armée française et de l'armée russe. —

Déclaration de guerre. — Passage du Niémen. — Le quartier général à Wilna. — Séparation des deux corps russes. — Conquête de toute la Lithuanie. — Le quartier général à Glubokoé. — Mouvements des Russes. — Combats devant Vitepsk. — Prise de cette ville. — Cantonnements 217

CHAPITRE II.

Séjour à Vitepsk. — Situation de l'armée. — Marche sur Smolensk. — Combat et prise de cette ville. — Affaire de Valontino. — Projets de l'Empereur. — Marche sur Moscou. — Bataille de la Moskova. 237

DEUXIÈME PARTIE.

CHAPITRE Iᵉʳ.

Situation du 3ᵉ corps et en particulier du 4ᵉ régiment. — Marche de Mojaisk à Moscou. — Incendie de la ville. — Le 3ᵉ corps placé sur les routes de Wladimir et Twer. — Le 3ᵉ corps rentre dans Moscou et occupe les faubourgs de ce côté. — Manœuvre des Russes. — Le 3ᵉ corps à Boghorodsk. — Retour à Moscou. — Revue du 18 octobre. — Ordre de départ. 257

CHAPITRE II.

RETRAITE DE MOSCOU A VIASMA.

Projets de l'Empereur. — Départ de Moscou. — Marche du 3ᵉ corps jusqu'à Bowrosk. — Opérations des autres corps d'armée. — Combat de Malojaroslavets. — La retraite est décidée par la grande route de Smolensk. — Marche de Bowrosk à Mojaisk. — De Mojaisk à Viasma. — Situation de l'armée. — Affaire de Viasma. 275

CHAPITRE III.

RETRAITE DE VIASMA A SMOLENSK.

Le 3ᵉ corps chargé de l'arrière-garde. — Départ de Viasma.

— Marche jusqu'à Dorogobuje. — Affaire de Dorogobuje. — Affaire de Slobpnévo. — Rigueur du froid. — Arrivée à Smolensk. — Opérations des autres corps. . 285

CHAPITRE IV.

SÉJOUR A SMOLENSK ET RETRAITE JUSQU'A KRASNOI.

Départ de l'armée. — Conduite du maréchal Ney à Smolensk. — Affaire du 4e régiment dans le faubourg de la rive droite. — Dévastation de la ville. — Départ du 3e corps. — Affaires de Krasnoi avec les 1er et 4e corps et la garde impériale. — Le 3e corps séparé du reste de l'armée. — Arrivée de ce corps à Krasnoi devant l'ennemi. 299

CHAPITRE V.

RETRAITE DE KRASNOI A ORCHA.

Déroute du 3e corps à Krasnoi. — Hardi projet du maréchal Ney. — Passage du Dniéper. — Marches sur la rive droite de ce fleuve. — Situation critique du 4e régiment. — Arrivée à Orcha. 309

CHAPITRE VI.

RETRAITE D'ORCHA A LA BÉRÉZINA.

Mouvements des autres corps. — Progrès de la désorganisation de l'armée. — Marche d'Orcha à Vésélovo. — Mouvements des trois armées russes. — Réunion des 2e, 6e et 9e corps à la Grande Armée. — Passage de la Bérézina. — Affaire du 28 novembre. 323

CHAPITRE VII.

RETRAITE DE LA BÉRÉZINA A WILNA.

Premiers jours de marche. — Impossibilité de former une arrière-garde. — Les restes du 3e corps rejoignent le quartier général. — Départ de l'Empereur. — Nouvelle rigueur du froid. — L'armée arrive à Wilna. 337

TABLE.

CHAPITRE VIII.

RETRAITE DE WILNA A KOWNO.

Situation de l'armée dans Wilna. — Incertitude du roi de Naples. — Attaque des Russes. — Départ précipité. — Le maréchal Ney chargé de l'arrière-garde. — Marche jusqu'à Kowno. 354

CHAPITRE IX.

RETRAITE DE KOWNO SUR LES BORDS DE LA VISTULE

Situation de Kowno. — Défense de la ville. — Passage du Niémen. — Dernière attaque des Russes de l'autre côté du fleuve. — Présence d'esprit du maréchal Ney. —Marche jusqu'à Kœnigsberg.—Répartition de l'armée en cantonnements sur la Vistule.—Arrivée du 3e corps à Marienbourg 361

CHAPITRE X.

Séjour dans les cantonnements de la Vistule. — Défection des Prussiens du 10e corps. — Retraite sur l'Oder. — Dissolution de l'armée, dont les cadres rentrent en France. — Résultats de la campagne. — Conclusion. . 371

NOTES 379

LIVRE III.

CAMPAGNE DE SAXE EN 1813.

PREMIÈRE PARTIE.

CHAPITRE Ier.

Réorganisation de l'armée. — Ma nomination de général de brigade et ma destination pour l'armée de Hambourg. 387

CHAPITRE II.

Insurrection de la 32ᵉ division militaire ; évacuation de Hambourg. — Le général Vandamme et le prince d'Eckmühl arrivent à Brême. — Affaires d'avant-postes. — Prise de Hambourg. — Négociations avec le Danemarck.................... 393

CHAPITRE III.

Ma brigade occupe Stade et chasse les Anglais de Cuxhaven. — Prise de l'île de Willemsbourg. — Traité avec le Danemark. — Capitulation de Hambourg. — Affaire de Bergsdorf. — Affaire de Gestache ; armistice. — Lubeck. — Je passe au premier corps de la Grande Armée. 407

DEUXIÈME PARTIE.

CHAPITRE Iᵉʳ.

Composition du 1ᵉʳ corps. — Cantonnements pendant l'armistice. — Déclaration de guerre............ 425

CHAPITRE II.

Position pendant l'armistice. — Composition des deux armées. — Premières opérations en Silésie. — Plan de Napoléon. — Bataille de Dresde............ 433

CHAPITRE III.

Opérations du 1ᵉʳ corps.—Passage de l'Elbe à Kœnigstein. — Marche sur Tœplitz. — Bataille de Kulm.—Déroute du 1ᵉʳ corps. — Réflexions sur cette bataille...... 445

CHAPITRE IV.

Réorganisation du 1ᵉʳ corps. — Opérations en Saxe et en Silésie. — Défaite du maréchal Macdonald à la Katzbach, en Silésie ; du maréchal Oudinot, à Grossbeeren, devant Berlin ; du maréchal Ney, à Jüterboch, sur la route de Berlin. — Réflexions sur les événements du mois d'août.—Position des armées au 15 septembre. 467

CHAPITRE V.

Projets de Napoléon. — Opérations du 1er corps sur la frontière de Bohême. — Position des armées à la fin de septembre. — Mouvement général des armées alliées. — Napoléon quitte Dresde pour les attaquer. — Bataille de Leipzick. — Retraite. — Bataille de Hanau. — Napoléon passe le Rhin. — Les 1er et 14e corps restent enfermés dans Dresde. 485

CHAPITRE VI.

Composition du 14e corps.—Plan de la défense de Dresde. — Sortie du 17 octobre. — Opinions du conseil de défense. — Sortie du 6 novembre. 499

CHAPITRE VII.

Capitulation de Dresde. — Départ de la garnison pour la France. — Les souverains alliés refusent de ratifier la capitulation et déclarent la garnison prisonnière de guerre. — Départ des officiers pour la Hongrie. — Séjour à Presbourg. — Conquête de la France. — Restauration. — Traité de Paris. — Retour à Paris. 513

Notes. 531

www.ingramcontent.com/pod-product-compliance
Lightning Source LLC
Chambersburg PA
CBHW071410230426
43669CB00010B/1504